LE DROIT DES MINES DU SÉNÉGAL

Ousmane Cissé

LE DROIT DES MINES DU SÉNÉGAL

Sénégal
L'Harmattan

10 VDN, Sicap Amitié 3, Lotissement Cité Police, DAKAR

http://www.harmattansenegal.com
senharmattan@gmail.com
senlibrairie@gmail.com

ISBN : 978-2-343-21867-0
EAN : 9782343218670

PRÉFACE

Cet ouvrage évoque la complexité des enjeux posés par la législation et les contrats miniers au Sénégal sur un temps long qui permet à l'auteur de remonter aux origines insoupçonnées (1810) avant d'arriver à la plus récente législation. Au terme d'une analyse critique, M. Ousmane Cissé met en évidence son statut de praticien du secteur pour formuler des réformes de politiques publiques du secteur qui tiennent compte des exigences émergentes de la nouvelle gouvernance de l'exploitation minière moderne.

L'auteur a entamé cet ouvrage avec l'assertion que les réformes successives du cadre législatif, réglementaire et contractuel régissant le secteur minier au Sénégal n'ont pas répondu aux attentes de développement de l'État. Les raisons tiennent au déséquilibre significatif entre les droits et les obligations des parties. Mais pour lui, les conditions générales de ce déséquilibre sont déterminées à l'avance par l'État et sont souvent soustraites à la négociation. Cette asymétrie trouverait son origine dans la tension qui existe entre la volonté de l'État d'attirer les investisseurs et celle de protéger ses intérêts stratégiques face à des puissants partenaires que sont les investisseurs étrangers.

Dans ce contexte, l'auteur se fixe pour objectif d'étudier l'évolution du cadre légal et contractuel du secteur minier au Sénégal et d'apprécier dans quelle mesure le processus de réforme de la législation minière a été à même d'impulser une évolution des pratiques permettant une meilleure prise en charge des intérêts des différents acteurs. Dans cette optique, il analyse la correspondance entre les objectifs des politiques minières et les impacts du processus de réforme de la législation minière, incluant sa conception, son adoption, et sa mise en œuvre. Pour ce faire, il agence son travail d'analyse sur deux périodes : la période des origines, celle de la législation minière au Sénégal de 1810 à 1960, période au cours de laquelle il analyse les réformes successives, les différentes catégories d'acteurs impliqués dans la gestion du secteur minier, ainsi que la nature et l'ampleur de leur rôle. Par suite, son analyse porte sur la seconde période des réformes juridiques adoptées (de 1960 à 2018) au cours de laquelle la législation minière revêt des caractéristiques bien déterminées. L'étude de la séquence coloniale est importante pour comprendre les ressorts de l'évolution ayant conduit à la nouvelle perspective développementale du droit minier et des conventions minières orientée vers le développement durable et la prise en compte des États qui aspirent au développement économique et social.

Avant la colonisation, le droit minier au Sénégal avait pour origine primaire le droit indigène. Ce droit était simple : les minerais appartenaient au souverain. Tout produit émanant d'une exploitation minière sur le territoire où il régnait lui était apporté. C'est lui qui procédait à la redistribution. Ce système a fonctionné jusqu'à l'arrivée des colonialistes. À l'époque coloniale, les terres devinrent une source d'opportunités commerciales et d'approvisionnement en minerais, pour les colonisateurs.

Du fait de l'absence de réglementation minière, le droit minier au Sénégal durant la période coloniale reposait essentiellement sur la loi impériale napoléonienne du 21 avril 1810 réglementant les activités minières dans les colonies. Cette loi fut maintenue pendant quatre-vingt-seize ans, pratiquement sans aucune modification, avant la création du décret du 14 août 1896 portant réglementation sur la recherche et l'exploitation des mines au Sénégal et au Soudan français.

Après la colonisation, le droit minier applicable au Sénégal sera le fruit d'une adaptation. La revendication du droit au développement dans les années 60 et 70 va en effet modifier les principes fondamentaux du régime légal des mines. C'est dans ce contexte que l'État du Sénégal s'est doté de très larges pouvoirs de contrôle sur l'industrie minière.

L'auteur aborde des perspectives de l'application du droit minier orientée vers une dynamique de développement durable, c'est-à-dire une politique minière soucieuse du bien-être socio-économique de l'État et des populations, de la promotion des intérêts nationaux dans la conclusion des contrats, de la participation des populations à la gouvernance minière et de la protection des intérêts réciproques des parties. Celle-ci pose une révision des contrats d'investissement nécessaires à l'atteinte des objectifs de développement (la gestion du risque relatif aux droits de l'homme dans les négociations de contrats investisseurs-États, la contribution à la mise en œuvre du processus du développement économique et social) et la promotion des intérêts stratégiques et financiers de l'État (garantie d'un cadre fiscal stable et attractif ainsi que la prise en compte des intérêts économiques de l'État et des populations).

Toujours au niveau de la législation, la notion d'investissement dans les opérations minières est redéfinie pour diverses raisons qu'analyse l'auteur ; tout comme les conséquences de cette redéfinition. Au niveau des conventions minières, l'auteur montre que les nouvelles approches développées tendent à valoriser les droits de la personne à travers la prise en compte des droits des personnes et les exigences de protection de l'environnement.

Dans ses développements, l'auteur fait montre d'une grande maîtrise des techniques et outils juridiques dans l'analyse du cadre juridique régissant l'octroi et l'exploitation des titres miniers à travers des concepts qu'il décortique comme les conventions d'établissement, les conventions minières, les contrats miniers, etc. ; tout comme leurs mutations, dans un contexte marqué par la libéralisation, la régionalisation et la mondialisation. Une contribution importante du livre concerne aussi le rôle et la place du juge dans la mise en œuvre du droit minier sénégalais. L'auteur parle à cet égard de l'émergence d'un droit processuel minier.

L'intérêt de ce livre de M. Ousmane Cissé est manifeste. Face aux multinationales rompues aux subtilités des techniques juridiques, il incombe à nos États africains de disposer de compétences et de savoirs juridiques locaux capables de remédier au déséquilibre qui affecte la relation contractuelle avec les multinationales et l'État africain, au détriment de ce dernier. C'est un livre de bonne facture et fort utile à la connaissance et au développement du droit minier sénégalais promis à un bel avenir. Il sera, à l'évidence, utile tant aux spécialistes qu'au grand public.

Ismaila Madior FALL

Agrégé de Droit public et de Science politique
Professeur titulaire des Universités
Ministre d'État auprès du Président de la République

PRINCIPAUX SIGLES ET ABRÉVIATIONS

A

ADC	Accords de Développement communautaire
ANER	Agence nationale des Expropriations et Relogements
AOF	Afrique-Occidentale française

B

BAD	Banque africaine de développement
BRGM	Bureau de recherche géologique et minière

C

CCI	Chambre de Commerce internationale
CDC	Caisse de Dépôts et Consignations
CDESC	Comité des droits économiques, sociaux et culturels
CDS	Cimenteries du Sahel
CEA	Commission économique pour l'Afrique des Nations unies
CEDEAO	Communauté économique des États de l'Afrique de l'Ouest
CEREEQ	Centre expérimental de Recherches et d'Études pour l'Équipement
CERLAC	Centre for Research on Latin America and the Caribbean
CGCL	Code général des Collectivités locales
CGI	Code général des Impôts
CGM	Conseil général des Mines
CIRDI	Centre international pour le règlement des différends relatifs aux investissements
CL	Collectivités locales
CLPE	Consentement préalable libre et éclairé
CNUDCI	Commission des Nations unies pour le Droit commercial international

COCC	Code des Obligations civiles et commerciales
COFRHIGÉO	Comité français d'histoire de la géologie
COSEC	Conseil sénégalais des Chargeurs
CPA	Cour Permanente d'Arbitrage de la Haye
CSMC	Contribution spéciale sur les Produits des Mines et Carrières
CSPT	Compagnie sénégalaise des Phosphates de Taiba

D

DDH	Défenseurs des Droits de l'Homme
DIP	Droit international public
DMG	Direction des Mines et de la Géologie
DPM	Déclaration de Politique minière
DPPM	Direction de la Prospection et de la Promotion minière
DSCOM	Direction du Contrôle et de la Surveillance des Opérations minières

E

ECOSOC	Commissions régionales du Conseil économique et social des Nations unies
EIES	Étude d'impact environnemental et social
ERMAPE	Exploitation minière artisanale et à petite échelle

F

FASM	Fonds d'Appui au Secteur minier
FMI	Fonds monétaire International
FPACL	Fonds de Péréquation et d'Appui aux Collectivités locales

G

GBM	Groupe de la Banque mondiale
GCO	Grande Côte Opération Sa

I

ICS	Industries chimiques du Sénégal

IFFCO	*Indian Farmers Fertiliser Cooperative Limited*
IFI	institutions financières internationales
ITIE	Initiative pour la transparence dans les industries extractives
IVP	Initiative sur les principes volontaires

J

JORS	Journal officiel de la République du Sénégal

L

LFR	Loi de finance rectificative
LSPD	Lettre de Politique sectorielle de Développement

M

MDL	Mineral Deposits Limited
MIFERSO	Société des Mines de Fer du Sénégal oriental
MMG	Ministère des Mines et de la Géologie

N

NINEA	Numéro d'Identification national des Entreprises et des Associations
NPF	Nation la plus favorisée

O

OCDE	Organisation de coopération et de développement économiques
OHADA	Organisation pour l'harmonisation en Afrique du droit des affaires
OIT	Organisation internationale du travail
ONG	Organisation non gouvernementale
ONU	Organisation des Nations unies
OSC	Organisation de la Société civile
OSIWA	Open Society Initiative for West Africa

P

PC	Prélèvement communautaire
PCS	Prélèvement communautaire de solidarité
PGES	Plan de gestion environnemental et social
PIB	Produit intérieur brut (PIB)
PIDESC	Pacte international relatif aux droits économiques, sociaux et culturels
PMC	Petowal Mining Company
PNUE	Programme des Nations unies pour l'environnement
PRDM	Politique de Développement des Ressources minérales
PSE	Plan Sénégal émergent
PSM	Programme social minier

R

RS	Redevance statistique
RSE	Responsabilité sociétale des entreprises

S

SADC	Southern African Development Community
SERPM	Société d'Exploitation et de Réalisation des Phosphates de Matam
SGO	Sabodala Gold Operation
SMS	Société minière de Sabodala
SOCOCIM	Société ouest-africaine des Ciments
SOMIVA	Société minière de la Vallée du Fleuve Sénégal
SRMG	Services régionaux des Mines et de la Géologie

T

TBI	Traités bilatéraux d'Investissement
TRHC	Tribunal régional hors classe
TRI	Taux de rendement interne
TVA	Taxe sur la valeur ajoutée

U

UA	Union africaine
UEMOA	Union économique et monétaire ouest-africaine
UNCTAD	United Nations Conference on Trade and Development

V

VMA	Vision minière africaine

W

WATIC	West African Trading, Investment and Construction

SOMMAIRE

INTRODUCTION GÉNÉRALE

1. Le sol et le sous-sol du Sénégal sont dotés de diverses substances minérales réparties sur différentes régions du pays[1]. Si l'or, le fer, l'uranium et quelques indices de cuivre sont retrouvés sur la partie orientale du Sénégal, dans les régions de Kédougou et de Tambacounda, les phosphates[2] eux se situent suivant deux pôles, l'un au centre du pays

[1] Pour autant, on ne peut pas parler d'une abondance des ressources minérales car la plus grande partie de la dotation du Sénégal en ressources minérales était soit inconnue, soit inaccessible avec la technologie préindustrielle, ou encore elle n'avait pas encore de valeur même en métropole. Par exemple, un grand nombre des découvertes les plus importantes, notamment les phosphates de chaux de Taïba dans la région de Thiès et les indices aurifères du Sénégal oriental, ne devaient être faites que pendant la période de décolonisation. Le sous-sol contient des métaux précieux (or et platinoïdes), des métaux de base (fer, cuivre, chrome, nickel), des minéraux industriels (phosphates, calcaires industriels, barytine etc.), des minéraux lourds (zircon et titane), des pierres ornementales et matériaux de construction, etc. La diversification de l'activité minière se développe à travers le développement de la filière phosphates-fertilisants, la relance du projet intégré sur le fer de la Falémé, l'accélération de l'exploitation du secteur aurifère dans la région de Kédougou, l'encadrement et la promotion des mines artisanales, l'accélération de l'exploitation des gisements de zircon et enfin, le développement d'un hub minier régional. Les zones d'exploitation se situent principalement dans les régions de Thiès, de Matam et de Kédougou.

[2] Le Sénégal exploite depuis l'indépendance d'importantes réserves de phosphate sédimentaire, permettant la production de 1,84 millions de tonnes en 2015. Les exportations de phosphate marchand représentent 34 milliards de FCFA en 2015, soit 2,49 % des exportations du Sénégal, et l'acide phosphorique atteint 94 milliards de FCFA, soit 6,88 % des exportations. Les Industries chimiques du Sénégal (ICS), ont une capacité de 2 millions de tonnes de phosphate par an pour des réserves d'environ 60 millions de tonnes, et transforment elles-mêmes le phosphate de chaux en acide phosphorique (capacité de 600 000 tonnes/an) : l'acide est destiné à 95 % à l'export pour l'unique client (une coopérative de fermiers indiens) et à 5 % à l'usine d'engrais des ICS (destiné au marché domestique et malien). Privatisées en 2008, les ICS avaient été achetées par une société indienne qui a laissé péricliter l'outil industriel jusqu'à la quasi-faillite. Le rachat des ICS par l'indonésien INDORAMA en 2014 s'est accompagné d'un plan d'investissement de 225 millions de dollars USA en deux ans, permettant une remontée de la production de phosphates de

à Thiès et Diourbel, l'autre au nord à Matam et Louga. Les sables titanifères se concentrent tout le long du littoral côtier, avec les gisements de Diogo au nord et de Niafourang au sud. Les ressources pour les carrières sont multiples voire réparties de manière beaucoup plus homogène avec de la latérite à peu près partout, du sable le long du bassin sédimentaire, les granulats de basaltes et même les calcaires dans presque toutes les régions du pays.

2. L'exploitation de cet important potentiel minier remonte à plusieurs siècles. Dans la période précoloniale, sous une forme artisanale qui ne permettait pas d'en tirer tous les avantages, les sites traditionnels d'exploitation de l'or[3] où les graviers des lits des rivières étaient traités se répartissaient selon certains historiens[4] entre les bassins du Sénégal, de la Gambie et du Haut-Niger[5]. Les minerais de fer et de cuivre avaient permis aussi l'existence d'une industrie métallurgique de faible capacité destinée à satisfaire les besoins de l'économie locale[6]. De l'ilménite, important minerai de titane[7] et, dans une moindre mesure, du fer, sont signalés sur les plages du Sénégal depuis 1931. Les premières participations étrangères dans le secteur minier au Sénégal, qui posèrent les bases d'une exploitation industrielle, remontent à une période située

---

750 000 tonnes en 2014 à 1,7 million de tonnes en 2016, et de 198 000 tonnes à 600 000 tonnes pour l'acide phosphorique. Un autre gisement de phosphates est exploité dans la région de Matam par la Société minière de la Vallée du Fleuve Sénégal (SOMIVA), entrée en production en 2015 : sa capacité annuelle de production de 700 000 tonnes (utilisée à 75 %) est appelée à atteindre 1,2 million de tonnes fin 2018, et ses réserves s'élèvent de 36 à 40 millions de tonnes. À Diourbel à 145 km de Dakar, la société australienne AVENIRA a obtenu en 2015 un permis d'exploitation de trois ans renouvelable (Projet Baobab) et a réalisé un investissement de 15,7 millions de dollars USA. Entré en production à l'été 2016, sa capacité atteindra 750 000 t/an en 2017.

[3] Communément appelés sites d'orpaillage constitués de places aurifères généralement placées sous l'autorité du chef de village, maître incontesté du gisement, qui procède aux sacrifices rituels et répartit selon les coutumes locales à chaque famille son périmètre d'exploitation. Le travail de chaque mineur consiste à creuser un puits et, lorsque le soubassement était atteint, à se diriger le plus vite possible vers les puits les plus proches. Le mineur avait le droit d'exploiter son puits jusqu'au point de rencontre avec ses voisins. Dans ces sites gravite une foule de commerçants (dioulas).

[4] Bathily (A.), Les portes de l'or. Le royaume de Galam (Sénégal) de l'ère au temps des négriers (VIIIe-XVIIIe siècle.), – Paris, L'Harmattan, pp. 379, 1989.

[5] Barry (B.), La Sénégambie du XVe au XIXe siècle, L'Harmattan, pp. 432, 1988.

[6] Bocoum (H.).- *La Métallurgie du Fer au Sénégal*.- Th. Université Panthéon-Sorbonne, Paris, pp. 333, 1986.

[7] L'extraction du titane à partir des dépôts de sables noirs du littoral était relativement aisée et la production atteint 4 200 tonnes en 1939.

entre la Seconde Guerre mondiale et les indépendances[8] et devaient à l'époque être liées à l'objectif de reconstruction et d'expansion des économies européennes, particulièrement celle de la France[9].

3. Avant la colonisation, le droit minier en Afrique avait pour origine primaire le droit indigène. Ce droit était simple : les minerais appartenaient au souverain. Tout produit émanant d'une exploitation minière sur le territoire où il régnait lui était apporté. C'est lui qui procédait à la redistribution. Ce système a fonctionné jusqu'à l'arrivée des colonialistes. À l'époque coloniale, les terres d'Afrique devinrent une source d'opportunités commerciales et d'approvisionnement en minerais, pour les colonisateurs.

4. Les motifs qui portèrent les colons à entreprendre ces conquêtes étaient nombreux[10]. Par exemple les mines de cuivre de la Rhodésie du Nord britannique[11] et du Congo belge[12], les champs aurifères du Ghana[13] et les mines d'étain du nord du Nigeria ont entraîné la construction de lignes ferroviaires et d'autres infrastructures de transport dans ces pays, au profit des colonisateurs, avec comme conséquence une très faible contribution au développement des pays producteurs. Comme l'a fait bien remarquer Paul de Valroger, l'exploitation des mines a été un, sinon le principal, facteur des expéditions coloniales. Elle était au cœur de la première phase de développement colonial[14].

---

[8] Pascal (M.), Sustrac (G.), *et al.*, Phosphorites deposits of Senegal in Phosphate Deposits of the World, Volume 2, Phosphate Rock Resources, Volume 2, publié par A. J. G. Notholt, R. P. Sheldon, D. F. Davidson, 1988.

[9] Par exemple, la recherche et l'exploitation des phosphates pendant la colonisation, a permis la construction de lignes ferroviaires et d'autres infrastructures de transport au Sénégal.

[10] Adama (S.), (1776), *Recherche sur la nature et les causes de la richesse des nations* (trad. Germain Garnier), Tome 1, Édition Flammarion, 1999.

[11] Actuelle République de Zambie issue de la Rhodésie du Nord britannique. Dans les années 1920 et 1930 avec la découverte d'importants gisements miniers l'activité minière favorise le développement de la région et l'immigration.

[12] Le pays est aussi appelé plus simplement Congo, ou plus souvent République démocratique du Congo (RDC), Congo-Kinshasa ou RD Congo pour le différencier de la République du Congo voisine, elle-même appelée Congo-Brazzaville pour la même raison. De 1908 à 1960, cette ancienne colonie était appelée Congo belge mais aussi Congo-Léopoldville jusqu'en 1966, date du changement de nom de la capitale en Kinshasa. Avec la zaïrianisation, le pays s'est appelé Zaïre de 1971 à 1997.

[13] Le Ghana fut une colonie britannique sous le nom de Gold Coast (Côte de l'Or).

[14] De Valroger (P.).- *Législation des mines*.- Thèse pour le doctorat, Librairie de la société de recueil général des lois et des arrêts, Paris, 1899.

Les colons ont même pu voir dans cette activité le principal vecteur de transmission de la civilisation occidentale. Cette assertion est accréditée par une certaine doctrine qui a pu affirmer que les industries extractives et métallurgiques, en groupant les populations dans des centres qui peuvent être des lieux surveillés, y apportent l'ordre et la civilisation[15].

5. Dans les colonies de l'Afrique-Occidentale française (AOF)[16], l'industrie minière avait pris une importance qui a amené l'administration coloniale à accompagner son mouvement croissant[17]. La législation des mines de la métropole n'étant pas déclarée applicable dans les colonies, pour mieux gérer les gisements miniers d'une richesse incalculable de son domaine colonial, la France adopta diverses réglementations minières pour chaque colonie ou pour chaque groupement colonial. De nombreuses considérations ont été avancées pour motiver cette situation. La doctrine avance que le législateur français, amené à statuer sur la réglementation des mines, ne se trouvait pas en face des mêmes conditions que celles que le législateur de 1810 avait rencontrées dans la métropole[18]. Ce sont :

– le régime foncier des colonies était différent de celui de la métropole ;

– pour les terrains de propriété eux-mêmes, les rapports entre propriétaires de la surface et exploitants des mines ne présentaient pas tout à fait les mêmes caractères que dans la métropole ;

– les gisements miniers rencontrés dans les colonies étaient parfois très différents de ceux exploités en France, et nécessitant des règles différentes ;

---

[15] Ouedraogo, (S. M.), *Droit des Mines Burkinabé*, Éditions IRISCONCEPT, Ouagadougou, 2015.

[16] Cette fédération, regroupant entre 1895 et 1958 huit colonies françaises d'Afrique de l'Ouest, avait pour objectif de coordonner sous une même autorité la pénétration coloniale française sur le continent africain. Elle fut constituée en plusieurs étapes et réunit la Mauritanie, le Sénégal, le Soudan français (devenu Mali), la Guinée, la Côte d'Ivoire, le Niger, la Haute-Volta (devenue Burkina Faso) et le Dahomey (devenu Bénin), soit près de 25 millions de personnes au moment de sa dissolution. Tous les territoires appartenant à la France ou protégés par elle hors d'Europe en relèvent désormais et les administrateurs sont formés par l'École coloniale. La loi du 20 mars 1894 institue un véritable ministère des Colonies, chargé de centraliser la gestion des colonies, en remplacement du sous-secrétariat d'état existant auparavant.

[17] Bandoki (S.), *Le droit minier et pétrolier en Afrique*, Edilivre, p. 90, 2008.

[18] De Valroger (P.), *Législation des mines*, précité, p. 28.

– la législation minière devait s'adapter au régime administratif de chacune des colonies et aux particularités de ce régime tenant à l'éloignement de la métropole ;

– tenir compte des droits coutumiers des indigènes dans la réglementation des mines aux colonies ;

– la question de savoir si l'exploitation des mines dans les colonies devait être réservée aux seuls français ;

– tenir compte du climat particulier de certaines colonies ;

– établir le régime fiscal des mines dans les colonies suivant la vocation coloniale du pays exploité ;

– élaborer une législation minière qui encourage les entreprises minières. La recherche et l'exploitation des mines devaient favoriser le développement économique des colonies[19].

6. En effet, du fait de l'absence de réglementation minière dans les colonies, il était vite apparu des difficultés à faire établir des contrats particuliers. Les droits afférents aux prospections et découvertes faites par les explorateurs pendant leur expédition ainsi que les demandes de concession reposaient sur la loi impériale napoléonienne du 21 avril 1810 réglementant les activités minières dans les colonies. Cette loi fut maintenue pendant quatre-vingt-seize ans, pratiquement sans aucune modification, avant la création du décret du 14 août 1896 portant réglementation sur la recherche et l'exploitation des mines au Sénégal et au Soudan français. Au cours des applications qui en avaient été faites, ce décret laissait subsister certaines difficultés entre les prospecteurs et les peuples autochtones se livrant à l'exploitation d'alluvions aurifères. L'administration coloniale apporta alors une nouvelle réforme du règlement minier en fixant par décret du 6 juillet 1899 les conditions de recherche et d'exploitation des mines qui se développèrent dans les colonies, dans des conditions à peu près identiques à celles des territoires du Premier Empire[20].

---

[19] De Valroger (P.), *Législation des mines*, *ibid.*, pp. 28-37.

[20] Le Premier Empire est le régime impérial de la France du 18 mai 1804, date de la proclamation de Napoléon Bonaparte Empereur des Français par *senatus consulte*, jusqu'à sa première abdication le 14 avril 1814, puis de son retour à Paris le 20 mars 1815 jusqu'à la séparation de la Commission Napoléon II le 7 juillet 1815.

7. Dans son rapport introductif du projet de décret de 1899, le ministre des Colonies, ALBERT DECRAIS[21], relevait que *ce décret réserve en outre aux explorateurs, dans la forme la plus simple et la plus rapide, le bénéfice de leurs découvertes dans les régions neuves mal définies, dites « régions d'explorations », qu'ils contribuent à faire connaître.* Ainsi, en maintenant les principes essentiels de la législation antérieure et tout en modifiant les règlements anciens pour apporter plus de précision dans les textes, de façon à en rendre l'interprétation plus facile aussi bien à ceux qui doivent en bénéficier qu'aux agents chargés de les appliquer, fut élaboré le décret du 6 juillet 1899 dont les dispositions étaient applicables à toutes les colonies et pays de protectorat de l'Afrique continentale autres que l'Algérie et la Tunisie. Ce décret fixait les droits conférés aux explorateurs disposés à entreprendre la reconnaissance des gisements miniers dans les régions nouvelles. La réglementation minière fut modifiée par le décret du 19 mars 1905[22] et complétée par plusieurs arrêtés et décrets, notamment le décret du 22 août 1906, portant prorogation pour deux ans de la durée des permis miniers d'exploration et de recherches en Afrique occidentale, le décret du 22 juillet 1924 réglementant le personnel et les opérations minières et l'arrêté en date du 15 juin 1910 réglementant le régime de l'exploitation des carrières au Sénégal.

8. C'est sans doute cette situation qui va conduire la plupart des États de l'AOF à réviser leurs législations nationales en matière minière pour tirer profit de l'essentiel de l'exploitation des importantes ressources minérales dans le cadre de leur développement à long terme et de la promotion du bien-être de leurs populations. Selon Bonnie Campbell, les régimes miniers en Afrique ont vécu un processus de réforme dynamique et ouvert, à très grande échelle, au cours des trois dernières décennies, après les indépendances. Cet auteur divise le processus de réforme des lois minières en trois générations[23]. Toutefois,

---

[21] Législation minière des colonies françaises et pays de protectorat. Afrique continentale (Algérie et Tunisie exceptées). Afrique occidentale française, Congo français, côte française des Somalis (1909).

[22] Décret du 19 mars 1905 relatif à l'application, dans la colonie de la Côte d'Ivoire, du décret du 6 juillet 1899, réglementant la recherche et l'exploitation des mines dans les colonies et pays de protectorat.

[23] Campbell (B.), Regulation of the Extractive Sector: Issues Raised by the Revision of Mining Regimes in Africa Rethinking Extractive Industry: Regulation, Dispossession, and Emerging Claims, The Centre for Research on Latin America and the Caribbean

une analyse historique plus approfondie de l'évolution des codes miniers, à partir de 1960, autorise une division en cinq différentes phases ou générations.

9. La période comprise entre 1960 et 1980 représente la première génération de réformes. C'est l'époque de la nationalisation des sociétés minières et de la prise de contrôle du secteur minier par les jeunes États nouvellement indépendants, à travers une législation très protectionniste et/ou nationaliste. Au Sénégal, de très nombreux textes, décrets, arrêtés, délibérations pris pendant la colonisation ont été remplacés. Ainsi, le secteur minier du pays était, à l'aube des indépendances, constitué par deux décrets n° 61-356 et n° 61-357 en date du 21 septembre 1961, le premier fixant le régime de l'exploitation des carrières, le second réglementant et modifiant le régime des substances minérales. Ce cadre réglementaire fut complété par la loi n° 72-22 du 19 avril 1972, et son décret d'application n° 72-868 du 19 juillet 1972 qui ont modifié le régime des carrières, et la loi n° 86-15 du 14 avril 1986 fixant les taxes relatives à la prospection, la recherche et l'exploitation des mines et carrières. Cette loi se proposait également de mettre en harmonie le droit minier avec l'évolution du droit foncier du Sénégal, qui s'inspirait, largement de la législation française sur les substances non concessibles ou substances de carrière liées à la propriété du sol. Cette situation confuse, génératrice d'insécurité foncière, a été le fait de la puissance coloniale qui n'a pas osé remettre en cause la perception que les Africains ont de la terre tout en cherchant à introduire le concept occidental de droit de propriété tout au long de la période coloniale[24].

(CERLAC) and Extractive Industries Research Group (EIRG), York University, Toronto 5-7 March 2009.

[24] C'est seulement vers 1899 que l'on voit apparaître toute une série de décrets concernant le régime des terres des colonies africaines. Cette législation a été ensuite étendue à la colonie du Sénégal et dépendances (décrets du 20 juillet 1900). Pratiquant la politique de *Tabula rasa*, ignorant les réalités locales, l'administration coloniale a voulu imposer une doctrine foncière unique en multipliant arrêtés et décrets :

– au nom du droit de conquête puis de l'intérêt général, l'administration coloniale met en place deux régimes juridiques. Entre le 11 mars 1865 (arrêté Faidherbe) et le 23 octobre 1904, le régime domanial intègre, en particulier dans le domaine privé, les terres vacantes et sans maîtres en vue de les réaffecter soit pour les besoins de la colonie soit au profit des personnes aux fins de mise en valeur ;

– le décret du 24 juillet 1906, va transformer les droits coutumiers en titres fonciers définitifs et inattaquables par la procédure de l'immatriculation ;

Aussi, pour attirer les capitaux étrangers, des concessions et avantages permettant une amélioration de la rentabilité et des profits ont été accordés par les lois 61-14 et 61-15. Cependant, selon Moustapha Kassé[25], ces mesures vont s'avérer insuffisantes car d'autres États accordaient des régimes dérogatoires incitatifs. Ainsi, comme à la surenchère, le 22 mars 1962, le Gouvernement instituait la loi 62-33 portant création du Code des investissements qui définit *les conditions et les modalités de la convergence entre l'intérêt national et les intérêts privés*. Désormais un cadre était tracé qui définissait deux types d'entreprises fiscalement privilégiées : les entreprises prioritaires et les entreprises conventionnées. Toutefois, malgré des désarmements fiscaux et des concessions dérogatoires au droit commun des entreprises, les conditions d'agrément étaient jugées encore sévères par les entreprises étrangères. Pour leur donner satisfaction, le Code sera remplacé par la loi 65-34 de mai 1965 qui abaissait le minimum d'investissement requis au titre des divers régimes, rendant ainsi l'agrément beaucoup plus accessible. Cette loi sera révisée puis remplacée par la loi 72-43 du 12 juin 1972 qui sera abrogée et remplacée par la loi 78-20 du

– le décret du 8 octobre 1925 est introduit en vue de donner la possibilité aux indigènes de faire constater leurs droits coutumiers auprès des autorités de l'administration coloniale ;

– le décret du 26 juillet 1932 portant réorganisation du régime foncier a eu comme principale conséquence la consolidation de l'immatriculation à la suite du décret de 1906 ;

– l'arrêté n° 723/AD du 16 mars 1937 fixant les conditions d'aliénation, d'amodiation et d'exploitation des terres domaniales ainsi que leur affectation à des services publics.

D'autres décrets ont suivi pour définir les notions de terres vacantes et sans maîtres, en introduisant les principes de mise en valeur et en précisant le 15 novembre 1935 qu'il s'agit de terres ne faisant pas l'objet de titre foncier et sont inexploitées ou inoccupées depuis plus de 10 ans – ce délai sera ramené le 15 novembre 1955 à 5 ans. Cette politique volontariste n'a pas été suivie d'effets puisque la population autochtone n'a pas réagi à l'invitation de se rendre au bureau d'enregistrement, continuant de gérer leurs terres selon la tenure coutumière. C'est la persistance de la civilisation de l'oralité devant celle de l'écriture, la raison écrite. L'échec a peut-être amené le législateur sénégalais à prendre suffisamment de recul pour concevoir au lendemain de l'indépendance la loi 64-46 relative au domaine national. À cet égard, voire *Le droit de propriété au Sénégal* par Mamadou Camara (2008) https://www.memoireonline.com/06/10/3573/m_Le-droit-de-propriete-au-senegal6.html; et le *Plan d'Action Foncier du Sénégal* (2016) au http://www.bameinfopol.info/IMG/pdf/PlanActionFoncierSngal.pdf

[25] Kassé (M.), *Sénégal : Crise Économique et ajustement structurel*. Éditions Nouvelles du Sud, 1990.

29 janvier 1978 qui présentait les nouvelles dispositions du Code des investissements.

10. En raison d'une conjoncture internationale défavorable marquée par la faiblesse des prix des minéraux, avec comme corollaire le mauvais rendement des sociétés minières gérées par les États[26], combinée avec la baisse de la production, l'effondrement des activités de recherche et la fuite des investisseurs privés, la redéfinition du rôle de l'État dans les opérations minières occupe une place centrale dans la vague de réformes des codes miniers qui devrait aboutir à la facilitation de l'investissement privé et aider à la réduction des risques liés au pays et au projet pour l'investisseur[27]. Ainsi apparut la deuxième génération de réforme des codes miniers des années 1980[28], caractérisée par la redéfinition du rôle de l'État et le retrait de celui-ci des opérations minières, dans l'objectif d'encourager l'intérêt des investisseurs dans le secteur minier. Au cours de cette période, le retrait de l'État des activités minières, en tant qu'opérateur, fut une conséquence de la détérioration de la situation financière de nombreuses entreprises publiques[29], y compris dans le secteur minier, qui ont été privatisées,

---

[26] À la fin des années 70, le Sénégal a fait face à une conjoncture défavorable caractérisée, entre autres, par la baisse des cours mondiaux du phosphate et la dégradation des termes de l'échange sous l'effet du second choc pétrolier. Les conséquences négatives de cette conjoncture ont été accentuées par la stratégie de développement du pays qui reposait essentiellement sur un secteur public en expansion. Les faiblesses structurelles de l'économie qui en ont découlé ont eu des conséquences néfastes sur la stabilité du cadre macroéconomique, se traduisant par de faibles taux de croissance économique et des déséquilibres financiers insoutenables.

[27] World Bank, Strategy for African Mining, World Bank Technical Paper No. 181, Africa Technical Department Series, Mining Unit, Industry and Energy Division, Washington D.C.: World Bank, 1992.

[28] Campbell, (B.), *op. cit.*

[29] Au Sénégal, les objectifs de la privatisation découlaient des résultats d'un diagnostic exhaustif de l'économie nationale rendu nécessaire par une série de crises multisectorielles qui avaient fortement ébranlé l'économie mondiale. Loi n° 87-23 du 18 août 1987 sur la privatisation autorise la mise en vente de tout ou partie des participations de l'État dans les sociétés à participation publique majoritaire. Cette loi a été modifiée par la loi n° 2004-08 du 6 février 2004 qui modifie l'annexe de la loi n° 87-23 du 18 août 1987 sur la privatisation des entreprises publiques. Entreprises publiques à privatiser partiellement, notamment le Centre international du Commerce extérieur du Sénégal (CICES) ; le Centre expérimental de Recherches et d'Études pour l'Équipement (CEREEQ) et la Loterie nationale sénégalaise (LONASE).

pour réduire le déficit budgétaire[30]. Parallèlement aux réformes générales de la politique macro-économique[31], des dispositions nouvelles ont été introduites de manière sectorielle[32]. Une illustration utile des réformes politiques, institutionnelles et légales proposées pour le secteur minier est fournie par le Sénégal avec l'avènement de la loi n° 88-06 du 26 août 1988 portant Code minier. Cette loi pose le principe de la propriété de l'État sur les ressources minérales, met en harmonie le droit minier

---

[30] United Nations Conference on Trade and Development (UNCTAD), State *Participation and Privatization in the Minerals Sector*, Report by UNCTAD Secretariat, August 1995, p. 4.

[31] Le concept d'ajustement structurel s'est concrétisé dès 1980 par des prêts d'un type nouveau : les prêts d'ajustement structurel ou PAS. En Afrique, le Kenya et le Sénégal ont été les premiers pays bénéficiaires, plus ou moins rapidement suivis par une trentaine d'autres pays. Pour le FMI, le but de la politique d'ajustement est en effet de redonner une position viable à la balance des paiements du pays intéressé dans un contexte de stabilité des prix et de croissance économique soutenue, tout en évitant l'emploi de mesures contraires à la liberté du commerce et des paiements extérieurs. Définition citée par *Problèmes économiques*, no 1953, du 19 décembre 1985, p. 13.

[32] Dès 1979, les "experts" du FMI et de la Banque mondiale concluaient avec l'État un "plan de réhabilitation économique". Celui-ci fut mis en œuvre en 1980 et impliqua le blocage des salaires dans la fonction publique, la suppression des subventions, l'augmentation des impôts non-salariaux, la réduction de la masse monétaire, etc. Mais ce plan subit un échec cuisant : les cours du phosphate et des produits de la pêche diminuaient, tandis que les taux d'intérêt internationaux s'envolaient (ce qui avait décuplé le coût du remboursement de la dette) et que les banques stoppaient leurs crédits. (Extrait du CADTM ; http://cadtm.org/Le-Senegal. Jean Bossuyt et Ismaila Madior Fall (février 2013) dans *Analyse d'économie politique au Sénégal : Dans quelle mesure le cadre global de la gouvernance au Sénégal est-il réformable* ?, Étude indépendante réalisée pour le compte de la Délégation de l'Union européenne au Sénégal, expliquent la crise et la perte de légitimité de l'État du Sénégal liée à la mise en place du programme d'ajustement structurel. En effet, pour ces auteurs, l'État sénégalais, devenu indépendant, s'était assigné une vocation missionnaire consistant à mobiliser toutes les ressources pour consolider l'unité nationale et promouvoir le développement politique, économique et social. Au début des années 1980s, ce modèle économique caractérisé par le contrôle étatique des investissements publics et des structures de l'économie nationale s'est effondré. Les autorités politiques ont été contraintes d'accepter de mettre l'économie nationale sous ajustement. Si cette cure d'austérité a permis la restauration des agrégats macro-économiques, elle a également contribué à une remise en cause profonde des fonctions de l'État. Avec la crise économique, l'État s'est trouvé dans l'impossibilité matérielle d'élargir le cercle des bénéficiaires du système de redistribution. En perdant ainsi sa substance sociale, l'État a vu ses performances de gouvernance baisser. Les services administratifs se sont affaiblis sensiblement. On a assisté à la dégradation des équipements collectifs des services publics dans les domaines de la santé, de l'éducation, des transports, de la salubrité ou de la sécurité.

avec l'évolution du droit foncier et innove en instituant la convention minière en lieu et place de la convention d'établissement. Avec cette deuxième génération, le régime des substances minérales et les règles fiscales et douanières applicables aux opérations minières sont réunis dans une seule loi. Une disposition importante de cette loi est l'introduction d'un régime fiscal particulier fixant les conditions de la recherche et de l'exploitation des substances minérales utiles classées en régime minier. La motivation du législateur était d'assurer à long terme la compétitivité du secteur minier ; la stabilité des conditions financières et fiscales dans lesquelles l'entreprise exercera son activité étant garantie pendant une durée suffisante pour rentabiliser les investissements qui auront été réalisés. Le Code minier de 1986, marquant ainsi la volonté politique de l'État d'impliquer davantage les intérêts nationaux dans l'exploitation des ressources du sous-sol, confère une légitimité légale à l'exploitation minière artisanale ou semi-industrielle dans le pays.

11. La troisième génération de réformes des codes miniers date du milieu des années 1990 et avait pour objectif principal d'attirer des investissements directs étrangers par des avantages fiscaux et autres. Ces nouveaux régimes miniers consacrent la libéralisation du secteur minier et attribuent la responsabilité de superviser les activités minières, au secteur privé, tandis que l'État est limité au rôle de régulateur. Cette génération de codes miniers accorde de nombreux avantages aux investisseurs en leur garantissant un cadre juridique et fiscal stable. Aussi, ce nouveau cadre légal et réglementaire fut adapté aux conditions modernes de la recherche et de l'exploitation minière, notamment en s'enrichissant de dispositions relatives à la protection sociale et environnementale[33]. Selon Bonnie Campbell, les cadres légaux et

---

[33] Chesneaux (J.), (Maîtriser la collision entre l'histoire naturelle et l'histoire humaine, *Écologie politique* 1992, n° 2 : 127.) considère que le droit de l'environnement résulterait de la « collision entre l'histoire naturelle et l'histoire humaine ». Pour Ly (I.) et Ngaide (M.) (Droit de l'environnement au Sénégal, Formation à distance, Campus Numérique, « ENVIRDOIT », Master 2, Droit international et comparé de l'environnement, Option Droit de l'Environnement, Faculté de Droit et des Sciences économiques, Université de Limoges et Agence universitaire de la Francophonie, 2008, http://foad mooc.auf.org/sites/), la dégradation du milieu et des ressources naturelles sont les premières à justifier la naissance et le développement du droit de l'environnement au Sénégal. Compte tenu de la faiblesse des études doctrinales et de la jurisprudence, ces auteurs définissent ce droit comme étant « l'ensemble des règles et institutions juridiques destinées à maintenir ou rétablir les équilibres écologiques nécessaires au développement

réglementaires issus de la première et de la deuxième génération du processus de réformes posent des enjeux de bonne gouvernance et de sécurité[34]. Face à cette vague de réformes, la loi n° 88-06 du 26 août 1988 n'a pas connu de modification depuis son adoption. Après deux décennies d'existence, le Code minier de 1988 subira de profondes modifications, dans un environnement minier international marqué par de profonds changements et une compétition de plus en plus marquée entre les pays miniers émergents.

12. Après la période de retrait de l'État des opérations minières, dans les années 1980 et le nouveau rôle attribué aux investisseurs dans les années 1990, les États se sont engagés dans un nouveau processus de

». C'est dire que le droit de l'Environnement au Sénégal est considéré comme une composante du droit du développement dans tous ses aspects.

[34] Campbell (B.), à travers sa communication sur la Réglementation minière en Afrique, enjeux de gouvernance et de sécurité, réflexions à partir des initiatives canadiennes récentes en matière de réglementation et de responsabilité des entreprises dans le secteur extractif, postule que le processus de réforme des cadres légaux et réglementaires qui s'est échelonné sur les deux dernières décennies sous l'égide des institutions de Bretton Woods a favorisé une meilleure harmonisation et une plus grande stabilité du secteur minier en Afrique et certainement contribué à créer un environnement plus propice aux investissements étrangers. Ces mesures ont également comme contrepartie un processus de redéfinition du rôle de l'État d'une ampleur sans précédent historique. Paradoxalement, dans ce contexte, l'introduction de nouveaux cadres fiscaux et réglementaires a eu pour effet dans de nombreux pays concernés, d'abaisser les normes et standards dans des domaines critiques pour le développement économique et social et pour la protection de l'environnement. De plus en plus d'études suggèrent que cette dernière tendance a été observée et continue de l'être dans un nombre croissant de pays. Campbell (B.) avertit que ce processus de réforme surdéterminé de l'extérieur risque de contribuer à saper la légitimité des gouvernements des pays dont le sous-sol recèle d'un fort potentiel extractif. En effet, les réformes économiques et plus spécifiquement les politiques minières induites, semblent ne pas avoir suffisamment contribué à la mise en place d'États efficaces et imputables qui représentent et répondent aux besoins de leur population. Cette condition est essentielle pour prévenir les conflits, voire permettre une gestion pacifique de résolution des crises. Elle relève qu'une capacité insuffisante de la part des États à surveiller et assurer la bonne mise en œuvre de leurs réglementations peut contribuer à délégitimer les gouvernements comme instance première de régulation. Dans le contexte des capacités affaiblies des États à intervenir directement dans les situations de conflit, les gouvernements ou compagnies minières priorisent une logique de sécurisation des biens et des personnes. Ils peuvent être amenés à recourir aux services de compagnies privées de sécurité ou coopter des groupes armés pour protéger les installations, contribuant par là même à alimenter l'insécurité. Voir aussi : Knierzinger (J.), Après le boom : la laborieuse mise en œuvre de nouvelles régulations dans le secteur minier guinéen », URL : http://journals.openedition.org/echogeo/14758

réformes des régimes miniers, après avoir observé que trop d'avantages ont été accordés aux sociétés minières, entraînant ainsi un déséquilibre entre les profits des sociétés minières et ceux des États. Cette quatrième génération de réformes, qui va du milieu des années 1990 au début des années 2000, semble maintenir les orientations générales des réformes antérieures. Toutefois, sa particularité fut d'être orientée principalement vers une libéralisation poussée du secteur minier, à travers un cadre juridique et fiscal attractif et stable, afin de stimuler les investissements à long terme ; les revenus tirés de ces investissements pourront ensuite être dirigés dans des programmes sociaux ou de développement économique. Les réformes dans le secteur minier ont porté essentiellement sur l'accroissement des investissements et le renforcement des capacités institutionnelles. Dans les années 2000, le champ d'intervention s'est élargi, de manière générale, à la transparence, aux principes de responsabilité sociale des entreprises extractives, à la gestion des revenus et au développement durable.

13. À l'échelle de l'Afrique, de nombreuses initiatives ont été prises pour créer un environnement attractif et sécurisé pour les investissements miniers et permettre au secteur de prendre toute sa place dans le développement des pays. Tout d'abord, en Afrique de l'Ouest, les États ont mis en place plusieurs instruments politiques et textes réglementaires. C'est l'exemple de l'Union Économique et Monétaire Ouest Africaine (UEMOA), dont les États membres ont adopté une politique minière commune à travers l'Acte Additionnel n° 01/2000 du 14 décembre 2000, et un Code Minier Communautaire, à travers le Règlement n° 18/2003/CM/UEMOA du 23 décembre 2003. Cette même tendance a été observée au sein de la Communauté économique des États de l'Afrique de l'Ouest (CEDEAO), avec l'adoption de la Directive C/DIR3/05/09 en date du 27 mai 2009 portant sur l'harmonisation des principes directeurs et des politiques dans le secteur minier. Ces principes concernent, entre autres, le régime de propriété et les bénéficiaires de la gestion des ressources naturelles, la protection de l'environnement, la protection de l'intérêt national et l'accès à l'information minière. La Directive a été complétée par l'Acte Additionnel A/SA.16/02/2012 portant sur la Politique de Développement des Ressources minérales (PDRM) et son plan d'action, qui devrait être suivi d'un Code minier de la CEDEAO.

14. À son tour, en 2009, l'Union africaine (UA) définit une Vision minière africaine (VMA)[35], un cadre d'orientation qui vise l'utilisation stratégique par l'Afrique de ses ressources minérales pour assurer son développement inclusif reposant sur une assise large. La VMA ouvre la voie vers la création de divers types de liens découlant du secteur minier, avec l'adoption d'une démarche de développement industriel et de modernisation technique. La VMA reconnaît la contribution apportée par l'exploitation minière artisanale et à petite échelle au développement économique local et promeut, en outre, les droits des femmes et la justice entre les femmes et les hommes. Elle établit un régime fiscal progressif capable d'endiguer la fuite des ressources du continent par la fraude fiscale et l'évasion fiscale et par les flux financiers illicites provenant du secteur minier. Elle défend le principe du consentement libre, préalable et éclairé pour les communautés concernées par les activités minières et prend en compte les impacts sociaux et environnementaux de l'exploitation minière.

---

[35] La Vision minière africaine (VMA) est un cadre d'orientation panafricain établi par un réseau d'initiatives aux niveaux régional, continental et mondial qui visent à transformer le secteur minier de l'Afrique en faveur de son développement durable. La naissance de cette VMA a été inspirée par plusieurs initiatives politiques sous régionales et continentales qui ont vu le jour entre 1997 et 2009, et qui se déclinent notamment par :

– la Déclaration politique de Johannesburg et le Plan de mise en œuvre [chapitre 46 et aux Paragraphes (f et g) du Chapitre 62 (Développement durable pour l'Afrique)] du Sommet mondial sur le développement durable de 2002;

– la Vision de Yaoundé sur l'Exploitation minière artisanale et à petite échelle ;

– le Partenariat minier africain sur la Charte de développement durable et le Cadre de politique minière;

– le Cadre de la Communauté de développement d'Afrique australe (SADC) de Mise en œuvre de l'harmonisation des politiques minières, les normes, les Cadres législatifs et réglementaires ;

– la Politique minière commune de l'Union économique et monétaire ouest-africaine (UEMOA) ;

– le Code minier communautaire ;

– le rapport sommaire *Big Table* de 2007 sur la *Gestion des ressources naturelles minières de l'Afrique pour la croissance et la réduction de la pauvreté* qui a fait l'objet d'une réunion organisée conjointement par la Commission économique pour l'Afrique des Nations unies (CEA) et la Banque africaine de développement (Bad) ; et

– les travaux du Groupe d'étude international (ISG) chargé de la Révision des régimes miniers d'Afrique.

15. D'autres sources de réformes ont été identifiées sur le plan international. Il en est des initiatives de la Banque mondiale[36] qui recommandaient aux gouvernements africains de ne pas obliger les compagnies minières à procéder à une transformation in situ des ressources extraites, ni de les forcer à acheter des biens d'équipement nationaux, ou de les encourager à employer une main-d'œuvre locale, à travers des politiques allant à l'encontre des principes de libre marché. Cependant, les pays africains étant considérés comme des lieux d'investissements à moyen et haut risque doivent conséquemment offrir un régime de taxation et d'incitatifs économiques hautement compétitifs. L'objectif des États, à travers ce régime fiscal, était donc de trouver un juste milieu permettant de réduire les risques liés aux investissements, tout en s'assurant une juste part de la valeur des ressources exploitées. Ainsi, une entreprise étatique poursuit plusieurs objectifs – dont la création d'emploi, le développement économique, la génération de revenus, etc. – qui peuvent entrer en conflit avec l'objectif ultime de maximisation des profits que poursuit une entreprise privée. Cette situation conflictuelle peut empêcher les entreprises étatiques de prendre les décisions nécessaires au bon développement d'une industrie minière efficiente. Par ailleurs, le gouvernement, dans ses nouvelles fonctions de régulateur et administrateur du secteur minier, doit mettre en place des institutions spécialisées et compétentes en mesure d'appliquer le cadre réglementaire et les politiques fiscales et économiques[37].

16. C'est dans ce contexte minier international, marqué par de profondes mutations, que les règles fiscales, douanières, financières et économiques des régimes miniers furent adaptées pour offrir un environnement stable, non discriminatoire et incitatif aux investisseurs. Le régime commercial fut totalement libéralisé pour permettre aux industries d'exporter librement leurs ressources et importer leurs équipements au plus faible coût possible. En ce qui concerne le régime de change, celui-ci devrait être non restrictif et flexible afin d'assurer aux investisseurs la possibilité d'accéder, à bon prix, aux devises étrangères, tout en les protégeant des inflations liées à un taux de change contrôlé. Puisque les matières premières sont exportées et les moyens de production majoritairement importés, l'industrie minière n'eut que des rapports limités avec le secteur industriel national. L'État du Sénégal, dans sa volonté de rendre plus compétitif son secteur minier et

---

[36] World Bank. 1992. *Strategy for African Mining*. Washington: World Bank.
[37] *Idem.*

pour faire face à une forte compétition entre les pays miniers émergents pour attirer les investisseurs, a donné de nouvelles orientations à sa législation minière sous-tendue par une volonté de simplicité, de clarté et de transparence, en adoptant la loi n° 2003-36 du 24 novembre 2003 portant Code minier et son décret d'application n° 2004-647 du 17 mai 2004. Cette loi est la combinaison des motivations et des principes forts qui ont été à la base des réformes de la troisième et de la quatrième génération[38]. Se conformant aux exigences de l'industrie minière internationale, la loi de 2003 apportait des innovations majeures aptes à drainer les flux d'investissements miniers nécessaires au développement des opérations minières au Sénégal. Sur le plan fiscal et douanier, les contraintes qui régissaient les investissements miniers ont été levées à travers des aménagements fiscaux et douaniers plus incitatifs. À cet effet, des avantages fiscaux conséquents ont été accordés aux investisseurs. Aussi, au-delà de la prise de participation gratuite de l'État au capital social de la société d'exploitation, la loi encourageait l'implication des nationaux dans l'exploitation minière. De plus, le Code minier de 2003 avait introduit des mesures nécessaires pour sauvegarder l'environnement ainsi que des dispositions pour la redistribution des retombées financières émanant des ressources du sous-sol au profit des collectivités locales.

17. La cinquième génération de réformes du régime minier prend naissance au milieu des années 2000 pour se poursuivre jusqu'aux années 2010. Cette période est marquée par l'envolée des cours mondiaux des matières premières minérales[39] qui attire les investisseurs étrangers et réanime un large débat sur la capacité et la manière pour les États africains de capter une juste part de la rente minière[40]. Beaucoup de

[38] La loi n° 88-06 est restée vingt-cinq sans modification.

[39] La chute du prix du minerai de fer : surproduction et affaiblissement de la demande chinoise en acier (http://www.mineralinfo.fr/ecomine/chute-prix-minerai-fer-surproduction-affaiblissement-demande-chinoise-en-acier). Matières premières : Évolution de 2014 à aujourd'hui (https://www.zonebourse.com/actualite-bourse/Matieres-premieres-Evolution-de-2014-a-aujourd-hui--24068877/). *Matières premières : historique et perspectives* (Marian Radetzki) Cet article est tiré de la conférence de l'auteur à un séminaire de haut niveau sur *Les ressources naturelles, finances et développement : Faire face aux anciens et nouveaux défis*, organisé par la Banque centrale d'Algérie et l'Institut du FMI à Alger les 4 et 5 novembre 2010.

[40] Laporte (B.) et De Quatrebarbes (C.), *What do we know about the mineral resource rent sharing in Africa?*, Resources Policy, 46, pp. 239-49, 2015. Laporte (B.) et Rota-Graziosi (G.), Principles and dilemmas in mining taxation, in M. Boussichas and P.

pays ont jugé les codes miniers de la quatrième génération trop favorables aux entreprises étrangères[41], avec un niveau de fiscalité qui leur fait la part belle. Dès lors, il a paru nécessaire aux États d'accroître les recettes et de corriger l'inégalité des profits entre les sociétés minières et eux. Ainsi, depuis les années 2000 les États ont tenté de réformer la législation fiscale applicable au secteur minier. Le but était d'augmenter la rente perçue, dans un contexte de superprofits réalisés par les entreprises minières. La révision du cadre fiscal implique une renégociation des règles du jeu instaurées lors de la phase de libéralisation de l'économie dans la période 1990-2000, au cours de laquelle des clauses de stabilité et d'exonération fiscale avaient été prévues et appliquées. Aussi, pour préserver les intérêts stratégiques de l'État et des populations, l'argument du patriotisme économique s'est matérialisé par des dispositions visant à renforcer le niveau de participation de l'État dans le capital des sociétés d'exploitation minière, ainsi que la présence du secteur privé national aux différentes phases des opérations minières.

18. Le Sénégal illustre bien cette vague de réforme des régimes miniers de la cinquième génération. Les premières tentatives indirectes de révision du Code de 2003 visaient au premier chef un réaménagement de certaines dispositions fiscales. Tout d'abord, c'est à travers l'institution de la Contribution spéciale sur les produits des mines et carrières (CSMC), un impôt indirect prévu par l'article 19 de la loi n° 2011-20 du 13 décembre 2011 portant loi des finances de l'année 2012. Le principal objectif visé par la CSMC était de contribuer à l'amélioration des recettes fiscales de l'État. Par l'application de cet instrument, la loi des finances prévoyait une contribution fiscale du secteur des mines à hauteur de 10 milliards de francs CFA. L'application de la CSMC s'est heurtée dès le début à des résistances notées auprès des entreprises minières. En effet, ces dernières invoquèrent la violation par la CSMC des dispositions du Code minier et des conventions minières qui leur garantissaient un régime fiscal et douanier stabilisé.

Guillaumont (eds), Financing sustainable development. Addressing vulnerabilities, FERDI, 2015.

[41] Au cours de l'émission Chronique des matières premières diffusée par la RFI (http://www.rfi.fr/emission/20180112-rdc-revision-Code-minier-cours) le 12 janvier 2018 sur la révision du Code minier 2002 de la RDC, Monsieur Albert Yuma Mulimbi, Président du Conseil d'administration de la société d'État La Générale des Carrières et des Mines (GECAMINES SA), déclarait « nos partenaires depuis 15 ans nous ont trompés et volés. Cela doit s'arrêter ».

En outre, elles relevaient le fait que la CSMC méconnaissait les directives communautaires (UEMOA) en matière d'impôts indirects. C'est dans cette ambiance qu'est intervenue le vote de la loi n° 2012-31 du 31 décembre 2012 portant Code général des Impôts (CGI), qui modifia diverses dispositions législatives relatives aux régimes fiscaux particuliers contenues dans le Code minier de 2003 et transféra certaines dispositions fiscales au CGI. Par la suite, l'État du Sénégal institua la Commission de Revue des Conventions minières, par arrêté n° 006260 du 22 août 2012, pour procéder à une évaluation critique des conventions minières et examiner l'ensemble des problèmes soulevés par les acteurs. À l'issue de ses travaux et après un examen détaillé des conventions minières, la Commission fit le constat général d'une faible contribution du secteur minier à l'amélioration des revenus de l'État et à l'économie nationale. Dès lors, pour garantir à la fois un cadre fiscal stable et attractif et une meilleure prise en compte des intérêts de l'État, la loi n° 2016-32 du 8 novembre 2016 abrogeant et remplaçant le Code minier de 2003 fut adoptée. La révision du cadre fiscal pour les projets d'exploitation minière fut marquée par la hausse modérée du taux de redevance, l'indexation de la redevance sur le cours des minerais et le degré de transformation sur place, la réintroduction des droits superficiaires et la définition de nouvelles règles de partage de ressources entre les opérateurs miniers et l'État. La loi de 2016 intègre une clause *use it or lose it*[42] pour les permis d'exploration afin de limiter la spéculation et stimuler la prospection minière. La loi opère pour la première fois une distinction juridique entre l'extraction artisanale et l'extraction à petite échelle. Elle formalise et promeut l'activité minière, développée à ces échelles, pour son potentiel d'emploi et de développement économique local. Concernant les activités artisanales et les normes et contrôles environnementaux et de sécurité les concernant, le Code de 2016 passe de l'incitation à la formalisation, pour en arriver, d'une part, à la définition d'un statut légal et de zones dédiées aux orpailleurs et, d'autre part, à une forme de coercition sur une activité aux fortes externalités négatives, notamment une forte pollution environnementale et de nombreux conflits sociaux. La loi de 2016 assure la promotion des services, biens et emplois locaux à travers l'intégration des règles de contenu local, de même qu'elle contient des dispositions visant l'augmentation des flux financiers transférés par l'État central aux collectivités locales. D'une manière générale, le Code minier de 2016 prend en compte les

[42] Principe de l'obligation d'utilisation sous peine de perte définitive.

principales orientations des instruments politiques et juridiques de l'UEMOA, de la CEDEAO et de la Vision minière africaine.

19. Globalement, il peut être observé que les régimes miniers en Afrique, découlant d'un contexte de colonisation (1800-1960), se sont successivement adaptés à des contextes de nationalisation (1960-1980), de privatisation (1980-1990), de libéralisation et de mondialisation (1990-2000). Les législations minières ont évolué d'un modèle consacrant l'appropriation des ressources minérales par le colonisateur, offrant de la sorte aux investisseurs et aux entreprises privées européennes un contrôle sûr et peu coûteux sur les ressources minérales, à un modèle qui affirme la souveraineté des États sur les richesses et les ressources minérales aux fins d'un développement à long terme et de la promotion du bien-être des populations. Cependant, quel que soit le régime minier retenu, il est constant de retrouver dans les codes miniers les règles générales portant sur la conduite des opérations minières, les clauses générales garantissant le droit du chercheur ayant mis en évidence un gisement de substances minérales, la stabilité des conditions fiscales, juridiques et douanières durant la période de validité des titres miniers, la prise en charge de l'environnement par les opérateurs miniers, l'instauration d'une autorité administrative chargée d'attribuer les titres miniers, les garanties de libre transfert des fonds, celles de non-expropriation, ou encore la possibilité de recourir à un arbitrage.

CADRE CONCEPTUEL

20. L'exploration du monde par les Européens, émanant à la fois d'entreprises, d'individus et d'un choix étatique, s'accompagne d'une prise de possession de nouvelles terres qui débouche sur la constitution de vastes empires coloniaux en Afrique au 19e siècle. Les gouvernements coloniaux et les entreprises européennes ont investi à la fois dans les infrastructures et dans la création d'institutions dont la vocation était d'orienter les économies africaines vers l'exportation de produits primaires. En se penchant sur cette situation, il peut être constaté que ce système était caractérisé par un très haut degré de sécurité des droits obtenus par les sociétés transnationales dans les colonies où elles opéraient. La doctrine, le droit positif et la jurisprudence consacraient le principe dit des droits acquis. Le droit international préservait les droits et les biens légalement acquis par les étrangers de toute atteinte de la part de l'État souverain sur le territoire duquel ils se trouvaient. Mais après 1945, dans le contexte de décolonisation et d'émergence des *jeunes nations*, un véritable mouvement de contestation radicale des fondements juridiques d'un ordre économique perçu comme structurellement inégalitaire verra le jour.

21. En effet, le droit international des investissements dans le secteur des ressources naturelles a connu une histoire mouvementée au cours de la seconde moitié du XXe siècle. L'affirmation de la souveraineté[43] nationale sur les ressources était au cœur de la recherche d'un nouvel ordre économique international[44] traduisant, sur le terrain juridique, la volonté des pays du tiers-monde de retrouver la maîtrise de leur destin économique. La souveraineté politique, à laquelle nombre d'entre eux étaient en train d'accéder et que symbolisait leur adhésion à l'Organisation des Nations unies (ONU) ne pouvait être que tronquée, ou formelle, tant que les peuples n'auraient pas accédé à la maîtrise de leur destin matériel par une pleine souveraineté économique[45]. Certains

[43] La souveraineté se définit politiquement et juridiquement comme l'exclusivité des compétences sur un territoire. La souveraineté c'est la qualité propre à l'État. Les États ne sont pas les seuls sujets du droit international mais seul l'État est titulaire de la souveraineté. Elle est centrée sur la dialectique de la souveraineté nationale sur les ressources et du marché mondial de l'accès au sous-sol. Jean Bodin, dans son ouvrage *Les six livres de la République* publié en 1576, fut l'un des premiers auteurs à décrire cette réalité politico-juridique nouvelle en dégageant trois caractères fondamentaux de la souveraineté. Il y a, entre autres, le caractère suprême de la souveraineté de l'État. Cela veut dire que l'État exerce la totalité du pouvoir politique. Ainsi, il exerce son emprise, sa domination sur toutes les personnes et les choses qui entrent dans le cercle de sa juridiction. C'est l'État moderne souverain qui a le pouvoir de donner et casser la loi, il a seul le pouvoir de rendre la justice. Il a seul le pouvoir de faire la police. Il a seul le pouvoir de faire la guerre et conclure la paix. Aussi, les auteurs allemands de l'école positiviste à la fin du 19e siècle et au début du 20e siècle inscrivaient leur conviction dans cette logique. Ils soutenaient que l'État est un sujet plein, primaire et absolu du droit international public ; c'est lui qui dispose des pouvoirs les plus étendus. Ils étaient convaincus du fait que l'État a la compétence de sa compétence, il n'a pas de limites et qu'il peut tout faire. Tout ce qu'il décide est légal et légitime puisque c'est sa volonté qui est le critère du droit.

[44] Le nouvel ordre économique international est une notion impulsée dans les années 1960 par les pays du tiers-monde pour exprimer leurs revendications dans le domaine des relations commerciales, de sorte que les États les plus fragiles puissent bénéficier d'avantages spécifiques par rapport aux États déjà développés. La notion fut consacrée au sein de l'Assemblée générale des Nations unies en 1974 dans ses résolutions 3201 (S-VI) et 3202 (S-VI)

[45] Déjà avant la Seconde Guerre mondiale, les nationalisations soviétiques et surtout mexicaines (1938), constituèrent les premières remises en question de cet ordre juridique. La théorie de la souveraineté permanente des États sur leurs richesses et ressources naturelles est d'origine latino-américaine. C'est le Chili qui, en 1952, a amorcé le débat dans le cadre des Nations unies. Par la suite, on a vu se développer toute une argumentation touchant aux problèmes politiques, économiques et juridiques

des États insuffisamment développés mettaient l'accent, au sein de la Commission, sur leur souveraineté permanente déjà, et sur la nécessité de transformer cette instance temporaire en un organe permanent chargé de faire de nouvelles études et recommandations[46]. Cet objectif, conforme aux intérêts de la communauté internationale tout entière, ne peut être poursuivi avec succès sans que ne soient bouleversées des structures économiques mises en place, par des étrangers au profit de capitalistes étrangers, pendant la période coloniale ou semi-coloniale caractérisée par l'inégalité des rapports entre pays. De fait, c'est sur l'exercice du droit de nationalisation, sur le droit applicable aux contrats d'État et sur le règlement des différends qu'allaient se concentrer les offensives des pays du Tiers-monde[47] au plan juridique. Il y eut donc l'adoption à l'ONU de certains instruments et résolutions[48] plaçant le domaine des

---

relatifs à cette notion. Dans un premier temps, ce principe a été façonné dans un cadre historique précis, notamment celui de la décolonisation et ayant une finalité bien précise. Les pays du tiers-monde ont ensuite cherché à faire admettre la notion par les pays développés en acceptant divers compromis au sein de l'ONU. Une commission chargée de l'étude de ce principe fut instituée par l'Assemblée générale et aboutit à la proclamation de la résolution 1803(XVII).

[46] Ces études et enquêtes devaient porter sur l'activité déployée et les projets réalisés dans les pays en voie de développement par certaines grosses sociétés et montrer ainsi, d'une façon continue et concrète, que le principe était justifié et qu'il était loin d'être généralement appliqué. Ces États estiment que leur situation et leurs structures économiques doivent être rapidement changées et que l'indépendance politique n'est qu'un moyen permettant de réaliser l'objectif suprême : la libération et l'indépendance économiques.

[47] Le Tiers-monde est une expression née en 1952 dans la bouche de l'économiste français Alfred Sauvy. Il désignait ainsi les pays non industrialisés en référence au tiers état sous l'ancien régime français. Le tiers état était cette frange de la population écartée des privilèges de la noblesse et du clergé. Le tiers-monde désignait les pays africains, asiatiques, américains et d'Océanie, loin des privilèges des États occidentaux développés et, à l'époque, du bloc soviétique. Le Tiers-monde est aujourd'hui une expression délaissée au profit de celle de pays en développement.

[48] L'affirmation de la souveraineté sur les ressources naturelles s'est exprimée juridiquement, pour l'essentiel, dans une série de résolutions de l'Assemblée générale des Nations unies. La première résolution de l'Assemblée générale reconnaissant le principe est celle adoptée le 12 février 1952. Suivant cette résolution, les pays insuffisamment développés ont le droit de disposer librement de leurs richesses naturelles qu'ils doivent utiliser de manière à se mettre dans une position plus favorable pour faire progresser davantage l'exécution de leurs plans de développement économique conformément à leurs intérêts nationaux, et pour encourager le développement de l'économie mondiale. Selon cette résolution : [L'Assemblée générale] recommande à tous les États membres, lorsqu'ils exerceront leur droit d'utiliser et d'exploiter librement leurs richesses chaque fois qu'ils le jugent souhaitable pour leur progrès et

ressources naturelles sous la souveraineté de chaque État. Cette souveraineté économique permettait à l'État de décider librement du sort des ressources naturelles situées sur le territoire national et de définir leur statut juridique par rapport à d'autres catégories de ressources. C'est dans ce contexte que la plupart de ces États, anciennement sous domination coloniale, se sont dotés de règles juridiques pour affirmer la propriété des ressources naturelles situées sur leur territoire national.

22. Le nouvel ordre économique mondial dans les années 1970 avait laissé croire aux nombreux pays en développement que la souveraineté permanente sur les ressources naturelles permettrait d'amorcer le développement. S'ils ont dû déchanter d'une transformation, ils ont par contre acquis une plus grande expérience dans la gestion des investissements miniers internationaux, particulièrement en termes

---

leur développement économique, de prendre dûment en considération, dans la mesure compatible avec leur souveraineté, la nécessité de maintenir le courant des capitaux dans des conditions de sécurité et dans une atmosphère de confiance mutuelle et de coopération économique entre les nations. Par ailleurs, il est en général accordé une place importante, dans le processus d'affirmation de la souveraineté, à la résolution 1803 (XVII) du 14 décembre 1962. On y parle pour la première fois de souveraineté permanente sur les ressources naturelles. Ce texte représente un compromis qui, prenant acte des aspirations des États propriétaires de ressources, réaffirme pour l'essentiel que l'exercice de la souveraineté s'effectue dans le cadre fixé par le droit international. Après avoir affirmé que les peuples et nations disposent d'un droit souverain à autoriser ou non l'entrée des capitaux étrangers en vue de l'exploitation des ressources naturelles, la résolution déclare : dans les cas où une autorisation sera accordée, les capitaux importés et les revenus qui en proviennent seront régis par les termes de cette autorisation, par la loi nationale en vigueur et par le droit international. Une telle conception de la souveraineté sur les ressources naturelles, porteuse d'un degré beaucoup plus important de bouleversement du régime des investissements internationaux, allait être adoptée par l'Assemblée générale des Nations unies. La résolution 3171 (XXVIII), après avoir réaffirmé « énergiquement les droits inaliénables des États à la souveraineté permanente sur toutes leurs ressources naturelles », précise que l'exercice de cette souveraineté ne saurait être entravé par les normes du droit international. La résolution 3281, Charte des droits et des devoirs économiques des États, constitue l'aboutissement du processus d'affirmation de la souveraineté sur les ressources naturelles dans le cadre de la proclamation d'un nouvel ordre économique international. Son article 2 réaffirme que chaque État détient et exerce librement une souveraineté entière et permanente sur toutes ses richesses, ressources naturelles et activités économiques, y compris la possession et le droit de les utiliser et d'en disposer. Les États ou les acteurs responsables de cette violation pouvaient ainsi donc être poursuivis devant les juridictions internationales pour les atteintes portées à la souveraineté politique d'un État.

d'accueil et de traitement[49]. Sur cette question, l'on constate que de nombreux pays ont opté pour un dispositif fiscal souple, marqué par de nombreux allégements fiscaux et douaniers, pour assurer pendant longtemps un développement minier important[50].

23. Ce qui a été déterminant, c'est que l'activité minière coloniale a été la source directe ou indirecte de la plus grande partie de la législation minière actuelle en Afrique-Occidentale française. Désormais, l'État est le seul garant ou le protecteur du patrimoine national et des ressources naturelles qui se trouvent sur son territoire national dont il peut décider seul de l'affectation ou de la désaffectation. Ainsi, sur le plan international et national, commence un processus d'encadrement, de gestion et de promotion de l'activité minière, celle-ci étant un facteur de développement stratégique, particulièrement pour les pays riches en ressources minérales. Il s'agit du droit minier qui régit généralement l'activité de prospection, de recherche et d'exploitation des substances minérales.

24. Le droit minier correspond à une représentation bien précise de l'intérêt général. L'encadrement juridique des opérations minières a été réalisé en tenant compte des influences divergentes qui se sont progressivement exprimées. En premier lieu, le droit minier a été profondément façonné par une pensée étatiste, qui plaçait l'État comme acteur principal de la régulation de cette activité basée sur l'intérêt général. En second lieu, la pensée libérale, soucieuse du respect des intérêts privés n'est pas non plus étrangère au droit minier qui échappe ainsi à toute caricature de ce point de vue. En définitive, le droit minier s'inspirant à la fois du droit public et du droit privé, échappe, de ce fait, à toute classification définitive[51].

25. Le Code minier est établi au motif que les opérations minières intègrent à la fois le souci de préserver les intérêts transnationaux et la souveraineté des États. De ce fait, la mine, par sa contribution à la puissance publique, à la sécurité des approvisionnements, ne saurait

---

[49] Leben (Ch.), Les investissements internationaux dans les pays en développement : Réflexions sur la décennie écoulée (1976-1986), Clunet, n° 4 : 922, 1986.

[50] Leben (Ch.), *op. cit.*, p. 932.

[51] Rapport - Arnaud Gossement (12 octobre 2011) sur le Droit minier et droit de l'environnement pour une réforme relative à l'évaluation environnementale, à l'information et à la participation du public remis à Madame Nathalie Kosciusko-Morizet, ministre de l'Écologie, du Développement durable, des Transports et du Logement.

être traitée comme toute autre activité. Et cela d'autant moins qu'elle est encadrée par une organisation administrative spécifique et un corps de hauts fonctionnaires. Cela ne signifie pas cependant que cette administration spécifique constitue un corps de droit indépendant détaché de tout lien avec l'État[52]. Le Code minier dessine en effet les contours de l'interaction entre l'État et la compagnie minière. Dans l'étude de la Banque mondiale[53], la notion de cadre réglementaire englobe le Code minier et l'attribution des droits et des permis d'exploitation ; et un Code minier représente « la combinaison de lois, de règlements et d'accords régissant l'attribution, le mode de faire-valoir et l'exploitation des droits miniers ». Dérivant de l'histoire de l'exploitation des ressources minérales, quatre conceptions du droit minier ont prévalu, dont il reste des traces dans les codes miniers actuels. Ce sont les régimes d'accession, d'occupation, de droit régalien et de droit domanial.

26. Le système d'accession est issu de la féodalité et postule que le propriétaire du sol est aussi propriétaire du tréfonds par droit d'accession. Ce dernier est l'accessoire du premier. Globalement, on

---

[52] L'examen de la doctrine ne permet pas de disposer d'une littérature abondante sur la question du particularisme du droit minier et, partant, de la justification, autre qu'historique, de l'existence autonome d'un Code minier. Toutefois, Jean Personnaz, François Verrier, Philippe Jallade (*Droit des mines – régime des recherches minières*, fasc 370, Juris classeur administratif, 2004) ont pu écrire : Ce particularisme du droit minier procède de raisons bien connues :

– importance des matières minérales pour l'économie nationale comme source de matière premières ;

– rareté relative de celles-ci du fait qu'elles ne se reproduisent pas ;

– nature des travaux d'exploitation, en général souterrains et exposant le personnel à des dangers spéciaux et à la surface à des contraintes particulières.

Ainsi, ces auteurs (*Cf.* Jean Personnaz, François Verrier, Mines et Carrières, fascicule 10, Juris Classeur Géomètre expert, 2000) acceptent-ils – à juste titre – de traiter du particularisme du droit minier sans toutefois conclure à l'existence d'un droit autonome. Au demeurant, l'existence d'un droit autonome n'est pas en soi une condition nécessaire de la création d'un Code. Le Code minier peut se justifier et ce, quand bien même, le droit minier ne serait pas autonome. Ces mêmes auteurs ajoutent : Une des idées fondamentales de la loi de 1810, reprise par le Code minier, était en effet de réserver le régime des mines aux substances les plus importantes pour l'intérêt général et de placer les autres sous le régime, soit des carrières, qui font largement application du droit commun, soit minières intermédiaires entre les deux précédents et comprenant les tourbières et certains gîtes de minerais de fer facilement exploitables en surface.

[53] Campbell (B.), Enjeux des nouvelles réglementations minières en Afrique, ed. Nordiska, pp. 97, 2004.

peut dire qu'actuellement l'accession n'est plus guère usitée qu'aux États-Unis et au Royaume-Uni. Les droits du propriétaire du sol peuvent être limités par la Couronne ou l'État dans l'intérêt général. Concernant le système d'occupation ou le droit de l'inventeur, la mine est considérée comme *res nullius*, les droits miniers étant donc conférés au premier occupant du terrain, au premier demandeur ou au premier ayant mis en évidence un gisement de substances minérales. Les législations minières canadienne et australienne se rapprochent plutôt du droit de l'inventeur. S'agissant du système de droit régalien, la mine est encore considérée comme *res nullius*, mais c'est l'État qui, en vertu de son droit régalien, détermine les conditions de recherche et d'exploitation. C'est le système français. Au sujet du droit domanial, les ressources minérales sont la propriété du souverain, ou de l'État. Ce système a connu ses dernières applications en Amérique latine jusqu'en 1989. Pour le droit domanial, les gisements sont la propriété de l'État et font partie de son domaine. La recherche et l'exploitation de ces richesses nationales font l'objet de contrats passés avec l'État. C'est le système en vigueur au Proche-Orient. Cette ébauche de classification des régimes miniers est d'intérêt pédagogique, mais en pratique dans beaucoup de pays d'Europe et d'Afrique, la législation minière dite *de droit commun* est un mélange en proportions variables des conceptions des régimes d'accession, d'occupation, de droit régalien et de droit domanial.

27. Puisque pour la plupart des pays les ressources minérales constituent la propriété du peuple[54], il revient alors à l'État d'assurer la bonne gestion du patrimoine minier et la redistribution des ressources fiscales et autres générées par les activités minières. Dès lors, les termes suivant lesquels les contrats miniers[55] sont conclus sont importants non seulement pour les flux de recettes, mais aussi pour les autres variables macro-économiques et objectifs de développement plus larges, tels que la diversification, l'emploi, l'environnement et les retombées sur les autres secteurs.

[54] Dans la plupart des pays, les richesses minérales sont une propriété collective, c'est-à-dire ne peuvent être détenues par une personne seule. La propriété collective des ressources minérales est celle de l'ensemble du peuple qui en confie en quelque sorte la gestion à l'État, qui la contrôle mais ne la possède pas.

[55] Les contrats miniers peuvent être désignés par des appellations différentes : Accord de développement minier, Entente sur l'exploitation des ressources minérales, Accord d'exploration et d'exploitation, Accord sur l'investissement minier, Contrat d'extraction minière, Concession minière, Convention minière, etc.

28. L'objectif principal d'un contrat minier est de régler les rapports entre l'État et l'investisseur, pendant toute la durée des opérations minières. La tendance générale est de considérer les contrats miniers ou les contrats d'État comme des contrats de droit privé et la transposition de la théorie du contrat administratif[56] en droit international serait contredite tant par la pratique contractuelle que par la jurisprudence arbitrale.

29. Un contrat minier peut couvrir un large éventail de questions telles que les obligations opérationnelles, les questions de développement économique, le régime fiscal et financier applicable, les questions environnementales et sociales, la résolution des différends, l'emploi et l'approvisionnement local, les changements de propriétaire ou les contrôles de gestion. Le contrat minier couvre concrètement, entre autres, les

---

[56] Dans le silence des textes, la jurisprudence a dégagé différents critères de qualification des contrats. Un contrat administratif doit d'abord mettre en présence au moins une personne publique (critère organique). Il doit ensuite soit contenir une clause exorbitante du droit commun, soit avoir pour objet l'exécution même du service public (critère matériel). Pour qu'un contrat soit qualifié de contrat administratif le critère organique et le critère matériel doivent être satisfaits de façon cumulative. Les contrats administratifs sont une catégorie de contrats conclus par l'administration, qui peut également signer des contrats de droit privé. Les contrats – administratifs ou privés – constituent, avec les actes administratifs unilatéraux, le second moyen d'action de l'administration dans ses relations avec les administrés. Un contrat est dit administratif dans plusieurs cas. Tout d'abord, si la loi le qualifie comme tel (ex : les marchés de travaux publics par la loi du 28 pluviôse an VIII) ou si un texte déclare le juge administratif compétent pour régler les conflits sur le contrat de l'administration dont il traite. Sinon, en l'absence de qualification du contrat par un texte, des critères dégagés par la jurisprudence doivent être présents :

– un des signataires du contrat est une personne publique ;

– le contrat vise l'exécution d'un service public ;

– le contrat contient des clauses exorbitantes du droit commun – c'est-à-dire des clauses qu'on ne trouverait pas dans un contrat privé, et qui confèrent à la personne publique des prérogatives ou des avantages exorbitants, ou imposent à son cocontractant des obligations ou des sujétions exorbitantes.

La vie juridique du contrat d'État soumet les concours de volontés de l'administration à un régime sensiblement proche de celui des contrats entre particulier. Si ce fait est certes rassurant pour les investisseurs et qu'il contribuera même éventuellement à stabiliser les flux d'investissement, une protection aussi forte peut toutefois avoir un impact équivoque sur la définition et la gestion des politiques publique des États hôte. On distingue plusieurs types de contrats administratifs dont les principaux sont les marchés publics, les délégations de service public et les contrats de partenariat public-privé

http://www.vie-publique.fr/decouverte-institutions/institutions/administration/action/voies-moyens-action/quoi-consistent-contrats-administratifs.html.

obligations de l'investisseur à tous les stades, son droit de recherche et d'exploitation des minéraux et la nature des minéraux couverts, ainsi que ses droits et obligations en matière d'infrastructures. Des domaines tels que la responsabilité sociale, les droits de l'homme, les dispositions anti-corruption, et les consultations au niveau local apparaissent en tant que nouveaux sujets dans les contrats miniers.

30. Se rapportant certes à l'exploitation et à la recherche des ressources minérales, les contrats miniers conservent des particularités. Ce sont des clauses qui ont des conséquences certaines sur les politiques publiques, et qui s'en prennent purement et directement au pouvoir normatif de l'État, élément essentiel de sa souveraineté. Il est difficile, pour ne pas dire impossible, de voir un contrat minier ne comportant pas des clauses de stabilisation[57]. C'est d'ailleurs à leur présence dans le contrat qu'on reconnaît, identifie, caractérise même les contrats d'État. Cela se justifie aisément du fait non seulement du poids économique que draine ce type de contrat, mais aussi de leur durée. Ce sont des clauses contractuelles ou comprises dans un traité international d'investissement en vertu desquelles l'État s'engage à ne pas annuler ou modifier le contrat sans le consentement du co-contractant privé. Certes, l'État peut toujours dans ce cas exercer sa souveraineté et changer unilatéralement les conditions ou les termes du contrat, ou même le résilier pour cause d'intérêt général, mais cela donnera très certainement lieu à une indemnisation pour l'investisseur étranger. Il semble fascinant et pertinent de se pencher plus précisément sur les contrats passés entre les États et les sociétés minières.

---

[57] De manière plus fondamentale, une telle clause a pu avoir pour l'investisseur un caractère déterminant dans sa décision de conclure le contrat et l'État d'accueil a, ce faisant, créé au profit de l'investisseur une expectative légitime qu'il ne saurait décevoir par la suite sans porter atteinte au principe de bonne foi. Ces clauses peuvent se diviser en deux types, soit des clauses d'inopposabilité ou des clauses de non aggravation. Les clauses d'inopposabilité sont des instruments de protection par lesquels l'État s'engage à ne pas appliquer ses lois nouvelles au contrat, à tenir le contrat hors du champ d'application des lois nouvelles qui surviendraient ultérieurement, sauf accord du cocontractant. Tandis que les clauses de non aggravation ou d'incorporation sont beaucoup plus contraignantes pour l'État d'accueil car avec cette catégorie de clauses l'État ne pourra pas faire de loi nouvelle si elle est applicable au domaine du contrat.

TERMINOLOGIE

Propriété

31. Le droit naturel de propriété est déclaré par les grands textes fondateurs de notre modernité juridique, la *Déclaration des droits de l'homme et du citoyen*, ou encore le *Bill of Rights* de la Constitution américaine, et qu'il est devenu une norme positive en trouvant consécration dans les législations modernes, à l'instar du Code civil. Pour les jurisconsultes de la première moitié du XIXe siècle, le droit de propriété est le droit exclusif et absolu d'une personne sur des choses matérielles. Mais les marxistes, pensaient, comme Proudhon qui énonçait que « la propriété, c'est le vol ! ».

32. Aux origines, la propriété n'existait que pour les choses mobilières, le sol appartenant à tous ou à personne en particulier. À Rome, on attribuait les terres à des individus qui devaient en récolter les fruits. D'années en années l'habitude s'instaura de laisser la terre toujours aux mêmes personnes, de là est née la propriété individuelle et perpétuelle. La propriété était alors absolue.

33. La doctrine juridique contemporaine s'accorde en général à reconnaître que le droit des biens est en crise, et qu'aucune définition de la propriété ne parvient à décrire correctement l'ensemble du droit actuel qu'à parler d'« extinction »[58], ou encore de « désintégration de la propriété »[59] pour décrire l'abandon progressif de l'idée d'un pouvoir absolu d'une personne sur une chose, au profit d'une autre notion, plus obscure, celle de faisceau de droits (*bundle of rights*), divisibles et superposables, n'ayant pas nécessairement des choses tangibles pour objet, mais désignant l'irréductible hétérogénéité des objets appropriés et des régimes juridiques auxquels ceux-ci sont soumis[60].

34. On l'aura compris, la démarche de la doctrine est avant tout politique et peut se résumer de la manière suivante : parvenir à la

---

[58] Mackaay (E.), « La propriété est-elle en voie d'extinction ? » in *Nouvelles technologies et propriété*, Actes du Colloque tenu à la Faculté de droit de l'Université de Montréal les 9 et 10 novembre 1989, Montréal, Thémis - Paris, Litec, p. 217-247, 1991.

[59] Grey (T. C.), The Desintegration of Property, Nomos (Yearbook of the American Society for Political and Legal Philosophy) : 510 XXII, J. R. Pennock and J. W. (eds), New York, New York University Press, p. 69-87, 1980.

[60] Xifaras (M.), La propriété - Etude de philosophie du droit. PUF, 2004.

construction d'un ordre juridique moderne, fondé sur l'institution du principe de la liberté de la personne, qui exige à la fois que cette personne ait un accès inconditionné à la propriété et qu'elle n'en soit pas l'objet. De la personne propriétaire à la chose appropriée, il faut par conséquent instituer une discontinuité radicale, qu'opère une vigoureuse réactualisation de la *summa divisio*, érigée en prémisse et en fondement de l'ensemble du système des droits : c'est parce qu'il faut asseoir, du côté de la personne individuelle, la plus absolue des libertés, qu'il convient de lui reconnaître le droit d'exercer sur les choses la plus absolue des dominations.

35. Selon Veronique Tournis et Michel Rabinovitch[61], les droits de propriété sur les ressources minérales sont établis par la loi et, très généralement, le pouvoir de concéder des droits d'exploration, de production et de vente de ces ressources est défini par des lois, règlements et procédures couvrant toutes les phases de leur mise en valeur. Ces caractères confèrent au droit minier une particularité évidente qui justifie le groupement et l'étude d'ensemble des dispositions, dont il fait l'objet à travers un document autonome dit Code minier[62].

Concession

36. Tout d'abord, la concession est un concept à divers sens en droit administratif. De façon générique, c'est un terme utilisé pour qualifier plusieurs catégories de contrats : la concession du service public, la concession portant occupation privative prolongée du domaine public, la concession d'aménagement et les concessions de mines. Mais la doctrine estime que c'est de façon inappropriée qu'un langage

---

[61] Tournis (V.), et Rabinovitch (M.), Principes de législation minière. http://www.geosoc.fr/temoignages/cat_view/1-dossiers/20-matieres-minerales/65-geologie-miniere.html-

[62] En France, dont la législation minière a largement inspiré le droit minier au Sénégal, concernant les mines, minières et carrières, le Code minier (*Cf.* décret n° 56-838 du 16 août 1956 portant Code minier, JORF 21 août 1956, p. 8004) a été créé par le décret n° 56-838 du 16 août 1956. Ce décret procède d'une habilitation définie par la loi n° 55-720 du 26 mai 1955 relative à la procédure de codification des textes législatifs qui dispose en son article premier : Il sera procédé à la codification, sous le nom de Code minier, des textes législatifs concernant les mines, minières et carrières, par décret en Conseil d'État pris sur le rapport du garde des sceaux, ministre de la Justice, et du ministre de l'Industrie et du Commerce, après avis de la commission supérieure chargée d'étudier la codification et la simplification des textes législatifs et réglementaires .

administratif insuffisamment précis l'utilise pour qualifier certains actes[63]. Sont notamment concernées les concessions de cimetières, les concessions sur le domaine des personnes publiques de même que les concessions de mines[64].

37. La nature juridique de la concession de mine est, depuis longtemps, au centre des préoccupations de la doctrine[65]. Le problème classique et souvent discuté de la nature juridique de la concession de mine recouvre en réalité plusieurs questions. Selon M. Ouedraogo, il s'agit en premier lieu de situer dans la nomenclature des concessions la concession de mine. En clair, il s'agit de savoir si la concession de mine se rattache à la catégorie des concessions de service public. Ou encore à celle des concessions des travaux publics ou relève encore d'une autre catégorie. Au regard de la critique de la doctrine susmentionnée, c'est la troisième réponse qui s'impose. La concession des mines n'est pas une concession de service public.

38. Bien que la thèse contraire ait été soutenue mais spécialement pour le régime minier d'outre-mer[66], A. de Laubadere soutient qu'il l'est très généralement et que, à juste titre, le concessionnaire de mine n'est pas un concessionnaire de service public. Selon lui, l'exploitation des mines constitue une activité privée d'intérêt général, non une concession de service public[67]. D'autre part, la concession de mine n'est pas une concession de travaux publics. En effet, selon Y. Gaudemet, bien que l'exploitation des mines soit considérée comme une illustration de la notion d'entreprise privée d'intérêt général, les travaux exécutés par le concessionnaire de mine ne sont pas des travaux publics parce qu'ils ne sont pas exécutés « pour le compte d'une personne publique[68] ». Cette solution jurisprudentielle est ancienne ; les travaux miniers ne sont pas des travaux publics (CE 04 juin 1926, Compagnie

[63] Waline (J.), Précis de Droit administratif, 22e édition, Dalloz : 364, 2008.

[64] Waline (J.), Précis de Droit administratif, ibid.

[65] Personnaz (V. J), Institution des mines, J.C.A Fasc. 371, n° 16 et s. Rolland (L.), « Situation juridique des exploitants de mines », in R.D.P. 1911, p. 730 et 1920.343. J. Russo, précité.

[66] Nicolay (Th.), Le régime juridique des mines dans les territoires d'outre-mer et les territoires associés, Bibliothèque juridique de l'union française ; Encyclopédie d'outre-mer, p. 278, 1955.

[67] De Laubadere (A.), « Traité de droit administratif », t. 1, 8e éd.. In: Revue internationale de droit comparé. Vol. 32 n° 3 : 669-671, 1980.

[68] Gaudemet (Y.), Traité de droit administratif : Tome 2, Droit administratif des biens ; LGDJ; 13e édition, p. 461, 2008.

des houillères lyonnaises, Rec. Lebon, p. 563). Elle n'a pas été abandonnée par la jurisprudence ultérieure, même en ce qui concerne les charbonnages depuis la nationalisation de ceux-ci en 1946 (cons. Préf. Toulouse, 23 déc. 1952, Sté d'application des produits Enklay, Gaz. Pal. 11-13 mars 1953)[69]. Selon donc A. De Laubadere, la concession de mine se rattache à une autre catégorie de concessions que l'on appelle généralement la concession de richesse naturelle[70].

39. En second lieu, la question a été de savoir – et ce fut la question la plus controversée – si la concession de mine est un acte unilatéral ou un contrat. Ces controverses résultent à la fois du caractère équivoque du mot « concession », qui en droit administratif est employé dans les deux sens, désignant tantôt des actes unilatéraux (concession de pension, de logement), tantôt, des contrats (concession de voieries par opposition à permission de voieries), et des discussions doctrinales qui existent sur la distinction des contrats et des actes unilatéraux déclenchant l'application d'un statut (actes-conditions).

40. Selon A. De Laubadere, sous le régime de 1810, la concession de mine apparaissait comme un acte unilatéral et réglementaire[71]. Dans la discussion même de la loi, le désir de certains jurisconsultes de voir consacrer le caractère contractuel de l'acte de concession fut tenu en échec par la conception contraire imposée par l'empereur. La doctrine finira par adhérer à la reconnaissance sinon de la nature entièrement contractuelle de la concession de mine, du moins de la présence dans son analyse d'éléments contractuels. Un auteur fera remarquer que la doctrine est assez portée, à cet égard, à rapprocher le cas de la concession de mine de celui de la concession de service public pour y voir également un acte mixte, mi-réglementaire, mi-contractuel[72].

41. La doctrine n'a cependant pas manqué d'observer que la distinction des parties contractuelles et des parties réglementaires (sans doute les plus nombreuses) du cahier des charges est moins facile à faire que dans le cas de la concession de service public (dans lequel la présence même du service public fournit le critère) et de la contexture assez particulière du cahier des charges de la concession de mine,

---

[69] Granger (R.), « Les mines nationalisées devant le droit minier », *Droit social*, n°7 : 381-458, 1953.

[70] De Laubadere (A.), Traité de droit administratif, *op. cit.*

[71] De Laubadere (A.), *ibid.*

[72] Rolland (L.), « Situation juridique des exploitants de mines », in *R.D.P.* 1911, p. 730 et 1920.343. J. RUSSO, précité.

lequel, on le verra, doit être, pour une large part, conforme aux cahiers des charges-type.

42. Enfin, il convient de se demander quelle est la nature du droit que la concession confère au concessionnaire. La loi de 1810 attribuait de la manière la plus explicite au concessionnaire un droit de propriété sur la mine, en disposant en son article 7 que l'acte de concession « donne la propriété perpétuelle de la mine, laquelle est dès lors disponible et transmissible comme tous autres biens, et dont on ne peut être exproprié que dans les cas et selon les formes prescrites pour les autres propriétés conformément au Code napoléon et au Code de procédure civile. Toutefois une mine ne peut être vendue par lots ou partagée, sans une autorisation préalable du Gouvernement donnée dans les mêmes formes que la concession ». La doctrine interprétait cette disposition comme impliquant une assimilation pure et simple du droit du concessionnaire sur la mine à la propriété du droit du concessionnaire sur la mine à la propriété du droit civil.

43. Cette assimilation a été progressivement abandonnée en raison des innovations législatives qui ont paru, enlever à la concession les caractères fondamentaux de la propriété. Déjà à la fin du 19e siècle, à la suite de la loi de 1838 instituant une déchéance possible du concessionnaire, de celle de 1852 interdisant la réunion des concessions sans autorisation, des auteurs comme Édouard Laferriere[73] et M. Hauriou[74], éminents juristes du XIXe siècle, estimaient qu'il s'agissait d'une « propriété imparfaite, limitée par l'intérêt public » ou d'une « propriété à caractère administratif ».

44. La loi de 1919, en supprimant la perpétuité et la gratuité des concessions, a naturellement accentué cette orientation doctrinale. On a observé de plus en plus dans le droit du concessionnaire un droit de nature administrative, « droit réel administratif », disent les auteurs qui admettent l'existence de cette catégorie juridique, celle des droits réels administratifs, mais non plus un droit de propriété. En France, c'est cette conception qui demeure aujourd'hui encore dominante bien que le Code minier, qui se borne à parler d'un « droit immobilier distinct de la propriété de la surface », fasse rétablir la perpétuité pour les mines

---

[73] Laferriere (E.), Traité de la juridiction administrative et des recours contentieux, 2e éd., 1896.

[74] Hauriou (M.), *Précis de droit administratif*, Sirey, Paris, 1ère éd., 1892.

autres que les hydrocarbures. Quant à l'exploitation même de la mine, elle est « considérée comme un acte de commerce ».

Contrat

45. La notion de contrat revêt au moins deux significations[75] dans la littérature juridique contemporaine[76]. En effet, un contrat est avant tout « une convention par laquelle où plusieurs personnes s'obligent envers une ou plusieurs autres à donner, faire, ou ne pas faire quelque chose » (article 1101 du Code civil). C'est donc par définition un acte plurilatéral c'est un procédé d'action bilatéral qui suppose un échange de volontés et l'accord des deux parties. En droit administratif, si le contrat peut se définir comme en droit privé tel un accord de volonté ayant pour but de créer un rapport d'obligation, il est cependant primordial de différencier les contrats administratifs des contrats de droit privé.

46. Dans son acception étendue, le contrat désigne autant le produit de l'accord de volonté ou le *negotium* que l'acte instrumentaire ou l'*instrumentum* qui supporte le *negotium*. Deux interprétations du contrat se déduisent de son analyse structurale[77]. Dans l'analyse classique, le contrat est envisagé dans sa structure comme une « compilation de clauses »[78], ou une agrégation articulée et intelligible de diverses clauses ou stipulations instituant des obligations et des règles de comportement destinées à produire des effets de droit entre les contractants[79]. Cette analyse emporte deux conséquences immédiates. Elle consacre la « relevance des clauses contractuelles »[80] à l'égard du

---

[75] Ghestin (J.), La notion de contrat, D. 1990 chr. p. 27.

[76] Rouhette (G.), *Contribution à l'étude critique de la notion de contrat*, thèse Paris, 1965. Pour cet auteur, si la notion de contrat étant si évidente elle n'aurait pas été autant étudiée en doctrine. Sur une synthèse de la théorie du contrat, v. Aubert (J. L.), Le contrat, Dalloz Coll. Connaissance du droit, 2e éd., 2000. V. aussi, Mousseron (J. M.), *op. cit.*, 2e éd. F. Lefebvre 1999, n° 6, p. 24.

[77] Sur l'origine de l'analyse structurale du contrat, v. aussi, Kelsen (H.), Étude structurale du contrat, une conception objective du lien d'obligation : les apports du structuralisme à la théorie du contrat, APD 81, T. 26.

[78] Arbant-Michel (G.), *Les relations entre les clauses et contrat*, th. Montpellier, 2001.

[79] Frison-Roche (M. A.), *Le contrat et la responsabilité : consentements, pouvoirs et régulation économique*, RTD civ. p. 43, 1998.

[80] En ce sens, v. not. Santi Romano, *L'ordre juridique*, Dalloz 2002. Cité par Mekki (M.), art. préc. RDC 2006.1056. V. aussi, Ghotot (P.), Introduction de Ph. Francescakis, Dalloz, coll. « Philosophie du droit », 1975, p. 106.

contrat. Les clauses contractuelles ne sont alors que de « simples divisions syntaxiques du contrat »[81].

47. À l'encontre de cette analyse classique du contrat, le professeur Savaux a objecté que la promesse de la théorie générale du contrat serait un vœu pieux. Elle serait au mieux une utopie juridique, sinon un « un mythe »[82] parce que la théorie de l'autonomie de la volonté sur laquelle repose tout l'édifice de la théorie générale du contrat n'est pas le fondement juridique de la force obligatoire des conventions. Ce fondement se trouverait plus adéquatement dans le volontarisme social[83]. À en croire cet auteur, si les conventions tiennent lieu de loi, c'est bien parce que l'ordre social le prescrit. Partant, la force obligatoire de la loi des parties ne procède pas exclusivement du volontarisme contractuel. Elle dérive de trois principales sources que sont les règles communes à tous les contrats, les règles spéciales à chaque type de contrat et enfin les règles particulières propres à un contrat donné. Si ces règles particulières propres à un contrat doivent leur source dans la volonté des parties contractantes telle qu'elle résulte des clauses du contrat[84] ; « ces stipulations présentent toujours quelque particularité rendant illusoire tout regroupement et se distinguant radicalement des deux autres catégories de règles par leur origine volontaire, le droit des contrats se trouve finalement réduit à deux niveaux de dispositions : la théorie générale du contrat, d'une part, le droit des contrats spéciaux, d'autre part »[85]. C'est dire que si cet auteur

---

[81] Frison-Roche (M. A.), *ibid.*

[82] Savaux (E.), *La théorie générale du contrat, mythe ou réalité ?* LGDJ, 1997, Préf. Aubert (J. L.), spéc., n° 191 et s. V. aussi, Flour (J.), Aubert (J .L.) et Savaux (E.), Droit civil, Les obligations, vol. I, L'actejuridique, 11e éd., Armand Colin, 2004, n° 94. Pour ces auteurs, l'évolution du droit des contrats à l'époque contemporaine n'obéit pas aux mêmes principes pouvant être généralisés à l'ensemble des contrats. Les « recettes » habituellement fournies par la doctrine au moyen de l'étude prétendument systématique de la formation et de l'exécution du contrat, ne sauraient occulter l'existence de véritables incertitudes qui doivent inciter les justes à la prudence. Déjà en ce sens, Geny (F.), *Méthode d'interprétation et sources en droit privé positif*, LGDJ, 2e éd., 1954, n°67 et s. ; Ghestin (J.), *La formation du contrat*, LGDJ, 3e éd., 1993.

[83] Flour (J), Aubert (J. L.) et Savaux (E), *op. cit.*, n° 110 et s. p. 75.

[84] Plus gén., sur le rôle de la volonté, v. Rieg (A.), Le rôle de la volonté dans les actes juridiques en droit civil français et allemand, th. L.G.D.J., B.D.P., tome 19, 1961.

[85] Savaux (E.), th. préc., n° 32. Comp. Carbonnier (J.), « Introduction », in L'évolution du droit des contrats spéciaux dans la loi depuis 1945, Journées Savatier (R.), PUF,

ne conteste guère la possibilité d'une théorie générale de l'obligation[86], il demeure néanmoins sceptique quant à l'existence d'une théorie générale du contrat, qui ne serait pas de droit positif. Ce que l'on dénomme, par abus de langage, la théorie générale du contrat ne serait en réalité « qu'un droit commun des contrats, simples fractions des règles positives applicables aux contrats »[87].

48. Par ailleurs, l'idée de propriété de la mine, consacrée par la loi de 1810, faisait obstacle à l'idée de contrat, la situation juridique de propriétaire s'analysant en un statut légal. Mais, tout au long du 19e siècle, des éléments nouveaux devaient faire naître et progresser l'idée

---

1986, p. 33. Il se demande si la règle supplétive est encore nécessaire en raison du développement de la pratique contractuelle.

[86] Collart-Dutilleul (F.) et Delebecque (Ph.), *Contrat civils et commerciaux*, 5e éd., Dalloz, n° 5, 2000. Ces auteurs constatent que : « tout au long du XIXe siècle et pendant une bonne partie du XXe, le droit contractuel repose principalement sur ce qu'il est convenu d'appeler la théorie générale des obligations ».

[87] Savaux (E.), ibid., n° 29, p. 34. Pour cet auteur ce que l'on nomme par la force de l'habitude théorie générale du contrat n'est qu'une réflexion doctrinale sur le contrat et non la considération légale du contrat. En ce sens, Hebraud (Ph.), «Rôle respectif de la volonté et des éléments objectifs dans les actes juridiques», in Mélanges Maury, p. 434. Ces auteurs semblent aussi persuadés qu'il vaut mieux parler de droit commun des contrats, car c'est bien dans les contrats spéciaux qu'il faut aller chercher la physionomie du contrat et non pas comme on peut l'espérer dans la partie générale du *Code civil*. Rappr. Carbonnier (J.), Droit civil, les obligations, t.4, thémis, 21e éd., 1998, n° 19. « La théorie générale du contrat devrait puiser davantage dans la matière des contrats spéciaux, plus concrète, plus réaliste ». Comp. Cornu (G.), Regards sur le titre III du livre III du *Code civil* « Des contrats ou des obligations conventionnelles en général » (Essai de lecture d'un titre du Code), cour de DEA de droit privé 1976, Paris. Les cours de droit, 1976, n° 40 et s.p. 29 et s. Pour cet auteur l'existence de la théorie générale du contrat dans le Code civil ne fait pas mystère : « Le titre III du livre III regroupe (…) trois ordre de matières (trois sous ensemble) […] La première constitue la théorie générale des contrats et réunit les règles qui sont communes à tous les contrats et même à toutes les conventions. Elles rassemblent en 67 articles les trois premiers chapitres du titre (…) La deuxième partie du titre III du livre III constitue en revanche, la théorie générale des obligations. Elle englobe des règles qui se situent à un degré supérieur de généralité relativement à la théorie générale des contrats. Ces règles sont en effet applicables à l'ensemble des obligations quelles que soient la source de celles-ci (…). Cette partie générale est, quantitativement, de beaucoup la plus importante. Elle regroupe les chapitres IV et V du titre respectivement consacrés aux diverses espèces d'obligation et à l'extinction des obligations. Elle couvre les articles 1168 à 1314, soit 147 dispositions représentant plus de la moitié de la série totale des articles du titre (…). La troisième partie (…) est la plus courte (elle réunit les 55 articles du chapitre VI et dernier du titre III). Mais c'est aussi, en ce sens, la plus générale. Elle est, en effet, devenue la base de la théorie générale des preuves qui est commune à l'ensemble des actes juridiques et des faits juridiques».

de contrat. Ce fut d'abord l'introduction, par la loi du 26 avril 1838 de la possibilité de déchéance du concessionnaire, qui parut liée à la notion de contrat synallagmatique. Surtout, l'idée a reçu un renfort dans l'apparition de développement de la pratique de cahiers des charges annexés aux concessions ; cette pratique a été considérée par beaucoup d'autres auteurs comme révélatrice d'une situation contractuelle. Sans doute, en 1907, à propos de cette pratique, et précisément pour la condamner, le Conseil d'État français rappelait-il dans un avis que le concessionnaire est un propriétaire dont la situation est déterminée par les lois et règlements, mais il constatait lui-même l'évolution qui s'était produite et souhaitait que la nature juridique des concessions fût transformée dans le sens contractuel.

49. La loi de 1919 a fait faire un incontestable progrès à l'idée de contrat, en consacrant la pratique des cahiers des charges et l'abandon de l'idée de propriété de la mine. Dans les années 1950, certains régimes législatifs particuliers, par exemple le régime des « conventions de longue durée » prévu pour les territoires d'outre-mer par le décret du 13 novembre 1956[88], régimes assez clairement contractuels, ont constitué des éléments qui, malgré leur champ d'application spécial et limité, ont alimenté le courant contractuel. Dans les régimes qui ont été adoptés dans les colonies, certaines considérations ont en effet poussé à consacrer des règles qui vont dans le sens de la reconnaissance d'un caractère plus nettement contractuel de la concession. La concession des mines s'est orientée alors vers une formule plus ou moins inspirée de celles des grandes conventions d'établissement pratiquée par les États anglo-saxons dans le Moyen-Orient.

50. L'administration dispose de deux moyens d'action : les actes administratifs unilatéraux ainsi que les contrats administratifs auxquels nous nous intéresserons ici. Édouard Laferrière disait dans son œuvre « Traité de la juridiction administrative » : « la matière des contrats est peut-être celle où les règles de compétence sont les plus complexes. »

---

[88] Ce texte, qui déborde du reste le régime minier, car il s'applique à des « entreprises productives » qui ne sont pas nécessairement les seules entreprises minières, prévoit que ces entreprises peuvent conclure avec les territoires des conventions dans lesquelles le territoire s'engage à ne pas modifier pendant une certaine durée le régime fiscal ni certains aspects de la législation applicables aux sociétés en question. Cette garantie exorbitante (« régime fiscal et législatif de longue durée ») s'inscrit dans un cadre contractuel, car il résulte des termes employés par le décret que ces conventions ont été conclues en application de ce décret par les sociétés avec les colonies.

51. Cette citation est pertinente car elle souligne très bien la difficulté du contrat administratif, en effet en principe le contrat est une notion qui relève du droit privé, même si le domaine du droit privé et du droit public sont deux domaines distincts et que les contrats civils et administratifs vont répondre à des régimes différents, on observe certaines similitudes notamment dans la définition même du contrat administratif.

52. De plus l'idée de contrat présuppose une certaine égalité entre les parties, cependant dans un contrat administratif la puissance publique est en jeu, il apparaît donc un paradoxe dans lequel même si l'idée de contrat suppose une certaine égalité entre les parties, on assiste à une inégalité entre les parties à l'acte. C'est à cause de ce paradoxe qu'il est difficile de définir clairement le contrat administratif.

53. Le contrat administratif est un moyen d'action des personnes publiques (même chose que l'acte administratif unilatéral), même si la majorité des actes pris par l'administration sont unilatéraux on observe dans certains domaines, notamment en matière économique une prolifération des contrats de droit public.

54. Par conséquent, les contrats administratifs sont nombreux et divers, en effet certains de ces contrats sont des marchés de travaux publics, marché de fournitures, marché de transport. Il peut y avoir des concessions de travaux publics : le partenaire de l'administration est rémunéré par les usagers. Mais se limiter à une définition stricte du critère selon lequel au moins une personne publique doit être signataire du contrat pour le qualifier d'administratif amènerait le juge à exclure certains contrats qui sont bien des contrats administratifs car ils ont un réel lien avec l'intérêt public.

55. Ces contrats – comme nous le verrons par la suite – peuvent contenir des déséquilibres auxquels l'État et l'entreprise privée doivent faire face. Le contrat d'État défini comme la convention conclue entre un État et une personne privée étrangère porte souvent sur l'exploitation des ressources minérales. Se pose dès lors la nécessité pour le partenaire privé d'avoir une sécurité juridique, seule garantie de pouvoir effectuer l'exploitation pendant une durée limitée et sans risque de se voir dépossédé de son bien. L'État contractant en revanche conserve la pleine souveraineté sur son territoire et, par conséquent sur ses ressources minérales ; il peut être ainsi tenté d'utiliser son pouvoir normatif, et plus généralement ses prérogatives régaliennes, pour modifier voire résilier un contrat. C'est ainsi qu'une des particularités du contrat d'État réside en sa soustraction partielle ou totale à l'ordre juridique de l'État contractant, d'où ses caractéristiques principales d'internationalisation.

56. Pour le Professeur Weil, « (...) le droit international des contrats, loin de favoriser systématiquement les investisseurs étrangers au détriment des États d'accueil, constitue tout au contraire un facteur d'équilibre : l'essence du droit international n'est-elle pas précisément, de permettre la coexistence et la coopération entre entités de dimensions et de puissances inégales regardées comme juridiquement égales ? »[89].

57. M. Weil voit même un retour retentissant du droit international dans le couple investisseurs-État d'accueil, formant « un ménage à trois », et qui puise son origine dans deux phénomènes : d'une part, une multiplication des conventions multilatérales instituant des systèmes de règlement des différends entre investisseurs et États hôtes et qui font expressément appel au droit international pour régler le face-à-face conflictuel entre investisseur privé et État d'accueil ; et d'autre part, la multiplication des traités bilatéraux d'investissement qui projetterait sur l'application du droit international un éclairage nouveau, dans la mesure où certains droits et obligations de l'État d'accueil et de l'investisseur étranger étant définis dans un traité international, ceci confère à ces droits et obligations un caractère international. Cependant, le risque d'insécurité juridique a conduit la doctrine à élaborer des clauses inscrites dans le contrat : les clauses de stabilisation et d'intangibilité.

58. Les clauses contractuelles de protection – qu'il faut distinguer des clauses législatives de protection – sont essentiellement réparties entre, d'une part, celles qui ont pour objet de remédier à l'aléa législatif et, d'autre part, celles qui tendent à pallier les inconvénients que pourrait subir l'investisseur du fait de l'exercice éventuel par l'État d'accueil de ses prérogatives de puissance publique en matière contractuelle. Les clauses dites d'intangibilité apparaissent moins courantes, semble-t-il, dans la pratique, et ont pour but de mettre l'investisseur à l'abri des pouvoirs exorbitants que l'État d'accueil pourrait tenir de son droit national vis-à-vis de ses cocontractants. Plus

---

[89] Weil (P.), *Le Droit international, unité et diversité*, Mélange offert à Paul Reuter. – Paris, A. Pedone, DL 1981.

concrètement, ces clauses prennent la forme d'une stipulation qui prévoit de manière générale que les droits et obligations des parties ne pourront être modifiées sans leur consentement mutuel. En outre, les clauses destinées à remédier à l'aléa législatif ou, en d'autres termes, les clauses de stabilisation tendent à *geler* la législation nationale du pays hôte dans la forme où elle se trouve, à la date de la conclusion du contrat et aboutissent à limiter l'exercice de la compétence législative dudit État. Ces deux clauses ont émergé au cours des années 1950, alors que se déroulait une vaste période d'essor économique au cours de laquelle la convoitise des ressources minérales allait se retrouver être le moteur central de la révolution industrielle.

59. Le contrat peut également protéger les investisseurs d'une saisie illégale de leurs biens, et prévoit typiquement des procédures de règlement des différends spéci fi ques. La protection juridique du contrat, qui est peut-être la plus importante pour l'investisseur, consiste en des mesures de protection qui se traduisent d'une part, par l'utilisation par les sociétés internationales, de dispositions leur offrant des garanties contre l'évolution des conditions d'investissement ou de l'environnement dans lequel un contrat a été négocié et, d'autre part, par des principes fondamentaux empruntés au droit international public, particulièrement aux traités d'investissement[90] ;

---

[90] Un traité d'investissement est un accord entre les États par lequel ils s'engagent à fournir aux investisseurs étrangers couverts une protection de fonds et de procédure spéciale. Un traité d'investissement peut être un traité d'investissement bilatéral (BIT, *Bilateral Investment Treaty*), un traité d'investissement multilatéral ou un chapitre traitant de l'investissement dans le cadre d'un accord de libre-échange bilatéral ou multilatéral. Les États s'engagent à traiter les sociétés étrangères de manière juste et équitable ; à payer une compensation si le gouvernement exproprie la propriété de toute société étrangère; à traiter les entreprises étrangères sur le même pied que les entreprises nationales et les entreprises des autres pays ; à fournir une protection et une sécurité totales " aux investissements des entreprises ; et permettre aux entreprises étrangères de transférer librement l'argent dans le pays et hors de celui-ci. La pratique juridique a plutôt, depuis une bonne période maintenant, tendance à s'intensifier, accompagnant la forte expansion des investissements transnationaux : de nouvelles modalités contractuelles sont apparues ; de très nombreuses législations nationales ont été révisées ; à ce jour, plusieurs centaines de traités bilatéraux d'investissement sont signés ; d'importantes négociations multilatérales sont conduites, débouchant pour certaines sur des traités. Cette activité dessine une tendance très nette à la recherche d'un climat politique et de dispositifs juridiques favorables aux investissements transnationaux, en rupture avec la défiance des décennies passées. Les points qui, parmi tant d'autres, font notamment des traités bilatéraux et multilatéraux de véritables protecteurs des investissements internationaux sont :

ce qui rend le contrat d'État[91] tributaire du droit international public[92] (DIP). L'État d'accueil les ayant conclus en sa qualité de sujet de DIP,

– un très haut degré de sanctification des engagements contractuels pris par l'État ;
– un strict encadrement des prérogatives régulatrices de l'État ou des agences et compagnies publiques agissant en son nom ;
– une possibilité pour l'investisseur de porter directement et unilatéralement les différends avec l'État devant les tribunaux arbitraux internationaux ;
– la non-discrimination à l'égard des compagnies sur la base de leur nationalité, y compris parfois dans la phase d'attribution des licences ;
– une définition très large des « droits économiques » associés à l'obtention des licences, permis, autorisations.

Certains traités d'investissement contiennent également des dispositions qui restreignent la capacité des gouvernements à imposer des conditions et des exigences aux sociétés étrangères, telles que les exigences de co-entreprise, les exigences touchant à l'approvisionnement local et les exigences de transfert de technologie.

[91] La pratique contractuelle internationale des États avec les sociétés privées étrangères, les conventions internationales que les États concluent entre eux en matière de commerce ou de coopération économique et financière, ainsi que de nombreuses pratiques confirmées par de nombreuses sentences arbitrales ont amené la doctrine majoritaire à se rallier à l'idée que les contrats d'État sont de véritables actes juridiques internationaux soumis au droit international public comme les traités internationaux ; même s'ils ne se confondent pas. C'est l'idée que soutient P. Weil dans Le *Droit international, unité et diversité*, Mélange offert à Paul Reuter. – Paris : A. Pedone, DL 1981. Les premiers auteurs qui s'y étaient saisis, les avait définis par l'objet de ce contrat. Il a un objet économique et financier important pour le développement économique et social de l'État qui l'a conclu avec la société étrangère. P. Weil disait que ce contrat met ainsi en exergue des situations qui touchent à la souveraineté de l'État et ne peut donc pas relever du droit privé. La doctrine de P. Weil a reçu plusieurs critiques. Selon d'autres auteurs, cette doctrine amplifie exagérément la dimension économique du contrat et occulte ainsi sa dimension juridique. Soutenant que P. Weil met en avant l'objet du contrat pour en tirer une conclusion juridique, ils affirment que les juristes ne peuvent pas se suffire du critère économique. Le droit travaille sur des réalités économiques mais ne se confond pas avec l'économie. P. Meyer a aussi tenté de définir le Contrat d'État par le critère juridique en faisant la distinction entre les contrats passés par l'État et les contrats d'État. Il n'a pas été épargné par des critiques. En effet, selon l'une des critiques, P. Meyer en écrivant que l'État partie au contrat d'État agit en sa qualité de sujet de DIP et non en sa qualité d'État personne morale de droit public interne, ne tire pas les conséquences fatales qui s'attachent au statut de l'État lorsqu'il agit en sa qualité de sujet de DIP. La suite logique serait que l'ordre juridique dans lequel l'État agit est l'ordre juridique international et sera dernier, devra donc être sous l'autorité du DIP.

[92] Le droit national de l'État partie au contrat ne s'impose pas ; elle ne s'applique qu'en vertu du choix libre des deux parties, en respect du principe de l'autonomie de la volonté. L'important c'est qu'en considération du fait que le contrat d'État soit enraciné dans le DIP, la loi nationale entrera dans un rapport de combinaison avec le

avec la société privée étrangère à la suite d'un traité international[93] antérieur conclu par l'État d'origine de ladite société. Presque tous les acteurs du droit international des investissements s'accordent sur le fait que l'arbitrage s'impose comme la voie la plus sûre pour assurer l'égalité et la légalité dans les relations contractuelles entre les États d'accueil et les sociétés privées étrangères. La plupart des accords internationaux d'investissement[94], à l'heure actuelle, comportent des dispositions ayant trait au règlement des différends entre investisseurs et État. On estime qu'il est important pour protéger l'investissement de stipuler dans ces accords que l'arbitrage et non le recours aux tribunaux nationaux doit être la principale méthode de règlement des différends.

DIP qui est l'ordre juridique d'enracinement du contrat. Mais c'est une combinaison inégale car c'est le DIP qui l'emporte sur la loi nationale librement déterminée par les parties. C'est le DIP qui surdétermine l'application de la loi nationale. Le contrat est donc une suite utile de la valorisation du traité antérieur. Il réalise les possibilités ouvertes par le traité antérieur. C'est le DIP qui encadre et gouverne l'application et l'interprétation de la loi nationale librement choisie par les parties pour s'appliquer à leur contrat.

[93] Comme dans le cadre d'un traité bilatéral d'investissement.

[94] La plupart des traités sur l'investissement prévoient des mécanismes de règlement des différends entre investisseurs et États qui permettent à l'investisseur étranger de demander réparation du préjudice causé par le manquement présumé de l'État d'accueil à ses obligations à l'égard des investissements. En l'occurrence, la CIRDI offre un mécanisme assez abouti en la matière même si d'autres voies juridictionnelles existent parallèlement. Le mécanisme d'arbitrage prévu par la Convention du CIRDI est indépendant. Aussi, il comporte un dispositif de contrôle interne comprenant des dispositions sur l'interprétation, la révision et l'annulation des sentences. La spécificité de cette procédure de l'arbitrage unilatéral au sein du CIRDI est que la partie étatique s'engage à aller à l'arbitrage avant qu'il existe un rapport de droit déterminé avec l'autre partie et cet engagement. Aussi, il existe d'autres sources non conventionnelles qu'une certaine doctrine qualifie de *Soft Law* par opposition à la *Hard Law* ; ces sources n'ont pas une contrainte relevant de la nature de leur conception. Ce sont pour la plupart les textes élaborés soit par des organisations internationales spécialisées des Nations unies telles que, la Commission des Nations unies pour le Droit commercial international (CNUDCI) ou la Cour permanente d'Arbitrage de la Haye (CPA), soit par des organisations internationales à caractère privé comme, la Chambre de Commerce Internationale (CCI) à Paris. Le caractère non conventionnel de ces sources résulte du fait qu'elles ne sont pas l'aboutissement de véritables Traités internationaux ayant un caractère contraignant, en vertu du droit international, pour les États et autres entités habilitées à conclure des Traités.

PROBLÉMATIQUE ET HYPOTHÈSE DE TRAVAIL

60. Nous partons du constat selon lequel le sous-sol du Sénégal regorge d'une grande diversité de substances minérales qui présentent des enjeux importants de développement à valoriser. Il en est de l'exploitation et de la transformation des phosphates qui ont historiquement dominé les opérations minières, à travers une politique d'intégration verticale[95] reposant sur la transformation de la moitié de la production de phosphate en acide phosphorique. Des réformes politiques et juridiques se sont succédé depuis les années 1960, afin de permettre aux investisseurs étrangers de placer leurs capitaux dans un environnement politique et juridique stable et sécurisé. Ainsi, porté par le cours élevé des matières premières minérales au début de la décennie, le secteur minier national a connu un regain d'intérêt, encouragé, d'une part, par la mise en place d'infrastructures géologiques performantes bien adaptées et d'autres réalisations structurantes nécessaires à l'accompagnement de l'investissement minier et, d'autre part, par un cadre légal moderne, incitatif et adapté, offrant les garanties fiscales, douanières, économiques et de stabilité nécessaires aux investissements. Cela s'est traduit par la remontée et le développement du secteur traditionnel des phosphates, l'ouverture d'une troisième cimenterie[96], l'essor des investissements dans la recherche et l'exploitation de l'or[97]

---

[95] La politique d'intégration verticale initiée en 1984 avec l'avènement des ICS a conduit en 1996 à la fusion-absorption de l'ex-Compagnie sénégalaise des Phosphates de Taiba (CSPT) par les ICS.

[96] Le Sénégal possède d'importantes réserves de calcaire et compte désormais trois cimenteries. La Société ouest-africaine des Ciments (SOCOCIM), acteur historique et filiale du groupe français VICAT depuis 1999, a une capacité de 3,5 millions de tonnes par an et une production effective de 2,8 millions de tonnes en 2016. Les Cimenteries du Sahel (CDS) ont une capacité de 3,2 millions de tonnes par an et une production effective de 2 millions de tonnes en 2016. Le nigérian Dangote Cement a une capacité de 1,5 millions de tonnes par an, et une production effective de 1,2 millions de tonnes en 2016.

[97] Avec la mise en exploitation des gisements d'or de Sabodala par la société Sabodala Gold Operation (SGO), détenue à 90 % par le canadien Teranga Gold et à 10% par l'État sénégalais, les exportations aurifères sont passées de 7 milliards de FCFA en 2008 à 85 milliards de FCFA en 2010, pour atteindre plus de 150 milliards de FCFA en 2015, soit 11,02 % du total des exportations du Sénégal. Les ressources d'or mesurées et indiquées du Sénégal s'élèvent à 12 millions d'onces. D'autres projets existent dans la même fenêtre aurifère, notamment le projet Petowal Mining Company S.A. (PMC), filiale du britannique Toro Gold : l'exploration, lancée en 2009 et menée par la filiale Mako exploration, a révélé 1 million d'onces de réserves, et une concession d'une durée de 15 ans a été obtenue en juillet 2016. Le premier lingot a

et la mise en exploitation des minéraux lourds[98].

61. S'il est vrai que la législation minière du Sénégal s'est continuellement adaptée aux profondes mutations de l'environnement minier international, il n'en demeure pas moins que le secteur des mines n'a pas encore servi de levier d'accélération de la croissance avec notamment une faible contribution au produit intérieur brut (PIB)[99]. Le

---

été produit au mois de mars 2018. PMC vise une production de 137 000 onces/an sur six ans, générant 300 emplois. La société WATIC a obtenu fin 2016 un permis d'exploitation de 5 ans renouvelable pour le gisement Makabingui (1 M d'onces d'or contenues dans 11,9 Mt de minerais d'une teneur moyenne en or de 2,6g/t), pour une entrée en production également en 2018. Le projet Boto d'AGEM IAMGOLD est encore en phase d'exploration, pour une entrée en production vers 2020 (ressources évaluées à 1 563 000 onces). Le projet Massawa de Randgold a abouti à la découverte de 3 M d'onces de ressources mais il s'agit de minerai réfractaire dont le traitement requiert un coût énergétique dissuasif. En outre, plus de 65 permis de recherches ont été octroyées.

[98] Le Sénégal possède trois gisements de sables minéralisés à forte concentration en minéraux lourds, dont un est en exploitation : Grande Cote Operations S.A. (GCO), détenue à 10 % par l'État sénégalais et à 90 % par TiZir (une société codétenue à 50 % par le groupe français ERAMET et à 50 % par l'australien Mineral Deposits Limited – MDL). GCO a obtenu en 2007 une concession de 25 ans et 1 500 km² pour exploiter les sables titanifères des dunes la Grande Côte (au Nord de Dakar), d'une teneur moyenne de 2 % en minéraux lourds. Un investissement de 650 M$ US a été fait pour réaliser un projet minier intégré, qui est incorporé au Plan Sénégal émergeant, incluant la réhabilitation et la concession sur la voie de chemin de fer de Diogo (Mboro) au Port Autonome de Dakar. Entrée en exploitation en 2014 pour au moins trente ans, la mine produit du zircon d'excellente qualité : c'est le quatrième plus gros gisement en exploitation au monde. En Casamance, un arrêté ministériel de 2004 autorisait la société australo-chinoise Carnegie-Astron à explorer la côte sur 750 km². Le gisement de zircon de Niafourang a été évalué par la société mais n'a pas été mis en exploitation du fait de l'opposition des habitants du village de Niafourang qui dénonçaient notamment le risque d'affaiblissement des dunes, digues naturelles qui protègent les rizières de la mer. L'étude de faisabilité et d'impact environnemental a été menée, et l'entrée en production pourrait se faire en 2018 pour un objectif de 54 000 t/an. Enfin, la société Saloum Ressources SARL détient un permis de recherche dans la zone Sud Mbour – Djiffer (exploitée dans les années 1960).

[99] Selon les données collectées par l'Initiative pour la transparence dans les industries extractives (ITIE), la contribution du secteur des industries extractives dans le produit intérieur brut (PIB) du Sénégal était de 2,85% en 2016, soit 247,9 milliards FCFA. Le PIB nominal a été évalué à 8 707,6 milliards FCFA en 2016, les industries en général comptant pour 20,3%. De plus, le secteur extractif a compté pour 36,14 % des exportations totales du Sénégal en 2016 évaluées à 1 373,70 milliards de FCFA. Les exportations des industries extractives étaient de 496,49 milliards de FCFA (la totalité venant des mines), dont 9 % provenant du sous-secteur du ciment, 12 % de l'or, 12 % des phosphates et 4 % du zircon.

faible apport des activités minières au développement social et économique national[100] a toujours amené l'État à s'interroger sur

[100] Les constations de la Commission de Revue des Conventions minières peuvent se résumer comme suit : le manque à gagner de l'État a été estimé à 401,2 milliards de FCFA sur la période de 2005 à 2012 dont 220,8 milliards de FCFA soit 55% au titre des exonérations douanières et 140,4 milliards de FCFA soit 45% pour les exonérations fiscales. Par catégorie d'opérations, ces exonérations sont adossées sur les achats de produits pétroliers et l'importation de ciments non pulvérisés clinker et d'équipements (80 %). S'agissant des redevances perçues par l'État, elles se sont établies à 9 milliards de FCFA sur la période de 1997 à 2011. Comparées au manque à gagner de l'État, les redevances perçues ne représentent que 2,2 %. Concernant la participation gratuite de l'État à hauteur de 10 % au capital des sociétés d'exploitation, sur l'ensemble des opérations minières auxquelles l'État est associé, le montant cumulé des dividendes perçus par l'État se chiffre à 1,2 milliards de FCFA. Dans les autres sociétés où l'État est actionnaire, aucun dividende n'a été distribué soit pour des raisons liées au non démarrage de la production, soit en raison des dispositions contraignantes de la convention qui prévoient la distribution du cash-flow disponible à la fin de l'exercice financier selon les modalités suivantes et dans l'ordre ci-après qui rend hypothétique toute distribution de dividendes :

– remboursement des emprunts et dettes contractés par la société d'exploitation auprès des tiers;

– remboursement des prêts apportés par les actionnaires dans le cadre de financement des opérations de recherche pour le montant réel affecté aux travaux de recherche ;

– et, seulement après, paiement de dividendes aux actionnaires, si un solde est disponible.

Les conventions prévoient également la possibilité pour le secteur privé de participer à titre onéreux au capital des sociétés à hauteur de 25 %. En pratique cependant, cette disposition n'est pas mise en œuvre en raison des exigences qui s'y attachent du fait qu'elle implique généralement une contribution de l'actionnaire due à la concurrence de la couverture des besoins d'investissements ce qui est hors de portée des nationaux. À propos de l'impact économique et social des activités des sociétés minières, il ressort que la contribution du secteur est relativement faible et ne représente que 0,4 % du PIB en volume en 2009 et 8 % des exportations totales. Les conventions prévoient souvent des dispositions favorables en matière d'emploi des nationaux et des ressortissants des zones d'implantation. L'évaluation des conventions minières a fait ressortir un emploi significatif de personnel expatrié et l'absence de plan de remplacement du personnel expatrié ou, le cas échéant, ne sont pas suffisamment formalisés. La gestion des conventions engendre, dans certains cas, des problèmes d'interprétation qui occasionnent des contentieux. Parmi ceux-ci, les cas ci-après ont été relevés :

– contentieux État-Sociétés minières sur le prélèvement de la Contribution spéciale sur les Mines et Carrières (CSMC) ;

– différends administration des mines-cimenteries sur l'assiette de calcul de la redevance minière ;

l'équité[101] des conventions minières. Il s'y ajoute que du point de vue social et environnemental, les opérations minières occupent de vastes étendues de terres, conduisant souvent à l'expropriation et au déplacement des populations périphériques, ou encore provoquent différents impacts sur l'environnement, dès le début des activités et même après la cessation des opérations. Aussi, pour maintenir l'attractivité du secteur minier et garantir un certain équilibre des prestations des parties, l'État du Sénégal a régulièrement initié des réformes propices aux investissements étrangers mais qui ont rarement contribué à l'atteinte des objectifs de développement économique et social. En effet, il est fréquemment rappelé que les contrats d'investissements miniers signés par les pays hôtes contiennent de nombreuses dispositions avantageuses accordées aux investisseurs du point de vue des exonérations fiscales, douanières de toutes sortes, mais également les clauses de stabilité des régimes juridiques, fiscaux et douaniers de leur investissement qui ne permettent pas d'atteindre les objectifs de développement durable. C'est le cas du Sénégal qui, dès son accession à l'indépendance, a adopté une série de réformes du cadre politique, légal et réglementaire de l'industrie minière pour reprendre le contrôle des activités existantes[102], comme dans la plupart des pays

---

– respect des règles de l'Environnement: la plupart des Sociétés ont satisfait à l'obligation de production de l'étude d'impact environnemental exigé par la réglementation et ont obtenu l'attestation du ministre de l'Environnement et du Développement durable. Cependant, le respect des autres obligations relatives au suivi de la qualité de l'air, de l'eau, à la neutralisation des déchets, n'a pas pu être apprécié avec la pertinence souhaitée en raison de l'insuffisance des moyens de suivi sur place de l'Administration minière et du non-respect par les sociétés de l'obligation de production de rapports périodiques ;

– respect des règles en matière d'emploi : la main-d'œuvre locale utilisée est de faible qualité et le taux de main-d'œuvre expatrié reste élevé sans qu'il y ait de véritable plan de remplacement.

[101] En marge du Sommet du G8, lors de son discours d'ouverture du Conseil d'administration de la fondation Open Society Initiative for West Africa (OSIWA), le Président Macky Sall a demandé à repenser le contenu des contrats que signent le Sénégal et la plupart des pays africains avec les compagnies minières, en posant la question de l'équité des contrats miniers qui ignorent la notion de juste rémunération des matières premières et la transparence dans les contrats d'exploitation et qui privent les États africains de leur principal revenu : les impôts. Voir http://reussirbusiness.com/actualites/contrats-miniers-le-senegal-est-il-un-bon-negociateur/

[102] L'exploitation a commencé durant la deuxième moitié des années 1950, d'abord par la Compagnie sénégalaise des Phosphates de Taïba (CSPT) puis à partir des années 1990 par les Industries chimiques du Sénégal (ICS).

et des régimes juridiques où l'État est propriétaire des ressources minérales.

62. Également, la période de formation des contrats et la capacité des États à préparer, négocier et gérer les accords d'investissements miniers auront également contribué aux mauvaises performances contractuelles. En effet, au lendemain des indépendances, la plupart des contrats miniers en Afrique ont été négociés dans les années 1980 et 1990, dans un contexte de conjoncture économique et politique[103] difficile marqué par la baisse des prix des matières premières et les risques politiques importants qui décourageaient les investissements étrangers dans le secteur minier du continent. Aussi, avec la carence de compétences dont souffre l'Afrique, il est peu probable que le fait de se fier uniquement à celles de l'État pour les négociations de contrat et

[103] Kassé (M.), 1990, Sénégal : crise économique et ajustement structurel, Éditions Nouvelles du Sud, Paris. – 1995, Sénégal : crise et ajustement structurel, Éditions Nouvelles du Sud. La profonde crise économique et financière qui affecte sévèrement le Sénégal procède fondamentalement des limites intrinsèques et de l'épuisement. Le système économique était principalement basé sur la rente agricole (arachide et coton) et minière (phosphate). Cette rente prélevée et inefficacement allouée par une administration peu préparée, au lendemain de l'Indépendance, à des fonctions de gestion du développement. Le bilan des politiques de développement appliquées depuis 1960 a montré que le système économique mis en place renfermait les germes profonds et les principaux mécanismes qui ont conduit à la rupture des équilibres économiques et financiers des années 70. Dans ce contexte, Il devenait impératif de remettre en ordre l'économie sénégalaise pour juguler la montée des déséquilibres et promouvoir une croissance saine et durable. Au Plan de Stabilisation à court terme de 1979-1980 ont succédé le Plan de Redressement économique et financier entre 1980-1985 et actuellement le Programme d'Ajustement à moyen et long termes pour la période 1985-1992. Ainsi, depuis les années 70, beaucoup de Programmes de développement et de coopération économique sont mis en œuvre au Sénégal pour appuyer et améliorer la situation économique, permettre la compétitivité du Sénégal, attirer les investissements étrangers et réduire le déficit. Malgré tout, les différents Programmes d'ajustement structurel ont connu des dysfonctionnements et des blocages avec des conséquences sociales considérables dans certains secteurs comme l'éducation, la santé, l'emploi, le développement rural, l'industrie, etc. En 1985 et 1992, le Sénégal a mis en œuvre une politique d'ajustement structurel à moyen et long termes qui a connu la satisfaction de certaines Institutions de coopération et financières avant de conclure un nouveau plan d'ajustement structurel avec la Banque mondiale, en avril 1998, ainsi qu'un accord pour une troisième facilité d'ajustement structurel renforcé (FASR) couvrant la période 1998-1999. Les taux de croissance se situaient aux alentours de 4 et 5 % dans les années 80 et 90 suite à une bonne gestion des finances publiques, qui a été jugée satisfaisante par le Fonds monétaire international (FMI).

leur supervision puisse générer les meilleurs avantages, au moins à court terme. Dans ce contexte, il est nécessaire que le dispositif juridique régissant les contrats d'investissement minier soit rigoureusement revisité, surtout les règles et principes généraux de droit minier qui servent à la négociation et à la gestion de ces accords.

63. Dès lors, puisque c'est à lui que reviennent, en premier lieu, la gestion du patrimoine minier et la redistribution des ressources fiscales et autres, l'État du Sénégal, à travers un cadre légal et réglementaire, propice pour attirer les investisseurs privés, étrangers le plus souvent, conclut des contrats d'investissements pour la conduite des opérations minières, et dans le sens de stimuler la croissance économique et l'amélioration du bien-être des populations. Dans des circonstances appropriées, la mise en valeur des ressources minérales devrait constituer un moteur essentiel de croissance, de développement et de transformation économiques du pays.

64. Les problématiques abordées par le droit minier sont importantes et nombreuses. C'est pourquoi le droit minier est complexe et est différent de tous les autres. Penser le droit minier c'est avant tout se demander comment doter un État de règles qui vont non seulement lui permettre de réguler son secteur, mais aussi lui permettre de se développer, de renforcer ou de conserver sa puissance économique. Dans cette perspective, considérant que les substances minérales sont d'un intérêt hautement stratégique pour la plupart des États, il est rare que les opérations minières soient régies par une seule loi mais plutôt par un ensemble des règles juridiques du Code minier qui s'appliquent au secteur, un corps de règles et de dispositions spécifiques et connexes, exclusivement élaborés pour couvrir tout le secteur. La plupart des pays disposent de codes miniers[104] ou de lois spécifiques aux ressources minérales, déterminant les conditions de délivrance des autorisations, permis et concessions réglementant les activités minières.

65. Donc, le Code minier a donc vocation générale de régir l'ensemble des opérations minières d'un pays, avec des clauses techniques, opérationnelles et administratives qui sont encore très générales, et sans

---

[104] Toutefois, même en cas d'absence de Code minier, l'État peut promulguer des décrets, des lois, ou éventuellement s'engager dans des contrats spécifiques en dépit de l'absence d'une loi propre au secteur minier. Certaines provinces canadiennes, comme la Colombie-Britannique et l'Ontario, ne disposent pas de contrats formels écrits liant le gouvernement et la société.

lesquelles l'explorateur et l'exploitant minier courent de gros risques. Elles ont un contenu très différent selon la phase considérée : recherche ou exploitation. Également, se déclinent au sein d'un Code minier les règles générales portant sur la conduite de l'investissement à savoir, les conditions d'accueil, de gestion, d'exploitation, ou encore les normes portant sur la promotion et la protection de l'investissement. Celles-ci comporteront, entre autres, les garanties de libre transfert des fonds, celles de non-expropriation, de stabilisation des avantages octroyés à l'investisseur, ou encore la possibilité de recourir à un arbitrage. Sont également exposées un ensemble de règles connexes, qui ne sont pas propres à l'activité minière, mais y participent activement. Il s'agit des règles de droit de l'environnement, de l'urbanisme, du droit foncier, du régime fiscal, du droit des sociétés, du droit des contrats, etc. Ainsi, le Code minier, étant tout d'abord un droit régulateur des opérations minières, semble revêtir une nouvelle fonction de promotion et d'encadrement des flux d'investissements, de gestion des intérêts stratégiques de l'État, des intérêts des bailleurs de fonds, et ceux des populations locales.

66. Cette situation a largement contribué au choix de la problématique de notre présent travail qui évoque la complexité des enjeux posés par la législation et les contrats miniers au Sénégal, des origines à nos jours. Nous avons entamé cette recherche avec l'hypothèse que les réformes successives du cadre légal, réglementaire et contractuel régissant le secteur minier au Sénégal n'ont pas répondu aux attentes de développement de l'État parce qu'elles renferment un déséquilibre significatif entre les droits et les obligations des parties. On peut toutefois légitimement penser que les conditions générales du déséquilibre significatif du contrat minier, qui apparaît comme un contrat d'adhésion, sont déterminées à l'avance par l'État et sont souvent soustraites à la négociation. Partant de la théorie que l'État a des pouvoirs exorbitants pouvant altérer ou anéantir les investissements réalisés, le Sénégal a mis en place un régime renforcé de protection de l'investissement étranger. Une telle politique s'inscrit dans l'optique d'atténuer le déséquilibre statutaire et ses impacts en oubliant au même moment qu'il s'agit d'un jeune État, politiquement et économiquement fragile, face à des grandes multinationales minières financièrement et économiquement puissantes et rompues aux techniques de négociation. Il s'en suit incontestablement une relation contractuelle asymétrique où l'État s'essaye au double jeu d'attraction des investisseurs et de protection de ses intérêts stratégiques.

INTÉRÊT DU SUJET ET OBJECTIF

67. L'objet central de cet ouvrage consiste à étudier l'évolution du cadre légal, réglementaire et contractuel du secteur minier au Sénégal et à voir dans quelle mesure le processus de réforme de la législation minière a été à même d'impulser une évolution des pratiques permettant une meilleure prise en charge des intérêts des différents acteurs. Pour tenter de répondre à cette question, nous avons choisi de limiter notre étude à la période 1810-2018. Le savoir acquis au cours de ces longues années de pratique dans l'administration minière et notre implication directe dans de nombreuses initiatives internationales visant à asseoir un cadre légal favorable à la bonne gouvernance des ressources minérales nous ont permis de prendre du recul par rapport à la routine administrative, et d'examiner le processus de réforme du régime minier au Sénégal.

68. Par convention, nous avons retenu en général l'année 1810 comme date d'origine du droit minier tel que nous le connaissons actuellement parce que c'est l'année où fut votée la loi napoléonienne du 21 avril 1810, qui consacre le début d'une véritable codification des opérations minières en France. Elle sera appliquée dans la majorité des colonies de l'Afrique occidentale française, créée le 16 juin 1895[105].

69. Un recul d'un siècle nous semble raisonnable pour étudier l'impact juridique du legs colonial. Cette durée nous permet d'aborder la question dans ses différentes phases coloniales et postcoloniales. Il est hautement probable que la loi de 1810 ait indiqué une voie ; et les choix politiques de la période coloniale auraient déterminé, ou au moins conditionné les choix de la période postcoloniale. Les transformations de la législation minière s'inscrivent dans le temps long de la colonisation puis des séquences successives de la décolonisation, depuis la promulgation en 1859, sur le territoire, de la loi minière napoléonienne de 1810 jusqu'au récent Code minier de 2016, en passant par le décret du 13 novembre 1924 portant réglementation minière en AOF, modifié par le décret du 23 décembre 1934, les décrets de 1961, le Code minier de 1986 et celui de 2003. L'analyse de ces transformations passe par plusieurs étapes. Bien entendu, ces

[105] Il s'agit de l'AOF, « groupe de territoires » pour reprendre l'expression juridique par laquelle le décret préparé par Félix Faure, ministre des Colonies, nomma, le 16 juin 1895, l'espace qui, après maints remaniements, finit par fixer les frontières de huit colonies, sous la direction d'un tout puissant Gouverneur général.

découpages sont en partie arbitraires. Mais ils aident à cheminer dans le dédale législatif en empruntant des entrées spécifiques. Même si cette orientation n'est pas pour simplifier notre tâche.

70. Cet ouvrage se propose de procéder à une relecture technico-juridique du cadre légal, réglementaire et contractuel régissant le secteur minier national, dans l'objectif d'étudier son évolution, en relation avec les différents contextes politiques et juridiques. Il porte sur une analyse du processus de réforme du cadre légal, réglementaire et contractuel du secteur minier du Sénégal, qui implique l'économie, la politique et les institutions du secteur minier national. Il s'agit ici d'étudier plus précisément, la correspondance entre les énoncés d'objectifs des politiques minières et les impacts du processus de réforme comprenant sa conception, son adoption, et sa mise en œuvre. La structuration de cette étude consiste en une analyse sur deux périodes chevauchant chacune des deux parties qui composent l'ensemble. Dans un premier temps, nous examinerons l'origine de la législation minière au Sénégal de 1810 à 1960, en analysant les différentes réformes, les différentes catégories d'acteurs impliqués dans la gestion du secteur minier, ainsi que la nature et l'ampleur de leur rôle. Ensuite, nous étudierons les réformes juridiques adoptées, de 1960 à 2018 et les caractéristiques de la législation minière afférente à cette période. Cet ouvrage est subdivisé en deux parties : en premier lieu, nous analyserons le développement du cadre juridique des opérations minières au Sénégal. En second lieu, nous aborderons les perspectives de l'application du droit minier au Sénégal.

71. L'intérêt de cet ouvrage est, d'une part, d'ouvrir des pistes de recherche permettant de définir le contour des outils juridiques susceptibles d'aider à la préparation, la négociation et la gestion des contrats d'investissement minier et, d'autre part, de contribuer à rendre plus équitables les transactions sur les ressources minérales du Sénégal.

PREMIÈRE PARTIE

L'ÉVOLUTION DU CADRE LÉGISLATIF ET RÉGLEMENTAIRE

72. Le droit minier est un corps de règles qui organise l'exploitation du sous-sol. Le droit minier constitue un champ d'investigation nouveau particulièrement porteur. Ce droit, dans sa forme actuelle, n'existait pas au Sénégal. Étant une colonie française, le Sénégal s'est beaucoup inspiré du droit français avant de prendre en compte ses réalités pour concevoir un droit minier plus conforme à ses orientations politiques. Compte tenu des enjeux environnementaux et du fort potentiel de développement économique que constituent les ressources minérales au Sénégal, sa compréhension mérite un retour au passé, notamment dans la période coloniale avant d'en apprécier les contours dans la période des indépendances.

73. Le droit minier au Sénégal prend sa source en France ou un changement s'est opéré après la révolution de 1789. Dans cette période la France avait la même conception de propriété foncière[106] que certains

---

[106] Comme le rapporte Gérard Béaur (2005) dans Les *rapports de propriété en France sous l'Ancien Régime et dans la Révolution.* Transmission et circulation de la terre dans les campagnes françaises du XVIe au XIXe siècle, *Presses universitaires de Rennes*, p. 187-200, (disponible au : https://books.openedition.org/pur/22533?lang=fr#bodyftn2) à la fin du Moyen Âge le système d'attribution de la terre était largement dominé par les liens féodaux pour parler court, disons plutôt des liens de seigneurs à tenanciers, plus ou moins rigoureux selon que ces derniers étaient plus ou moins libres, qu'ils étaient serfs ou non. Dans le cas français, comme l'avait déjà clairement marqué Tocqueville au XIXe siècle dans L'Ancien Régime et la Révolution, les tenanciers, et parmi eux les paysans, étaient à la fin de l'Ancien Régime parvenus en fait, sinon en droit, à devenir les véritables propriétaires de la terre qui leur avait été confiée initialement à titre usufruitier et perpétuel. On peut donc soutenir que si la Révolution française a établi par la loi la force du droit de propriété, devenu un droit inviolable et sacré, un droit absolu, le droit d'user, d'abuser et de recueillir les fruits à la guise de son possesseur, elle n'a fait que parachever ou sanctionner une situation de fait qui s'était progressivement instaurée dans les campagnes. Voir aussi : Alexis de Tocqueville, *L'Ancien Régime et la Révolution*, Paris, 1856, livre 2, chapitre premier. Marcel Garaud, *La Révolution et la propriété foncière*, Paris, Sirey, 1959 ; Émile Chenon, *Les démembrements de la propriété foncière en France avant et après la Révolution*, Paris, 1881 ; Joseph Comby, L'impossible propriété absolue, *Un droit inviolable et sacré. La propriété*, Publ. ADEF, Actes du colloque de 1989, 1991, p. 9-20 ; Gérard Béaur, L'accession à la propriété en 1789, *Un droit inviolable et sacré. La propriété*, Publ. ADEF, Actes du colloque de 1989, 1991, p. 21-29. Sur tout ce qui touche à la seigneurie et aux formes de concessions et aux types de redevances, Jean Gallet, *Seigneurs et paysans en France. 1600-1793*, Rennes, Éditions Ouest-France, 1999. Sur les relations seigneurs/paysans : Annie Antoine, *Fiefs et villages du Bas-Maine au XVIIIe siècle*, Mayenne, Éditions régionales de l'Ouest, 1994 ; Annie Antoine, La seigneurie, la terre et les paysans, XVIIe XVIIIe siècles, *La Terre et les Paysans, France et Grande-Bretagne, XVIIe-XVIIIe siècles, Bulletin de la Société d'histoire moderne et contemporaine*, 1999, 1-2 : 15-33.

pays africains. Si, en Afrique les empereurs avaient cette vision moderne que la substance minérale appartient au roi et pouvait faire l'objet d'exploitation sans indemnité, en France, les seigneurs disposaient de privilèges reconnus jusqu'à l'avènement de la révolution. Ces privilèges seront supprimés par la loi révolutionnaire du 28 juillet 1791, texte qui stipule que *les mines et les minières, tant métalliques que non métalliques, ainsi que les bitumes, charbons de terre et pyrites, sont à la disposition de la Nation, en ce sens seulement que des substances ne pourront être exploitées que de son consentement et sous sa surveillance*. Cette loi a jeté les bases du droit minier qui a fini par influencer une partie du monde pour stimuler l'économie. Elle a connu cependant une période de développement pour la rendre plus complète.

74. Ainsi, c'est à travers la loi impériale du 21 avril 1810 que le perfectionnement du droit minier a été clairement entamé. En effet, un premier classement minutieux a été fait pour distinguer les mines, des minières et des carrières. Un autre classement dont l'objectif était de préciser les modes d'exploitation a succédé au premier. Son raffinement a permis de mettre en place une administration à laquelle la loi confiera de très larges pouvoirs de tutelle et de contrôle de l'industrie minière. La loi de 1810 se positionnait, ainsi, comme un véritable instrument juridique de gestion des ressources minérales. Elle constitue une synthèse des dispositions prescrites par les quatre arrêts du Conseil qui sont successivement ceux de 1723 sur les fourneaux et les forages, de 1741 sur les mines métalliques, de 1744 et 1783 sur les mines de houille, dont elle fortifie considérablement la mise en œuvre et remplace, par la suite, la loi de 1791. Avec l'évolution de nouvelles méthodes d'exploitation, des lacunes ont suscité sa réforme et son renforcement. La loi de 1810 était le socle juridique sur lequel l'État, propriétaire des ressources minérales, s'appuyait pour négocier les contrats miniers. Elle a imposé son influence dans la France libre, avant que les autres pays du monde tombent sous son charme et la considèrent comme une véritable loi pour la puissance publique. Les différents instruments juridiques dans lesquels on la retrouve avec des renforcements opérés par d'autres textes attestent de l'existence d'une évolution du cadre législatif (TITRE I) qui a marqué en même temps le cadre contractuel (TITRE II).

TITRE PREMIER

L'ÉVOLUTION DU CADRE LÉGISLATIF

75. La loi de 1810 n'est pas restée intacte comme la forme républicaine d'un État. Son application a révélé des lacunes qui justifiaient les multiples retouches. Le développement de ce droit applicable dans les colonies comme le Sénégal a engendré la réorganisation des procédures d'octroi des autorisations. La recherche et l'exploitation des mines au Sénégal et au Soudan français ont été réglementées par un décret de 1896.

76. Par ailleurs, les arrêtés et les ordonnances ont été utilisés par le législateur pour le renforcement du cadre législatif. D'autres innovations sont intervenues pour introduire des notions nouvelles en vue de redéfinir des procédures spéciales. Avant les indépendances, le développement du droit minier provenait de l'esprit du colon qui, souvent, à travers les litiges relatifs à l'exploitation, créait de nouvelles normes par différents procédés. Ce monopole du pouvoir de légiférer trouvait un tempérament par les instruments de transposition de ce droit dans les colonies.

77. Dans sa maturation, le droit minier s'est enrichi d'abord dans la période coloniale d'où il a tiré ses sources (CHAPITRE I). Cet enrichissement s'est accéléré dans la période post-coloniale avec de nouvelles réformes qui seront adoptées par le Sénégal indépendant (CHAPITRE II).

CHAPITRE PREMIER

L'APPRÉCIATION DU DROIT MINIER DANS LA PÉRIODE COLONIALE

78. Le Sénégal, comme la plupart des colonies de l'Afrique occidentale, a connu la domination française pendant plusieurs années. Généralement, on distinguait deux périodes concernant les empires coloniaux français dont le pivot était la période concernant la Révolution et l'époque napoléonienne. Au-delà d'une domination économique, une domination politique était déjà en gestation. Les lois françaises, sous Napoléon, avaient ciblé plusieurs secteurs dont l'exploitation des richesses minérales des pays sous domination. Dès lors, il était nécessaire d'adopter une loi afin d'organiser les conditions d'exploitation des biens du sous-sol. C'est dans ces conditions que fut promulguée la loi impériale de 1810. Elle séduisit une partie du corps législatif et plusieurs pays francophones comme la Belgique. Après son succès en Europe, la loi impériale de 1810 étendit son influence dans les colonies d'Afrique de l'Ouest.

79. Cette loi de 1810 servit de fondement à la législation minière au Sénégal et en France (SECTION I). Après un bref examen de ses origines, il a été constaté qu'elle tirait sa légitimité des insuffisances de la loi de 1791. Mais, ses lacunes servirent de motivations à ses nombreuses révisions. Cependant, les réajustements apportés à la loi de 1810 dans l'objectif de son amélioration ne furent pas ressentis dans le domaine de l'environnement (SECTION II).

Section I

La loi de 1810 ou les bases de la législation minière au Sénégal

80. Le droit minier compte de nombreuses années d'existence. C'est après plusieurs aménagements législatifs et jurisprudentiels qu'il s'est imposé comme un véritable droit économique, source de développement des pays. Afin de comprendre son apport et les obstacles auxquels il s'est heurté pour asseoir son autonomie, il est utile de retracer ses origines (Paragraphe 1) qui montrent le contexte dans lequel il est né, avant de relever les caractères qui en font un droit non négligeable (Paragraphe 2).

Paragraphe 1 : les origines de la loi de 1810

81. La loi de 1810 est née des cendres de la loi du 28 juillet 1791 relative aux mines. Les inconvénients de cette dernière avaient motivé l'adoption d'une nouvelle loi sur les mines qui a fondé le droit minier français[107]. Le premier projet de la loi du 21 avril 1810 a été présenté au Conseil d'État le 1er février 1806[108]. La discussion sur le projet avait connu des suspensions jusqu'au 4 avril 1809, date à laquelle elle n'a plus souffert d'interruption jusqu'à sa promulgation le 1er mai 1810. La loi minière restreint le caractère indéfini de la liberté du propriétaire du sol (A) tout en définissant les substances minérales et leurs conditions d'accès (B).

A. Une difficile acceptation de la suppression de la liberté indéfinie des propriétaires du sol

82. Jusqu'à 1810 les propriétaires du sol avaient une liberté indéfinie de fouiller leur sol et d'y extraire des mines de charbon de terre[109] ; la dépossession, suivant l'arrêt du conseil du 14 mai 1604, n'étant prononcée que si les exploitants discontinuaient leurs travaux pendant quinze jours seulement. En effet, concernant les mines, l'édit du 13 mai 1698 permettait à tous les propriétaires de terrains qui renfermaient du charbon de terre de les exploiter sans être obligés de se pourvoir d'une permission. Plus tard, l'arrêt du 15 janvier 1741 exigea de tous les exploitants de mines la production des titres en vertu desquels ils exploitaient ; ce fut le premier retour aux principes nécessaires à la conservation des richesses minérales. L'arrêt du 14 janvier 1744, qui rapporta l'édit du 13 mai 1698, fixa les bases de l'organisation de la propriété des mines en instituant la première réglementation des mines de charbon et obligea les exploitants à faire des demandes de concession. L'arrêt du 19 mars 1783 consacra définitivement les principes établis

---

[107] Lionel (L.), *la loi du 21 avril 1810 et le conseil général des mines avant 1866.* Les procès-verbaux des séances, Documents pour l'histoire des techniques, p. 17.

[108] Le Bon (L.), Code *des mines, ou commentaire de la loi du 21 avril 1810*, ed. augmentée en Belgique, 1836, p. 4.

[109] Lionel (L.), p. 18.

par celui de 1744. C'est le début de la fixation du principe même de la législation organisant les concessions, encore actuellement en vigueur avec des aménagements successifs mais qui n'en contredisent pas le fondement. La loi du 28 juin 1791 renforça cette disposition fondamentale en déclarant que les mines étaient à la disposition de la nation, en ce sens que les substances minérales ne pouvaient être exploitées que du consentement et sous la surveillance de l'administration. La loi du 28 juillet 1791 stipulait que l'exploitation des mines et minières exigeait une permission préalable ou concession[110]. Elle précisait que les propriétaires de la surface avaient la liberté d'exploiter les mines situées dans leurs fonds à condition que son étendue soit propre à former une exploitation[111]. La permission ne pouvait leur être refusée lorsque les propriétaires en faisaient la demande[112]. Dans le cas où l'exploitation était accordée à un tiers, celui-ci devrait indemniser le propriétaire du sol, mais ce dernier conservait la faculté d'exploiter, à tranchées ouvertes ou avec fosse et lumière jusqu'à 100 pieds[113]. Concernant la durée d'une concession, elle ne pouvait excéder 50 ans[114]. La surface ne pouvait excéder six lieues carrées[115]. Les demandeurs étaient tenus de justifier de leurs facultés et des moyens utilisés pour assurer leur exploitation[116]. En cas de cessation de travaux pendant un an, à moins que cette cessation n'ait eu des causes légitimes, la concession pouvait être annulée[117]. Nul ne pouvait établir des hauts fourneaux et des forges sans autorisation[118]. En cas de concurrence entre demandeurs, la préférence était accordée aux propriétaires ayant dans leurs possessions des minerais et des combustibles[119]. La permission d'établir une usine emportait avec elle le droit de faire des recherches de minerais[120]. Toutefois, les propriétaires de terrains dans lesquelles du minerai de fer avait été trouvé étaient tenus de faire eux-mêmes l'extraction des minerais[121]. Dans le cas où les propriétaires de terrains ne faisaient pas

[110] Art. 1 de la loi du 18 juillet 1791.
[111] Art. 10 *ibid.*
[112] Art. 3 *ibid.*
[113] Art. 1 *ibid.*
[114] Art. 4 *ibid.*
[115] Art. 5 *ibid.*
[116] Art. 9 *ibid.*
[117] Art. 15 *ibid.*
[118] Art. 2 *ibid.*
[119] Art. 5 *ibid.*
[120] Art. 6 *ibid.*
[121] Art. 9 *ibid.*

eux-mêmes l'extraction, les maîtres d'usine se faisaient autoriser à le faire eux-mêmes[122] . La mine extraite pouvait être lavée et transportée en toute saison, à charge d'indemniser le propriétaire des dommages causés[123]. On peut observer que la loi de 1791 constituait incontestablement les fondements de la législation en matière de concession du sous-sol. Elle avait confié à l'État la propriété du sous-sol avec mission de la céder à des entrepreneurs et avait aussi donné mandat à l'État de surveiller les concessions, avec comme privilège le droit de récupérer le gisement au terme de cinquante années. Au reste, la loi de 1791 prodiguait les privilèges au propriétaire du sol qui n'avait pas besoin d'autorisation pour exploiter avec fosse et lumière jusqu'à cent pieds de profondeur. Le propriétaire du sol avait également le droit d'exploiter les mines qui se trouvaient dans son fonds ; et la permission ne pouvait lui être refusée quand il la demandait. La loi du 21 avril 1810, qui constitue encore aujourd'hui la source de la législation sur les mines, régla les droits de propriété de la surface sur les produits des mines concédées. Elle disposait que les mines ne pouvaient être exploitées qu'en vertu d'un acte de concession délibéré en Conseil d'État[124] tandis que l'exploitation des minières ne pouvait avoir lieu sans permission[125]. Les fourneaux à fondre les minerais de fer et autres substances métalliques, les forges et martinets pour ouvrer le fer et le cuivre, les usines servant de patouillets[126] et bocards[127], celles pour le traitement des substances salines et pyriteuses, dans lesquelles des combustibles étaient consommés, ne pouvaient être établis que sur une permission accordée par un règlement d'administration publique[128]. Les carrières à ciel ouvert étaient exploitées sans permission, sous la simple surveillance de la police, avec l'observation des lois et règlements locaux[129]. Les carrières exploitées par galeries souterraines étaient soumises à la surveillance de l'administration comme pour les mines[130]. Les tourbières ne pouvaient être exploitées que par le propriétaire du terrain ou de son

[122] Art. 10 *ibid.*

[123] Art. 17 et 18 *ibid.*

[124] Art. 5 de la loi du 21 avril 1810.

[125] Art. 57 *ibid.*

[126] Atelier où l'on opère le débourbage du minerai de fer.

[127] Machine composée d'un moulin à pilons coiffé d'une masse de fer et mue par un moteur servant à broyer le minerai destiné à la fonte et à réduire certaines substances en poudres fines.

[128] Art. 73 de la loi du 21 avril 1810.

[129] Art. 81 *ibid.*

[130] Art. 47, 48, 49 et 50 *ibid.*

consentement[131], un règlement d'administration publique déterminait la direction générale des travaux d'extraction[132].

83. En Belgique la législation minière française avait obligé les entrepreneurs houillers à introduire des requêtes en maintenue ou, faute de titres anciens, des demandes en concession[133]. Son application n'était pas facile, elle se heurtait à de vives résistances sans cependant connaître une rupture immédiate. La loi de 1791 reconnaissait aux propriétaires de la surface le droit d'exploiter le sous-sol jusqu'à la profondeur de cent pieds. L'adoption de la loi de 1810 opéra une rupture notoire et prit le contrepied des dispositions de la loi de 1791. Cette nouvelle législation augurait un principe nouveau. Elle consacrait en effet, le principe de la verticalité[134] des limites. Mais en Belgique le particularisme des patrons charbonniers arracha à Napoléon 1er une exception pour le département de Jemappes[135]. En France, la propriété minière a longtemps fait l'objet d'une législation spéciale. Elle portait sur la concession faite à des exploitants contre une redevance la différenciant ainsi de la propriété foncière ordinaire. Ce principe était mal défini dans l'ancien régime, car les seigneurs disposaient de privilèges qui seront supprimés par la loi révolutionnaire du 28 juillet 1791. Cette loi disposait que « les mines et les minières, tant métalliques que non métalliques, ainsi que les bitumes, charbons de terre et pyrites, sont à la disposition de la Nation, en ce sens seulement que des substances ne pourront être exploitées que de son consentement et sous sa surveillance ».

84. Il convient de noter qu'à cette époque les propriétaires du sol acceptaient mal, principalement sur le charbon de terre, le principe de concession attribuée à d'autres qu'à eux-mêmes, et qui faisaient perdre la jouissance d'un tréfonds dont ils avaient déjà débuté l'exploitation

---

131 Art. 83 *ibid.*

132 Art. 85 *ibid.*

133 Yante (J. M.), « Les lois de 1791 et 1810 régissant les concessions de mines en Belgique, Journée d'études organisée à l'occasion du bicentenaire de ces lois fondatrices ». *Revue belge de Philologie et d'Histoire* ; 75-2 : 590-591, 1997.

134 Yante (J. M.) *op. cit.*

135 Le département de Jemmapes est le nom donné au Comté du Hainaut pendant les périodes d'occupation et d'annexion par la France, d'abord en mars 1793 et ensuite d'octobre 1795 (décret du 14 fructidor an III) à septembre 1814. Il fait partie des Départements réunis. Son nom commémore la victoire française à la bataille de Jemappes. On l'écrit également Jemmape (sans 's' final).

dans un terrain leur appartenant[136]. Pour consolider cette rupture, une Agence des Mines fut créée, dont le rôle était d'administrer les mines et soutenir l'effort de guerre. Cette agence connut une rapide réforme et devint le Conseil des Mines. Ainsi, en vue de rendre performant ce corps, de meilleures conditions furent réunies pour que puissent se dégager les principes directeurs et les modalités opérationnelles d'une politique minière et sidérurgique.

85. La loi de 1810 procéda à la définition de trois types de substances minérales qu'on retrouve dans le sous-sol, suivant leurs règles d'exploitation. Il s'agissait de la mine, des minières et des carrières. Ces biens échappaient effectivement à la propriété de celui qui était supposé être le propriétaire du sol. Donc la propriété du fonds était distincte de celle de la superficie jusqu'à la concession ; le fonds qui renfermait la mine était un bien non affecté de propriété. La loi de 1810 rectifia en même temps le Code civil, en son article 552 al.1, et adoucit l'absolutisme du droit de propriété du sous-sol. Mais, il convient de remarquer que le Code civil, à travers son article 552 al. 3, avait déjà apporté une limite à l'étendue de la propriété dans le sous-sol. En effet, le propriétaire pouvait faire, au-dessous, toutes les constructions et fouilles qu'il jugeait nécessaires et en tirer tous les produits qu'elles pouvaient fournir sauf les modifications résultantes. Cette limitation rentrait pourtant dans l'intérêt de l'État ou de la Couronne. L'actuel Code civil en son article 544 définit encore la notion de propriété. Elle y est définie comme « le droit de jouir et de disposer des choses de la manière la plus absolue, pourvu qu'on n'en fasse pas un usage prohibé par les lois ou par les règlements »[137].

86. On observe donc que la propriété est à la fois absolue, dans le cas où les intérêts de l'État ne sont pas menacés, et restreinte, dans les cas où les biens objet de propriété représentent une certaine valeur pouvant participer au développement économique d'un État. C'est le cas des terrains qui renferment des mines, minières et carrières. Dans le cas d'espèce, l'exploitation de la mine par le propriétaire n'est admise qu'en vertu d'une concession. Celle-ci est à la fois l'acte créant et octroyant la propriété d'une mine et le droit de l'exploiter. La doctrine classique donnait une analyse de la notion de propriété. Elle considérait que la propriété conférait une trilogie de prérogatives sur la chose. Il

---

[136] Leonel latty.
[137] Article 544 du Code civil français.

s'agit du droit de jouir (*usus*) de tirer les fruits (*fructus*) et de disposer (*abusus*). C'est le plus complet des droits réels. Michel Villey[138] expliquait déjà que « la notion de propriété avait, pendant longtemps, été désignée seulement par une périphrase vague », et principalement par celle-ci : *meum esse habere,* appliquée aux choses les plus diverses.

B. La définition des substances et les conditions d'accès

87. La loi de 1810 est venue avec ses nouvelles exigences. L'exploitation des mines sous l'empire de la nouvelle loi n'était possible que dans le sens ou la nation en tirait des bénéfices. En effet, c'est dans l'intérêt de la nation que les conditions d'exploitation des mines furent réformées. Dans son discours qui avait l'allure d'un exposé des motifs, *le Comte de Saint-Jean-D'Angely*[139] affirmait devant le Corps législatif qu'il *est, pour les Empires, des époques mémorables ou le progrès des lumières, les besoins de la société, le changement des mœurs, la variation des rapports commerciaux, l'intérêt des manufactures et des arts commandent une reconstruction entière de l'édifice des lois nationales.* C'était le début d'une réforme pas comme les autres dans le secteur minier jusque-là ignoré. Les mines deviennent ainsi une propriété de la nation et non d'un particulier. Rompant ainsi avec le système des privilèges, la loi du 28 juillet 1791 substitua à l'arbitraire du *privilège exclusif d'exploiter* le principe que les *mines et les minières sont à la disposition de la nation*[140]. Leur exploitation était soumise à une procédure qui imposait la détention d'une permission pour accéder aux mines. Il y avait un classement radical des ressources minérales dès le premier titre de la loi. Chaque substance minérale était ainsi encadrée par des règles qui lui étaient propres. La confusion n'était plus permise quand le demandeur manifestait son intention d'accéder à une substance en vue de l'exploiter. L'article premier de la loi 1810 disposait que les *masses de substances minérales ou fossiles renfermées dans le sein de la terre ou existantes à la surface sont classées,*

---

[138] Villey (M), Du sens de l'expression jus in re en droit romain classique, Mél. de Visscher, II, Bruxelles, p. 428 et s., 1949. Le *jus in re du droit romain au droit moderne*, Publications de l'Institut de droit romain, VI, 1950, p. 187 et s. *Suum jus cuique tribuens*, Mélanges de Francisci, I, 1954, p. 363 et s.

[139] Conseiller et ministre d'État sous l'Empire, il a un rôle d'éminence grise ou de conseiller auprès de Napoléon qui avait reconnu ses qualités de juriste, sa culture politique et historique et sa facilité à rédiger des discours.

[140] Lionel Laty la loi de 21 avril 1810 et le Conseil général des mines avant 1866 : les procès-verbaux des séances ; ed. CDHTE-Cnam, séance CDHET, 2e semestre 2008, page 19.

relativement aux règles de l'exploitation de chacune d'elles, sous les trois qualifications de mines, minières et carrières [141]. Cette division des régimes juridiques applicables à chaque substance était motivée par un souci de tirer le maximum de bénéfice de l'exploitation de ces ressources non renouvelables.

88. Cela confirme la thèse que soutenait Zunilda Carvajal-Delmar selon laquelle *la législation minière n'est pas neutre, elle exprime des choix à la fois économiques et politiques* [142]. C'est pourquoi après une observation approfondie de la situation économique, une remise en cause des anciens textes était nécessaire en France. La tentative d'attribuer la propriété des mines avait eu lieu avant la loi de 1810. Déjà, dès le XVIIIe siècle, en France, il était apparu à l'État que cette situation[143] ne favorisait pas le développement de l'industrie minière ; l'arrêt du 17 janvier 1744 réaffirmait la propriété royale sur le tréfonds contre les prétendus droits des propriétaires de la surface et des seigneurs[144]. On préparait de loin en loin la loi qui allait opérer une véritable rupture en faveur du développement de la collectivité. Alors que le législateur de 1791 reconnaît aux propriétaires de la surface l'exploitation jusqu'à la profondeur de cent pieds, la loi de 1810, exauçant les vœux des grandes sociétés, détachait entièrement les mines du sol et en fit, entre les mains des concessionnaires, une propriété absolue, comparable en tous points aux autres propriétés foncières[145]. La loi de 1810 faisait des substances minérales une propriété de l'État, devenu propriétaire éminent, soucieux de l'avenir des richesses du sous-sol, et défenseur de l'intérêt général.

89. Le législateur définissait en premier lieu les composantes de la notion de mine. La loi disposait que « seront considérées comme mines celles connues pour contenir en filons, en couches ou en amas, de l'or, de l'argent, du platine, du mercure, du plomb, du fer en filons ou couches, du cuivre, de l'étain, du zinc, de la calamine, du bismuth, du cobalt, de manganèse, de l'antimoine, du molybdène, de la plombagine

---

[141] Loi n° 5401 du 21 avril 1810, concernant les Mines, Minières et les Carrières.

[142] Zunilda (C. D.), *L'évolution du droit minier Chilien (1874-1971)*, 2014.

[143] Elle admettait que la propriété de la surface entraîne celle du sol-sol et donc le droit d'exploiter les substances minérales que celui-ci pouvait renfermait.

[144] Troly (G.), Le *Code minier et le développement durable, une perspective historique : responsabilité et environnement*, N° 49 janvier 2008.

[145] Delaet (J. L.), L'application des lois de 1791 et 1810 dans le bassin de Charleroi, p. 37-50.

ou autres métalliques, du soufre, du charbon de terre ou de pierre, du bois fossile[146], des bitumes, de l'alun et des sulfates à base métallique ». Cette définition longue n'était faite qu'à titre indicatif car le législateur avait utilisé les termes ou *autres matières métalliques* pour montrer que la définition était loin d'être achevée. En effet, toute autre matière pouvait être considérée comme mine.

90. Pour les minières, la loi considérait, en son article 3, qu'elles *comprennent les minerais de fer dits d'alluvion, les terres pyriteuses propres à être converties en sulfate de fer, les terres alumineuses et les tourbes*. Cette appellation avait presque disparu du vocabulaire du droit minier[147] au profit d'une autre classe particulière comprenant les carrières de calcaire et de dolomite ainsi que de terres à briques de grande importance économique ; ces dernières étaient soumises à permission ministérielle.

91. Pour les carrières, le législateur les avait également définies dans l'article 4 de la loi de 1810. En effet, les carrières *renfermaient les ardoises, les grès, pierres à bâtir et autres, les marbres, pierre à chaux, pierres à plâtres, les pouzzolanes, les trashs, les basaltes, les laves, les marnes, craies, sables, pierres à fusil, argiles, kaolin, terres à foulon, terres à poterie, les substances terreuses et les cailloux de toute nature, les terres pyriteuses regardées comme engrais, le tout exploité à ciel ouvert ou avec des galeries souterraines*[148].

92. La lecture de ces définitions conduit à valider l'idée que le législateur se limitait à donner du contenu de ce qu'on appelle mines, minières, et carrières. En vue d'une gestion fructueuse des substances, la loi de 1810 permit l'adoption du décret du 18 novembre 1810 qui institua le Conseil général des Mines pour remplacer l'ancien Conseil des Mines créé sous la convention. Ce conseil composé d'ingénieurs avait pour rôle de veiller à l'application des lois et règlements sur les mines, minières, carrières, et les usines désignées dans l'article 73 de

[146] Il s'agit du bois pétrifié qui est composé de bois fossilisé où la matière organique a plus ou moins complètement été remplacées par des minéraux tout en gardant la structure originale du bois.

[147] La classe des minières a cessé d'exister avec l'entrée en vigueur du décret des mines du 07 juillet 1988.

[148] Article 4 de la loi de 1810 concernant les mines, les minières et les carrières.

la loi de 1810 et à l'exécution de toutes les mesures prescrites par le ministre de l'Intérieur[149].

Paragraphe 2 : les obligations prescrites par la loi de 1810

93. Comme toute loi, la loi de 1810 ne dérogeait pas à la règle qui prévoyait des obligations et des droits. Elle posait les conditions d'accès aux ressources minérales après avoir défini les notions de mines, minières, et carrières. Elle arrêtait en même temps les conditions dans lesquelles les ressources minérales pouvaient être exploitées ainsi que les modalités de réparation ou de compensation des éventuelles séquelles causées. Mais dans la loi de 1810, la remise en état des sites déjà exploités était plus ou moins mal encadrée. C'est seulement avec les réformes de cette loi que la réhabilitation des sites fut considérée comme une obligation et inscrite dans le corpus juridique réglementant l'exploitation des mines.

94. En réalité, la loi de 1810 ne contredisait pas la règle fondamentale du droit civil sur la propriété du sol qui entraîne la propriété du dessus. L'observation de ses règles montre que l'État, dans l'intérêt public, intervenait seulement comme arbitre entre l'inventeur et le propriétaire lorsque l'occupant refusait de laisser fouiller son sol. C'est pourquoi, si quelqu'un, intéressé à l'extraction de la richesse minérale, ne lui semblait pas capable de mener à bien l'entreprise, soit par défaut de capitaux, soit par défaut de capacité technique, l'État se réservait le droit de remettre l'exploitation à un tiers. Le droit minier dans la loi de 1810 énonçait des obligations qui pesaient sur le demandeur (A) et des obligations qui pesaient sur l'État (B).

A. Les obligations du demandeur de concession

95. La concession est un concept à divers sens en droit administratif. De façon générique, c'est un terme utilisé pour qualifier plusieurs catégories de contrats : la concession du service public, la concession portant occupation privative prolongée du domaine public, la concession d'aménagement et les concessions de mines. Mais la doctrine estime que c'est de façon inappropriée qu'un langage administratif insuffisamment précis l'utilise pour qualifier certains actes[150]. Sont notamment concernées les concessions de cimetières, les concessions

---

[149] Article 15 du décret du 18 novembre 1810 organisant le conseil des mines.

[150] Waline (J.), *Précis de Droit administratif*, 22e édition, Dalloz, p. 364, 2008.

sur le domaine des personnes publiques, de même que les concessions de mines[151].

96. La nature juridique de la concession de mine est, depuis longtemps, au centre des préoccupations de la doctrine[152]. Le problème classique et souvent discuté de la nature juridique de la concession de mine recouvre en réalité plusieurs questions. Selon M. Ouedraogo, il s'agit en premier lieu de situer dans la nomenclature des concessions la concession de mine. En clair, il s'agit de savoir si la concession de mine se rattache à la catégorie des concessions de service public. Ou encore à celle des concessions des travaux publics ou relève encore d'une autre catégorie. Au regard de la critique de la doctrine susmentionnée, c'est la troisième réponse qui s'impose. La concession des mines n'est pas une concession de service public.

97. Bien que la thèse contraire ait été soutenue mais spécialement pour le régime minier d'outre-mer[153], A. De Laubadere soutient qu'il l'est très généralement et que, à juste titre, le concessionnaire de mine n'est pas un concessionnaire de service public. Selon lui, l'exploitation des mines constitue une activité privée d'intérêt général, non une concession de service public[154]. D'autre part, la concession de mine n'est pas une concession de travaux publics. En effet, selon Y. Gaudemet, bien que l'exploitation des mines soit considérée comme une illustration de la notion d'entreprise privée d'intérêt général, les travaux exécutés par le concessionnaire de mine ne sont pas des travaux publics parce qu'ils ne sont pas exécutés « pour le compte d'une personne publique[155] ». Cette solution jurisprudentielle est ancienne ; les travaux miniers ne sont pas des travaux publics (CE 04 juin 1926, Compagnie des houillères lyonnaises, Rec. Lebon : 563). Elle n'a pas été abandonnée par la jurisprudence ultérieure, même en ce qui concerne les charbonnages depuis la nationalisation de ceux-ci en 1946

[151] Waline (J.), Précis de Droit administratif, *ibid.*

[152] Personnaz (V. J.), Institution des mines, J.C.A Fasc. 371, n° 16 et s. L. Rolland, « Situation juridique des exploitants de mines », in R.D.P. 1911, p. 730 et 1920.343. J. Russo, précité.

[153] Nicolay (T.), Le régime juridique des mines dans les territoires d'outre-mer et les territoires associés, Bibliothèque juridique de l'union française ; Encyclopédie d'outre-mer, p. 278, 1995.

[154] De Laubadere (A.), Traité de droit administratif, t. 1, 8e éd.. In: Revue internationale de droit comparé. Vol. 32 n° 3 : 669-671, 1980.

[155] Gaudemet (Y.), Traité de droit administratif : Tome 2, Droit administratif des biens ; LGDJ; 13e édition, p. 461, 2008.

(cons. Préf. Toulouse, 23 déc. 1952, Sté d'application des produits Enklay, Gaz. Pal. 11-13 mars 1953)[156]. Selon donc A. De Laubadere, la concession de mine se rattache à une autre catégorie de concessions que l'on appelle généralement la concession de richesse naturelle[157].

98. En second lieu, la question a été de savoir – et ce fut la question la plus controversée – si la concession de mine est un acte unilatéral ou un contrat. Ces controverses résultent à la fois du caractère équivoque du mot « concession », qui en droit administratif est employé dans les deux sens, désignant tantôt des actes unilatéraux (concession de pension, de logement), tantôt, des contrats (concession de voieries par opposition à permission de voieries), et des discussions doctrinales qui existent sur la distinction des contrats et des actes unilatéraux déclenchant l'application d'un statut (actes-conditions).

99. Selon A. De Laubadere, sous le régime de 1810, la concession de mine apparaissait comme un acte unilatéral et réglementaire[158]. Dans la discussion même de la loi, le désir de certains jurisconsultes de voir consacrer le caractère contractuel de l'acte de concession fut tenu en échec par la conception contraire imposée par l'empereur. La doctrine finira par adhérer à la reconnaissance sinon de la nature entièrement contractuelle de la concession de mine, du moins de la présence dans son analyse d'éléments contractuels. Un auteur fera remarquer que la doctrine est assez portée, à cet égard, à rapprocher le cas de la concession de mine de celui de la concession de service public pour y voir également un acte mixte, mi-réglementaire, mi-contractuel[159].

100. La doctrine n'a cependant pas manqué d'observer que la distinction des parties contractuelles et des parties réglementaires (sans doute les plus nombreuses) du cahier des charges est moins facile à faire que dans le cas de la concession de service public (dans lequel la présence même du service public fournit le critère) et de la contexture assez particulière du cahier des charges de la concession de mine, lequel, on le verra, doit être, pour une large part, conforme aux cahiers des charges-type.

---

[156] Granger (R.) « Les mines nationalisées devant le droit minier », *Droit social*, n° 7 : 381 et 458, 1953.

[157] De Laubadere (A.), Traité de droit administratif, *op. cit.*

[158] De Laubadere (A.), *ibid.*

[159] Rolland (L.), La situation juridique des exploitants de mines, R.D.P, p. 730, 1911.

101. Enfin, il convient de se demander quelle est la nature du droit que la concession confère au concessionnaire. La loi de 1810 attribuait de la manière la plus explicite au concessionnaire un droit de propriété sur la mine, en disposant en son article 7 que l'acte de concession « donne la propriété perpétuelle de la mine, laquelle est dès lors disponible et transmissible comme tous autres biens, et dont on ne peut être exproprié que dans les cas et selon les formes prescrites pour les autres propriétés conformément au Code napoléon et au Code de procédure civile. Toutefois une mine ne peut être vendue par lots ou partagée, sans une autorisation préalable du Gouvernement donnée dans les mêmes formes que la concession ». La doctrine interprétait cette disposition comme impliquant une assimilation pure et simple du droit du concessionnaire sur la mine à la propriété du droit du concessionnaire sur la mine à la propriété du droit civil.

102. Cette assimilation a été progressivement abandonnée en raison des innovations législatives qui ont paru enlever à la concession les caractères fondamentaux de la propriété. Déjà à la fin du 19e siècle, à la suite de la loi de 1838 instituant une déchéance possible du concessionnaire, de celle de 1852 interdisant la réunion des concessions sans autorisation, des auteurs comme Édouard Laferriere[160] et M. Hauriou[161], éminents juristes du XIXe siècle, estimaient qu'il s'agissait d'une « propriété imparfaite, limitée par l'intérêt public » ou d'une « propriété à caractère administratif ».

103. La loi de 1919, en supprimant la perpétuité et la gratuité des concessions, a naturellement accentué cette orientation doctrinale. On a observé de plus en plus dans le droit du concessionnaire un droit de nature administrative, « droit réel administratif », disent les auteurs qui admettent l'existence de cette catégorie juridique, celle des droits réels administratifs, mais non plus un droit de propriété.

104. En France, c'est cette conception qui demeure aujourd'hui encore dominante bien que le Code minier, qui se borne à parler d'un « droit immobilier distinct de la propriété de la surface », fasse rétablir la perpétuité pour les mines autres que les hydrocarbures. Quant à l'exploitation même de la mine, elle est « considérée comme un acte de commerce ».

---

160 Laferriere (E.), Traité de la juridiction administrative et des recours contentieux, 2e éd., 1896.

161 Hauriou (M.), *Précis de droit administratif*, Sirey, Paris, 1ère éd., 1892.

105. Depuis le célèbre discours du Comte de Saint Jean D'Angely du 1er avril 1810 devant le corps législatif, le droit minier n'avait cessé de connaître des progrès. Dans le projet de création de la loi de 1810, il annonçait qu'il *appartenait à un règne plus glorieux encore que celui de Louis Le Grand, à une époque où le temps, l'expérience et le malheur même ont étendu les lumières, de fortifier le jugement et de murir les grandes pensées, devoir préparer, rédiger, publier des codes nouveaux... Ce qui montre en substance qu'une révolution contre les erreurs d'hier a sonné.*

106. La loi de 1810 déterminait toutes les obligations des demandeurs, des propriétaires de surface et l'État lui-même qui agissait dans l'intérêt de la société. Le corps législatif posait alors des règles sur lesquelles la transmission de la propriété de la mine pouvait être effective. Ainsi les mines ne pouvaient être exploitées qu'en vertu d'un acte de concession délibéré en Conseil d'État[162]. Dans le milieu des mines, la notion de concession était perçue autrement que dans son acception classique. Il s'agissait d'un acte par lequel une autorité ou une institution publique autorisait, sous condition et pour une durée limitée, l'exploitation par un tiers de ressources naturelles sur le domaine public.

107. La loi du 28 juillet 1791 admettait le droit aux propriétaires de surface d'exploiter les mines se trouvant dans leur sol jusqu'à cent (100) pieds de profondeur. Avec ce privilège, plusieurs communes avaient concédé ce droit sur les propriétés communales à des particuliers. Ces concessions n'étaient pas en réalité de véritables concessions minières au sens strict.

108. L'effet de l'entrée en vigueur de la loi du 21 avril 1810 remettait complètement en cause le droit des propriétaires de surface. En conséquence, les communes, institutions ou établissements avaient perdu le droit de concéder les mines superficielles sous leurs terrains. Aujourd'hui la mine renvoie à *l'ensemble des droits sur le gîte,* c'est-à-dire sur la surface du gîte qu'on peut acquérir ou dont on peut jouir. L'acte de concession qui génère les droits est délivré par le Conseil d'État. Cet acte règle, désormais, les droits des propriétaires de la surface sur le produit des mines concédées. Par cette innovation de taille, la loi de 1810 créait pour les mines une nouvelle propriété qui

---

[162] Voir article 5 de la loi 1810.

trouve son unique origine dans l'acte même de concession[163]. Il confère par conséquent la propriété perpétuelle.

109. La loi obligeait au demandeur de requérir en principe le consentement du propriétaire de la surface, ou l'autorisation de l'État. En plus de ces obligations, l'autorisation d'enfoncer des sondes ou tarières sur un terrain d'autrui n'était valable qu'après une consultation de l'administration des mines. Cet encadrement juridique rigoureux des mines répondait aux besoins formulés par les autorités, motivés par une satisfaction de l'intérêt général, comme formulé d'ailleurs dans le projet de loi. Il y était précisé que le gouvernement devait agir dans l'intérêt général de la société[164]. Le demandeur était aussi tenu d'indemniser le propriétaire de la mine en contrepartie des actes de sondes ou de tarières sur son terrain. Mais, il s'agissait d'une indemnité préalable sur laquelle la loi observait le silence. Il convient de noter que le premier but de la loi était de concilier les principes de la propriété avec les garanties nécessaires aux exploitants des mines[165] .

110. Dans le projet de loi, le corps législatif avait constaté, après de longues recherches sur les principes appliqués en pareille matière, dans les temps anciens et modernes, les inconvénients de la législation d'alors en France et dans les pays réunis[166]. Le corps législatif avait aussi remarqué l'importance des ressources minérales en considérant qu'elles n'étaient pas une propriété ordinaire à laquelle pouvait s'appliquer la définition des autres biens ainsi que les principes généraux sur leur possession[167] tels qu'ils étaient écrits dans le Code napoléonien[168]. Étant une propriété non ordinaire, la vente des mines et leur donation étaient soumises à des règles précises et communes[169]. Ainsi, même pour réaliser des sondes et ouvrir des puits ou galeries, ou pour établir des machines ou magasins dans les enclos murés, cours ou jardins, le consentement formel du propriétaire était requis [170]. Pour

---

[163] Lebrigand (Y.), Illaire (M.), Plessis (A.), Belhoste (B.), et Latty (L.), *L'application du droit des mines par le Conseil général des Mines en France au XIXe siècle*, les PV des séances du CGM du 19e siècle.

[164] « Exposé des motifs du Projet de loi de 1810 concernant les mines, les minières, et les carrières ». *Journal des mines*, n° 160 avril 1810, page 248.

[165] Exposé des motifs *op. cit.*, page 251.

[166] Exposé des motifs, *op. cit.*, page 244.

[167] Pour les biens ordinaires.

[168] Voir le projet de loi sur les mines page 252.

[169] Exposé des motifs *op.cit.* page 253.

[170] Art. 11 de loi de 1810.

l'exploitation proprement dite, la loi déterminait les conditions à remplir et en vue d'une sélection, ou portait la préférence sur un demandeur. La sélection était objective, car le demandeur préféré accédait aux mines grâce à ses capacités et à la qualité de ses moyens. Le rédacteur de cette loi exprimait cette obligation dans l'article 14.

111. Le demandeur ou la société devait justifier des facultés nécessaires pour entreprendre et conduire les travaux, et les moyens de satisfaire aux redevances, indemnités, qui lui étaient imposées par l'acte de concession[171]. Il semble que le contenu de l'acte de concession résultait d'un accord de volonté entre le demandeur et l'État, ainsi que le propriétaire de la surface. Par conséquent, il renvoyait à ce que l'on appelle aujourd'hui, dans le vocabulaire du droit minier, la convention minière[172]. Elle implique une négociation entre les parties et représente la partie conventionnelle des règles relatives à l'exploitation des mines. Ainsi donc, l'accès aux mines suivait une procédure relativement longue jusqu'à la délivrance de l'acte de concession. Cet acte de concession était l'attestation justifiant la reconnaissance par le gouvernement d'un droit sur la mine.

112. Dans le cas d'une concurrence pour l'obtention d'un acte de concession, une sélection était prévue. Le gouvernement appréciait les motifs ou considérations pouvant justifier la préférence d'un demandeur, qu'il soit propriétaire de la surface, inventeur, ou autres[173]. Le principe était que tout Français, ou tout étranger naturalisé ou non en France, agissant isolément ou en société, avait le droit de demander et pouvait obtenir, s'il y'avait lieu, une concession de mine. Toutefois, ce principe restait soumis à une loi qui fixait les critères de choix du futur concessionnaire. L'inventeur, dont la demande n'avait pas été admise en vertu des conditions énumérées, n'était pas considéré comme un perdant absolu. En effet, il avait droit à une indemnité de la part du concessionnaire. Cette indemnité était fixée par l'acte de concession[174]. Celle-ci prenait l'allure d'un verdict, car il ne manquait pas d'entraîner des conséquences au détriment des demandeurs non choisis.

---

[171] Art. 14 *ibid.*

[172] La convention minière lie les parties, elle précise entre autres les droits et obligation relatifs aux conditions juridiques, financières, fiscales, sociales et environnementales applicables à l'exploitation pendant la période de sa validité.

[173] Art. 16 de la loi 1810.

[174] *Ibid.*

113. Après son accomplissement selon les formalités prescrites, l'acte de concession purgeait, en faveur du concessionnaire, tous les droits des propriétaires de la surface et des inventeurs, ou de leurs ayants-droit, chacun en ce qui le concerne, après qu'ils aient été entendus ou appelés légalement. Par ailleurs, la distinction des biens dont parlait le corps législatif verra une application stricte après la signature de l'acte de concession. Car au moment où une mine était concédée, même au propriétaire de la surface, cette propriété devenait distincte de celle de la surface, et était désormais considérée comme propriété nouvelle, sur laquelle de nouvelles hypothèques pouvaient reposer, sans préjudice de celles qui auraient été prises sur la surface et la redevance.[175]

114. Pour plus de précision, l'élaboration de ces articles qui organisaient les conditions de préférence avait fait l'objet d'un débat. Dans la séance du 4 avril 1809, *Regnauld De Saint-Jean D'Angely* disait que *la Section avait pensé que, si la préférence n'était pas donnée à l'inventeur, il n'y aurait plus de recherches.* Mais *Napoléon*, reconnaissant ici la nécessité d'admettre les conséquences du principe de la propriété privée des mines, avait décidé que l'acte de concession déterminerait, suivant les circonstances, à qui devrait être accordée la préférence, et par ce principe il rendait inutiles les articles 18, 19 et 20 du projet, qui dès lors furent supprimés[176].

B. Les obligations de l'État

115. L'obtention des concessions dans la loi de 1810 obéissait au respect d'une procédure qui faisait intervenir plusieurs autorités. On s'interrogeait souvent sur la présence abusive de l'État dans les procédures d'obtention des concessions. En réalité, c'est parce que le pouvoir avait décidé d'administrer très directement l'exploitation des ressources du sous-sol. L'existence même d'un corps de fonctionnaires (Corps des mines) concrétisait cette volonté du pouvoir. Ainsi pour obtenir une concession, une demande était obligatoire. Elle était faite par voie simple de pétition adressée au préfet, qui était tenu de faire enregistrer, à sa date, sur un registre, et d'ordonner les publications et

---

[175] Art. 19 al.2 ; *ibid.*

[176] Bury (A.), *Traité de la législation des mines des minières, des usines et des carrières en Belgique et en France ou commentaire théorique et pratique de la loi du 21 avril 1810 et des lois et règlements qui s'y rattachent*, F. Renard, Éditeur ; Paris, 1859.

affiches dans les dix jours. Elles étaient produites en plusieurs exemplaires, dans le souci de garantir un large accès à l'information et prévenir les éventuelles contestations. Pendant quatre mois, la demande était affichée dans le chef-lieu du département, dans celui de l'arrondissement où la mine était située, dans le lieu du domicile du demandeur, et dans toutes les communes dans le territoire desquelles la concession pouvait s'étendre. Pour l'information des autres tiers, les affiches étaient publiées dans les journaux départementaux. Avec la diligence des maires, les demandes en concession de mines avaient lieu devant la porte de la maison commune et des églises paroissiales et consistoriales[177]. Il appartenait aux maires de certifier ces publications. Le demandeur avait ainsi droit à un extrait certifié délivré par le secrétaire général de la préfecture.

116. Il était possible que le demandeur rencontre d'autres prétendants, ou encore des demandeurs en opposition. Les demandes d'opposition[178] étaient adressées au préfet à condition d'être formulées avant le dernier jour du quatrième mois à compter de la date de l'affiche. Ces oppositions étaient notifiées aux parties intéressées à savoir le demandeur de concession et ses concurrents. Après les quatre mois sanctionnant l'expiration du délai des affiches et des publications, mais aussi sur la foi des formalités obligatoires, le préfet donnait suite à la demande de concession. Auparavant, il était obligé de requérir l'avis de l'ingénieur des mines qui appréciait les droits et les facultés des demandeurs. C'est après cet avis que le préfet transmettait au ministre de l'Intérieur son avis définitif sur les demandes.

117. L'acte de concession était délivré par décret impérial, après délibération devant le Conseil d'État. Mais il faut noter que la loi de 1810 donnait encore aux demandeurs une autre possibilité de recours, si la voie préfectorale leur avait échappé. En effet, jusqu'à l'adoption du décret d'attribution au demandeur de concession, toutes les oppositions étaient recevables, mais cette fois-ci, devant le ministre de l'Intérieur[179]. Ce recours hiérarchique devant le ministre de l'Intérieur était cependant très formaliste. Pour sa validité elle devait être signée et

---

[177] Art. 24 de la loi 1810.

[178] Le mot « opposition » désigne toute manifestation de volonté par laquelle une personne entend arrêter l'exécution d'un processus juridique ou judiciaire. Dans le cas d'espèce, il s'agit de personnes ou de sociétés qui rejettent la demande de concession d'une personne comme non fondée, ou violant une loi.

[179] Art. 17 de la loi 1810.

présentée par un avocat au Conseil. Une demande d'opposition bien motivée entraînait le renvoi des parties devant les tribunaux et cours[180].

118. Aux origines, la propriété n'existait que pour les choses mobilières, le sol appartenant à tous ou à personne en particulier. À Rome, on attribuait les terres à des individus qui devaient en récolter les fruits. D'années en années l'habitude s'instaura de laisser la terre toujours aux mêmes personnes, de là est née la propriété individuelle et perpétuelle. La propriété était alors absolue.

119. Le droit de propriété est caractéristique du pouvoir juridique le plus complet qu'une personne puisse exercer directement sur une chose. Le droit naturel de propriété est déclaré par les grands textes fondateurs de notre modernité juridique, la *Déclaration des droits de l'homme et du citoyen*, ou encore le *Bill of Rights* de la Constitution américaine, et qu'il est devenu une norme positive en trouvant consécration dans les législations modernes, à l'instar du Code civil. Pour les jurisconsultes de la première moitié du XIXe siècle, le droit de propriété est le droit exclusif et absolu d'une personne sur des choses matérielles.

120. La doctrine juridique contemporaine s'accorde en général à reconnaître que le droit des biens est en crise, et qu'aucune définition de la propriété ne parvient à décrire correctement l'ensemble du droit actuel qu'à parler d'« extinction »[181], ou encore de « désintégration de la propriété »[182] pour décrire l'abandon progressif de l'idée d'un pouvoir absolu d'une personne sur une chose, au profit d'une autre notion, plus obscure, celle de faisceau de droits (*bundle of rights*), divisibles et superposables, n'ayant pas nécessairement des choses tangibles pour objet, mais désignant l'irréductible hétérogénéité des objets appropriés et des régimes juridiques auxquels ceux-ci sont soumis[183].

---

[180] Art. 28 al. 3 ; *ibid.*

[181] Mackaay (E.), « La propriété est-elle en voie d'extinction ? » : 217-247, in Nouvelles technologies et propriété, Actes du Colloque tenu à la Faculté de droit de l'Université de Montréal les 9 et 10 novembre 1989, Montréal, Thémis - Paris, Litec, 1991.

[182] Grey (C. T.), *The Desintegration of Property*, Nomos (Yearbook of the American Society for Political and Legal Philosophy), XXII, J. R. Pennock and J. W. (eds), New York, New York University Press, p. 69-87, 1980.

[183] Xifaras (M.), La propriété - Étude de philosophie du droit. PUF, pp.510, 2004.

121. On l'aura compris, la démarche de la doctrine est avant tout politique et peut se résumer de la manière suivante : parvenir à la construction d'un ordre juridique moderne, fondé sur l'institution du principe de la liberté de la personne, qui exige à la fois que cette personne ait un accès inconditionné à la propriété et qu'elle n'en soit pas l'objet. De la personne propriétaire à la chose appropriée, il faut par conséquent instituer une discontinuité radicale, qu'opère une vigoureuse réactualisation de la *summa divisio*, érigée en prémisse et en fondement de l'ensemble du système des droits : c'est parce qu'il faut asseoir, du côté de la personne individuelle, la plus absolue des libertés, qu'il convient de lui reconnaître le droit d'exercer sur les choses la plus absolue des dominations.

122. Parce que cette démarche politique a été consacrée par l'article 544 du Code civil, qui dispose que : « La propriété est le droit de jouir et disposer des choses de la manière la plus absolue, pourvu qu'on n'en fasse pas un usage prohibé par les lois ou par les règlements. »

123. L'acte de concession valable conférait alors au titulaire un titre de propriété. Donc le principal effet de l'acte de concession était d'accorder la propriété utile de la mine, et d'en permettre l'exploitation. Ainsi en disposait la loi dans son article 7. L'acte de concession donnait la propriété perpétuelle de la mine, laquelle était dès lors disponible et transmissible comme tous les autres biens, et dont on ne pouvait être exproprié que dans les cas prévus et selon les formes prescrites pour les autres propriétés, conformément au Code napoléonien et au Code de procédure civile[184]. Cette possession utile renvoyait aux prérogatives dont disposait le propriétaire d'une chose. Mais elle était un peu tempérée par les dispositions spécifiques de la loi impériale.

124. Dans la séance du 26 mars 1806 Napoléon avait proposé que « la propriété des mines devrait rentrer entièrement sous le droit commun ; il faut qu'on puisse les vendre, les donner, les hypothéquer, d'après les mêmes règles qu'on aliène ou qu'on engage une ferme, une maison, en un mot un immeuble quelconque ; il faut aussi que les contestations qui s'élèvent à ce sujet soient renvoyées devant les tribunaux. Cette idée de l'empereur avait donc été respectée à la lettre

---

[184] Delebecque (A.J) *op. cit.*, page 182.

par le corps législatif, et reproduite dans cet article 7 de la loi »[185]. L'acte de concession qui transmettait la propriété de la mine au demandeur faisait de ce dernier propriétaire de la mine. De nouvelles obligations, différentes de celles qui étaient en vigueur, s'imposaient à lui. La loi de 1810, avec une prudence avérée, précisait que *l'exploitation des mines n'est pas considérée comme un commerce et pas sujette à patente.*[186] Le désormais propriétaire des mines était tenu de l'exécution de deux obligations[187] : une redevance fixe et une redevance proportionnelle comme l'indiquait l'article 33. La redevance fixe qui avait un caractère annuel était réglée d'après l'étendue[188]. Dans le droit minier gouverné par la loi de 1810 la redevance fixe était de dix francs par kilomètre. La redevance proportionnelle venait s'ajouter à cette dernière. Elle était payée annuellement et intégrée au budget de l'État, comme les autres contributions publiques. Cependant le législateur considérait qu'elle ne pouvait jamais s'élever au-dessus de cinq pour cent (5 %) du produit net. Il pouvait être fait un abandonnement en faveur des propriétaires des mines qui le demandaient.

125. À propos des obligations relatives aux redevances, le législateur avait pourtant prévu de régler les excès en cas de versement au-delà du pourcentage exigé. En effet, bien que la redevance proportionnelle fût imposée aux propriétaires des mines, son remboursement était prévu en cas d'excès. Une procédure était prévue à cet effet. L'intéressé devait formuler une requête qui était appréciée par le conseil de préfecture[189]. Ainsi, par une réclamation aux fins de dégrèvement ou de rappel à l'égalité, le propriétaire ayant versé une somme excédant les cinq pour cent du montant de la redevance formulait une demande de remboursement. Mais ce dégrèvement n'était pas automatique, il n'était valable que si le demandeur avait justifié le caractère excessif du montant versé.

126. Ce droit favorable aux propriétaires avait une fonction sociale car il réparait une injustice, celle de payer une redevance illégale. Mais l'État avait aussi la volonté d'encourager le propriétaire de la mine confronté à des difficultés. C'est pourquoi il avait prévu dans

---

[185] *Ibid.*

[186] Art. 33 de la loi de 1810.

[187] Voir la notion d'obligation, Malinvaud (P.), Fenouillet (D.), Mekki (M.), Droit des obligations ed. LexisNexis, 13e édition, p. 3, 2014.

[188] Art. 34 de la loi de 1810, fixe les conditions de son versement.

[189] Art. 37 *ibid.*

l'article 38, que le gouvernement accordât une remise en tout ou partie du paiement de la redevance proportionnelle, pour le temps qui était jugé convenable et ce, comme encouragement en raison de la difficulté des travaux[190]. Un autre privilège était accordé au propriétaire notamment une remise à titre de dédommagement en cas d'accident de force majeure qui surviendrait pendant l'exploitation. L'autre obligation immédiate à laquelle les propriétaires des mines étaient soumis consistait au paiement des indemnités dues au propriétaire de la surface sur le terrain duquel ils établissaient leurs travaux[191].

127. Il existait également d'autres obligations à caractère immédiat, parce qu'elles dépendaient de certaines circonstances. C'est dans une logique de protéger également les propriétaires de surface que le législateur avait aménagé ce texte. Dès lors que l'occupation des terrains pour la recherche ou les travaux des mines privait les propriétaires du sol de la jouissance du revenu au-delà d'une année, ou lorsqu'après les travaux, les terrains n'étaient plus propres à la culture, il était possible que l'État exigeât des propriétaires des mines l'acquisition des terrains à l'usage de l'exploitation[192].

128. Par ailleurs, le propriétaire de la surface détenait une liberté pour exiger l'achat de sa surface endommagée. Si nécessaire, en effet, les pièces de terre trop endommagées ou dégradées sur une trop grande partie de leur surface devaient être achetées en totalité par le propriétaire de la mine[193]. Dans ce cas le législateur convoquait un ancien texte[194] pour l'évaluation du prix du terrain endommagé. Il arrivait aussi que l'exploitation d'une mine générât d'autres conséquences négatives sur une autre mine appartenant à autrui. Cette situation pouvait se présenter quand il y avait l'existence de deux sites ayant une propriété différente. Dans ce cas le dommage pouvait par exemple advenir par l'effet de l'écoulement des eaux qui envahissaient le

---

[190] Art. 38 de la loi de 1810. Ce texte joue ici un rôle de secours et d'aide au profit du propriétaire de la mine confronté à des difficultés dans l'exploitation des mines.

[191] Art. 43 al. 1, *ibid.*

[192] Art. 45, *ibid.* Dans ce texte, le législateur aménage une sanction au profit du propriétaire de la surface qui, sous l'effet des travaux qui ont endommagé la surface, ne parvient plus à exercer une autre activité comme l'agriculture.

[193] Art. 44, *ibid.* à travers cette disposition, le législateur donne la liberté au propriétaire de manifester sa volonté d'être remboursé. L'évaluation du prix sera faite, quant au mode, suivant les règles établies par la loi de 16 septembre 1807 sur le dessèchement.

[194] Loi du 16 septembre 1807.

terrain d'autrui. Tous les dommages enregistrés nécessitaient une indemnisation au profit de l'autre propriétaire de la mine[195].

129. Il convient alors de remarquer que la loi de 1810 n'avait pas escamoté les droits du propriétaire de la surface. Un dispositif juridique tendant à garantir ses droits était non seulement prévu, mais était aussi consolidé par des sanctions pécuniaires. Cependant, on notait une faible protection des propriétaires de surface n'ayant pas été préférés pour l'obtention de l'acte de concession du fait de la concurrence des autres demandeurs[196]. Cette démarche de l'État pouvait être appréciée à l'aune des mesures nouvelles qui accordaient aux mines une valeur aussi importante, au point de les soustraire à toute idée d'appropriation privée. Il faut aussi signaler que les dommages résultant des travaux de recherche[197] étaient résolus par la loi du 28 Pluviôse[198] An XIII. Cette loi attribuait au conseil de préfecture la compétence relative à certaines réclamations d'indemnité. Ainsi, selon cette loi le conseil de préfecture se prononçait sur les demandes et contestations concernant les indemnités dues aux particuliers, à raison des terrains pris ou fouillés pour la confection des chemins, canaux et autres ouvrages publics[199].

130. Bien que l'État eût, par l'effet de la loi de 1810, affecté la propriété des ressources naturelles à la nation et déterminé les conditions de leur propriété, il n'en demeurait pas moins qu'il fût débiteur de plusieurs obligations. Ainsi, l'obligation de surveiller les mines lui revenait. Pour exécuter convenablement cette tâche, l'administration créa un corps spécial dont la mission était de contrôler les opérations d'exploitation et la maintenance d'édifices dans les sites. Ce corps de contrôle était composé d'ingénieurs des mines qui, selon la loi de 1810, exerçaient sous les ordres du ministre de l'Intérieur et des préfets, une surveillance de police pour la conservation des édifices et la sûreté du sol[200]. Ce corps de contrôle qui travaillait pour une exploitation sans risques des mines était hiérarchisé. Le ministre de

---

195 Art. 45, *ibid.*

196 Ici il s'agit des autres prétendants. Il peut s'agir de l'inventeur de la mine, ou un tiers qui a déjà rempli les conditions exigées.

197 Malinvaud (P.), Fenouillet (D.), Mekki (M.), *Droit des obligations*, *op. cit.*, p. 462.

198 Le mois de pluviôse était le cinquième mois du calendrier républicain français. Il correspondait à quelques jours près (selon l'année) à la période allant du 20 janvier au 18 février du calendrier grégorien. Il tirait son nom « des pluies qui tombent généralement avec plus d'abondance de janvier en février ».

199 Art. 4 al. 4 de loi du 28 Pluviôse An XIII.

200 Art. 47 de la loi de 1810.

l'Intérieur était l'autorité supérieure chargée de donner des ordres aux ingénieurs. Dans leur mission, ceux-ci devaient observer la manière dont l'exploitation était faite, soit pour éclairer les propriétaires sur ses inconvénients ou son amélioration, soit pour avertir l'administration des vices, abus ou dangers qui s'y trouveraient[201]. L'appréciation des missions des ingénieurs révélait la nature des intérêts qu'ils représentaient. Leur travail était d'abord favorable aux propriétaires des mines qui étaient informés des aspects néfastes d'une exploitation anormale. Ils pouvaient aussi proposer des mesures en vue de l'amélioration de l'exploitation. Dans leur mission d'observation et de contrôle, ils jouaient en même temps un rôle d'alerte. C'est pourquoi ils avertissaient l'administration des vices, abus ou dangers éventuels. Sous cet angle l'assainissement des conditions de travail était un préalable pour offrir, non seulement à l'État mais aussi aux propriétaires de mine, l'assurance d'une exploitation sauve des dangers souvent rencontrés dans le secteur.

Section 2

Les réajustements de la loi de 1810

131. La loi de 1810 avait radicalement bouleversé les conditions du débat sur la propriété du sous-sol et sur la liberté d'en jouir. Elle accordait un véritable droit de propriété sur le tréfonds minéral au bénéfice du concessionnaire et organisait la tutelle administrative de l'industrie minière et sidérurgique. La loi sur les mines du 21 avril 1810 a connu plusieurs réajustements normatifs pour son application au Sénégal (Paragraphe 1) et une prise en compte de la protection juridique de l'environnement (Paragraphe 2).

Paragraphe 1 : Plusieurs réajustements normatifs pour son application au Sénégal

132. La loi de 1810 était venue pour rectifier en partie la loi de 1791 adoptée dans une période d'hésitation relative aux conditions de recherche et d'exploitation des mines (A). Elle-même souffrait d'ambiguïté et de lacunes. La police a été renforcée, avec la création de nouveaux organes (B).

---

[201] Art. 48, *ibid.*

A. Élargissement des conditions de recherche et d'exploitation

133. L'examen approfondi de la loi de 1810 révèle en son sein plusieurs défauts ou vides juridiques. Après avoir fait l'apologie d'une nécessité de réformer le droit minier qui était en vigueur depuis 1791, le corps législatif avait cependant accordé une faible importance à la police dans l'exploitation des mines. Un seul titre composé de quatre articles était chargé de régler la question de la sécurité dans l'exploitation des mines. Cette insuffisance avait vite attiré l'attention des gouvernants, mais aussi des propriétaires de surface. Trois années après son entrée en vigueur, la loi de 1810 subit de multiples réformes, en vue de son amélioration. Ces réformes visaient aussi l'assouplissement de certaines procédures et la précision des relations entre les propriétaires de surface et les propriétaires des mines telles que prévues par des dispositions antérieures.

134. Lors de la conquête du Sénégal, la France avait créé un « Code minier » qui définissait la manière de gouverner les ressources minérales du pays. Il y eut le décret du 14 août 1896, qui était un ensemble juridique et réglementaire portant sur la recherche et l'exploitation des mines au Sénégal et au Soudan[202]. Il définissait tout d'abord la notion de mines. Suivant le décret de 1896, sont considérés comme mines les gîtes naturels des substances minérales ou fossiles et notamment les combustibles minéraux, bitumes, pétroles et asphaltes, le sel gemme, les nitrates et les sels associés, les phosphates en couches, en amas ou en filons, les gemmes, l'or et les autres métaux précieux, l'étain et les métaux lourds[203]. Les régions ouvertes à l'exploitation étaient déterminées par le Gouverneur général[204]. Le permis d'exploitation ne s'étendait qu'aux terrains aurifères compacts en filons et en couches qui échappaient aux procédés traditionnels[205]. Le décret de 1896 reconnaissait aux populations autochtones leur droit coutumier d'exploiter les alluvions et autres gisements superficiels d'or et de sel gemme, suivant les procédés coutumiers, jusqu'à une profondeur maximum de 12 mètres. Étaient exclus des procédés traditionnels les terrains aurifères compacts en filons et en couches[206]. Le décret précisait

---

202 Décret n° 142 du 14 août 1896 portant réglementation sur la recherche et l'exploitation des mines au Sénégal et au Soudan.

203 Art. 4 *ibid.*

204 Art. 7 *ibid.*

205 Art. 30 *ibid.*

206 Art. 30 *ibid.*

que les alluvions aurifères qui faisaient l'objet d'exploitations indigènes, les tourbes, les matériaux de construction et les amendements suivaient la condition de la terre[207]. Les modalités d'exercice des droits d'exploiter par des procédés traditionnels des gites d'or et d'autres substances minérales situées dans les zones et périmètres seront définies bien plus tard par les arrêtés des Lieutenant-Gouverneurs pris en vertu du décret du 22 octobre 1924.

135. Après bien des années encore, l'arrêté du 15 juin 1910[208] enrichit le classement des substances minérales en introduisant la notion de carrières qui renfermait les gîtes naturels soit de matériaux de construction, soit d'amendements pour la culture des terres, à l'exception des phosphates[209] et dont les propriétés étaient réputées ne pas être séparées de la surface du sol de laquelle elles suivaient les conditions de la propriété de la surface[210]. Quant à leur exploitation, les carrières étaient soumises au régime de la déclaration et de la surveillance de l'administration[211]. La déclaration était préalable[212] et l'exploitation était soumise à la surveillance de l'administration locale, avec le concours des agents des Travaux publics[213]. La déclaration était adressée au représentant de l'autorité administrative dont relevait le lieu où était située la carrière (Commandant de cercle, Administrateur Maire) ; un exemplaire de la déclaration était transmis au Lieutenant-Gouverneur général du Sénégal. Le déclarant était tenu d'informer l'autorité s'il entendait exploiter la carrière : soit en terrain de propriété privée comme propriétaire ou occupant régulier de sa surface, ou en terrain domanial, comme concessionnaire ou occupant régulier[214]. On remettait à l'exploitant un récépissé de sa déclaration. L'exemplaire transmis au Lieutenant-Gouverneur faisait l'objet d'une mention dans un registre spécial tenu à la Direction des Travaux publics[215].

---

[207] Art. 5 *ibid.*

[208] Arrêté n° 848 du 15 juin 1910 réglementant le régime de l'exploitation des carrières du Sénégal

[209] Art. 1 de l'arrêté n° 848 du 15 juin 1910.

[210] Art. 2 *ibid.*

[211] Art. 3 de l'arrêté n° 848 du 15 juin 1910.

[212] Art. 4.

[213] Art. 5 *ibid.*

[214] Art. 6 *ibid.*

[215] Art. 7 *ibid.*

136. Nul ne pouvait se livrer à la recherche et à l'exploitation des mines, dans l'étendue du territoire du Sénégal, s'il n'était muni d'une autorisation délivrée par le Gouverneur général, qui était indépendante des permis de recherche et d'exploitation[216]. Aucune société ne pouvait recevoir cette autorisation sans avoir obtenu l'approbation préalable de ses statuts par le Gouverneur général[217]. Concernant les fonctionnaires en activité, il leur était interdit de se livrer à la recherche et à l'exploitation des mines[218]. Nul ne pouvait se livrer à la recherche ou à l'exploitation s'il n'était pas muni d'un permis de recherche ou d'un permis d'exploitation[219], délivré après versement d'un droit d'institution dont le montant était calculé suivant l'étendue du périmètre et selon la nature du permis[220]. La superficie était comprise entre 100 et 25 000 hectares[221] et la distance entre deux périmètres ne devait pas être inférieure à 20 kilomètres[222]. En cas d'empiètement de deux périmètres, la partie commune délimitée par les soins de l'administration, aux frais et à la diligence des intéressés, est attribuée au détenteur du permis le plus ancien[223]. Le droit d'institution était remboursé si pour un motif quelconque le permis n'avait pu être accordé[224]. Les permis de recherche ou d'exploitation ne pouvaient être cédés qu'à des personnes ou des sociétés munies d'autorisation de recherche ou d'exploitation[225]. Il était fait obligation au détenteur de permis d'exploitation, à partir de la troisième année d'institution dudit permis, de payer d'avance une redevance fixe annuelle égale à la moitié du droit d'institution[226]. Faute par le détenteur du permis d'exploitation de n'avoir pas payé la redevance fixe annuelle du droit d'institution ou la redevance sur la valeur des minerais extraits, dans les six mois de l'échéance, le permis lui était retiré après que le Gouverneur en eût prononcé la déchéance en conseil privé ou en conseil d'administration ; jusqu'à ce moment, le détenteur du permis conservait le droit de se libérer à condition de verser, en plus du montant des redevances dues, une seconde amende égale au vingtième

---

[216] Art. 1er du décret n° 142 du 14 août 1896.
[217] Art. 2 *ibid.*
[218] Art. 3 *ibid.*
[219] Art. 8 *ibid.*
[220] Art. 10 *ibid.*
[221] Art. 11 *ibid.*
[222] Art. 18 *ibid.*
[223] Art. 22 *ibid.*
[224] Art. 21 *ibid.*
[225] Art. 27 *ibid.*
[226] Art. 33 *ibid.*

du droit d'institution[227]. Tout acte de cession d'un permis ou de constatation de la mise en société des droits conférés est soumis au paiement d'un droit d'enregistrement qui ne peut dépasser cinq pour cent du prix de cession[228]. Les titres émis pour la recherche et pour l'exploitation des mines étaient soumis au paiement d'un droit de mutation dont le taux ne pouvait excéder un pour cent[229]. La division ou la réunion de périmètre faisant l'objet de permis de même nature devait être déclarée ; les nouveaux périmètres restaient soumis aux mêmes limitations d'étendue et devaient faire l'objet de nouveaux permis frappés du droit d'institution[230].

137. Le permis de recherche était valable pour une durée de deux ans, à partir de la date d'institution[231] et conférait le droit exclusif d'effectuer tous travaux de prospection, de sondage et de reconnaissance des gîtes à l'intérieur du périmètre défini[232]. Le permis de recherche ne pouvait être renouvelé qu'une seule fois et pour la même durée, après paiement du double du droit d'institution[233]. À condition d'en avoir fait la déclaration à l'administration, tout détenteur de permis de recherche pouvait disposer du produit des fouilles[234]. Toutefois, il était tenu d'inscrire les quantités de minerais extraits dans un livre spécial[235], de procéder au paiement de la redevance dont l'assiette portait sur la valeur des minerais extraits et le taux, qui ne pouvait excéder cinq pour cent, était annuellement fixé par le Conseil général du Sénégal[236]. Aucun autre droit de circulation ou de sortie ne pouvait être prélevé sur les substances minérales. Le détenteur d'un permis de recherche, à condition d'en faire la demande et avant l'expiration dudit permis, obtenait un permis d'exploitation[237].

138. Le permis d'exploitation était valable pour une durée de vingt-cinq ans, à partir de la date d'institution[238], et conférait le droit exclusif

[227] Art. 36 *ibid.*
[228] Art. 37 *ibid.*
[229] Art. 38 *ibid.*
[230] Art. 39 *ibid.*
[231] Art. 26 *ibid.*
[232] Art. 23 *ibid.*
[233] Art. 26 *ibid.*
[234] Art. 25 *ibid.*
[235] Art. 34 *ibid.*
[236] Art. 35 *ibid.*
[237] Art. 26 *ibid.*
[238] Art. 27 *ibid.*

d'exploiter les gîtes, c'est-à-dire d'installer des équipements et machines nécessaires à l'exploitation, à la préparation et au traitement des minerais[239]. Il était renouvelé dans les mêmes formes, à condition que la demande fût faite avant la fin de validité dudit permis[240]. Les travaux pouvaient être poursuivis à moins de dix (10) mètres des bâtiments ou constructions quelconques, publics ou privés, des cimetières, sépultures, voies de communication, ouvrages d'art. Toutefois cette distance pouvait être réduite, sur la demande de l'exploitant, avec l'approbation de l'Administration ou du propriétaire intéressé suivant qu'il s'agissait d'un domaine public ou d'une propriété privée. Le décret avait prévu l'adjudication des permis d'exploitation devenus caducs. La procédure n'admettait que les personnes ou les sociétés munies de l'autorisation de recherche ou d'exploitation. L'adjudication était annoncée six (06) mois à l'avance, par voie d'affichage au bureau des mines du ressort, et par une insertion dans le *Journal officiel* du Sénégal. Elle portait sur la somme à verser immédiatement comme droit d'institution du nouveau permis qui ne pouvait être inférieur à celui prévu par le décret de 1896. Le permissionnaire déchu ne pouvait y prendre part et le produit issu de l'adjudication lui était acquis, déduction faite des sommes dues au Trésor. Dans le cas où l'adjudication était infructueuse ou le prix offert inférieur au droit d'institution fixé par le décret de 1896, le périmètre revenait à l'État et rentrait dans le droit commun[241].

139. La législation minière au Sénégal connut une profonde mutation avec l'arrêté du 31 août 1957 qui régit désormais la prospection, la recherche, l'exploitation, la possession, la détention, la circulation, le commerce et la transformation des substances minérales[242]. Relativement à leur régime légal, les substances minérales étaient classées, depuis lors, en carrières et en mines. Toutefois, les carrières étaient réputées ne pas être séparées de la propriété du sol ; elles en suivaient les conditions[243]. Selon les dispositions de l'arrêté du 31 août 1957, les substances concessibles étaient considérées mines. Ainsi, le droit d'exploiter une mine ne pouvait être acquis qu'en vertu d'un permis d'exploitation minière ou d'une concession minière tandis que le droit

239 Art. 24 *ibid.*
240 Art. 27 *ibid.*
241 Art. 53 *ibid.*
242 Arrêté n° 440 du 31 août 1957.
243 Art. 3 *ibid.*

de faire des recherches minières ne pouvait être acquis qu'en vertu d'un permis de recherches minières. Aucune personne physique ou morale ne pouvait procéder à des opérations minières de prospection de substances concessibles, devenir titulaire ou amodiataire de permis d'exploitation ou de concession minière sans avoir détenu au préalable une autorisation personnelle. Pour la première fois, la réglementation minière limitait la prise de participation d'une_personne physique ou morale aux opérations minières. Sauf autorisation par décret, aucune personne physique ou morale ne pouvait détenir directement ou indirectement la majorité des intérêts dans plusieurs permis d'exploitation ou concessions d'une étendue totale de plus de deux mille kilomètres carrés.

140. Dans l'intérêt général, il pouvait être défini des périmètres de protection de dimensions quelconques à l'intérieur desquels les opérations minières étaient soumises à certaines conditions ou interdites sans que le permissionnaire ou le concessionnaire puisse réclamer aucune indemnité, à l'exception du cas où le permissionnaire ou le concessionnaire devrait démolir ou abandonner des travaux ou ouvrages régulièrement établis par lui en vue de l'exploitation desdits périmètres antérieurement à leur fixation. Ces périmètres étaient établis pour protéger des édifices publics et agglomérations, voies de communication, ouvrages d'art et travaux d'utilité publique, comme en tous points où ils étaient jugés nécessaires dans l'intérêt général. Le consentement du propriétaire de la surface était toujours requis avant l'exécution de tous travaux de prospection, de recherche et d'exploitation dans une zone de cinquante mètres à l'entour des propriétés closes de murs ou d'un dispositif équivalent, villages, groupes d'habitations, puis, édifices religieux, lieux de sépulture, lieux considérés comme sacrés ou de part et d'autre des voies de communication, conduite d'eau, et généralement à l'entour de tous travaux d'utilité publique et d'ouvrages d'art[244]. L'existence d'un permis ou d'une concession de mine ne pouvait empêcher le propriétaire du sol d'ouvrir sur son terrain des carrières de substances non concessibles ni faire obstacle à l'exécution de travaux d'utilité publique à l'intérieur du périmètre du permis ou de la concession, ou à l'ouverture de l'exploitation des carrières à utiliser pour ces travaux[245]. Le permissionnaire ou concessionnaire n'avait droit qu'au remboursement des dépenses par lui faites et rendues inutiles par l'exécution desdits travaux

---

[244] Art. 31 *ibid.*
[245] Art. 32, al. 1er *ibid.*

ou l'ouverture desdites carrières, compensation faite, s'il y avait lieu, des avantages qu'il pouvait en retirer[246]. Pour les besoins de son exploitation et des industries qui s'y rattachaient, le permissionnaire ou concessionnaire avait le droit de disposer des substances non concessibles dont les travaux entraînaient nécessairement l'abattage. À moins qu'elles provinssent du traitement des substances concessibles extraites, le propriétaire de la surface pouvait réclamer la disposition contre paiement d'une juste indemnité, s'il y a lieu, de celles de ces substances qui ne seraient pas ainsi utilisées par l'exploitant[247].

141. Le permissionnaire ou concessionnaire pouvait être autorisé sur les terrains libres du domaine, à l'intérieur de son périmètre, à occuper gratuitement les terrains qui étaient nécessaires à son activité et aux installations, et à l'extérieur de son périmètre, à exécuter toutes voies de communications ainsi que tous ouvrages de secours et à occuper les terrains correspondants. En dehors des terrains libres du domaine, les occupations étaient autorisées moyennant le paiement aux propriétaires, locataires ou usagers, d'une indemnité annuelle calculée au double du produit net, ou le rachat des droits d'usage ou l'acquisition du sol. Le prix d'achat était fixé au double de la valeur des droits rachetés ou du terrain avant occupation. Si l'occupation privait l'usager ou le propriétaire de la jouissance du sol pendant plus d'une année, ou occasionnait la destruction des cultures et des arbres, ou si, après l'exécution des travaux, les terrains occupés n'étaient plus propres à l'usage auquel ils étaient auparavant affectés, le permissionnaire ou concessionnaire pouvait être obligé de racheter le terrain. Pour les dommages que les travaux pourraient occasionner à la propriété superficielle, le permissionnaire ou concessionnaire était tenu de réparer en payant une indemnité correspondant à la valeur simple du préjudice causé[248].

142. Autre innovation aussi importante qui pourrait être perçue comme signe avant-coureur du cadastre minier moderne, les territoires étaient divisés en zones fermées pour des motifs d'ordre public à la prospection et à la recherche, en zones ouvertes à l'attribution de permis ordinaires de recherche, et en zones réservées à l'attribution de permis de recherches A et B. Les zones réservées étaient constituées de territoires qui renfermaient des substances utiles aux recherches et

---

[246] Art. 32, al. 2 *ibid.*
[247] Art. 32, al. 3 *ibid.*
[248] Art. 33 *ibid.*

réalisations concernant l'énergie atomique, les hydrocarbures liquides ou gazeux, bitumes, asphaltes, schistes et grés bitumineux, les sels de potasses et sels connexes[249]. Deux catégories de permis de recherches minières (droit exclusif de prospection et de recherche) étaient délivrées dans ces zones : les permis ordinaires de recherche, attribués au demandeur en fonction de la priorité de la demande pour une durée de deux ans, et les permis de recherches A et B, attribués au choix de l'administration sans que ce choix ne pût ouvrir aucun droit à indemnité au bénéfice du demandeur débouté totalement ou partiellement.

143. Le permis A était accordé, sous réserve des droits antérieurs, par décret pris, après avis du Comité des Mines de la France d'Outre-Mer, pour une durée ne pouvant dépasser cinq (5) ans. Il pouvait être renouvelé une ou plusieurs fois, par périodes de cinq ans au plus, chaque fois, dont le nombre était fixé par acte instituant le permis. Le renouvellement était de droit si le titulaire avait exécuté un minimum de travaux fixés par l'acte établissant le permis et avait rempli les obligations légales et réglementaires résultant du permis durant la période précédente. Le permis B et le permis ordinaire étaient délivrés, sous réserve des droits antérieurs, pour une durée de deux (02) ans. Le permis B était accordé par arrêté du Chef de groupe de territoires ou du Chef de territoires non groupé alors que le permis ordinaire était délivré par l'ingénieur des mines de la France d'Outre-Mer compétent. Ils pouvaient être renouvelés deux (02) fois au plus pour une période de deux (02) ans chaque fois. Le renouvellement était de droit si le titulaire avait exécuté un minimum de travaux de recherches et avait accompli les obligations légales et réglementaires résultant du permis durant la période de validité. Les permis de recherches constituaient des droits mobiliers, indivisibles, non amodiables, non susceptibles d'hypothèque. Ils étaient cessibles et transmissibles sous réserve d'autorisation préalable[250]. La possibilité était offerte à l'État de se livrer à toutes opérations minières[251] sans besoin d'obtenir une autorisation personnelle, ni de limitation de participation ni de soumission à des règles particulières concernant notamment le contrôle interne de la société, la conduite des travaux, les débouchés, le transport, ou la transformation sur place des produits d'exploitation, sans risquer l'annulation des

---

[249] Art. 29 *ibid.*
[250] Art. 16, alinéa 1er *ibid.*
[251] Art. 5 *ibid.*

permis de recherche et les permis d'exploitation ou la déchéance des concessions.

144. Le titulaire d'un permis de recherche avait droit à un permis d'exploitation ou à une concession s'il avait, pendant la durée du permis de recherche, fourni la preuve, par des travaux de recherches régulièrement poursuivis, de l'existence d'un gisement exploitable à l'intérieur du périmètre sollicité. En cas de contestation sur l'étendue ou le caractère exploitable du gisement, on statuait là-dessus par arrêté du ministre de la France d'Outre-Mer, sur avis du Comité des mines de la France d'Outre-Mer[252]. Dans le cas des permis de recherche portant sur des substances utiles aux recherches et réalisations concernant l'énergie atomique, qui étaient accordés sur avis conforme du Comité de l'Énergie atomique, ce dernier statuait sur la preuve de gisement exploitable exigée du demandeur d'un permis d'exploitation ou d'une concession portant sur ces substances et donnait son avis sur l'activité minimum prévue[253].

145. Les permis de recherche et les permis d'exploitation pouvaient être annulés, et les concessionnaires de mines pouvaient être déchus pour insuffisance d'exploitation[254], pour inactivité ou activité contraire à l'intérêt général, pour non-versement de taxes et de redevances, en cas de condamnation pour exploitation illicite ou pour infraction à la réglementation sur la possession, la détention, la circulation et le commerce des substances minérales[255]. Sur la demande de l'exploitant, il pouvait être défini par voie d'arrêté, après enquête, des zones de protection dites zones A et zones B en tenant en compte, dans toute la mesure du possible, des *desiderata* des tiers intéressés et en évitant d'englober dans la zone des centres importants déjà existants ou des routes d'intérêt général. Les zones de protection dites zones A, dont la superficie ne pouvait dépasser un kilomètre carré, étaient réservées aux chantiers d'exploitation, aux ateliers et usines de traitement et de transformation des substances minérales, tandis que les zones de protection dites zones B englobaient les précédentes[256]. Les conditions d'accès, de circulation, de commerce et de colportage à l'intérieur de

[252] Art. 12 *ibid.*
[253] Art. 21 *ibid.*
[254] Art. 22, alinéa *ibid.*
[255] Art. 18 *ibid.*
[256] Art. 29 *ibid.*

ces zones étant rigoureusement réglementées, sans que les limitations et interdictions n'ouvrissent aucun droit à indemnité[257].

146. L'institution du permis d'exploitation ou de la concession entraîne expiration simultanée du permis de recherches dont ils dérivent. Toutefois, si c'est un permis de recherches A, l'expiration n'affecte que la superficie du permis d'exploitation ou de la concession[258]. Le permis d'exploitation est valable pour quatre ans, et peut être renouvelé quatre fois, pour une période de quatre ans chaque fois, si le titulaire a maintenu, pendant la période précédente de validité, une exploitation reconnue suffisante et s'est acquitté des droits et redevances prévus par le régime fiscal en vigueur[259]. La concession minière dérive du permis d'exploitation. La transformation du permis d'exploitation en concession peut être sollicitée par le titulaire du permis d'exploitation s'il fournit la preuve, au moment de la demande, de l'existence d'un gisement exploitable à l'intérieur du périmètre sollicité, ou exigée au titulaire du permis, lorsque le gîte apparaît suffisamment important[260]. La concession est accordée après publicité et enquête[261] et son périmètre doit être entièrement situé à l'intérieur du permis de recherches ou du permis d'exploitation dont elle dérive. Dans des cas exceptionnels, le périmètre pourrait chevaucher sur plusieurs permis (périmètres) appartenant au même titulaire, si le gisement est au voisinage immédiat des limites des permis (périmètres) la concession de mine est valable pour soixante-quinze ans et peut être renouvelée une ou plusieurs fois pour une période de vingt-cinq ans, si le concessionnaire a fait preuve d'une activité reconnue suffisante. L'acte de concession purge en faveur du concessionnaire qui a fait preuve d'une activité reconnue suffisante[262]. Le permis d'exploitation constitue un droit mobilier, indivisible, non susceptible d'hypothèque. Il est cessible, amodiable, et transmissible sous réserve d'autorisation préalable[263]. La concession de mine constitue un droit immobilier de durée limitée, distinct de la propriété du sol, susceptible d'hypothèque. Elle est cessible, transmissible, amodiable et peut faire l'objet de fusion ou

---

[257] Art. 30 *ibid.*
[258] Art. 12 *ibid.*
[259] Art. 13 *ibid.*
[260] Art. 14 *ibid.*
[261] Le titre IV de l'arrêté n°440 du 31 août 1957 précise les relations entre les permissionnaires et concessionnaires avec les propriétaires du sol et entre eux.
[262] Art. 15 *ibid.*
[263] Art. 16, alinéa 2 *ibid.*

de division, sous réserve également d'autorisation préalable[264]. Toute convention non visée aux alinéas 2 et 3 de l'article 16 par laquelle le titulaire d'un permis d'exploitation ou d'une concession confie partiellement ou totalement l'usage de ses droits à un tiers est soumise à déclaration préalable, sauf possibilité pour l'administration de s'y opposer, pour des raisons techniques, dans un délai d'un mois. S'il n'en résulte aucun obstacle sérieux pour la bonne conduite de l'exploitation, les voies de communication créées, tant à l'intérieur qu'à l'extérieur du périmètre, peuvent être utilisées par des établissements voisins ou ouvertes au public moyennant, le cas échéant, une juste indemnisation.

147. Les règles d'exploitation étaient relativement souples et mettaient l'accent sur les mesures de précaution nécessaires dans l'intérêt de la sécurité du public et des ouvriers, notamment en ce qui concerne les plans d'exploitation, les techniques d'exploitation et d'emploi des explosifs[265]. Tout manquement constaté par procès-verbal dressé par les officiers de police judiciaire ou par les agents assermentés des Travaux publics expose le contrevenant, sans préjudice des dommages-intérêts des parties, à des amendes de 4 à 15 francs ou des emprisonnements de 1 à 5 jours[266]. Toute exécution de sondages, d'ouvrage souterrain, d'un travail de fouille, quel qu'en soit l'objet, dont la profondeur dépasse dix mètres au-dessous de la surface du sol, doit être justifiée par une déclaration auprès de l'ingénieur des Mines compétent qui a pouvoir d'y accéder et se faire remettre tous documents ou renseignements d'ordre géologique, hydrologique ou minier[267]. Les documents ou renseignements recueillis ne peuvent, sauf autorisation de l'auteur des travaux, être rendus publics ou communiqués à des tiers par l'Administration avant l'expiration d'un délai de dix ans, à compter de la date à laquelle ils ont été obtenus. Les renseignements relatifs aux substances utiles aux recherches et réalisations concernant l'énergie atomique obtenus par l'administration sont considérés comme secrets et des dispositions spéciales sont prises pour assurer, dans l'application du régime fiscal, le secret des teneurs, des tonnages et des destinations de ces substances[268].

---

[264] Art. 16, alinéa 3 *ibid.*
[265] Art. 8, 9 & 10 *ibid.*
[266] Art. 12, 13 & 14 *ibid.*
[267] Art. 39, *ibid.*
[268] Art. 39, *ibid.*

148. Concernant l'embauchage et les salaires des *travailleurs indigènes,* deux lois étaient applicables, aux usagers du Sénégal s'il s'agit *d'indigènes* non citoyens français, et la loi de la France s'il s'agit de citoyens français[269]. Tout détenteur de gemmes et métaux précieux, à l'état brut en circulation, devait se munir d'un laissez-passer[270] tenu à la disposition des agents de l'autorité et indiquant le nom de l'expéditeur, celui du destinataire, du transporteur, la date d'expédition, l'itinéraire suivi, la nature et le poids de la substance expédiée. Il n'est pas dérogé par cette disposition au droit conservé par les *indigènes* d'exploiter les alluvions aurifères superficielles et d'en tirer profit[271].

B. La création de nouveaux organes de gestion

149. Les autorités françaises ont affirmé très tôt leur droit à administrer l'exploitation du sous-sol et en ont confié la gestion à des officiers désignés à cet effet. Dès les premières années du XIXe siècle, la géologie occupait l'essentiel des activités des ingénieurs des mines. En effet, ils étaient chargés d'établir et de publier la carte géologique de la France et des pays d'outre-mer soumis à son autorité. Progressivement, leurs missions se sont diversifiées bien que le recours aux techniques issues de la géologie (mines, carrières, eau, hydrocarbures, uranium, valorisation des matières premières minérales) demeure, pour la majorité d'entre eux, essentiel.

150. La loi de 1810 a connu des améliorations émanant d'autres textes. Dans la loi de 1810, seuls les ingénieurs étaient cités pour assurer la surveillance sur les mines. Si on se limitait en effet à l'article 27 de la loi de 1810, le rôle des ingénieurs se bornait à donner un avis sur les demandes de concessions que le préfet transmettait au ministre de l'Intérieur. En fait, la demande fondamentale était de savoir le plan de la surface qui devait en faire partie. L'ingénieur des mines détenait ce pouvoir de dire la place disponible en vertu de la loi de 1810 qui disposait que *nul plan ne sera admis comme probant et sans une contestation, s'il n'a été levé ou vérifié par un ingénieur des mines.* [272]

---

[269] Art. 31, *ibid.*

[270] Le Titre III de l'arrêté n°440 du 31 août 1957 couvre un large volet de pénalités allant de la confiscation de substances saisies, d'amendes et de peines privatives de libertés.

[271] Art. 43, *ibid.*

[272] Art. 90, *ibid.*

151. Certes, ils exerçaient cette tâche suivant les ordres du ministre de l'Intérieur et des préfets, mais c'était à eux de rendre les rapports crédibles. On constate, à cette époque, l'absence d'un ministère spécifique chargé des Mines qui devrait être le département le mieux outillé pour exercer un contrôle efficace, et ou donner des ordres utiles afin d'éviter les accidents, et relever les défauts d'exécution des conditions d'exploitation. Des lacunes ont été vite constatées, ce qui avait conduit à une réorganisation du corps des ingénieurs. C'est en effet pour corriger ces manquements qu'un décret sera pris pour organiser le corps impérial des ingénieurs des mines. En 1836, une ordonnance est venue créer deux postes d'inspecteurs généraux. Une réorganisation est encore effectuée par un décret du 27 mars 1950 qui porte sur le statut des ingénieurs des mines.

152. Le décret du 18 novembre 1810 a le mérite d'organiser le corps impérial des mines. Ainsi, les ingénieurs sont hiérarchisés, selon l'article 1er du décret sur le corps impérial des ingénieurs, en grade. Par ordre, on avait les inspecteurs généraux, les inspecteurs divisionnaires, les ingénieurs en chef, les ingénieurs ordinaires, les aspirants et les élèves. Le titre II de ce décret avait également créé le Conseil général des Mines. Mais ce texte n'était pas fermé, car il faut signaler qu'il avait la possibilité d'augmenter le nombre des ingénieurs en chef et des ingénieurs ordinaires, si les nécessités du service l'exigeaient. Les nécessités du service étaient appréciées par le ministère de l'Intérieur qui, sur la base d'un rapport, exprimait le souhait d'augmenter le nombre des ingénieurs en chef et ordinaires. Un classement était même prévu. Les ingénieurs en chef, les ingénieurs ordinaires et les élèves étaient divisés en deux classes. Ainsi deux cinquièmes (2/5) étaient affectés à la première classe, et les trois cinquièmes (3/5) restaient dans la seconde classe. Le besoin du service pouvait conduire à une nouvelle qualification des ingénieurs en chef de première classe, qui prendraient le titre d'ingénieurs en chef directeurs.

153. Il faut cependant noter qu'à partir des années 1815 le corps des mines souffrait d'un problème de légitimité. En vérité, en 1815 le corps des mines fut mis en cause et sa suppression même était réclamée, car ses membres apparaissaient comme trop liés à l'Empire[273]. Dans ce contexte, de virulentes critiques s'abattaient sur ce corps de

---

[273] Thepot (A.), Les ingénieurs du Corps des Mines : Évolution des fonctions des Ingénieurs d'un Corps d'État au XIXe siècle, Paris, p. 3, 1980.

fonctionnaires. Il fallait alors trouver des mécanismes de survie et de résistance. Pour sauvegarder leur existence, les ingénieurs expérimentèrent une double fonction d'aménageur des concessions et de formateur[274]. Ainsi en 1816, une ordonnance rétablit l'École des mines à Paris, en prévoyant en son article 1er que « celle-ci aurait dans les départements, une ou plusieurs succursales sous le titre d'Écoles pratiques ». Dans la dynamique de leur valorisation, les ingénieurs conquirent d'autres fonctions primordiales, comme celle de fournir des cadres techniques pour les industries minières et métallurgiques. Il faut signaler que dans ces moments, la maîtrise de l'industrie minérale était une nécessité ; et que pour son succès, il fallait passer par une formation des exploitants[275]. Le constat de cette réalité poussa d'ailleurs l'ingénieur en chef, M. Beaunier à soulever l'idée qu'à la différence des autres secteurs, les mines sont bien surveillées par un corps d'ingénieurs, mais c'est véritablement une autre classe d'hommes qui les dirige[276].

154. Dans le territoire d'outre-mer, les ingénieurs jouaient en principe le même rôle. Leur tâche était la surveillance des mines, comme dans le décret de 1813. Dans son article 38, le décret de 1954 relatif à la réforme du régime des substances minérales, disposait que *les ingénieurs des mines de la France Outre-mer et les fonctionnaires et agents placés sous leurs ordres sont chargés, sous l'autorité du ministre de la France Outre-mer, des chefs de groupe de territoires et des chefs de territoire, de veiller à l'application du présent décret et des décrets et règlements pris pour son application, ainsi que de la surveillance administrative et technique des activités visées par le présent décret* [277]. L'autre tâche qu'ils alliaient à cette dernière consistait à concourir au contrôle de l'application de la législation et de la réglementation du travail dans les entreprises visées au présent décret. Ils disposaient, à cet effet, des pouvoirs dévolus aux inspecteurs du travail et des lois sociales par le titre VII, chapitre 1er, du Code du travail dans les territoires relevant du ministère de la France d'Outre-mer[278]. Le texte en question leur offrait la possibilité de procéder à l'élaboration, à la conservation et à la diffusion de la documentation concernant en

---

[274] Thepot (A.), *op. cit.*
[275] Thepot (A.), *op. cit.*
[276] Le plus souvent un directeur malhabile dirigeait les ingénieurs.
[277] Décret n° 54-1110 du 13 novembre 1954 portant réforme des substances minérales dans les territoires d'outre-mer au Togo et au Cameroun.
[278] Art. 38 l.2 du décret de 1954 *ibid.*

particulier les substances minérales, l'industrie et les ressources minérales. Il faut signaler que l'application de ce décret trouvait sa légalité dans un arrêté portant promulgation en Afrique occidentale du décret n° 54-1110 du 13 novembre 1954. Cet arrêté s'appuie également sur le décret du 2 janvier 1920 fixant le mode de promulgation de publication des textes réglementaires en Afrique-Occidentale française, mais aussi de l'arrêté du 3 mars 1920.

155. Le décret de 1954 a connu plusieurs modifications[279]. Tout d'abord, les changements introduits par le décret de 1955[280]. Ils portaient sur les dispositions de l'article 4 pour rendre nécessaire la détention de l'autorisation personnelle minière en vue de procéder à des opérations de prospection de substances concessibles, et surtout en faire une condition préalable pour devenir titulaire de permis de recherches, titulaire ou amodiataire de permis d'exploitation ou de concession minière. Cette mesure paraissait spécialement utile lorsqu'il s'agissait de permis ordinaires de recherches minières délivrés à la demande prioritaire. Pour la délivrance des permis de recherches minières, les dispositions des articles 9 et 10 du décret de 1954 furent revues pour les compléter, en fixant les attributions des Assemblées territoriales et des Grands Conseils en ce qui concerne l'octroi des permis de recherches A et B. Ainsi, les nouvelles dispositions rendaient explicite l'obligation de consultation des assemblées en matière d'octroi de permis par les chefs de groupes de territoire et les chefs de territoire, et le changement de mode d'institution des permis en découlant, faute d'accord de l'assemblée compétente.

156. Ensuite il apparut nécessaire, pour lever toute équivoque ou conflit, de préciser que le Chef de territoire était compétent pour donner le consentement nécessaire à la réalisation des travaux de prospection, de recherche et d'exploitation au voisinage des voies de communication, des conduites d'eau, et généralement à l'entour de tous travaux d'utilité publique et des ouvrages d'art, et par le propriétaire pour les propriétés closes de murs ou d'un dispositif équivalent, et à l'entour des

[279] Une autre importante modification est la possibilité offerte au permissionnaire ou concessionnaire d'établir à l'extérieur de son périmètre des installations de stockage et de mise en dépôt des produits et déchets résultant de son activité et à occuper les terrains correspondants.

[280] Décret n° 54-638 du 20 mai 1955 complétant le décret de 1954.

villages, groupes d'habitations, puits, édifices religieux, lieux de sépulture, lieux considérés comme sacrés.

157. Dans le cadre des réformes institutionnelles proposées en application de la loi du 23 juin 1956, autorisant le Gouvernement à mettre en œuvre des réformes et à prendre des mesures propres à assurer l'évolution des territoires relevant du ministère de la France d'Outre-Mer, une refonte du décret du 13 novembre 1954 s'imposait afin de permettre aux Conseils de Gouvernement et aux assemblées compétentes d'exercer les nouvelles attributions qui leur étaient conférées en matière de mise en valeur des richesses du sous-sol des territoires. En tenant compte des responsabilités propres à l'État, en matière de développement économique des territoires et de coopération entre la Métropole et les territoires, le décret de 1957[281] ouvrait un large champ d'action au pouvoir délibérant des assemblées. Il réalisait une large déconcentration d'attributions aux chefs des territoires en Conseil de Gouvernement. Il aménageait les droits des permissionnaires et concessionnaires sur le sol superficiel. Enfin il préservait les intérêts supérieurs de l'État pour l'exploitation de certaines substances minérales, en raison de leur importance considérable pour le développement économique, tant des territoires que de l'ensemble de la République française. Le décret de 1957 fut cependant rapidement modifié pour élargir et renforcer les rôles et responsabilités des ingénieurs des Mines et conférer d'importantes prérogatives au commissariat à l'Énergie atomique qui se substitue à l'État concernant la recherche ou l'exploitation des substances utiles[282].

158. Les ingénieurs des Mines de la France d'Outre-Mer et les fonctionnaires et agents placés sous leurs ordres, sous l'autorité du ministre de la France d'Outre-Mer, des Chefs de groupe de territoires et des Chefs de territoire étaient chargés de la surveillance administrative et technique des activités de prospection, de recherche et d'exploitation. Dans ce cadre, ils concouraient au contrôle de l'application de la législation et la réglementation du travail et disposaient à cet effet des pouvoirs dévolus aux inspecteurs du travail et des lois sociales. Ils procédaient à l'élaboration, à la conservation et à la diffusion de la documentation concernant notamment les substances minérales,

---

[281] Décret n° 57-242 du 24 février 1957.

[282] Décret n° 57-859 du 30 juillet 1957 portant application des modifications du Décret n° 57-242 du 24 février 1957.

l'industrie et les ressources minérales, la géologie pure et appliquée. À cet effet, ils avaient le pouvoir de procéder, à tout moment, à toute opération de vérification d'indices ou de gisements et avaient, à tout instant, accès aux travaux et installations visés par leur contrôle.

159. Le Commissariat à l'Énergie atomique se substituait à l'État et exerçait les droits qui lui étaient conférés concernant la recherche ou l'exploitation des substances utiles aux recherches et réalisations concernant l'énergie atomique[283]. Concernant les hydrocarbures liquides ou gazeux, bitumes, asphaltes, schistes et grès bitumineux, l'autorisation personnelle minière était délivrée par arrêté conjoint du ministre de la France d'Outre-Mer et du ministre de l'Industrie et du Commerce, sur proposition du Chef de groupe de territoires ou du Chef de territoire[284]. Les permis de recherche pour ces substances étaient accordés, sur avis conforme du Ministre de l'Industrie et du Commerce. S'agissant des permis de recherches portant sur les sels de potasses et sels connexes, ils étaient également accordés, sur avis conforme du ministre de l'Industrie et du Commerce. La recherche et l'exploitation éventuelle des gîtes de ces substances ne pouvait être confiées qu'aux mines domaniales de potasse d'Alsace, au bureau minier de la France d'Outre-Mer ou à une société dont la constitution était approuvée par arrêté conjoint du ministre des Finances, des Affaires économiques et du Plan, du ministre de la France d'Outre-Mer et du ministre de l'Industrie et du Commerce et dans laquelle les mines de potasse d'Alsace, le bureau minier de la France d'Outre-Mer, l'État, les groupes de territoires et territoires devaient avoir une participation majoritaire[285].

Paragraphe 2 : une prise en compte de la protection juridique de l'environnement

160. La loi de 1810 fût écrite à une époque où la priorité de l'État n'était pas de protéger l'environnement. Elle était parfaitement adaptée à la conception classique du régime légal des mines dans la mesure où il s'agissait alors, soit de régir la propriété sur le tréfonds minéral au bénéfice du concessionnaire, soit d'organiser la tutelle administrative de l'État, sous réserve des compétences des collectivités locales. Les missions de police administrative des mines avaient toutefois fait

---

283 Art. 23 *ibid.*
284 Art. 24 *ibid.*
285 Art. 25 *ibid.*

apparaître une protection inexistante de l'environnement dans la loi de 1810 (A) poussant les autorités à réajuster la loi de 1810 en proposant des mesures préventives pour réduire les accidents et les atteintes à l'environnement (B).

A. Une protection inexistante de l'environnement dans la loi de 1810

161. Dans les années 1810, on ne peut manquer de relever que la protection de l'environnement ne faisait pas partie du programme du corps législatif qui s'est plus érigé en protecteur de la sécurité des mineurs. La protection du personnel et les moyens de travail étaient favorisés par la loi impériale sur les mines. Malgré les dommages que l'exploitation minière causait à l'environnement, son souci de protection était sans doute ignoré. Cette protection était assurée par un simple versement d'indemnité, soit au propriétaire de la surface ou à l'État. Les ingénieurs qui étaient chargés de veiller et de surveiller la conformité des exploitations aux règles prévues par la loi, n'avaient pas un pouvoir étendu. Au sujet de leurs compétences, la loi leur attribuait, sous les ordres du ministre de l'Intérieur et des préfets, une surveillance de police pour la conservation des édifices et la sûreté du sol[286].

162. Malgré les nombreux impacts causés par l'exploitation des mines, la protection était seulement axée sur la sûreté du sol. Or, les travaux susceptibles d'être menés endommagent inévitablement le sol. L'exploitation des mines, malgré son intérêt économique, demeure en réalité, une activité destructrice de l'environnement, et préjudiciable aussi aux propriétaires du sol. Même avec la loi de 1810, le propriétaire de la mine en vertu d'un acte de concession ne pouvait pas déroger aux règles prévoyant les étapes à suivre vers l'exploitation. Un projet d'exploitation ne peut, en effet, faire fi des phases de prospection ou de recherche. Ce sont les phases pendant lesquelles les propriétaires des mines ont l'occasion de connaître l'extension et la valeur du dépôt de minerai[287]. La loi de 1810 quant à elle évoquait les notions de recherche ou les travaux des mines[288]. Dans cette phase, le propriétaire de la surface, privé de la jouissance du revenu au-delà du temps d'une année, avait le pouvoir d'exiger de l'exploitant qu'il achète la surface. Cette

---

[286] Art. 47 loi 1810 *ibid.*

[287] Voir l'article relatif à la généralité sur l'exploitation des Mines : Guide pour l'évaluation des projets EIE, du domaine minier.

[288] Art. 44 loi 1810 *ibid.*

possibilité ne pouvait être mise en œuvre que lorsqu'il était avéré que les dommages subis par la terre étaient trop difficilement réparables. Cette phase, sans contestation, oblige le propriétaire de la mine, de procéder à un nettoiement de vastes aires de végétation pour faciliter l'accès. Par conséquent le transport d'équipements lourds et l'approvisionnement dans les surfaces, ou l'exploitation de métaux engendre des impacts environnementaux. Les dégâts peuvent toucher, non le sol, mais aussi des communautés précédemment isolées.

163. Entre exploitants même, un litige peut surgir dont l'origine est la naissance de dommages successifs à l'environnement et à l'exploitation d'une autre mine, en raison des eaux qui pénètrent dans un site appartenant à autrui. L'écoulement des eaux, facilité par la construction de tunnels, ou de puits, est porteur de dégâts sur l'environnement. Dans ces situations, on constate que la loi de 1810 réagissait par une légère sanction, se limitant simplement à l'octroi d'une indemnité en faveur de l'autre propriétaire de la mine. La protection de l'environnement n'apparaissait presque pas dans cette fameuse loi fondatrice du droit minier français et de celui des colonies. On peut trouver ses lacunes et ses vides juridiques derrière le manque d'expérience, et le souci primaire d'affecter la propriété des mines à la puissance publique afin qu'elle joue un rôle économique pour l'intérêt général. C'était l'affirmation du principe de la souveraineté des États sur leurs ressources naturelles[289].

164. La deuxième partie du projet de loi de 1810 concernant les mines énonçait clairement les objectifs de la loi, en dehors de la protection de l'environnement. En revanche, ce projet précisait que le premier but de la loi était de concilier les principes de la propriété avec les garanties nécessaires aux exploitants des mines. Mais progressivement les autorités ont senti le danger venir, en mettant l'accent sur des mesures orientées essentiellement vers la prévention des accidents. Le commentaire introductif du décret du 03 janvier 1813 sur les dispositions de police relatives à l'exploitation des mines, énumérait les causes générales d'accident meurtrier. L'objectif de ce décret était de prévenir les nombreux accidents, et d'exiger des exploitants les moyens requis pour faire face aux éventuelles menaces. Ce principe n'a pourtant quasiment jamais été mis en œuvre, et les

[289] Legoux (P.), Législation minière des pays francophones, R. jur ; Pol. Ind. Coop, t. 32, n° 2, p. 647 à 802, Paris, juin 1978.

menaces de danger résultaient très souvent de l'inobservation des obligations prescrites par les cahiers des charges de l'insuffisance des plans, et des registres des travaux mal tenus.

B. Des mesures préventives pour réduire les accidents et les atteintes à l'environnement

165. Le réajustement de la loi de 1810 afin de prendre en compte les risques environnementaux n'a pas eu un grand succès. Un simple examen du décret de 1813, pourtant ayant pour mission de rectifier les défauts de l'ancienne loi, prouve que la protection de l'environnement n'était encore que mitigée. Il avait cependant le mérite de soulever les imperfections et proposer une série de mesures préventives pour réduire les accidents et les atteintes à l'environnement. Les motifs qui poussèrent les autorités à adopter le décret témoignent de leur volonté de mettre fin aux nombreuses irrégularités constatées pendant l'exploitation des mines. Il s'agissait d'événements effectivement survenus dans l'exploitation des mines.

166. Les causes étaient examinées par les ingénieurs qui reconnaissaient que les accidents provenaient de l'inexécution des clauses des cahiers des charges imposées aux concessionnaires pour la solidité de leurs travaux, et du défaut de précaution contre les inondations souterraines et l'inflammation des vapeurs méphitiques et délétères[290]. Le deuxième point était orienté implicitement vers la protection de l'environnement. Cette prise en compte de la protection de l'environnement peut être appréciée à un double niveau. Avant l'exploitation il était prévu une étude d'impact environnementale et après l'exploitation des mines on pensait à la réhabilitation des sites.

167. Mais, le décret se limitait, beaucoup plus, à prévenir les accidents. Il protégeait mieux les ouvriers, les propriétaires de surface, les propriétaires de la mine que l'environnement lui-même. M. Geffriaud précisait cependant dans son article que les gisements étaient souvent présents sur des sites protégés, des réserves naturelles ou des endroits encore non touchés par l'activité humaine[291]. L'auteur poursuit, dans la perspective d'une énumération des risques environnementaux, que l'installation d'une mine, quelle qu'elle soit, perturbe l'équilibre naturel

---

[290] Décret impérial du 3 janvier 1813 contenant des dispositions de police relatives à l'exploitation des mines.

[291] Greffriaud (M.), Les risques liés aux exploitations minières, projet personnel, p. 6.

de ces sites particuliers. De plus, il faut signaler que les installations de traitement et d'épuration des minerais se trouvent le plus souvent directement à côté du puits de mine, et beaucoup de produits chimiques toxiques y sont employés. Mais, dans l'intention de protéger l'environnement, il était quand même prévu une interdiction notoire à tout propriétaire d'abandonner, en totalité, une exploitation, si auparavant elle n'a été visitée par l'ingénieur des mines[292]. Il s'agissait d'une double protection car l'idée n'était pas de protéger l'environnement, mais d'éviter les accidents qui pouvaient provenir des exploitations abandonnées. L'environnement y trouvait une forme de protection, non prévue, par l'étendue des objectifs visés par le texte. Les sanctions aux dommages causés à l'environnement n'étaient que symboliques. Il suffit de consulter l'article 7, qui disposait que lorsqu'une partie ou la totalité d'une exploitation était dans un état de délabrement ou de vétusté tel que la vie des hommes était compromise ou pouvait l'être, et que l'ingénieur des mines ne jugeait pas possible de la réparer convenablement, il devait en faire rapport motivé au préfet qui prenait l'avis de l'ingénieur en chef et entendait l'exploitant ou les ayants-cause[293]. Cette disposition n'avait pas, en réalité une volonté de panser les dommages subis par l'environnement, car l'état de délabrement ou la vétusté ne faisaient intervenir l'ingénieur que si la vie des hommes était compromise ou pouvait l'être.

168. Mieux, la sanction encourue par l'auteur des dommages nous paraît légère, car même lorsque l'auteur ou le présumé auteur avouait avoir commis une faute, il n'était simplement privé que de la continuation des travaux. La sanction prise par le préfet se limitait simplement à la fermeture des travaux. On aurait pu exiger à l'auteur, même s'il détenait un acte de concession, de procéder à la réhabilitation du site sauf s'il avait déjà versé une caution destinée à réparer les éventuels dommages. L'impact des mines de charbon sur l'environnement est souvent considéré comme une fable. Le fait est qu'il n'en est rien. En effet, cet impact reste autant visuel que chimique, puisque les terrils sont souvent visibles de loin, ils entrent souvent en auto combustion non contrôlée. Les résidus de carbone peuvent brûler en profondeur, même si leur teneur est faible, ce qui favorise une dégradation avancée des souterrains. La combustion qui dégage du dioxyde de carbone, est un réel danger pour l'environnement et il reste souvent beaucoup de

[292] Art. 8 du décret de 1813.
[293] Art. 7 *ibid.*

produits toxiques sur les sites de mines abandonnées qui pénètrent les sols et les eaux. Les dangers sur l'environnement sont de plus en plus connus. En effet, lorsqu'une mine à ciel ouvert rencontre la nappe phréatique, les eaux souterraines envahissent le puits. Et pour poursuivre les travaux d'exploration, les propriétaires de mines doivent pomper cette eau pour la déverser ailleurs, alors que le pompage et le déversement des eaux provoquent un ensemble unique d'impacts environnementaux. C'est dire que l'omission d'instruments juridiques spéciaux pour restaurer les terres était une erreur. Pour retenir l'attention des exploitants, *M. Dominique Petit* soulignait dans son article que l'exploitation des mines produit inexorablement des modifications des milieux naturels[294]. Elle a pour objet d'extraire par des travaux à ciel ouvert ou par des travaux souterrains des minerais contenus dans le sol[295]. Le constat est que même après l'exploitation le site peut présenter des risques futurs non seulement pour les hommes mais aussi sur l'environnement. En examinant les anciens sites miniers, Christophe Didie conclut que la cessation de l'activité minière n'induit pas la disparition intégrale et définitive des risques et des nuisances susceptibles d'affecter les terrains de surface situés dans l'emprise des anciennes exploitations[296]. Il en déduit que durant la période qui suit l'exploitation, traditionnellement appelée *après-mine*, de nombreux désordres peuvent se développer, parfois dès l'arrêt des travaux, parfois beaucoup plus tardivement[297]. Par ailleurs, au-delà des phénomènes de mouvements de terrain (affaissements, effondrements), certains anciens sites, notamment charbonniers, sont affectés par des remontées de gaz susceptibles de présenter des compositions dangereuses.

169. En outre, les perturbations irréversibles que les travaux d'extraction ont induites sur les circulations d'eau souterraine peuvent engendrer d'éventuels désordres, tant pour ce qui concerne le schéma de circulation des eaux (inondations des points bas, perturbation du régime des cours d'eau) que du point de vue de leur qualité[298]. Cette situation est la conséquence sans doute d'une mauvaise politique de prévention relative à la protection de l'environnement. Dans tous les

---

[294] Petit (D.) « La gestion de l'après mine », *Annales des mines*, juillet 2004.

[295] Petit (D.) *op. cit.*

[296] Didier (C.), La politique française de prévention des risques liés à l'après-mine réalités industrielles, p. 86, 2007.

[297] Didier (C.), *ibid.*

[298] Il s'agit là de la dégradation des eaux.

pays regorgeant de ressources minérales, les exploitants sont considérés comme les premiers responsables des coûts liés aussi bien à la réparation des dommages résultant de l'exploitation minière qu'à la réalisation des travaux requis pour la mise en sécurité des sites abandonnés.

170. Toutefois, du fait de la disparition, brutale ou progressive, de nombreux exploitants miniers, les autorités, nationales ou régionales, se sont souvent retrouvées impliquées dans la gestion (et par le fait dans le financement) de cette problématique. Certains pays[299] ont ainsi créé des structures nationales spécifiques, dédiées à la gestion opérationnelle des dommages induits par l'après-mine. Le décret de 1813 était le résultat des premières améliorations apportées à celui de 1810. Mais, il s'agissait là d'une occasion manquée car il était encore essentiellement orienté vers la prévention des risques dans les mines plutôt que vers la protection de l'environnement.

---

[299] Il s'agit de l'Allemagne, du Royaume-Uni, Australie, États-Unis.

CHAPITRE 2

L'APPRÉCIATION DU DROIT MINIER AU SÉNÉGAL DANS LA PÉRIODE POSTCOLONIALE

171. Le droit minier au Sénégal dans la période postcoloniale est à la fois une adaptation de la loi sur les mines du 21 avril 1810 qui a connu de multiples ajustements jusqu'en 1957 et un renouvellement à partir de 1961. Il s'est amélioré considérablement pour devenir conforme aux orientations politiques de l'État. La revendication du droit au développement dans les années 60 et 70 va en effet modifier les principes fondamentaux du régime légal des mines. C'est dans ce contexte que l'État du Sénégal s'est doté de très larges pouvoirs de tutelle et de contrôle sur l'industrie minière. Au niveau contractuel, l'affirmation du principe de souveraineté permanente sur les ressources minérales a été à l'origine d'un changement fondamental dans la manière dont les droits d'exploitation des ressources minérales sont accordés aux compagnies internationales.

172. Nous examinerons ici successivement les origines du droit minier au Sénégal, ses principales caractéristiques et quelques aspects de son application. Il s'agit ici de présenter les ressources du droit positif sénégalais (de *lege lata*) et non d'un droit national prospectif (de *lege ferenda*) dans le cadre d'un nouvel ordre communautaire, sauf à évoquer cet aspect à l'occasion, puisque le droit se situe nécessairement dans le jeu évolutif des rapports internationaux[300]. L'étude du droit minier au Sénégal appelle nécessairement l'appréciation du contexte d'établissement (SECTION 1) de ce droit et le régime juridique de l'attribution de titres miniers (SECTION 2) de la période postcoloniale.

---

[300] *Les sources du droit international, in Droit international public*, première partie, page 30.

Section 1

L'appréciation du contexte d'établissement du droit minier au Sénégal

173. Ce contexte sera analysé à la lumière des politiques publiques mises en place par les autorités politiques. Ainsi, en fonction des préoccupations du moment, des cadres juridiques (Paragraphe 1) sont établis pour prendre en charge la question de l'activité minière de la période postcoloniale ainsi que l'impact de l'exploitation des ressources minérales de la période postcoloniale (Paragraphe 2).

Paragraphe 1 : Les cadres juridique et institutionnel de l'activité minière de la période postcoloniale

174. L'élaboration d'un nouveau Code minier sénégalais, permettant de rassembler les différents textes régissant le secteur depuis l'indépendance, avait pour objectif d'établir les cadres juridiques (A) et institutionnel (B) pour favoriser la croissance de l'industrie minière du pays.

A. Le cadre juridique de l'activité minière de la période postcoloniale

175. Le souci de préservation et de développement du secteur des mines a toujours orienté les politiques définies par les autorités politiques à des moments différents de l'évolution socio-économique du pays. On constate, donc, que dès les premières heures de l'indépendance, le Sénégal organisa les conditions d'exercice des opérations minières et posa les conditions de la propriété des substances minérales et de la protection contre les exploitations des ressources minérales des sites ou domaines privés les abritant. La protection envisagée vise à faire bénéficier les propriétaires d'indemnités en compensation des biens affectés. À l'exception de quelques modifications apportées par les lois 72-22 du 19 avril 1972 et de son décret d'application[301] et 86-15 du 14 avril 1986, la législation minière sénégalaise est restée régie par les deux décrets de 1961. La législation minière du Sénégal était, jusqu'en 1961, constituée par deux décrets n° 61-356 et n° 61-357 en date du 21 septembre 1961, le premier fixant le régime de l'exploitation des carrières,

[301] Décret d'application n° 72-868 du 19 juillet 1972 de la loi 72-22 du 19 avril 1972 modifiant le régime des carrières.

le second, réglementant et codifiant le régime des substances minérales[302]. Les deux textes jetèrent les bases juridiques de l'activité minière. La loi de 1961 était adoptée en remplacement de nombreux textes, décrets, arrêtés, délibérations pris entre 1920 et 1961[303]. Ce fut une occasion de rassembler des dispositions éparses qui régissaient, jusqu'alors, l'activité minière au Sénégal. Cette loi unique relativement brève tenait compte du caractère spécifique de la recherche et de l'exploitation minière.

176. Ainsi, le décret n° 61-356 du 21 octobre 1961 fixant le régime de l'exploitation des carrières au Sénégal soumettait toute exploitation de carrière à l'autorisation préalable de l'administration. Cette autorisation était extraite d'un carnet à souche conformément aux dispositions du décret[304]. L'ouverture et l'exploitation des carrières permanentes ou portant sur des extractions supérieures à deux cents (200) mètres cubes étaient soumises à déclaration et autorisation par arrêté ministériel. Des déclarations de recherche étaient adressées au Gouverneur et au Commandant de Cercle qui les transmettaient, après vérification, au ministre chargé des Mines pour autorisation, sur proposition du Directeur des mines, par arrêté ministériel. L'exploitation des carrières temporaires ou portant sur des extractions inférieures à deux cents (200) mètres cubes sur le domaine de l'État, était faite par déclaration auprès du Directeur des mines ou ses représentants dûment habilités ou, à défaut, par le Commandant de Cercle[305]. La réception des déclarations d'ouverture et d'exploitation des carrières faisait intervenir également d'autres services.

177. Le décret n° 61-357 excluait de son champ d'application les hydrocarbures liquides ou gazeux. Ce texte revenait sur les domaines de l'activité minière qu'il entendait régir. *La prospection, la recherche, la détention, la circulation, la transformation et le commerce des substances minérales ou fossiles sont soumis aux dispositions du présent décret et*

---

[302] Exposé des motifs de la loi n° 88-06 du 26 août 1988 et du décret n° 89-907 du 5 août 1989 portant Code minier.

[303] Exposé des motifs de la loi n° 88-06 du 26 août1988 et du décret n° 89-907 du 5 août 1989 portant Code minier.

[304] Art. 7, du décret n° 61-356 du 21 septembre 1961 fixant le régime de l'exploitation des carrières au Sénégal.

[305] Art. 8, *ibid.*

des textes pris pour son application[306]. Il apporte également une précision sur la classification des gîtes naturels de substances minérales ou fossiles selon leur régime légal, en carrières et en mines. Ainsi, sont considérés comme mines les gîtes de toutes substances minérales qui ne sont pas classés dans les carrières. Ces substances sont dites substances concessibles[307]. Des substances de carrière sont ainsi dissociées des substances minérales. Toutefois, aux termes de l'article 3 du décret n° 61-357 du 21 septembre 1961, les gîtes de certaines substances minérales susceptibles d'être considérées, suivant l'usage auquel elles sont destinées, soit comme substances de carrière, soit comme concessibles, peuvent être, dans les limites d'une autorisation expresse, exploités comme produits de carrière pour des travaux d'utilité publique. L'article 4 dudit décret détermine le régime relatif à la prospection, aux recherches minières et à l'exploitation d'une mine. Ainsi, le droit de prospection est acquis en vertu d'une autorisation de prospection, celui de faire des recherches minières est acquis en vertu d'un permis de recherches minières et celui d'exploiter une mine en vertu d'un permis d'exploitation minière ou d'une concession minière. L'État est dispensé du droit de prospection lorsqu'il se livre à toutes opérations minières. Des décrets d'application fixeront les règles de sécurité et d'hygiène minimales auxquelles devront se conformer les règlements de sécurité et d'hygiène spécifiques que les entreprises concernées devront élaborer et soumettre à l'approbation du ministre chargé des Mines[308].

178. Le Code de 1988 apporte des innovations majeures conformément à la vision de la politique minière du pays qui s'inscrit dans le sens de l'orientation générale du droit minier international. En effet, la législation minière met en place un régime juridique qui promeut la recherche, favorise les investissements et encourage la mise en valeur rationnelle des ressources du sous-sol. Pour donner un caractère plus libéral au Code minier, l'autorisation de prospection, jadis dévolue au ministre chargé des Mines, est confiée au Directeur des Mines et de la Géologie. Le ministre conserve le droit d'interdire par arrêté toute prospection de substance sur tout ou partie du territoire. Le

---

[306] Art. 1er du décret n° 61-357 en date du 21 septembre 1961 réglementant et codifiant le régime des substances minérales au Sénégal à l'exception des hydrocarbures liquides et gazeux.

[307] Art. 2, al. 3 du n° 61-357 en date du 21 septembre 1961.

[308] Art. 74, *ibid.*

permis d'exploitation et la concession minière sont octroyés par décret pris sur rapport du ministre chargé des Mines, après enquête publique. Il s'y ajoute que la convention[309] attachée au permis de recherche devra être revue, d'accord partie, pour tenir compte des données propres à l'exploitation. Ce Code introduit un régime fiscal particulier fixant les conditions de la recherche et de l'exploitation des substances minérales utiles classées en régime minier ainsi que des mesures de sécurité et d'hygiène applicables aux opérations minières et fixées par décret.

179. Le Code de 2003 prévoit que toute activité régie par la législation minière en vigueur au Sénégal ne peut avoir un début d'exécution sans titre minier : ainsi le droit de prospecter n'est acquis qu'en vertu d'une autorisation de prospection ; le droit de rechercher en vertu d'un permis de conduire ; celui d'exploiter en vertu d'un permis d'exploitation. En matière de recherche minière, le permis de recherche est délivré par arrêté du ministre chargé des Mines pour une durée de trois (3) ans[310]. En cas de renouvellement, la validation du permis est prorogée, de plein droit. Le Code de 2003, se conformant aux exigences de l'industrie minière internationale, prévoit des innovations majeures aptes à drainer vers le Sénégal, les flux d'investissements miniers nécessaires au développement des activités d'exploration et d'exploitation des importantes ressources minérales que recèlent son sol et son sous-sol. En outre, l'aspect relatif au caractère non renouvelable de la ressource minière a été pris en compte et consacré, en tant que principe fondamental qui voudrait qu'aucune exonération ne soit possible sur la redevance minière, résultant du seul fait de l'extraction du sol ou du sous-sol des substances minérales appartenant à la nation.

180. Les innovations portent également sur l'ajustement des droits et redevances prévus, à un niveau acceptable et en rapport avec l'évolution économique des activités liées à l'extraction des substances minérales. Le paiement des droits d'entrée est lié dorénavant à l'attribution d'un titre minier et à son renouvellement, son extension, sa transformation ainsi que sa transmission, sa cession ou son amodiation. Il faut ajouter à cela que la redevance minière pour toutes les substances

---

[309] La nouvelle convention est alors annexée au décret accordant la concession minière ou le permis d'exploitation.

[310] Article 16 du Code de 2003, *op, cit.*

minérales extraites du sous-sol est calculée avec un taux unique, sur la base de la valeur carreau mine[311] des produits extraits[312].

181. La loi n° 2016-32 du 8 novembre 2016 est importante, puisqu'elle contient des mesures incitatives et modernes liées à des avantages multiples et à une simplification des procédures administratives. L'exercice de l'activité minière, précise le législateur, est ouvert, en règle générale, à toute personne physique ou morale justifiant de capacités techniques et financières requises pour mener à bien l'ensemble des opérations minières[313]. La loi précise bien, qu'à l'exception de l'exploitation minière artisanale, seule une personne morale a le droit d'entreprendre ou de conduire une ou plusieurs opérations minières. Nul ne peut entreprendre ou conduire des activités minières sans avoir obtenu au préalable un titre minier[314]. Contrairement au Code minier de 2003 qui opérait une distinction entre, d'une part, la concession minière et le permis d'exploitation, et d'autre part, les titulaires de diverses autorisations, les nouvelles dispositions définissent les autorisations et permis ayant trait à la prospection, à la recherche et à l'exploitation de substances minérales comme des titres miniers[315]. La loi prévoit que l'État peut, seul, directement ou par l'intermédiaire d'une entreprise ou en association avec des tiers, se livrer à toutes opérations minières[316]. L'octroi d'un permis d'exploitation minière donne droit à l'État à une participation gratuite de dix pour cent (10 %) au capital social de la société d'exploitation pendant toute la durée de vie de la mine. Toute participation supplémentaire de l'État ou du secteur privé national, jusqu'à hauteur de vingt-cinq pour cent (25 %) au capital de la société d'exploitation, est à titre onéreux[317]. La loi dispose que les droits et obligations de l'État et du titulaire du permis de recherche ou du permis d'exploitation sont fixés dans le cadre de la convention minière qui est résiliée avant terme en cas de retrait du titre minier[318]. La loi élargit le champ des motifs pouvant conduire au retrait du titre minier en incluant

---

[311] La valeur carreau mine d'une substance minérale est définie comme la différence entre son prix de vente et le total des frais supportés par la substance minérale entre le carreau mine et son point de livraison.

[312] *ibid.*

[313] Art. 7 de la loi n°2016-32 du 8 novembre 2016.

[314] Art. 6 *ibid.*

[315] Art. 1er (définition n° 48) *ibid.*

[316] Art. 12 de la loi n° 2016-32 du 8 novembre 2016.

[317] Art. 31 *ibid.*

[318] Art. 116 *ibid.*

l'inactivité persistante ; les manquements graves aux règles d'hygiène, de santé, d'environnement et de sécurité ; le non-respect de la législation en matière de lutte contre le travail des enfants, en particulier dans ses pires formes ; l'acquisition frauduleuse du titre minier ; et la corruption ou la tentative de corruption lors de l'attribution du titre minier[319].

182. Pour la recherche minière, le permis de recherche est délivré pour une durée n'excédant pas quatre (04) ans par arrêté du ministre chargé des Mines[320] et renouvelables deux (02) fois pour des périodes consécutives n'excédant pas trois (03) ans chaque fois[321]. En cas de demandes concurrentes, la priorité d'octroi est donnée au demandeur qui offre les meilleures conditions et garanties pour l'État. Pour une même substance, une personne morale ne peut posséder plus de deux (02) permis de recherche[322]. Le permis de recherche ne peut être prorogé. Toutefois, le titulaire du permis de recherche peut solliciter l'octroi d'une période de rétention qui ne peut excéder deux (02) ans, dans le cas d'un gisement dont le caractère non commercial est prouvé et reconnu par l'État et le titulaire[323]. Le titulaire du permis de recherche est soumis aux obligations de (i) réaliser une évaluation environnementale ; (ii) de réhabiliter tous les sites ayant fait l'objet de travaux de recherche et n'ayant pas abouti à la découverte d'indices ou de gisement économiquement exploitable ; (iii) et d'effectuer dans un délai maximum d'un (1) an, suivant une découverte permettant de présumer de l'existence d'un gisement économiquement exploitable, les travaux d'évaluation et d'établir, en cas de besoin, sous sa propre responsabilité, le caractère commercial ou non commercial de ladite découverte.

183. Au titre de l'exploitation minière, à l'échelle de l'exploitation industrielle, il y a lieu de relever la simplification de la terminologie avec la suppression du terme concession minière, le permis d'exploitation minière étant le seul titre minier délivré pour une exploitation industrielle et devant être obligatoirement détenu par une société commerciale de droit sénégalais[324]. Le permis d'exploitation est délivré par décret, pour une période minimum de cinq (5) ans et d'au maximum vingt (20)

---

[319] Art. 22 et 30 *ibid.*
[320] Art. 17 *ibid.*
[321] Art. 18 *ibid.*
[322] Art. 17 *ibid.*
[323] Art. 19 *ibid.*
[324] Art. 24 *ibid.*

ans[325], renouvelable pour une ou plusieurs périodes, dans les mêmes formes, jusqu'à épuisement du gisement[326]. La durée de validité du permis d'exploitation minière est fixée suivant l'importance des réserves prouvées mises en évidence dans une étude de faisabilité et des investissements nécessaires pour le développement et l'exploitation.

B. Le cadre institutionnel de l'activité minière de la période postcoloniale

184. L'administration des mines, qui est l'ensemble des services de l'administration publique en charge de la mise en œuvre de la politique nationale en matière de la valorisation des ressources minérales, constitue le cadre principal organique d'intervention de l'État dans le secteur minier. Pour remplir efficacement ses tâches courantes de planification, de suivi et de contrôle des activités dans le secteur minier, le cadre institutionnel a connu plusieurs évolutions (Voir Annexe).

185. Celles-ci ont commencé depuis l'indépendance avec le maintien et l'adaptation[327], de 1960 à 1961, des services géologiques de l'administration coloniale. Ensuite, en 1962, fut créée pour la première fois la Direction des Mines et de la Géologie (DMG), qui a connu de brefs réaménagements entre 1964 et 1967 pour finalement garder la même dénomination jusqu'à son éclatement en deux nouvelles directions en 2013. L'histoire institutionnelle de la DMG est également accompagnée de son rattachement à différents ministères notamment le ministère des Travaux publics, des Transports et des Mines, le ministère des Finances et des Affaires économiques, le ministère du Commerce de l'Industrie et de l'Artisanat, le ministère de l'Énergie, des Mines et de l'Industrie, et, aujourd'hui, le ministère des Mines et de la Géologie, département ministériel uniquement dédié au secteur minier, la première fois dans l'histoire institutionnelle du Sénégal.

186. Au lendemain de l'indépendance, l'administration minière au Sénégal reposait sur le Service des Mines et de la Géologie et le Conseil

[325] Art. 24 *ibid.*
[326] Art. 26 *ibid.*
[327] Au lendemain de l'indépendance, l'État du Sénégal s'était appuyé sur les structures existantes héritées de la période coloniale qu'il mit en place dans des délais courts pour gouverner le secteur minier. Le Gouvernement était autorisé par la loi d'habilitation n° 60-046 du 7 septembre 1960 à prendre par ordonnances des mesures qui sont normalement du domaine de la loi.

général des mines hérités de l'administration coloniale[328]. Ainsi fut organisée une transition maîtrisée entre un système colonial et une organisation de coopération laissant toute liberté d'action à l'État du Sénégal dans le domaine de la géologie générale et appliquée. Avec le maintien du Service des Mines, il n'y a donc pas eu de rupture en ce qui concerne les activités minières dont les objectifs étaient avant tout de trouver, voire de développer, des indices miniers, de rechercher des gisements aquifères pour alimenter les populations, de réaliser les premières cartes géologiques de reconnaissance en vue de la publication des cartes des formations géologiques observées sur le terrain[329]. Le Service des Mines comprenait essentiellement le

---

[328] À la suite de la guerre, tout était à reprendre. Un bureau minier et un bureau des recherches pétrolières sont créés. Un domaine minier de l'AOF est constitué. Une particulière est mise au point, visant entre autres, les permis miniers dont l'octroi de l'accord de l'Assemblée territoriale. Pendant ce temps, les bouleversements politiques s'accélèrent avec les indépendances – dont les étapes et les modalités sont ici décrites avec beaucoup de précision – et les conséquences qui vont en découler : l'éclatement de la Fédération. Pour y parer tant soit peu va être créé le Bureau de recherche géologique et minière (BRGM), fonctionnant depuis Paris, tandis que la Direction des Mines à Dakar ne poursuit ses activités, ses financements devenant incertains, qu'à titre de prestataire de services. Voire Legoux (P.) et Marelle (A.) : *Les mines et les recherches minières en Afrique française* ; édition l'harmattan ; 1991.

[329] Rocci (G.), dans sa communication sur L'œuvre des géologues français en AOF présentée lors des Travaux du Comité français d'histoire de la géologie (COFRHIGÉO), 3e série (tome 26, 2) : 25-54 (séance du 14 mars 2012) revient sur la période au début de l'indépendance des ex-colonies de l'AOF, marquée, d'une part, par la création dans certains de ces pays de directions des mines et de la géologie, et de l'autre, par la mise en place d'une assez grande variété de structures universitaires de formation des cadres africains, généralement sur le modèle des universités françaises et soutenues par celles-ci grâce à des conventions de coopération. Ainsi G. Rocci nous renseigne que vers *la fin de l'année 1960, à Paris fut créé le ministère de la Coopération chargé d'organiser les accords avec les 37 états d'Afrique noire, de l'océan Indien et des Caraïbes. Dans ce nouveau cadre, des géologues français issus de la France d'Outre-Mer continuèrent à travailler pour les nouveaux états indépendants, en particulier dans les nouvelles universités et les Services des mines dont plusieurs états se dotèrent progressivement. Dans le cadre d'accords officiels, dotés de budgets spécifiques, de nouveaux géologues français ou étrangers vinrent s'installer à Dakar, Abidjan, Cotonou, etc. Les anciens comme les nouveaux géologues devinrent des coopérants français affectés aux organismes officiels des états indépendants comme la Direction des mines du Sénégal, l'université de Dakar, l'Institut français d'Afrique noire qui devint l'Institut fondamental d'Afrique noire, intégré et hébergé dans le nouveau Campus de l'université de Dakar. Des organismes de recherche comme l'ORSTOM (Office de la Recherche scientifique et technique Outre-Mer) qui changea de nom pour devenir l'IRD (Institut de Recherche pour le Développement) subsistent jusqu'à nos jours.*

laboratoire d'analyses chimiques[330] pour faire des analyses de roches et d'eaux et le service de dessin et de cartographie pour la réalisation des cartes géologiques et leur impression.

187. La législation minière mise en place par les décrets n° 61-356 et n° 61-357 créait un certain nombre d'institutions et autorités pour la délivrance des permis et titres d'exploitation. À cet effet, le ministre en charge des Mines disposait d'un important pouvoir lui permettant d'intervenir en amont et en aval pour la délivrance des autorisations. À l'époque, l'essentiel de l'activité minière était soumis, au niveau central, à l'autorisation du ministre chargé des Mines. Comme par le passé, le ministre chargé des Mines, en collaboration avec ses démembrements et d'autres services de l'État, assurait la bonne exécution des opérations minières. Il en était ainsi, du Gouverneur et du Commandant de cercle qui pouvaient recevoir des déclarations à eux adressées, qu'ils transmettaient, après vérification, au ministère chargé des Mines pour autorisation. Toutefois, le Code de 1988 attribua des rôles et des responsabilités liés à la délivrance des autorisations, des permis de recherche et des titres miniers et semblait limiter les pouvoirs réglementaires dévolus au ministre chargé des Mines, en autorisant le Directeur des Mines et de la Géologie à délivrer un certain nombre d'autorisations et en soumettant certaines décisions du ministre chargé des mines au contreseing du ministre chargé des Domaines. Le ministre chargé des Finances intervenait aux différentes phases de délivrance des permis et concessions pour approuver toutes les dispositions fiscales, douanières, économiques et financières portant sur la période de réalisation des investissements et de production. À côté de ces institutions et autorités publiques d'autres services comme le chef de la subdivision des mines territorialement compétent, le chef du bureau des domaines, de la situation de la carrière intervenaient également dans la réception des déclarations d'ouverture et d'exploitation des carrières. Cependant, le permis de recherche était attribué par décret pris en conseil des ministres. Il ressort de l'étude de ces décrets que

---

[330] Selon Rocci (G.), *op.cit.*, pour étudier, après séparation, les concentrés de métaux lourds, ce laboratoire fut équipé d'un matériel très complet et doté d'un personnel spécialement formé. Les résultats les plus simples concernent les sables de plage du Sénégal, où il a été possible de mettre en évidence la présence de minerai de titane (ilménite) en quantité exploitable. Dans le même temps le Service de chimie de Dakar met au point successivement les dosages précis pour le cuivre (1955), le nickel, le plomb et le zinc (1956), le cobalt, le chrome, le molybdène et le tungstène (1957).

l'administration minière, à travers le ministère chargé des Mines, mit en place un ensemble de dispositifs réglementaires en vue de la protection et de la gestion efficiente des ressources minérales se trouvant sur le sol et dans le sous-sol du Sénégal. Il en est du contrôle des bijoux en or exercé par la Direction des Mines et de la Géologie[331]. Il en fut de même, de l'autorisation de fabrication des explosifs qui était accordée par décret pris sur le rapport conjoint des ministres chargés des Mines, du commerce et des Finances et du ministre chargé de la Protection civile[332].

188. En 1961, dans un esprit de continuité, le cadre organique de l'administration des mines du Sénégal conserva le Conseil général des Mines[333], un organisme consultatif créé par décret n° 61-151[334] et rattaché au ministère chargé des Mines. Le Conseil général des Mines était notamment saisi pour avis, des projets de lois et décrets concernant les mines, des programmes de prospection et de recherches géologiques et minières, des demandes de permis de recherches. En outre, il pouvait être consulté sur toutes les affaires intéressant les mines et la géologie. Le Code minier de 1988 élargit les missions du CGM en incluant les demandes d'octroi et de renouvellement des permis d'exploitation et des concessions minières parmi les affaires pour lesquelles il était consulté[335]. Le Conseil général des Mines pouvait entendre des personnalités choisies en raison de leur compétence en matière de mines et de géologie sans que celles-ci puissent avoir voix délibérative dans les avis formulés. Le Conseil général des Mines était présidé par le

---

[331] Loi n° 86-15 du 14 avril 1986 portant fixation des taxes relatives à la production, la recherche et l'exploitation des mines et carrières ou contrôle des bijoux en or, des appareils à vapeur et à pression de gaz et des établissements classés.

[332] Rapport présentation du décret d'application n° 89-1539 du 19 décembre 1989, réglementant la fabrication, l'importation, la conservation, le transport et l'emploi des substances explosives.

[333] Le Conseil général des Mines figure au Titre III du décret du 18 novembre 1810 contenant organisation du Corps impérial des Ingénieurs des Mines. Le Conseil général des Mines avait deux services sous son autorité : le service du Conseil général des Mines, qui assurait la gestion des carrières des ingénieurs du Corps des mines au sein de l'administration ; le service de la tutelle des *Écoles des mines* (le CGM avait la charge de cette tutelle), et la rédaction des *Annales des Mines*, avec ses trois revues. Réalités industrielles, Gérer et comprendre, Responsabilité et environnement lui était aussi rattachée.
(https://fr.wikipedia.org/wiki/Conseil_g%C3%A9n%C3%A9ral_des_mines).

[334] Décret n° 61-151 du 12 avril 1961 portant création du Conseil général des Mines.

[335] Art. 17, 27 et 28 et 38 Code 1988.

ministre chargé des Mines ou son représentant. Le CGM comprenait le ministère chargé des Finances ou son représentant, le ministère chargé du commerce et de l'Industrie ou son représentant, un député désigné par l'Assemblée nationale, le Directeur des Travaux publics, une personnalité choisie par le ministre chargé des Mines en raison de sa compétence en matière de mine, et le Directeur des Mines et de la Géologie qui est en même temps rapporteur et secrétaire permanent dudit Conseil. Avec l'avènement de la loi de 1988, la composition du CGM a été revue pour intégrer le ministère chargé du Plan, le ministère chargé du Commerce, le ministère chargé de l'Environnement, un représentant du Conseil économique et social et le Chef du département de Géologie de la Faculté des Sciences de l'Université Cheikh Anta Diop[336]. Le Conseil général des Mines dont l'avis n'était pas déterminant dans la décision finale du ministre chargé des Mines a été supprimé par le Code de 2003[337]. Dans l'objectif d'alléger et de simplifier les procédures administratives, le Code de 2003 attribuait au seul ministre en charge des Mines la délivrance des actes de l'exploitation artisanale ou de la petite mine et l'ouverture et l'exploitation de carrières, après avis des autres ministres éventuellement impliqués[338]. Aussi, les pouvoirs réglementaires du ministre chargé des Mines sont élargis pour délivrer les permis de recherche minière alors que les actes relevant de l'exploitation des substances concessibles et exigeant des titres miniers d'exploitation étaient toujours octroyés par décret.

189. Par ailleurs, pour la liquidation de la redevance *ad valorem* dont la base de la valeur taxable est déterminée par arrêté du ministre chargé des Mines, pris sur justifications fournies par chaque redevable, le Code de 1988 avait institué une commission qui était saisie pour émettre

---

[336] Art. 39 *ibid.*

[337] Certaines organisations membres de la société civile sénégalaise plaident pour le retour du CGM en argumentant que *les opérations de recherche d'exploitation des ressources minérales doivent être autorisées par une équipe indépendante technique et diversement composée comme cela était le cas avec le Code de 1988 qui avait institué le Conseil Général des Mines . (Les 23 propositions d'amélioration du Code minier du Sénégal formulées par la société civile disponibles au : http://www.amnesty.sn/spip.php?article1738).*

[338] L'avis conforme du ministre chargé des Domaines est requis. Il est réputé conforme si, à l'expiration d'un délai de quarante-cinq (45) jours à compter de la date d'envoi de la demande d'avis, aucune suite n'est donnée à ladite demande. Toutefois, le ministre chargé des Mines est tenu de prendre un arrêté dans un délai de sept (07) jours après avis des autorités administratives compétentes et des collectivités locales concernées.

un avis sur la valeur taxable des substances minérales soumises à la taxe *ad valorem*. La commission présidée par le Directeur des Mines et de la Géologie était composée d'un représentant du ministre chargé des finances, du Directeur général des Douanes ou son représentant, du Directeur général des Impôts et Domaines ou son représentant, du Directeur du Contrôle Économique ou son représentant, d'un représentant de l'Assemblée nationale, et d'un représentant du Conseil économique et social.

190. L'année 2013 connut une première évolution significative avec la suppression de la Direction des Mines et de la Géologie. La réforme instituée par le décret[339] du 04 septembre 2013 crée deux nouvelles directions, en lieu et place de la Direction des Mines et de la Géologie, qui dans leur intitulé portent respectivement les missions de promotion et de contrôle de l'exploitation. Il s'agit de la Direction de la Promotion de la Prospection minière et de la Direction de la Réglementation et du Contrôle de l'Exploitation minière. L'absence de l'exposé des motifs ayant été à l'origine de cette organisation ne permet pas d'indiquer de manière simple et concise, les raisons pour lesquelles ce décret a été pris, l'esprit dont il procède, les objectifs qu'il se fixe et les modifications qu'il apporte au cadre institutionnel existant. À travers les définitions de leur intitulé, il peut être compris que cette réorganisation semble traduire une double volonté de mettre un accent particulier sur les missions de promotion minière, de prospection géologique ainsi que le suivi et le contrôle réglementaire de l'activité d'exploitation minière. Cependant, la mise en application du décret avait fait ressortir deux contraintes. Tout d'abord, la suppression de la terminologie DMG consacrée par les textes impliquerait des mises à jour de la loi et de la réglementation minière qui, en de nombreuses dispositions, assignait des rôles et responsabilités spécifiques au Directeur des Mines et de la Géologie. Ensuite, il apparut que le maintien dans une seule direction des activités de réglementation et de contrôle, inhabituel en matière d'organisation, posait le problème du cumul de deux pouvoirs antagonistes, c'est-à-dire être « juge et partie ».

---

[339] Décret n° 2013-1225 du 04 septembre 2013 portant répartition des services de l'état et du contrôle des établissements publics, des sociétés nationales et des sociétés à participation publique entre la Présidence de la république, la Primature et les Ministères.

191. Dans le but d'améliorer l'organisation mise en place par le décret du 04 septembre 2013 et reprise par le décret[340] du 09 juillet 2014, le décret[341] du 06 mars 2015 créa plutôt trois directions : la Direction des Mines et de la Géologie (DMG) pour la réglementation, la Direction du Contrôle et de la Surveillance des Opérations minières (DCSOM) pour le contrôle et la surveillance, et la Direction de la Prospection et de la Promotion minière (DPPM) pour la promotion minière. Ces directions étaient appelées à travailler en relation avec les Services régionaux des Mines et de la Géologie (SRMG), qui s'occupaient notamment du suivi administratif et du contrôle des opérations minières, du suivi de l'hygiène, de la sécurité et de la prévention des risques dans les sites des mines et des carrières, de l'usage des explosifs et du développement minier à travers des activités de traitement, d'enrichissement, de valorisation et de promotion locale des produits de mines et de carrières extraits. Dès lors, les SRMG qui étaient sous la responsabilité de la DMG[342] étaient rattachés au Secrétariat général du ministère des Mines et de l'Industrie. Aussi, le Code de 2016, en l'absence d'un décret d'organisation et d'attribution des directions, attribuait les rôles et responsabilités de la DMG fixés par le Code de 2003 à ce qu'il convient d'appeler les services *compétents de l'administration des mines*. Le Code de 2016 définit l'administration des mines[343] comme étant les *service(s) de l'État, compris dans l'organisation du ministère chargé des Mines pour la mise en œuvre de la politique minière notamment la promotion, la réglementation, le suivi et le contrôle des opérations minières.*

192. Une nouvelle réforme de l'administration minière est survenue en 2017. Le décret[344] du 08 septembre 2017, qui dédie au secteur des

---

[340] Décret n°2014-853 du 09 juillet 2014 portant répartition des services de l'État et du contrôle des établissements publics, des sociétés nationales et des sociétés à participation publique entre la Présidence de la république, la Primature et les Ministères.

[341] Décret n° 2015-299 du 06 mars 2015 modifiant le décret n° 2014-853 portant répartition des services de l'État et du contrôle des établissements publics, des sociétés nationales et des sociétés à participation publique entre la Présidence de la République, la Primature et les Ministères.

[342] Décret n 2013-921 du 1er juillet 2013 portant organisation et fonctionnement du ministère de l'Énergie et des Mines.

[343] Définition n°1 du Code minier de 2016.

[344] Décret n° 2017-1546 du 08 septembre 2017 portant répartition des services de l'État et du contrôle des établissements publics, des sociétés nationales et des sociétés à participation publique entre la Présidence de la République, la Primature et les Ministères.

mines un ministère spécifique, le ministère des Mines et de la Géologie[345], tout en maintenant la DPPM et la DSCOM et procède au changement de l'intitulé de la DMG par une nouvelle appellation, la Direction de la Géologie. Toujours, l'absence de l'exposé des motifs du décret et des textes portant organisation et attribution de ces directions ne permet pas de saisir les objectifs qui ont été à l'origine de cette nouvelle organisation. Changer la dénomination de la Direction des Mines et de la Géologie (DMG), qui semble être l'homonyme du ministère des Mines et de la Géologie, offrira certainement un compromis dans la rédaction de la nouvelle organisation.

193. Il faut aussi noter, pour s'en inspirer, dans la nouvelle organisation, la volonté de faire participer davantage le secteur minier au développement national. Dans la feuille de route du gouvernement, la promotion du secteur minier par la recherche et l'exploration géologiques figure de manière spécifique comme un objectif à atteindre, alors que c'est de la connaissance approfondie des potentialités en ressources minérales du sol et du sous-sol que dépend le développement du secteur minier. Avec la *Lettre de Politique sectorielle de développement*

---

[345] Le décret n° 2017-1593 du 13 septembre 2017 fixe les attributions du ministre des Mines et de la Géologie. Sous l'autorité du Premier Ministre, le ministre des Mines et de la Géologie prépare et met en œuvre la politique définie par le Chef de l'État dans les domaines des Mines et de la Géologie. À ce titre, il :

– assure la gestion et la conservation du patrimoine minier et participe à l'étude des projets de mise en valeur et de développement de ce patrimoine ;
– veille à la sauvegarde des sites géologiques, minéralogiques. Il est chargé, en particulier, de la gestion des domaines miniers et de la tenue à jour de l'inventaire des ressources nationales en minerais et en combustibles solides ;
– participe à la mise au point des dispositions relatives à la restructuration, à la reconversion et à l'organisation des entreprises minières et du secteur minier dans son ensemble ;
– élabore et applique la législation et la réglementation relatives, à l'exploitation, à la valorisation des substances minérales, des eaux thermo-minérales naturelles, des substances dites utiles et des roches ornementales ;
– suit les activités y afférentes ainsi que l'évolution des marchés et des prix des métaux et des substances minérales et participe à la définition de la politique commerciale minière ;
– encadre, conformément aux instruments juridiques nationaux et internationaux, la gouvernance minière ;
– veille à l'hygiène et à la sécurité des travailleurs dans le secteur minier ;
– promeut et assure le contrôle des activités de prospection et d'exploitation minière et géologique.

Le ministre des Mines et de la Géologie est responsable de l'élaboration des dispositions législatives et réglementaires applicables au secteur minier.

(LSPD) et le Code de 2016, des innovations majeures ont été apportées en vue d'améliorer les connaissances géologiques[346], de prendre en charge les intérêts stratégiques de l'État[347], les préoccupations récurrentes des populations relatives au développement communautaire[348], l'emploi local, l'organisation des exploitations minières artisanales et à petites échelles, et le secteur privé national. Toutefois, la non-formalisation du cadre de collaboration entre les entités de l'administration des mines pourrait affecter l'organisation, le fonctionnement et la performance de l'administration minière sur les aspects stratégiques et organisationnels et être à l'origine de conflits d'attribution. Il semble nécessaire, pour donner plus de corps à cette nouvelle vision, d'entreprendre une réforme institutionnelle plus poussée. Avec la structure organisationnelle actuelle représentée par l'organigramme en râteau, avec trois (03) collaborateurs directs à un niveau de complexité élevé, le Secrétaire Général risque de ne pas pouvoir coordonner et superviser efficacement l'administration centrale. Elle nécessite donc d'être rationalisée. Elle pourra ainsi être comparable à la structure organisationnelle de l'administration des mines dans d'autres pays africains à vocation minière, constituée, en moyenne, de 4 (quatre) directions techniques sous la tutelle directe d'une direction générale.

Paragraphe 2 : Le rapport personne publique-Titulaire de titre dans la période postcoloniale

194. Le secteur minier fait intervenir plusieurs acteurs. Toutefois, la présence de la personne publique (A) est fondamentale dans toutes les phases des opérations minières. La situation du titulaire de titre minier (B) y est également déterminée.

A. La présence de la personne publique dans les opérations minières

195. La nécessité de la présence de la personne publique dans les opérations minières est un élément fondamental du droit minier moderne. Cette présence est la pièce maîtresse autour de laquelle l'essentiel de l'opération minière repose. La présence de la personne publique dans tout le processus des opérations minières fait de l'État et de ses démembrements, des autorités délivrant des actes de toute nature.

[346] Fonds d'appui au secteur minier.
[347] Zones promotionnelles.
[348] Fonds de développement local, fonds d'appui.

Elle apparaît comme l'autorité contractante principale, qui est au début et à la fin de tout ce qui touche à l'activité minière.

196. Les décrets n° 61-356 et n° 61-357 du 21 septembre 1961 font des autorités publiques nationales ou locales les acteurs majeurs de toute l'activité minière. Ce décret permet à l'État de se livrer à toutes opérations minières sans être assujetti à aucune obligation[349] vis-à-vis de l'administration minière. Ainsi, aux termes du décret n° 61-356, les déclarations d'ouverture de carrières permanentes étaient adressées au Commandant de cercle ou au Gouverneur, si la carrière était située dans la région du Cap-Vert. Les conditions d'occupation de terrain[350] étaient établies, à titre de déclaration ou d'autorisation, par l'autorité compétente. Le Commandant de cercle ou le Gouverneur soumettait la déclaration de carrière à l'autorisation du ministre chargé des Mines, mais cette autorisation était donnée sur proposition du directeur des mines[351]. Ce dernier ou ses représentants dûment habilités, ou à défaut le Commandant de cercle, était chargé de délivrer les autorisations d'extraction de matériaux de carrière sur le domaine de l'État. Les taxes prélevées, à cet effet, sont versées au bureau du domaine de la situation de la carrière avant toute extraction. L'autorisation est également requise pour tout type d'exploitation de carrière, soit à ciel ouvert, soit de galeries souterraines, par une autorité publique. Le contrôle des mesures de sécurité était assuré par le service des mines. L'autorité administrative est saisie, en cas d'accidents de personnes, d'une déclaration écrite. L'autorité publique constate aussi les contraventions aux dispositions pertinentes, comme en matière de police. Le service de la conservation foncière et des droits fonciers assure la garantie des droits de titulaires[352].

197. Des textes applicables en matière d'hygiène et de sécurité dans les établissements de toute nature étaient également en vigueur[353]. En vue d'une meilleure gestion de la question, les personnes responsables doivent être connues par les autorités. En effet, la direction technique de la carrière est assurée par le chef de chantier, qui veille, à ce titre, au respect des règlements dans les chantiers et installations. Son nom est

---

[349] Article 4 du décret n° 61-357 du 21 septembre 1961, *ibid.*
[350] Article 6 du décret n° 61-356, *op. cit.*
[351] Article 7 du décret, *ibid.*
[352] Article 33, *ibid.*
[353] Article 18, *ibid.*

porté à la connaissance du commandant de cercle ou du gouverneur de la région du Cap-Vert. En cas de manquements constatés, le chef de chantier informe le directeur des mines ou l'agent de contrôle que l'exploitant a désigné. La personne publique, assurant une fonction déterminante dans toute activité minière, veille, à cet égard, à l'exécution des mesures d'hygiène et de sécurité. Ces mesures de sécurité sont prises par arrêté ministériel. Aussi, l'autorité administrative assure, dans le cadre de l'exécution de ses pouvoirs de police, l'application effective de toutes les mesures relatives à l'hygiène et à la sécurité dans les carrières et périmètres miniers, conformément aux textes en vigueur.

198. Le Code minier de 1988 pose le principe que toutes les substances minérales contenues dans le sol et le sous-sol du territoire, ses eaux territoriales et son plateau continental sont la propriété de l'État[354]. Ainsi, l'État devient l'unique propriétaire des ressources minérales du sous-sol et le seul habilité à octroyer à une ou plusieurs personnes physiques ou morales le droit d'entreprendre ou de conduire une ou plusieurs opérations minières. Les personnes morales doivent justifier des capacités techniques et financières requises. En outre, l'État, directement ou par l'intermédiaire d'une société d'État, peut participer à tout ou partie des opérations de recherche et d'exploitation minière en s'associant avec les titulaires d'un titre minier. Le Code de 2003 apporte une innovation majeure en disposant que l'État *peut, en sus de dix pour cent (10 %) d'actions gratuites, négocier pour lui et le secteur privé national une participation au capital de la société d'exploitation* [355]. Le Code de 2016 précise bien que cette prise de participation au capital social de la société d'exploitation pendant toute la durée de vie de la mine est de droit, dès l'octroi d'un permis d'exploitation minière. Cette participation, libre de toutes charges, ne doit connaître aucune dilution en cas d'augmentation du capital social. Aussi, le Code de 2016 prévoit-il une participation supplémentaire du secteur privé national, à titre onéreux, jusqu'à hauteur de vingt-cinq pour cent (25 %) au capital de la société d'exploitation.

199. Dans le dispositif de tutelle des entreprises du secteur parapublic tel que défini par la loi 90-07 du 26 juin 1990 relative à l'organisation et au contrôle des entreprises du secteur parapublic, au contrôle des personnes morales de droit privé bénéficiant du concours

---

[354] Exposé des motifs de la loi n° 88-06, *op. cit.*

[355] Art. 30 du Code minier 2003.

financier de la puissance publique, le ministère chargé des Mines se voit confier la tutelle de quatre sociétés : la Société des Mines de Fer du Sénégal oriental (MIFERSO), la Société d'Exploitation et de Réalisation des Phosphates de Matam (SERPM), les Industries chimiques du Sénégal (ICS), et la Société minière de Sabodala (SMS).

200. La MIFERSO a été créée en 1975 avec pour mission, la recherche et l'exploitation des mines de fer de la Falémé, dans le sud-est du Sénégal. À partir de 1990, la mission de MIFERSO se résumait à la promotion de l'exploitation des mines de fer[356].

201. La SERPM, créée en 2005, avec pour mission la promotion des phosphates de Matam, résulte d'une décision de l'État d'examiner l'opportunité de la création d'une société d'études et de réalisation d'une unité d'exploitation des phosphates de Matam.

202. En 2010, au terme d'une série d'acquisitions, la société AMAR Consulting[357] se retrouve actionnaire unique de la SERPM.

203. En 2012, après l'octroi de la concession minière, une Société de droit sénégalais, dénommée Société des Mines de la Vallée (SOMIVA) est créée.

204. Outre sa participation au capital de la SOMIVA, la SERPM conserve le bénéfice de son permis d'exploitation de la petite mine.

205. Créées en 1974 et renforcées par une fusion-absorption avec la CSPT, la Compagnie sénégalaise des Phosphates de Taïba et les ICS sont

---

[356] Cette promotion avait été concluante en février 2007 avec 4 conventions (minière, ferroviaire, portuaire et industrielle) avec le numéro un mondial de la sidérurgie, la société Arcelor Mittal qui s'était engagée à investir 2,2 milliards de dollars dans le projet d'exploitation des mines de fer de la Falémé. Malheureusement, Arcelor Mittal n'a pas respecté ses engagements et a perdu la procédure d'arbitrage enclenchée par l'État du Sénégal. En conséquence, le titre minier pour la substance fer de la Falémé est devenu libre pour la promotion aux fins d'exploitation. Entre temps, MIFERSO s'est vu octroyer une nouvelle mission de recherche et de promotion de l'exploitation des minerais de fer du Sénégal dans le cadre d'un autre permis dénommé Ololdou et situé au nord de l'ancienne concession.

[357] AMAR Consulting entre au Capital de SERPM à partir de 2008 d'abord en remplacement de Mbakhol Worldwide S.A: (95,2 millions) puis par acquisition des parts de MIFERSO et la société des Pétroles du Sénégal - Petrosen (7,5 millions). En 2010, AMAR Consulting prend le contrôle total de SERPM en rachetant les parts de l'État (81,9 millions).

devenues en 1996 une société à participation publique minoritaire et ne dépendent plus de l'État pour la définition de leur stratégie.

206. Quasiment à l'arrêt en 2012, les ICS ont été recapitalisées avec l'arrivée, en août 2014, d'Indorama qui a acquis 78 % du capital en prenant le relais de l'Indien Indian Farmers Fertiliser Cooperative Limited (IFFCO) qui conserve actuellement 6,78 % de l'actionnariat de la société.

207. La Société minière de Sabodala (SMS), fondée entre l'État du Sénégal (49,4 %) et la SEREM[358] (50,6 %), avaient principalement pour objet d'effectuer exclusivement toutes les études et recherches minières devant aboutir à l'exploitation éventuelle des ressources aurifères identifiées sur le périmètre de Sabodala.

208. L'État ne participait plus depuis 1992 au budget de la SMS. À l'origine, la contribution de l'État était assurée par le Fonds de Développement géologique et minier (FDGM), un compte d'affectation spécial, supprimé à partir de la loi des finances de 1991-1992. Ce fonds continue d'exister.

209. L'État décida de procéder à un appel d'offres en mars 2004 pour sélectionner un partenaire technique dans l'objectif que celui-ci procédât au développement des permis situés sur le périmètre de Sabodala.

210. Au titre de cet appel d'offres, les sociétés MDL et OROMIN devenaient titulaires des titres miniers et concluaient des conventions minières avec l'État. La SMS fut dissoute au mois de décembre 2013.

211. Il semble important de faire une analyse institutionnelle de la gestion du secteur minier pour faire ressortir les rôles et responsabilités des principaux départements et entités en matière de gestion de la

---

[358] Depuis 1975 le Gouvernement du Sénégal avait accordé au BRGM le permis de recherches à Sabodala. En mai 1982, un protocole d'accord était signé entre le Gouvernement du Sénégal et le BRGM en vue de créer un syndicat. Ce dernier est effectivement constitué en juillet de la même année et prend la dénomination de Groupement de Développement de Sabodala (État sénégalais : 35 %, BRGM : 65 %). Le Groupement se fixe alors entre autres objectifs la réalisation de la première approche économique du développement du gisement. En juillet 1983, est créée la Société minière de Sabodala (S.M.S.), associant le Gouvernement du Sénégal (49,36 %) et la SEREM., une filiale à 100 % du BRGM (50,64 %).

participation de l'État au développement des mines. Sur la base de l'analyse, le rôle et les responsabilités à assigner à une probable structure publique, pour assurer la promotion des projets miniers et la gestion du portefeuille de l'État dans le secteur minier, devront être définis. Pour atteindre ces objectifs, il va falloir entre autres, prendre une décision sur le sort de MIFERSO, soit pour son maintien pour la promotion du fer de la Falémé soit pour son absorption par la nouvelle structure de promotion et de gestion du patrimoine minier de l'État.

B. La situation du titulaire de titre minier

212. Le titulaire de titre minier est dans une situation légale et réglementaire qui lui confère des droits et obligations relativement à la nature d'opérations dont l'exécution est soumise à une délivrance d'un titre. Aux termes des décrets de 1961, le titulaire de titre appelé exploitant est dans une situation de dépendance par rapport à l'administration des mines qui doit donner son accord[359] pour l'exécution des travaux d'exploitation de carrières. Il doit prendre les précautions nécessaires dans l'intérêt de la sécurité publique, sous le contrôle ou la prescription du service des mines. L'exploitant assure le rôle de chef de chantier lorsque ce dernier est récusé, à la suite d'un contrôle effectué sur les conditions d'hygiène et de sécurité. Il dispose, à cet effet, d'un pouvoir de sanction à l'égard du chef de chantier[360].

213. Par ailleurs, des mesures de sécurité, dans les chantiers à ciel ouvert pouvant découler de danger de chute grave, sont prises par l'exploitant. Il assure, ainsi, le rôle d'autorité de police contre toute défaillance sécuritaire dans les chantiers. Le directeur des mines, en rapport avec l'exploitant, établit la consigne générale de sécurité[361]. Toutefois, la responsabilité de l'exploitant est engagée, en cas de défaillance constatée par le service des mines. En ce qui concerne l'emploi des explosifs, une consigne est donnée à l'exploitant, après approbation du directeur des mines. Toujours dans le souci de préserver la sécurité des ouvriers, l'exploitant assure la fonction de police dans les lieux[362].

---

[359] Article 10 du décret n° 61-356, *op. cit.*
[360] Article 19, al. 5, *ibid.*
[361] Article 32, *ibid.*
[362] Article 60 du décret n° 61-356, *ibid.*

214. Le décret n° 61-356 prévoit qu'en cas de situation compromettante dans le chantier, l'exploitant doit informer immédiatement le commandant de cercle ou le Gouverneur de la Région du Cap-Vert et le directeur des mines[363]. Pour faire cesser un danger permanent, le ministre en charge des Mines, saisi, statue et entend l'exploitant. En cas de dommage du fait de l'exploitant, il y a irresponsabilité de l'administration. La situation du titulaire de titre minier dans le régime des substances minérales au Sénégal est déterminée par le décret n° 61-357. Aux termes de ce texte, le demandeur de titre est assujetti à l'obtention d'un certain nombre d'actes qui lui permettent d'effectuer des opérations minières. En effet, pour la prospection, le demandeur doit disposer d'une autorisation de prospection qui lui est attribuée par arrêté du ministre chargé des Mines. Il doit aussi se faire établir un permis de recherche et d'exploitation minière ou une concession minière[364]. C'est la délivrance de ces actes qui lui procure le droit d'être titulaire de titre minier.

215. L'autorisation de prospection à une durée de deux (2) ans renouvelables une fois pour la même durée. Son refus, sa restriction ou son retrait ne donne pas droit à indemnisation ou dédommagement[365]. Le demandeur d'une autorisation doit décliner son identité[366], la partie du territoire qu'il désire obtenir[367], les substances sur lesquelles il désire obtenir l'autorisation. La demande est accompagnée de références sur l'activité et les capacités techniques et financières du demandeur[368]. Elle est obligatoirement accompagnée d'un certain nombre de pièces, propres aux particuliers[369] et, d'autres, pour les sociétés[370]. Pour solliciter un renouvellement, le demandeur doit présenter une demande à cet effet, au moins avant l'expiration de la première période de validité et elle est accompagnée d'un mémoire sur les travaux effectués par le

---

363 Article 62, *ibid.*

364 Article 4 du décret n° 61-357, *op. cit.*

365 Article 6, al. 3, *ibid.*

366 Nom, prénom, qualité, profession, nationalité pour les particuliers ; raison sociale, forme, siège social, et nationalité pour les sociétés, Cf. article 8, *ibid.*

367 Sur la partie du territoire sur laquelle il désire éventuellement l'autorisation de prospection. La partie en cause sera définie et portée sur un plan au 1/500 000e, *Cf.* article 8.

368 Article 8, al. 2, *ibid.*

369 *Ibid.*

370 *Ibid.*

titulaire[371]. Le titulaire du permis de recherche a le droit de renouveler son permis sur justification de l'exécution d'un minimum d'engagements de travaux et de dépenses. Il doit accomplir ses obligations légales et réglementaires, durant la période précédente de validité[372].

216. La délivrance du permis tient compte de la capacité technique et financière du demandeur. Ce dernier n'a aucun droit à indemnité s'il est débouté totalement ou partiellement[373]. Le permis dure quatre (4) ans. Il peut être renouvelé au plus deux fois pour la même durée, par arrêté ministériel. Des réductions de superficie peuvent être imposées préalablement au renouvellement[374]. L'identité[375] du demandeur de permis doit être connue sur la demande ainsi que d'autres conditions relatives à la recherche qui sont exigées. Il est annexé sur la demande un extrait de la carte du Sénégal[376], tous documents tels que plan à échelle et autres[377], le récépissé du versement de droit fixe. Le demandeur doit présenter une demande distincte pour chaque périmètre. Sous peine de nullité, la demande de renouvellement est produite deux (2) mois avant l'expiration de la période de validité.

217. Le titulaire peut demander l'extension d'un permis ou d'une concession à des substances nouvelles. Dans ce cas, le titulaire bénéficie des mêmes droits et obligations antérieurs qui avaient été accordés[378]. Le permis est valable pour quatre (4) ans renouvelables quatre fois pour une même durée. Mais ces renouvellements sont assortis d'un certain nombre de conditions[379]. Le permis d'exploitation est demandé au plus tard deux (2) mois avant la date d'expiration du permis de recherche. Il est accompagné d'un récépissé de versement du droit fixe, d'un plan de renseignement sur les résultats des travaux effectués[380]. Le requérant doit

---

[371] Article 9, *ibid.*

[372] Article 11, al. 2.

[373] Article 11, al. 3.

[374] Article 11, al. 3, *ibid.*

[375] Les nom, prénoms, qualité, nationalité, domicile, du requérant ainsi qu'éventuellement son mandataire ou s'il s'agit d'une société, sa dénomination, son siège social, la composition de son conseil d'administration ou de surveillance, de sa gérance et de sa direction, son domicile ainsi que les nom, prénom, nationalité et domicile de son représentant. *Cf.* article 14.

[376] Art. 14, al 2, 1e, *ibid.*

[377] Art. 14, al. 2, 2e *ibid.*

[378] Art 17, al. 3 *ibid.*

[379] Art, 18, al. 2 *ibid.*

[380] Art, 19, al. 1er *ibid.*

fournir les renseignements complémentaires[381]. Le titulaire de permis d'exploitation a droit à une concession sous réserve de l'accomplissement des obligations antérieures[382]. L'identité du demandeur du permis de concession est mentionnée sur la demande. Cette dernière doit être accompagnée du permis de recherche ou d'exploitation en vertu duquel la demande est faite, elle doit préciser les limites du périmètre sollicité. Il faut qu'il y ait les mêmes substances que celles pour lesquelles le permis de recherche est délivré. Le requérant doit également fournir un exemplaire du plan de surface à l'échelle[383], le certificat attestant le versement du droit fixe, tous les renseignements utiles sur les résultats de travaux effectués[384].

218. Par ailleurs, le décret d'application précise notamment les procédures administratives de demande d'octroi, de renouvellement, de fusion ou de transfert de titres miniers ainsi que les conditions de recherche et d'exploitation. Il fixe également les règles essentielles d'hygiène et de sécurité à appliquer, de manière à garantir la sécurité des travailleurs et des tiers et prévoit, en outre, l'obligation pour chaque exploitant de rédiger son propre règlement d'hygiène et de sécurité et de le faire approuver par le ministre chargé des Mines. Il abroge toute disposition contraire et notamment le décret n° 61-151 du 12 avril 1961 portant création du Conseil général des Mines[385]. La législation minière de 1988 reprend, en substance les conditions relatives au respect des dispositions législatives et réglementaires énoncées dans les décrets de 1961, en ce qui concerne l'attribution de titres miniers de recherche et d'exploitation[386]. Les conditions d'occupation des terrains, la durée des titres ainsi que la détention sont assujetties à une autorisation qui est soit délivrée par arrêté ministériel soit par décret. Le Code introduit un régime fiscal particulier fixant les conditions de la recherche et de l'exploitation des substances minérales utiles classées en régime minier.

---

[381] Art, 20 *ibid.*

[382] Art, 22 *ibid.*

[383] Tous les documents tels que plans à l'échelle du 1/200 000e, croquis photographiques.

[384] art, 24 ibid.

[385] Natlex Sénégal, in http://www.ilo.org/dyn/natlex/natlex4.detail?p_lang=en&p_isn=20066

[386] Article 40 de la loi n° 88-06, *op. cit.*

219. Tout exploitant de dépôt permanent d'explosifs est tenu de rédiger son propre règlement de sécurité[387]. La délivrance d'une autorisation d'importation ne peut être accordée qu'à des fabricants ou des personnes possédant un dépôt qui présente des règles de sécurité conformes aux prescriptions du décret. En effet, l'exploitant d'un dépôt permanent doit produire un certificat établi par le chef de service régional des mines mentionnant la nature et la qualité des substances explosives. Quant à l'exploitant d'un dépôt temporaire, il doit produire l'acte d'autorisation de dépôt[388]. Les bénéficiaires d'une autorisation d'établissement et d'exploitation d'un dépôt d'explosifs sont également soumis aux dispositions législatives et réglementaires particulières régissant la préservation de l'environnement, les obligations relatives à l'urbanisme, les établissements classés dangereux, insalubres ou incommodes. L'exploitant d'un dépôt temporaire peut être autorisé par le ministre chargé des Mines à rétrocéder à un autre dépôt, aux fins d'utilisation, l'excédent d'explosifs non utilisés[389]. Le service de la conservation foncière et des droits fonciers assure aux titulaires la garantie de leurs droits[390].

220. Toutefois, pour mieux appréhender le contexte d'établissement, il convient d'analyser le régime juridique de l'attribution des titres miniers, à la lumière des différents textes pertinents qui ont régi le secteur minier, de l'indépendance à nos jours.

Section 2

Le régime juridique de l'attribution des titres miniers

221. Le droit minier a été envisagé selon trois grandes conceptions. *Le droit du propriétaire du sol* : le propriétaire de la surface est propriétaire du tréfonds. Ce dernier est l'accessoire du premier. C'est le système le plus souvent en vigueur aux États-Unis, avec de nombreuses exceptions (l'État est alors le propriétaire et loue le droit d'exploiter). *Le droit de l'inventeur* : la ressource minérale appartient à celui qui la découvre. C'est le système prussien de 1865. *Le droit de l'État* qui, lui, se présente sous deux formes :

---

[387] *Ibid.*

[388] Art. 19, al. 1er du décret 89-1539, *op. cit.*

[389] Art. 9, al. 2, *ibid.*

[390] Art. 33 du décret n°61-357 du 21 septembre 1961, *op. cit.*

– le droit domanial : les gisements sont la propriété de l'État et font partie de son domaine. La recherche et l'exploitation de ces richesses nationales font l'objet de contrats passés avec l'État. C'est le système en vigueur au Proche-Orient ;

– le droit régalien : le sous-sol, la mine ou le gisement sont *res nullius*. C'est l'État qui attribue des droits et un délai d'usage et qui fixe les conditions d'exploitation. C'est le système français. Le régime juridique de ces droits varie selon que la mine est appréhendée au sens strict ou selon qu'elle est considérée sous l'angle de ses dépendances[391].

222. À part ce problème de conception de régime minier, la sécurisation foncière constitue également un autre problème majeur. Ce problème réside notamment dans la superposition des droits miniers et des droits fonciers. Une certaine incohérence entre le Code minier et la loi régissant le secteur foncier entraîne diverses interprétations des textes réglementaires, comme on l'a vu. En plus, le fait que des occupants traditionnels qui sont en général des usufruitiers et qui ne disposent pas de titres fonciers mène à des complications supplémentaires. Ainsi, un accès sécurisé à la terre et aux ressources minérales est fondamental dans le cadre du processus de prise de décisions d'investissement basées sur une perspective à long terme. Donc, la mise en développement d'un projet minier nécessite la clarification des rapports entre les titulaires de titres et l'administration des mines et les propriétaires des sols (Paragraphe 1) d'une part, elle détermine la situation de l'investisseur dans le droit minier sénégalais (Paragraphe 2), d'autre part.

Paragraphe 1 : Les titulaires de titres miniers et leurs rapports avec l'administration des mines et les propriétaires des sols

223. Au sens strict, l'opérateur minier est titulaire d'un droit de jouissance temporaire sur les gisements incorporés au sol, l'État étant propriétaire exclusif des gisements naturels et artificiels. Le titulaire d'un titre minier d'exploitation est cependant propriétaire des gisements extraits encore appelés produits, du fait de son activité. En même temps qu'il conserve la propriété des dépendances de la mine, c'est-à-dire, des

---

[391] Ruben (A.M), Réflexions sur les droits de l'exploitant de mines en droit camerounais, Revue de l'ERSUMA : Droit des affaires - Pratique Professionnelle, N° 4 - Septembre 2014, *Études*.
URL: http://revue.ersuma.org/no-4-septembre-2014/etudes/article/reflexions-sur-les-droits-de-l

installations, constructions et industries érigées pour les besoins de son activité, pendant la période de validité du titre d'exploitation. À la cessation des droits miniers, en l'absence de dispositions formelles du Code minier, et à défaut d'une disposition conventionnelle, les différentes installations reviennent, tantôt à l'État, tantôt aux propriétaires du sol, ou aux détenteurs fonciers coutumiers ou d'occupation, selon que les travaux sont déclarés d'utilité publique ou non, par voie d'accession ou par incorporation. L'activité minière engendre souvent des relations entre les titulaires de titres miniers et l'administration des mines (A), et entre les titulaires de titres miniers et les propriétaires des sols (B).

A. Les relations des titulaires de titres miniers avec l'administration des mines

224. Les titulaires de titre minier d'exploitation acquièrent la propriété des substances minérales qu'ils extraient[392]. L'État peut octroyer à une ou plusieurs personnes physiques ou morales le droit d'entreprendre ou de conduire une ou plusieurs opérations minières sur les substances minérales contenues dans le sol et le sous-sol. Ces personnes physiques ou morales doivent justifier de capacités techniques et financières requises pour mener à bien l'ensemble des opérations minières. À l'instar de ce qui est prévu par le Code pétrolier, une convention liant le permissionnaire et l'État devra, dans la majorité des cas, accompagner l'attribution du permis de recherche[393]. Le titulaire de titre doit notifier élection de domicile au Sénégal à l'administration des mines et il est accusé réception de la déclaration. Il peut, en outre formuler une demande d'agrément pour lui ou son représentant qui précisera l'identité, la qualité, la profession, l'adresse et toutes autres précisions utiles du mandataire[394].

225. Les autorisations, permis et concessions sont inscrits sur des registres spéciaux. L'administration est chargée de la communication de ces registres aux requérants[395]. Il faut noter que le permis de recherche est cessible et transmissible sous réserve d'une autorisation préalable par décret, en conseil des ministres. Quant au permis d'exploitation, au-delà de sa cessibilité et de sa transmissibilité, il est

[392] Art. 3 de la loi n° 2003-36 du 24 novembre 2003 portant Code minier.
[393] Exposé des motifs de la loi n° 88-06, *op. cit.*
[394] Article 40, *ibid.*
[395] Art. 41, *ibid.*

amodiable dans les mêmes conditions que les permis de recherche[396]. Il s'agit d'une situation dans laquelle le titulaire du titre est soumis à un régime d'autorisation, en ce qui concerne la prospection et de permission ou de concession, en ce qui concerne la recherche et l'exploitation. À cet effet, les correspondances et les requêtes relatives à la réglementation minière sont adressées en triple exemplaire au ministre chargé des Mines[397]. Toute convention qui confie partiellement ou totalement l'usage des droits du titulaire à un tiers est soumise à déclaration préalable. En cas de non-respect de cette formalité, le ministre chargé des Mines peut s'opposer pour des raisons techniques pendant un délai d'un mois. À défaut, la convention est approuvée[398].

226. L'expiration d'un permis de recherche ou d'un permis d'exploitation sans renouvellement ou le renoncement du titulaire à un permis de recherche ou d'exploitation permet de libérer les terrains de tous les droits qui en résultent. Il en est également de même de la renonciation acceptée à une concession ou de l'annulation d'une concession[399]. L'administration minière reclasse ces terrains dans le domaine de l'État et reprend la jouissance de tous les droits antérieurement attribués au permissionnaire.

227. Aussi, l'expiration d'une concession sans renouvellement permet de mettre gratuitement le domaine concédé à la disposition de l'État. Le concessionnaire est libre de toute charge y compris les dépendances immobilières[400]. La déchéance du concessionnaire permet également de procéder à l'adjudication de la concession et s'il n'y a pas de soumissionnaire, le cas échéant, la concession est annulée. L'administration minière reçoit avant son expiration, la demande de renouvellement ou de transformation d'un titre minier. La validité de ce titre est prorogée tant qu'on n'a pas statué sur ladite demande[401]. Les permis de recherche et d'exploitation peuvent être annulés et les concessionnaires de mines peuvent être déchus, si l'activité de recherche ou d'exploitation est suspendue ou gravement restreinte sans motif légitime[402]. De même les infractions pour non-versement des taxes et redevances prévues par le

---

[396] Art. 42, *ibid.*
[397] Art. 39, *ibid.*
[398] Art. 45, al. 3, *ibid.*
[399] Art. 43, *ibid.*
[400] Art. 43, al. 3, *ibid.*
[401] Art. 43, al. 4, *ibid.*
[402] Art. 44, 1er *ibid.*

régime fiscal en vigueur constituent des motifs de déchéance, tout comme la condamnation pour exploitation illicite ou pour infraction à la réglementation sur les opérations[403] minières. Le permis d'exploitation et la concession sont octroyés par décret pris sur le rapport du ministre chargé des Mines, après enquête publique destinée à évaluer les conséquences de l'exploitation sur l'environnement et sur les populations[404].

228. Les individus condamnés à une peine d'emprisonnement pour infraction à la réglementation minière et à celle relative aux opérations minérales ne peuvent obtenir valablement ni permis ni concession avant l'expiration d'un délai de trois ans, à partir du prononcé de la condamnation. S'agissant des personnes morales, des conventions d'établissement peuvent être passées entre le Gouvernement et les sociétés titulaires de droits miniers. Elles permettent de garantir la stabilité générale des conditions fiscales, juridiques, économiques propres à assurer le fonctionnement normal de l'entreprise. Celles de longue durée passées entre le gouvernement et une société titulaire de droits miniers fixent les engagements réciproques entre l'État et la société[405]. Elles peuvent, en outre, comporter des dispositions particulières complétant celles du décret 61-357 ou précisant les conditions de son application.

229. En ce qui concerne les substances précieuses, des arrêtés du ministre chargé des mines peuvent, à la demande de l'exploitant, après enquête effectuée, définir des zones[406] de protection. Nul ne peut pénétrer dans une zone de protection ou en sortir si ce n'est par routes ou chemins définis dans l'arrêté d'instruction de la zone. L'accès à l'intérieur de la zone est réservé aux personnes munies d'un permis de séjour ou de circulation délivré par le chef de circonscription administrative[407]. La circulation, le commerce et le colportage sont réglementés dans les zones de protection, par décret, sans que les limitations ou interdictions ouvrent droit à indemnité.

230. Le rapport entre titulaire de titres miniers et l'administration des mines est aussi visé au niveau des institutions africaines en vue de

---

[403] Art. 44, al. 3 *ibid.*
[404] Exposé des motifs de la loi n° 88-06, *op. cit.*
[405] Art. 45, al. 2, *ibid.*
[406] Art. 48, *ibid.*
[407] Art. 49, *ibid.*

permettre aux investisseurs l'accès aux ressources, dans les meilleures conditions. Le plan d'implémentation de la vision minière africaine dresse un schéma directeur novateur qui va au-delà de l'amélioration des régimes miniers nationaux, dans le sens d'aider les pays africains à bénéficier au maximum de l'exploitation de leurs ressources minérales. Cette vision se traduit à l'échelle nationale, par la négociation des contrats avec les entreprises afin de générer des revenus équitables de l'extraction des ressources. L'administration des mines a pour mission, d'une part, de permettre aux demandeurs de titre minier de pouvoir en acquérir dans les conditions prévues par la législation en vigueur et de sauvegarder les intérêts de l'État et des collectivités dans le cadre des accords, d'autre part. L'administration des mines doit permettre au titulaire de titres de jouir de son titre dans toutes les phases du projet minier. La défaillance des institutions publiques dans la négociation de contrats équilibrés a été constatée par la banque mondiale. En effet, elle constate un déséquilibre entre les grands investisseurs de l'industrie extractive et les États africains [408].

B. Les relations des titulaires de titres miniers avec les propriétaires des sols

231. Les régimes miniers rappelés plus haut ne soldent pas totalement la question des relations avec la surface. En effet, pour accéder au sous-sol, et même pour effectuer les travaux permettant d'en identifier le contenu, il faut bien partir du sol. Les gisements ne peuvent être exploités que là où ils sont situés, ce qui pourrait en soumettre l'accès au bon vouloir du propriétaire foncier. Afin de contrôler ce risque, l'État a légiféré sur les relations entre mineurs et propriétaires de la surface. Les lois et réglementations minières ont vocation à régir les relations entre les propriétaires du sol et les titulaires de titres miniers[409]. Bien souvent, il conviendra également de se référer aux législations foncières nationales afin de déterminer avec exactitude l'ensemble des règles relatives aux droits de l'exploitant sur la propriété foncière. Notons cependant qu'il peut exister un grand décalage entre les législations foncières, parfois anciennes, et la législation minière en constante évolution. Le titre minier n'emporte aucun droit sur la

---

[408] Diop (M.), vice-président de la banque mondiale pour l'Afrique (Discours du 40e anniversaire des Accords de coopération monétaire de la zone franc, 2008), in Pascal Clément Razanakoto, *id.*

[409] Lauriol (Th.) et Raynaud (E.), *Le droit pétrolier et minier en Afrique*, Éditeur : L.G.D.J ; Collection : Droits africains ; p. 592 ; 2016.

propriété superficielle et n'éteint en aucun cas les droits du propriétaire du sol. Or, l'exercice des droits miniers sur un périmètre donné peut porter atteinte au droit de propriété portant sur ce périmètre. En effet, les titres miniers octroient à leurs titulaires le droit d'exploiter les ressources minérales présentes dans le sous-sol ; cependant, l'exercice de ce droit suppose que le titulaire puisse accéder à la surface afin de mener à bien les opérations minières. Le titulaire d'un titre minier est alors autorisé à occuper les terrains nécessaires à la poursuite de ses activités. Toutefois, ce droit d'occupation fait l'objet de contreparties au bénéfice du propriétaire du sol. Le Code minier aborde les relations entre titulaires d'un titre minier et propriétaires du sol, sous trois angles :

– les conditions de l'implantation d'une mine ou d'une exploration : le Code minier permet de réaliser des travaux miniers ou de mettre en place des servitudes, même en cas de désaccord du propriétaire du sol, dans un cadre juridique similaire à celui de l'expropriation ;
– la responsabilité de l'exploitant pour les dommages causés par son activité ; et
– l'indemnisation du propriétaire du sol pour tout dommage causé par l'exploitant.

232. La recherche et l'exploitation des ressources minérales peuvent être effectuées sur les propriétés foncières d'autrui. Ces opérations font naître des relations entre les titulaires de titres miniers et les propriétaires du sol et entre eux. Cette situation est régie par des dispositions particulières qui confèrent au détenteur de titres miniers de recherche et d'exploitation, une faculté d'exécution tant à l'intérieur qu'à l'extérieur de ces titres miniers. En effet, le détenteur du titre minier peut occuper les terrains nécessaires à l'exécution des travaux de recherche et d'exploitation, aux activités connexes et autres[410] visés et au logement du personnel affecté aux chantiers. Il peut procéder ou faire procéder aux travaux d'infrastructures nécessaires à la réalisation des conditions économiques normales des opérations liées à la recherche et à l'exploitation[411]. Il peut également effectuer ou faire effectuer les sondages et les travaux requis pour l'approvisionnement en eau du personnel, des travaux et des installations. Il peut, enfin, couper ou faire

---

[410] Les activités visées aux alinéas 2 et 3 de l'article 50 du décret n°61-357 du 21 septembre 1961.
[411] Art. 50, al. 2 du décret n° 61-357, *op. cit.*

couper les bois nécessaires à ses travaux, utiliser ou faire utiliser, pour les besoins de ses travaux, les chutes d'eau non utilisées ou réservées[412].

233. D'autres activités et travaux peuvent affecter les propriétés privées, en dehors de tous travaux de recherche proprement dits. Il peut s'agir des activités, d'industrie et travaux tels que : l'établissement et l'exploitation des centrales, postes et lignes électriques ; la préparation, le lavage, la concentration, le traitement mécanique, chimique, ou métallurgique des minerais extraits, l'agglomération, la distillation, la gazéification des combustibles. C'est aussi le stockage et la mise en dépôt des produits et déchets ; les constructions destinées au logement, à l'hygiène et au soin du personnel, les cultures vivrières destinées à son ravitaillement ; les installations d'approvisionnement en eau pour le personnel[413]. L'établissement de toutes voies de communication et notamment les routes, voies ferrées, rigoles, canaux, canalisations, convoyeurs, transporteurs aériens, transporteurs fluviaux ou maritimes, terrains d'atterrissage, l'établissement des bornes repères et des bornes de délimitation.

234. Ces activités et travaux donnant lieu à occupation de terrains doivent être autorisés par décret pris en conseil des ministres, sur proposition du ministre chargé des Mines. Toutefois, une occupation temporaire dont la durée ne peut excéder six (6) mois est autorisée par arrêté ministériel[414]. Elle peut être renouvelée une seule fois pour la même durée. Une occupation de longue durée excédant six (6) mois n'est, en principe, jugée recevable que s'il est constaté par un arrêté du ministre chargé des Mines[415]. Les droits fonciers constatés selon la réglementation en vigueur seront indemnisés.

235. L'indemnité pour le préjudice matériel certain causé aux propriétaires ou occupants des terrains faisant l'objet d'une autorisation d'occupation est déterminée[416], pour les terrains immatriculés, d'accord

[412] Art. 50, al. 3 et 4.
[413] Art.50, al. 5 *ibid.*
[414] Art. 51 *ibid.*
[415] Art. 52, al. 1er *ibid.*
[416] Si pour une raison quelconque, un accord n'est pas intervenu dans les six mois suivant la date d'entrée en vigueur du décret ou de l'arrêté autorisant l'occupation des terrains entre le titulaire de l'autorisation et les détenteurs de droits fonciers ou les communautés rurales concernées, le titulaire de l'autorisation sera autorisé par le ministre chargé des Mines à occuper les terrains en question moyennant la consignation dans les caisses d'un comptable public d'une indemnité provisionnelle fixée par le

parties entre le titulaire de l'autorisation du permis ou de la concession et le détenteur des droits fonciers ; ou à défaut, par le tribunal compétent, dans les mêmes conditions et suivant les mêmes règles qu'en matière d'expropriation pour cause d'utilité publique. Pour les terrains du domaine national, d'accord parties entre le titulaire de l'autorisation du permis ou de la concession et la collectivité locale concernée et à défaut d'accord par une commission[417] présidée par le Préfet du département concerné et composée d'un représentant du service régional des Mines, d'un représentant du service régional des Eaux et Forêts, d'un représentant du service régional de l'Agriculture, d'un représentant du service régional des Domaines, d'un représentant du service régional du Cadastre, d'un représentant de la Direction de l'Environnement, de deux représentants de la collectivité rurale concernée et de deux représentants du titulaire de l'autorisation du permis ou de la concession. Le titulaire du titre minier est tenu au respect de ces dispositions particulières qui organisent ses rapports avec les propriétaires du sol.

236. Pour éviter les risques de faire souffrir davantage notre agriculture à cause de la dégradation de sa base productive, il faut promouvoir l'utilisation idoine des bonnes pratiques d'exploitation des gisements miniers, en prenant en amont toutes les dispositions pour éviter de dégrader les sols. La protection de son sol et de son sous-sol, par le propriétaire, est un souci de premier ordre auquel il faut veiller dans le cadre du rapport avec le titulaire de titre minier. Il s'agit surtout d'impliquer et de coordonner toutes les entités techniques ayant des compétences en matière de gestion du sol et du sous-sol. Par ailleurs, pour participer à l'atteinte des objectifs agricoles, le promoteur du projet doit mettre en place des mesures d'accompagnement[418]. Les décisions d'octroi de titres miniers d'exploitation des ressources minérales ont des conséquences indéniables sur le sol et sur les propriétaires des sols. Les manifestations d'opposition des communautés

---

ministre chargé des Mines jusqu'à ce qu'un accord puisse être obtenu ou le Tribunal compétent ait rendu sa décision.

[417] Art. 52, al. 4 *ibid.*

[418] En effet, dans le cadre de la réalisation des objectifs définis dans le programme de la grande offensive agricole pour la nourriture et l'abondance (GOANA), la société d'étude et de réalisation des phosphates de Matam a produit, en 2008, 20 000 tonnes de phosphates naturels ensachés. Ce phosphate a été mis à la disposition du ministre de l'Agriculture qui a en charge la distribution. Cette activité a favorisé la création d'une cinquantaine d'emplois temporaires.

locales à des projets miniers, après la décision d'attribution de permis d'exploitation ou de concession minière, remet au goût du jour la nécessité de mettre en place un mécanisme explicite de consultation du public, à inscrire dans le Code minier et à réaliser en amont par rapport aux pratiques actuelles. Dans tous les cas, le principe selon lequel les ressources du sous-sol appartiennent au peuple n'est pas remis en question. Aussi, la notion d'aménagement du territoire en vue de l'organiser pour répondre aux besoins des différents secteurs (agriculture, foresterie, urbanisme, environnement, etc.) doit intégrer les potentialités minières pour éviter que des populations occupant le sol ou riveraines des zones minières ne soient pas considérées du tout ou soient prises en compte trop tard.

Paragraphe 2 : La situation de l'investisseur dans le droit minier sénégalais

237. Un investisseur est une personne physique ou morale qui alloue une part de capital disponible, dans l'attente d'un retour sur investissement. D'une façon générale, quatre facteurs décisionnels sont pris en considération, en priorité, par les investisseurs miniers, outre le facteur confiance dans le pays : la durée de stabilité du régime fiscal, la participation gratuite et obligatoire de l'État dans le capital, le ratio de partage prévisionnel du revenu minier entre l'État et l'investisseur et le taux de rendement interne (TRI) prévisionnel de l'investissement qui intègre tous les éléments du calcul économique. Un pays ne saurait connaître de croissance forte et durable si les entreprises ne réalisent pas d'investissements, sur son territoire ou à l'étranger. Pour impulser le développement du secteur minier, le Sénégal s'est doté, par conséquent, d'une législation minière moderne, plus conforme aux orientations du droit minier international, permettant d'assurer la promotion de l'investissement aussi bien étranger que national dans l'industrie minière. Cette nouvelle politique minière fait de la promotion de l'initiative privée, le moteur d'une croissance harmonieuse et continue où l'État entend faire occuper par le secteur minier une place de choix. En effet, pour promouvoir l'investissement minier et encourager la mise en valeur rationnelle des ressources du sous-sol, des droits et avantages sont accordés à l'investisseur (A), à côté de ses obligations dans le droit minier sénégalais (B).

A. Les droits et avantages accordés à l'investisseur dans le droit minier sénégalais

238. Le cadre juridique et économique des conventions d'établissement[419] mis en place par le Sénégal de la période postcoloniale prend source à partir d'un certain nombre de textes pertinents. À l'époque, juste après les indépendances, les autorités politiques soucieuses de l'impact de l'activité minière et de son installation, posèrent les conditions d'établissement des investisseurs sur le territoire. Le Code des investissements du 22 mars 1962 fut rédigé de manière précise, en conservant une orientation libérale. La loi du 22 mars 1962 fit l'objet d'une élaboration poussée[420]. À l'époque déjà, les autorités mettaient en avant les intérêts des populations locales dans l'établissement des conventions[421].

239. En 1988, dans l'objectif de se conformer à l'orientation générale du droit minier international, une législation minière moderne et dynamique est adoptée permettant, ainsi, de promouvoir la recherche, de favoriser les investissements miniers, et d'encourager une mise en valeur rationnelle des ressources de notre sous-sol. Le cadre fiscal ainsi conçu associe de façon optimale les justes intérêts de l'État et des entreprises[422]. Il définit les conditions juridiques, financières, fiscales et sociales attachées aux opérations minières. Il prend en considération la convention attachée au permis de recherche avant l'octroi d'un permis d'exploitation ou de concession. Les mesures d'allégement prévues dans le Code de 1988 sont élargies par la loi de 2003-36 et les autres textes favorisant l'installation des compagnies minières. En effet, des régimes d'exonérations fiscales et douanières sont conçus dans le but de lever toute contrainte[423] fiscale ou douanière relative à la recherche de substances minérales. Pour alléger les contraintes relatives à la fiscalité et au droit de douane, des aménagements plus conséquents sont apportés par le Code de 2003. À cet effet, d'importantes innovations ont été apportées. Il s'agit notamment de l'introduction d'avantages fiscaux en phase d'exploitation permettant au titulaire de concession minière de

[419] Gautron (J. C.) « Les conventions d'établissement conclues par le Sénégal avec les entreprises », in *Annuaire française de droit international*, volume 14 : 1968.
[420] M. Seydou Sy en a donné un commentaire dans les publications du CREDILA, 1962, n° 3, in *Les conventions d'établissement Sénégal-Entreprise.*
[421] Gautron (J. C.), *op. cit.*, p. 657.
[422] Exposé des motifs de la loi n°88-06, *op. cit.*
[423] Articles 58 et 59 de la loi 2003-36 du 24 novembre 2003.

bénéficier, pendant une période de sept (7) ans, d'exonérations visant à inciter le promoteur à procéder dans les meilleurs délais, à la réalisation des investissements et à démarrer la production[424]. La période d'exonération des grands projets d'exploitation faisant l'objet de concession minière et nécessitant des investissements lourds a été également revue et la durée ne peut dépasser quinze (15) années. Le Code de 2003 fut complété par la loi du 22 mai 2007 sur les gros investissements[425]. Le principal objectif de cette loi était d'encourager la mise en place de certains projets qui doivent être accompagnés d'infrastructures nécessitant de lourds investissements en capitaux alors qu'ils peuvent avoir un effet d'entraînement sur des secteurs vitaux qui n'attendent que ces infrastructures pour éclore mais n'ont pas la possibilité d'amortir ce type d'investissement dans leur plan de financement.

240. La loi du 8 novembre 2016 contient des mesures incitatives et modernes liées à des avantages multiples et garantit au titulaire d'un titre minier le libre choix de ses fournisseurs, de ses sous-traitants ainsi que ses partenaires et considère que ces sous-traitants et personnes régulièrement employées dans la réalisation des opérations minières ne peuvent faire l'objet d'une quelconque discrimination dans l'exercice de leurs activités[426]. Ainsi, le Code de 2016 confère de nombreux droits à l'investisseur titulaire de permis de recherche ou du permis d'exploitation minière. Suivant les dispositions de l'article 19 du Code de 2016, le titulaire de permis de recherche a droit, s'il a satisfait à toutes ses obligations contractuelles, à un permis d'exploitation minière, après avoir fourni la preuve de l'existence d'un gisement économiquement exploitable à l'intérieur du périmètre sollicité. Il bénéficie de la priorité pour l'octroi d'un titre de recherche de toute substance autre que celle liée à son titre minier et qui serait découverte à l'intérieur du périmètre du permis de recherche en cours de validité. Lorsque le caractère non commercial d'un gisement est prouvé et reconnu par l'État, le titulaire du permis de recherche peut bénéficier d'une période de rétention qui ne peut excéder deux (2) ans. À l'issue de la période de rétention, en cas de non-exploitation, le titulaire du permis de recherche perd tous ses droits y

[424] Exposé des motifs de la loi n° 2003-36 du 24 novembre 2003 portant Code minier.

[425] Loi n° 2007-25 du 22 mai 2007 accordant des avantages dérogatoires au Code des Investissements et au Code minier pour des investissements de plus de 250 milliards de francs CFA.

[426] Art. 85 et 86 du Code minier de 2016.

afférents. Sous réserve de l'approbation préalable du ministre chargé des Mines, le permis de recherche est cessible. Cependant, il constitue un droit mobilier, indivisible, non amodiable ni susceptible de gage.

241. La délivrance d'un permis d'exploitation minière confère au titulaire ayant satisfait à ses obligations un certain nombre de droits[427]. Il s'agit du droit exclusif d'exploitation et de libre disposition des substances pour lesquelles ledit permis d'exploitation minière a été octroyé, dans les limites du périmètre attribué et indéfiniment en profondeur. Le titulaire a le droit de renoncer à ses droits, en tout ou en partie, sans que ladite renonciation ne le libère des obligations prévues dans la convention minière et résultant des activités engagées par lui antérieurement à la date d'entrée en vigueur de la renonciation. Ce permis d'exploitation, renouvelable dans les mêmes formes, a la valeur d'un droit réel immobilier distinct de la propriété du sol, enregistré comme tel et susceptible d'hypothèque. Le titulaire du permis d'exploitation minière a le droit d'occuper des terrains nécessaires à la réalisation des opérations minières. Aussi, peut-il céder, transmettre ou amodier son permis d'exploitation minière, sous réserve de l'autorisation préalable du ministre chargé des Mines et du paiement des droits fixes et taxes exigibles.

242. La loi accorde plusieurs avantages particuliers pendant la phase de recherche et celle d'exploitation[428]. Le titulaire du permis d'exploitation bénéficie du droit à la stabilité des conditions fiscales et douanières de l'exploitation, conformément aux stipulations de la convention minière[429] dont la première période de validité est de douze (12) ans, renouvelable par périodes de validité n'excédant pas dix (10) ans. Il est important de préciser que dans le cadre de la rationalisation des dépenses fiscales et de la simplification des procédures, toutes les dispositions fiscales contenues dans le Code minier de 2003 ont été abrogées pour être transférées après quelques modifications dans la loi 2012-31 du 31 décembre 2012 portant Code général des Impôts (CGI). C'est donc naturellement que le Code minier de 2016 ne comporte aucune mesure de fiscalité de droit commun. Toutefois, en examinant la question de la fiscalité minière dans le contexte ayant conduit à l'adoption de la loi 2012-32 et après une étude comparative

---

[427] Art. 27, *ibid.*
[428] Art. 78, 79, 80 et 81 *ibid.*
[429] Art. 27 *ibid.*

de plusieurs régimes fiscaux, l'État veille scrupuleusement à l'application du principe d'équilibre des intérêts des parties, tout en préservant le caractère incitatif du Code minier, au regard de la concurrence internationale. Le droit à la stabilité des conditions fiscales et douanières de l'exploitation, conformément aux stipulations de la convention minière, est garanti par le Code minier. Le Code de 2016 accorde de nombreux avantages particuliers pendant la phase de recherche et la phase d'exploitation. Il s'agit des bénéfices du régime de l'admission temporaire et de l'exonération des droits et taxes de douane pour la réalisation de certaines prestations et de l'importation de certains matériels et équipements.

243. Un des objectifs spécifiques du CGI de 2012 était de faire en sorte que toutes les sociétés actives en recherche et en exploitation minières au Sénégal opèrent sous un même Code et non sous tout autre régime d'investissement. Ceci visait à modifier la pratique antérieure selon laquelle les concessions individuelles et les conventions étaient négociées projet par projet. Cet objectif était destiné à régulariser et optimiser le cadre relatif à l'environnement, la fiscalité, les permis et les redevances, sous un régime législatif unique améliorant ainsi clairement l'administration fiscale de l'industrie minière. Malheureusement, estimant que l'industrie minière ne contribue pas suffisamment en impôts et taxes en faveur du Trésor, l'État, par la loi de finances rectificative (LFR) pour l'année 2018[430], a institué au profit du budget de l'État un droit d'exportation sur l'or non monétaire dont le taux est fixé à 4 %. La base imposable de ce droit d'exportation est constituée par la valeur en douane de l'or non monétaire, au point de sortie du territoire national, conformément aux dispositions de l'article 19 du Code des Douanes[431].

---

[430] Art. 54, 55, 56, 57 et 58 de la loi n° 2018-24 du 06 juillet 2018 portant loi de finances rectificative pour l'année 2018.

[431] La liquidation, le recouvrement et le contentieux de ce droit d'exportation se font comme en matière de douane. Selon les dispositions de l'article 19 de la loi n° 2014/10 du 28 février 2014 portant Code des Douanes du Sénégal, la valeur à déclarer est fixée comme suit :

– à l'exportation, la valeur à déclarer est celle de la marchandise au point de sortie. Cette valeur est déterminée en ajoutant au prix de la marchandise dans les magasins de l'exportateur, les frais de transport, ainsi que tous frais nécessaires pour l'exportation jusqu'à la frontière mais non compris le montant des droits et taxes à l'exportation et des taxes intérieures et charges similaires dont il a été donné décharge à l'exportateur ;

Il s'applique à tous les types d'or y compris l'or platiné sous formes brutes ou mi-ouvrés ou en poudre, sauf l'or échangé entres autorités monétaires nationales et internationales ou institutions financières habilitées.

244. Avec la promulgation de la LFR 2018, comme pour la CSMC de 2011, c'est le débat sur les clauses de stabilité contenues dans les conventions minières et le maintien de l'attractivité du secteur minier national qui resurgit. Les sociétés minières bénéficiaires de conventions minières signées antérieurement à la promulgation de la LFR 2018 considèrent que cette loi ne leur est pas applicable en raison des clauses de stabilité fiscale et douanière contenues dans leurs conventions minières. En application de la LFR 2018 combinée aux dispositions de la loi de 2016, tout indiquerait que ces prélèvements cumulés de l'ordre de 9,5 %[432] sur la valeur marchande de l'or affecte négativement la rentabilité des projets d'exploitation d'or et érode considérablement l'attractivité du secteur minier aurifère du Sénégal[433].

245. L'État offre des garanties en matière d'expropriation et de réquisition de biens et accorde le principe de non-discrimination à l'investisseur. Ainsi, les installations et infrastructures bâties ou acquises dans le cadre des opérations minières ne peuvent faire l'objet d'expropriation ou de réquisition par l'État qu'en cas de force majeure ou d'utilité publique. Dans ce cas, l'État verse au titulaire du titre minier une juste indemnité fixée conformément à la législation en vigueur.

– pour certaines marchandises, dont la liste est établie par arrêté du ministre chargé des Finances, la valeur à déclarer peut être fixée par décision du Directeur général des Douanes.

[432] Les droits au total prélevés sont de 9,5 % et peuvent être décomposés comme suit : droit d'exportation 4 % (LFR 2018), redevances minières 5 % (art. 77, Code de 2016) et du fonds de développement local 0,5 % (art. 115, Code de 2016).

[433] Il est à noter que cette préoccupation coïncide avec la baisse du prix de l'or. La chute du prix de l'or peut modifier profondément l'horizon minier du Sénégal. En effet, les impacts de cette chute des prix pourraient contribuer à réduire drastiquement les budgets d'exploration, dans un contexte où les levées de fonds pour l'exploration de l'or sont de plus en plus difficiles. Il est attendu le ralentissement des programmes de recherche des compagnies d'exploration dites juniors. le contexte minier est plus favorable à la consolidation des acquisitions et l'arrêt des projets marginaux. Cette chute des prix fait aussi craindre un retour au calme pour l'exploration dans la région de Kédougou, le report du développement de projets dont les teneurs et réserves sont proches de la limite économique aux conditions actuelles du marché et la perte d'intérêt immédiat pour le développement de projets de plus petites tailles.

Aussi, l'État garantit au titulaire d'un titre minier, à ses sous-traitants et aux personnes régulièrement employées dans la réalisation de ses opérations minières qu'ils ne peuvent faire l'objet d'une quelconque discrimination dans l'exercice de leurs activités. Il est également garanti aux titulaires de titres miniers le libre choix des fournisseurs, des sous-traitants et des partenaires. L'État offre des garanties spécifiques concernant la réglementation des changes, la libre conversion et le libre transfert de devises et les conditions d'ouverture au Sénégal de comptes bancaires en devises pour les transactions nécessaires à la réalisation des opérations minières.

B. Les obligations de l'investisseur dans le droit minier sénégalais

246. Le titulaire d'un permis de recherche est soumis aux obligations[434] d'exécuter, pendant la période initiale, et, le cas échéant, pendant chaque période de renouvellement du permis de recherche, le programme annuel de travaux de recherche approuvé par le ministre chargé des Mines et de dépenser, pour le programme de travaux agréé, le montant minimum approuvé et justifier les dépenses à l'administration des mines. Les travaux de recherche doivent débuter dans un délai maximum de six (6) mois à partir de la date de notification d'octroi du permis de recherche et être poursuivi avec diligence et selon les règles de l'art. Il est tenu d'informer régulièrement l'administration des mines au sujet des travaux effectués et des résultats obtenus et notifier toute découverte de gisement de substances minérales. À ce titre, la loi de 2016 procède au relèvement des droits fixes d'entrée relatifs à l'attribution, au renouvellement, à l'extension et à la transformation ainsi que le transfert ou l'amodiation de titres miniers[435]. La loi restaure la redevance superficiaire[436]. Il s'agit d'un retour aux dispositions légales antérieures du Code de 1988 qui prévoyait l'existence de cette redevance superficiaire à laquelle est assujetti tout titulaire de titre minier, en accord avec les dispositions du Code minier de l'UEMOA. Ces dispositions permettent d'éviter que les sociétés minières ne conservent trop longtemps les périmètres octroyés.

247. Le titulaire d'un permis de recherche est tenu d'effectuer dans un délai maximum d'un (1) an, suivant une découverte permettant de présumer de l'existence d'un gisement économiquement exploitable,

---

[434] Art. 20 du Code minier 2016.
[435] Art. 74 *ibid.*
[436] Art. 75 *ibid.*

les travaux d'évaluation et établir, en cas de besoin, sous sa propre responsabilité, le caractère commercial ou non commercial de ladite découverte. Dès après, il doit solliciter l'octroi d'un permis d'exploitation minière dès que l'existence d'un gisement économiquement exploitable est établie. Le titulaire d'un permis de recherche est soumis aux obligations de réhabiliter tous les sites ayant fait l'objet de travaux de recherche et n'ayant pas abouti à la découverte d'indices ou de gisement économiquement exploitable. À cet effet, il est tenu de prendre toutes les dispositions nécessaires pour la protection de l'environnement, la réhabilitation des sites concernés et de réaliser une évaluation environnementale. Il est également tenu de soumettre à l'approbation du ministre chargé des Mines tout contrat, accord, convention, protocole ou tout autre document par lequel il s'engage à confier, céder, transmettre, partiellement ou totalement, les droits et obligations résultant du permis de recherche.

248. Concernant le titulaire d'un permis d'exploitation minière[437], il est tenu d'exploiter le gisement dont il a démontré l'existence selon les règles de l'art et de manière à ne pas compromettre la récupération des réserves prouvées et probables et protéger l'environnement. Aussi, est-il soumis à l'obligation d'informer régulièrement l'administration minière des méthodes et des résultats de l'exploitation, des résultats des travaux de recherche de réserves additionnelles prouvées et probables ainsi que de leurs caractéristiques. Les opérations minières doivent être engagées dans les meilleurs délais[438] et conduites avec diligence par le titulaire d'un permis d'exploitation minière. Tout titulaire de titre minier a l'obligation de respecter et de protéger les droits humains dans les zones affectées par les opérations minières, conformément à la

[437] Art. 28 *ibid.*

[438] Si, dans un délai d'un (1) an à compter de la date effective de notification du permis d'exploitation minière, les opérations d'investissement ne sont pas réellement engagées, le titulaire d'un permis d'exploitation minière s'expose à une pénalité de retard de cinquante millions (50 000 000) FCFA par mois pour les trois (3) premiers mois. Cette pénalité sera augmentée de quinze pour cent (15 %) par mois par rapport au mois précédent, à compter du quatrième mois de retard, et ce, jusqu'au douzième mois de retard. Deux (2) ans à compter de la date d'octroi d'un permis d'exploitation minière, si le titulaire n'a pas démarré les travaux de développement, l'État se réserve le droit de procéder au retrait du permis d'exploitation minière dans les conditions fixées à l'article 30 du présent Code. Le début des travaux de développement est défini par l'engagement des travaux préparatoires, de développement et de construction pour un montant minimum se situant entre dix pour cent (10 %) et quinze pour cent (15 %) du montant total de l'investissement.

législation nationale et aux conventions internationales. Sous peine de retrait du titre minier, le travail des enfants est interdit dans toutes les activités minières.

249. L'adoption d'un dispositif juridique adéquat relative à la promotion de l'investissement minier permet la consécration d'un fonds de réhabilitation des sites miniers qui constitue une garantie de bonne fin pour le respect des obligations de mise en état des sites miniers exploités. La gestion de l'environnement et la réhabilitation des mines et carrières doivent être assurées relativement au projet de décret fixant les modalités d'alimentation et de fonctionnement du fonds de réhabilitation des sites miniers. Au titre de la protection de l'environnement, le Code de 2016 fait obligation à tout demandeur de permis d'exploitation, d'autorisation d'exploitation de petite mine ou d'autorisation d'exploitation de carrières de réaliser une étude d'impact sur l'environnement[439]. Les titulaires de titres miniers procèdent obligatoirement à la réhabilitation des sites couverts par l'exploitation[440]. Toutefois, tout titulaire de permis de recherche, d'autorisation d'ouverture et d'exploitation de carrière permanente, d'autorisation d'exploitation de petite mine, de permis d'exploitation minière et de contrat de partage de production est tenu d'ouvrir et d'alimenter un compte fiduciaire auprès d'un établissement public spécialisé, désigné par l'État[441], contrairement au Code minier de 2003 qui désignait une banque commerciale au Sénégal. Dans les forêts classées, les titres miniers délivrés doivent respecter les dispositions du Code forestier[442].

250. La transparence est devenue depuis peu un concept juridique. Elle connaît aujourd'hui un succès transversal qui selon certains serait excessif. La notion est en tout cas envahissante. Nancy Vignal démontre que le concept de transparence est imposé par la loi, par les autorités de contrôle, par la jurisprudence dans le souci de préserver les intérêts individuels ou dans l'intérêt supérieur d'un marché. Ce concept contemporain est sans doute précieux car il protège le consentement des parties, moralise les relations, renforce la libre concurrence mais la reconnaissance d'un droit général à la transparence généralisée coûterait cher.

---

[439] Art. 102 du Code minier de 2016.
[440] Art. 103 *ibid.*
[441] Art. 104 *ibid.*
[442] Art. 105 *ibid.*

251. En effet, elle implique la recherche d'informations et la diffusion des renseignements obtenus. La recherche suppose des investigations, la diffusion nécessite la plupart du temps l'accomplissement de formalités souvent coûteuses et parfois inefficaces. Un droit subjectif à la transparence risquerait aussi de fragiliser l'entreprise, de porter atteinte au secret de la vie privée en particulier lorsqu'il s'agit d'un contrat de travail ou d'assurance. Le secret a encore des vertus et est parfois même obligatoire (ex. : secret professionnel, obligation de discrétion). L'auteur considère que le secret complète la transparence et préconise un équilibre des forces contradictoires. Elle est même favorable à une limitation de la transparence actuelle. Cette notion devrait être selon elle cantonnée à certaines hypothèses et la jurisprudence devrait en faire une application mesurée surtout sur le plan des sanctions. La nullité devrait être évitée dans la mesure du possible[443].

252. La transparence n'est plus seulement un droit, elle est une exigence morale. Elle est la pierre angulaire sur laquelle repose notre société. Le déclin des idéologies, de la morale, le recul des religions ont placé la transparence au centre, comme le recours ultime d'une société qui fait de la recherche de la vérité son horizon[444].

253. Pour être conforme aux tendances internationales, le Code minier de 2016 dispose que tout titulaire de titre minier a l'obligation de respecter les principes et exigences de l'Initiative pour la Transparence dans les Industries extractives (ITIE), notamment d'effectuer des déclarations basées sur les données qui sont l'objet d'audit par les instances compétentes en la matière, et de déclarer aux instances nationales de l'ITIE toutes les informations relatives à ses paiements à l'État, y compris les réalisations économiques et sociales.

254. Les titulaires de titres miniers et leurs sous-traitants sont tenus de respecter les conditions générales d'emploi, d'accorder la préférence, à qualification égale, au personnel sénégalais, de promouvoir l'égalité des chances à l'emploi entre les femmes et les hommes dans la sphère professionnelle, et de garantir l'équité salariale entre les employés des deux sexes à qualification égale.

---

[443] Vignal (N.) « La transparence en droit privé des contrats. Approche critique de l'exigence ». In: *Revue internationale de droit comparé*. Vol. 51 n° 3 : 718, 1999. https://www.persee.fr/doc/ridc_0035-3337_1999_num_51_3_18292.

[444] Massis (Th.) « La transparence et le secret. Champ social, débat de conscience », *Études* n° 6, Tome 394 : 751-761, 2001.

255. Le Code de 2016 reprend les obligations de paiement de la redevance minière des codes précédents. Cette redevance est due par tous les titulaires de titre minier. Le législateur a procédé à la révision de l'assiette et du taux de la redevance minière[445]. La redevance minière n'est plus calculée sur la valeur carreau mine des produits extraits qui ne permettait plus d'appréhender la réalité de l'activité minière. En plus, de nombreuses difficultés d'application des dispositions du précédent Code relatives à la détermination de la valeur carreau mine causaient une importante minoration de la valeur taxable. Désormais, la redevance est calculée sur la valeur marchande des produits commercialisés. Les taux de redevance ont été adaptés à la nature, au niveau de transformation et à la destination du produit. Également, les nouvelles dispositions instituent le remboursement des coûts historiques à l'État[446].

---

[445] Art. 77 *op.cit.*
[446] Art.76 *op.cit.*

TITRE II

L'ÉVOLUTION DU CADRE CONTRACTUEL

256. Le droit minier réglemente les procédures d'octroi des titres miniers. Il oriente en même temps les stipulations des contrats bâtis sur un modèle de consensus. Le contrat est un accord de volonté générateur d'obligations. Souvent il est assimilé à une convention, acte plus large dans la définition d'engagement. Poitier ajoute que le contrat est une convention par laquelle une ou plusieurs personnes s'obligent envers une ou plusieurs autres à donner, à faire ou à ne pas faire quelque chose[447].

257. Dans le secteur minier, l'échange de volonté se fait entre un État et une société minière. L'acceptation est matérialisée par un document appelé convention minière qui définit les rapports entre parties. Cette convention est le résultat aussi d'une évolution. Les conditions de réalisation des projets miniers étaient introduites dans un document appelé cahiers des charges. Ce document était utilisé dans d'autres projets différents de ceux dont l'objet est de définir les relations entre pays et entreprises minières.

258. La transformation du cadre contractuel passe d'abord par un examen des cahiers de charges aux conventions minières (Chapitre I). Ensuite, il convient de signaler que l'utilisation du terme convention minière n'est pas fortuite. Sa particularité s'apprécie par son apport spécifique dans l'administration du secteur minier (Chapitre II).

---

[447] Terre (F.), Simler (Ph.) et Lequette (Y.), *Droit civil les obligations*, 10e. ed. 10 Dalloz, 10, p. 59.

CHAPITRE PREMIER

DES CAHIERS DES CHARGES AUX CONVENTIONS MINIÈRES

259. En raison du déséquilibre et de la discrimination engendrée par le régime minier conventionnel antérieur, l'État a retenu un seul et unique régime de droit commun excluant de ce fait le régime minier conventionnel. En effet, la dimension exagérée des zones exclusives de recherches octroyées en vertu des conventions d'établissement créait des gels des concessions empêchant de ce fait l'État d'accorder des droits miniers à d'autres investisseurs. Ce régime conventionnel a été enfin marqué par le manque de création d'emplois et le manque d'amélioration des infrastructures à caractère social, l'absence d'intégration avec les autres secteurs économiques et la diminution de possibilités de développement des autres secteurs par l'effet d'entraînement, malgré les avantages exorbitants accordés aux investisseurs.

260. Ainsi, pour une meilleure prise de conscience des principaux enjeux liés à ce secteur minier, le renforcement de la collaboration entre les différents partenaires ou acteurs, la finalisation de stratégies prenant en compte les intérêts des populations et poussant les grands groupes industriels et les décideurs politiques à respecter les normes internationales, la réglementation juridique du secteur minier sénégalais est passée des conventions d'établissement aux conventions minières[448]. Une telle évolution est perceptible non seulement sur le plan de la technique rédactionnelle (Section 1) mais aussi sur le plan du contenu (Section 2) de ces différentes conventions.

---

[448] Ainsi le Sénégal est doté d'une législation moderne, plus conforme à l'orientation générale du droit minier international et de l'UEMOA, permettant d'assurer la promotion de l'investissement minier et d'encourager une mise en valeur rationnelle des ressources du sol et du sous-sol, afin de pouvoir impulser une nouvelle dynamique de croissance et de développement.

Section 1

L'évolution dans l'élaboration des contrats miniers

261. Les ressources minérales étant considérées comme des *res nullius* [449], il appartient à l'État, en vertu de son droit régalien, de déterminer les conditions d'exercice des opérations minières. Ainsi, dans l'objectif d'une amélioration de la transparence et de la bonne gouvernance dans le secteur minier, avec un climat non favorable aux investisseurs et dans le souci de corriger le manque à gagner constaté dans ce domaine, le Sénégal décide de procéder à la revue des techniques de rédaction et de négociation des contrats miniers. C'est dans cette perspective que non seulement la négociation des contrats miniers (Paragraphe 1) mais aussi les conditions de leur validité (Paragraphe 2) ont connu une évolution significative[450].

Paragraphe 1 : Sur le plan de la négociation des contrats miniers

262. Lors de la délivrance du titre minier, l'État conclut obligatoirement avec le demandeur, une convention définissant le régime spécifique des droits et obligations des parties relatif aux titres miniers et aux investissements à réaliser. Ainsi, lors de l'élaboration de ce contrat, des conventions d'établissement aux conventions minières, on note, d'une part, une évolution quant aux acteurs appelés à intervenir dans la phase de négociation (A) et, d'autre part, en ce qui concerne le contenu de cette négociation (B) dans une certaine mesure.

A. L'évolution concernant les acteurs appelés à intervenir dans la phase de négociation

263. Il convient de préciser, d'emblée, que pour la formation des contrats miniers, pour le cas spécifique des conventions d'établissement, les acteurs étaient, principalement l'État et les investisseurs étrangers alors que pour les conventions minières, les principaux acteurs sont le gouvernement, les sociétés minières, les prêteurs et la société civile puis, dans une certaine mesure, les citoyens.

---

[449] Tournis (V.) et Rabinovitch (M.), *Principes de législation minière*, p. 1.

[450] Ces nouvelles orientations participent de la volonté du Sénégal à adhérer à l'Initiative pour la Transparence dans les Industries extractives (ITIE) qui vise à améliorer la transparence et la bonne gouvernance dans le secteur minier avec une meilleure lisibilité qui s'offre aux collectivités qui pourront désormais être en possession des récapitulatifs des sommes versées par les sociétés minières.

264. En effet, ainsi qu'on peut le constater, aucune disposition juridique ne fait mention des populations des zones minières dans les phases de négociation et de signature de la convention d'établissement. La conclusion d'une telle convention ne faisait intervenir uniquement que deux acteurs qui sont l'État, par l'intermédiaire du ministre chargé des Mines, et les sociétés minières. Ni le Code foncier[451] ou le Code du domaine de l'État ou Code domanial[452], ni la loi sur le domaine des collectivités locales[453] ne comprennent de dispositions pouvant fonder les communautés à revendiquer un droit sur le sous-sol et par conséquent de participer à l'élaboration de contrats portant sur l'exploitation d'une éventuelle ressource qui s'y trouverait. Ce qui soulève la récurrente question du manque de transparence concernant les conditions de négociation et de signature des conventions d'établissement. De ce point de vue, même les représentants du peuple à l'Assemblée nationale semblaient ne pas être informés. Il faut d'ailleurs souligner que les conventions d'établissement entre l'État et les entreprises étrangères ne faisaient pas l'objet de publicité, sauf en ce qui concerne certains aspects, tels que la composition du consortium et la participation à l'actionnariat[454].

265. Selon les communautés, les opérations minières sont le plus souvent précédées par des démarches administratives qui traduisent l'importance de la future activité pour les populations locales et pour le pays. L'activité minière est ainsi présentée comme une future source de revenus substantiels pour les populations, grâce aux emplois générés et comme un catalyseur de développement pour l'ensemble des communautés de la zone d'exploitation. Ceci n'est nullement considéré par les parties comme une forme de négociation du contrat. C'est le réalisme, compte tenu de la prégnance de la coutume et des institutions traditionnelles dans les zones rurales, qui pousse les autorités et les sociétés minières à chercher l'adhésion des populations qui nourrissent de fortes attentes. La négociation et la recherche de l'adhésion prennent un relief important lorsqu'il s'agit de questions relatives à l'occupation

---

451 Décret du 26 juillet 1932 portant réorganisation de la propriété foncière en AOF.

452 Loi n° 76-66 du 2 juillet 1976 portant Code du domaine de l'État.

453 Loi n° 96-06 du 22 mars 1996 portant Code des Collectivités locales, loi n° 96-07 du 22 mars 1996 portant transfert de compétences aux régions, aux communes et aux communautés rurales.

454 À propos des conventions d'établissement, il y a donc véritablement un manque d'outils juridiques pour la transparence et surtout pour la participation des communautés à la phase de négociation.

du sol. Pour toutes ces considérations, du passage des conventions d'établissement aux conventions minières, il y a eu une extension des acteurs dans la négociation, justifiée par le nouveau contexte dans lequel interviennent ces nouvelles conventions. Présentement, dans les opérations minières au Sénégal, on retrouve, à côté de l'État, les sociétés minières étrangères et le secteur privé sénégalais[455].

266. Pour accentuer fortement le caractère contractuel des relations entre le permissionnaire, le concessionnaire et l'État, le Code de 1988 avait institué la convention minière qui accompagne l'attribution du permis de recherche, du permis d'exploitation et de la concession minière. Dans les conditions prévues par le Code minier de 1988, l'État peut octroyer à une ou plusieurs personnes physiques ou morales le droit d'entreprendre ou de conduire une ou plusieurs opérations minières sur les substances minérales contenues dans le sol et le sous-sol, à la condition de justifier des capacités techniques et financières nécessaires[456] lui permettant de mener à bien l'ensemble des opérations minières. Le Code minier accentue fortement le caractère contractuel des relations entre le bénéficiaire du titre minier (permissionnaire et concessionnaire) et l'État. À cet effet, une convention liant les deux parties accompagne l'attribution du permis de recherche, du permis d'exploitation ou de la concession minière. Cette convention fixe les conditions d'exercice du droit de recherche et éventuellement le cadre dans lequel se ferait la future exploitation, en cas de succès des travaux.

267. Mais, le Code de 1988 n'était pas explicite sur les procédures à suivre pour la négociation et la signature de la convention minière. Désormais, le Code de 2003 lève les ambiguïtés et précise les rôles et responsabilités du Directeur des Mines et de la Géologie, du ministre chargé des Mines et du ministre chargé des Finances. Le Code de 2003 énonce que le ministre chargé des Mines représente l'État dans les conventions minières passées avec les demandeurs de titres miniers. Le modèle de convention minière, mis à la disposition de tout demandeur d'un permis de recherche, d'un permis d'exploitation ou de concession minière par le Directeur des Mines et de la Géologie, est négocié avec le Directeur des Mines et de la Géologie et transmis au ministre chargé

---

[455] La nouvelle stratégie de développement économique et social fait de la promotion de l'initiative privée le moteur de la croissance où l'État entend faire occuper au secteur minier une place de choix.

[456] Article 7 de la loi n° 88-06 du 26 août 1988 portant Code minier.

des Finances, pour avis sur les dispositions fiscales, douanières, économiques et foncières qu'elle contient, avant sa signature par le ministre chargé des Mines, après avis conforme du ministre chargé des Finances[457]. Il est utile de relever que la convention minière n'est pas partagée avec les autres services de l'État, ni avec l'Assemblée nationale et encore moins avec le public[458], avant sa signature. Cependant, avant la signature et la délivrance d'un titre minier d'exploitation, le demandeur est tenu de fournir une étude de faisabilité technique et financière du projet ainsi qu'une étude d'impact environnemental et social[459]. Dans ce cadre, une consultation du public et de toutes les parties prenantes est organisée en vue d'un meilleur cadrage de l'étude d'impact environnemental. L'organisation de l'audience publique se fait après validation du rapport par le comité

[457] Les délais de signature des conventions minières sont bien encadrés par le Code de 2003. La convention minière est négociée dans une période n'excédant pas trois mois après notification de la recevabilité du dossier de demande de titre minier par le Directeur des Mines et de la Géologie. Passé ce délai, la demande peut être rejetée. L'avis du ministre chargé des Finances est réputé conforme si à l'expiration d'un délai de vingt et un jours à compter de la date de réception de la demande d'avis, aucune suite n'est réservée à ladite demande. La convention minière est signée par les demandeurs du titre minier et par le ministre chargé des Mines dans un délai de vingt et un jours, après avis conforme du ministre chargé des Finances. Si la décision du ministre chargé des Mines n'est pas intervenue dans les vingt et un jours suivant la date de signature de la convention, le requérant a droit au permis de recherche. Par contre, la loi reste muette sur le délai requis pour la délivrance des titres miniers d'exploitation suivant la date de signature de la convention.

[458] Au cours du processus de révision du Code minier de 2003, certaines organisations membres de la société civile sénégalaise recommandaient *l'implication de tous les ordres de collectivités locales, du secteur privé national de même que les communautés dans tout le processus de gouvernance des ressources minérales par l'institutionnalisation et la mise en place d'organes de gestion et de concertation au niveau local comme national (Cadre local de Gestion concertée des Ressources minérales, Cadre départemental Gestion concertée des Ressources minérales, Cadre national de Gestion concertée des Ressources minérales) pour une gestion durable, juste, équitable et respectueuse des droits humains de celles-ci*. (Les 23 propositions d'amélioration du Code minier du Sénégal formulées par la société civile disponibles au : http://www.amnesty.sn/spip.php?article1738).

[459] Selon la loi n° 2001-01 du 15 janvier portant Code de l'environnement en son article L.48 qui pose le principe de l'évaluation environnementale pour les projets et les programmes, renforcé par le décret d'application n° 2001-282 portant Code de l'environnement annexe 1 & 2 qui établit la nature des projets et programmes pour lesquels l'autorité compétente décide l'autorisation des travaux sur la base d'une évaluation environnementale préalable (Étude d'Impact environnementale et sociale ou Analyse Initiale selon le cas).

technique. L'audience publique se déroule avec tous les acteurs ayant un intérêt particulier dans le projet. La parole est accordée à toute personne s'intéressant et voulant des éclaircissements sur le projet ou le rapport. L'audience est convoquée par la collectivité locale qui accueille le projet et la procédure d'audience publique est menée sous la responsabilité d'une commission dont la composition est fixée par la loi n° 2001-01 du 15 janvier 2001 portant Code de l'Environnement. Ainsi, il convient de remarquer que, contrairement à la négociation de la convention d'établissement, la négociation du contrat minier fait intervenir tout demandeur, qu'il s'agisse d'une personne physique ou d'une personne morale, de droit public ou de droit privé, d'une société nationale ou internationale, avec le représentant de l'État.

268. La responsabilité sociale des entreprises est devenue une référence incontournable dans les débats portant sur la contribution du secteur minier au développement. Pour cette raison et pour permettre un dialogue direct entre l'investisseur et les populations hôtes du projet, il peut être envisagé une réforme de la réglementation minière pour une meilleure implication des collectivités territoriales dans la phase de négociation. Sur la base du respect des normes internationales sur les engagements en faveur des communautés locales et l'évaluation des répercussions sociales, environnementales et de santé résultant des activités, ainsi que des politiques et procédures prévues pour respecter et garantir les droits des populations affectées, une certaine attention est portée à leur égard[460]. Les communautés s'expriment davantage en formulant leurs attentes en matière de retombées économiques, sociales et environnementales des opérations minières, alors que les sociétés minières s'inquiètent de la nécessité et des moyens d'obtenir et de maintenir leur « licence sociale d'exploitation » basée sur le soutien de la communauté locale.

269. Dès lors, l'industrie minière internationale reconnaît de plus en plus que les Accords de Développement communautaire[461] (ADC) – s'ils sont effectivement mis en œuvre – peuvent promouvoir des avantages

---

[460] Concernant les composantes et la méthodologie de concertation, c'est l'opportunité pour les États d'inviter les acteurs de tous horizons concernés (Représentants de la société civile, ONG, fonctionnaires, experts miniers) de se concerter afin d'examiner les moyens de définir des contrats miniers qui profitent le mieux à tous.

[461] Banque mondiale (Mars 2012): "Mining Community Development Agreements" disponible au http://siteresources.worldbank.org/INTOGMC/Resources/mining_community.pdf.

de développement à long terme pour les communautés touchées par les opérations minières et améliorer les relations entre les entreprises extractives et les communautés. Un Accord de Développement communautaire peut être un mécanisme essentiel pour que les communautés locales bénéficient de projets d'investissement miniers. En formalisant les rapports entre un investisseur et les communautés affectées par un projet, les ADC expliquent comment les avantages de ce projet d'investissement seront partagés avec les communautés locales. Dans certains pays, les ADC sont exigés par la législation ; dans d'autres, ils sont engagés volontairement. Les ADC les plus efficaces sont également adaptés au contexte local, ce qui signifie qu'il n'existe aucun modèle d'accord unique. Néanmoins, des pratiques de pointe émergent qui peuvent être requis par les gouvernements ou adoptés volontairement par les entreprises et communautés[462].

270. C'est dans cette perspective que l'article 16 de la directive de la CEDEAO prévoit que les entreprises doivent obtenir *le consentement libre, préalable et éclairé* des communautés locales avant le démarrage de l'exploration et à toutes les étapes suivantes des opérations minières ainsi que l'après-mine. Il exige également des sociétés minières qu'elles mènent, tout au long du cycle de l'exploitation minière, des consultations et des négociations permanentes sur les décisions importantes affectant les communautés locales. Enfin, il prévoit la mise en place d'un cadre effectif de concertation comprenant l'État, les sociétés minières, les communautés locales et les organisations de la société civile. En plus de cette avancée significative concernant les acteurs, la phase de négociation, des conventions d'établissement aux contrats miniers, connaît une extension en ce qui concerne son contenu.

B. L'évolution du contenu des contrats miniers

271. La phase de négociation vise à faire converger les intérêts des parties et à établir un contrat clair, précis et équilibré. Des conventions d'établissement aux contrats miniers, il est nécessaire de comprendre les enjeux et de maîtriser les techniques rédactionnelles pour sécuriser

---

462 Loutit (J.), Mandelbaum (J.) et Szoke-Burke (S.), Emerging Practices in Community Development Agreements; 2016. http://ccsi.columbia.edu/files/2016/02/Emerging- practices-in-CDAs-Feb-2016-sml.pdf.
https://www.commdev.org/wp-content/uploads/2015/05/P_Emerging-practices-in-CDAs.pdf

la relation d'affaires[463]. D'abord, la négociation des conventions d'établissement porte sur les engagements de l'investisseur et les garanties de l'État d'accueil.

272. Pour le premier cas, dans leur contenu, la négociation des conventions d'établissement concerne principalement les obligations à la charge de l'entreprise étrangère qui consiste à réaliser l'investissement projeté dans le délai fixé d'un commun accord. Cette obligation fondamentale est souvent contenue dans l'exposé des motifs qui fait partie intégrante de la convention[464] et dans les articles liminaires. Il arrive que la convention procède à une ventilation minutieuse du programme d'investissement. Dans la négociation de la convention d'établissement qui est un instrument de dirigisme économique aux mains de l'État, la discussion porte notamment sur la détermination de la structure technique de l'entreprise et sur les capacités de production.

273. La négociation porte également sur d'autres obligations qui sont incorporées au texte de la convention et sont relatives à l'utilisation prioritaire des entreprises locales[465] ou de sous-traitants et fournisseurs locaux ; et ceci afin de codifier les effets induits que l'on attend de l'investissement nouveau. Dans le même sens est la clause relative à l'utilisation prioritaire de la main-d'œuvre locale[466] ainsi que la reconnaissance des droits et avantages sociaux dus au personnel ; et ceci dans le but de favoriser le logement et les conditions sanitaires du personnel[467]. Le débat porte également sur la mise en place d'un barème de prix et la fourniture à l'administration de tous les renseignements d'ordre statistique ou comptable.

274. Au sujet toujours de la négociation des conventions d'établissement, on retrouve les clauses de rentabilité de l'entreprise. Celles-ci sont très déterminantes quant à l'incitation d'investir. Ce point apparaît d'autant plus important qu'il expose les investisseurs à des

---

463 Notamment au regard des modifications apportées par la réforme du droit des obligations.

464 L'exposé des motifs contient une analyse rapide des intérêts que présente la création ou l'extension projetée.

465 C'est-à-dire installées dans le pays.

466 Avec fixation d'un nombre minimum d'emploi.

467 Et surtout à poursuivre la formation professionnelle du personnel, soit en organisant des cours à l'intérieur de l'entreprise, soit en inscrivant leurs agents dans les établissements de perfectionnement.

risques politiques dans un pays sous-développé. En outre, la fiscalité de l'entreprise fait l'objet de débats autour de la table de négociation. Et généralement au terme de cette négociation, un certain nombre d'avantages fiscaux sont concédés à l'investisseur et précisés dans le contenu de la convention d'établissement. Il y a aussi les garanties d'ordre économique. Celles-ci sont à leur tour aussi importantes car, lorsqu'elles existent, elles confèrent un statut à l'entreprise qui réalise un investissement et en font une entreprise protégée, à des degrés variables. Cependant, l'organisation et le fonctionnement de l'entreprise ne font pas partie de la négociation, car l'entreprise est libre d'utiliser les agents qui lui conviennent[468].

275. Pour le second cas, les garanties prévues dans le Code des investissements[469], soit au titre des dispositions générales et communes, soit au titre des entreprises prioritaires, demeurent acquises pour les entreprises conventionnées ; mais les conventions d'établissement reprennent en détail ces diverses dispositions en les reprécisant et en les complétant dans chaque cas. Une garantie générale les résume toutes, elle est contenue dans la clause de non-aggravation et de non-discrimination selon laquelle aucune disposition législative réglementaire, ayant pour effet de compromettre les conditions de gestion ou d'exploitation de l'entreprise, ne pourra être appliquée au cosignataire de la convention.

276. De telles conventions étant extrêmement généreuses favorisent des exemptions fiscales, l'octroi d'avantages douaniers en matière d'importation de matériel technique et d'exportation de matières premières, de politique des changes, de rapatriement de bénéfices, etc. Avec en plus l'absence de capacités humaines et techniques suffisantes, la négociation des conventions d'établissement est tout à l'avantage des investisseurs étrangers[470].

---

[468] C'est la liberté d'embauche, d'emploi et de circulation du personnel quel que soit sa nationalité.

[469] La loi du 22 mars 1962 instituait un Code des investissements au Sénégal, 4 du 19 mai 1965. JORS du 5 juin 1965. Les principales modifications avaient pour objet d'abaisser le montant minimum des investissements exigés de l'entreprise, c'est-à-dire d'étendre à des investissements plus réduits les avantages contenus dans le Code de 1962.

[470] Ainsi, des pays, tel le Ghana, ont accordé entre 20 et 30 années d'exonérations fiscales et exigé un faible taux de dividendes, permettant ainsi aux investisseurs de rapatrier 100 % de leur capital. En revanche, pendant la même période, le Botswana avait conclu des contrats gagnant-gagnant, notamment avec la firme sud-africaine De Beers, pour l'exploitation du diamant.

Ainsi, tous ces facteurs[471] contribuant à modifier la donne et à faire prendre conscience à l'État, de la nécessité, non seulement de mieux négocier les nouveaux accords, mais également, de renégocier[472] tout ou partie des accords déjà conclus. C'est pourquoi, préalablement à la délivrance du permis d'exploitation ou de la concession minière, la convention minière peut faire l'objet de révision entre l'État et le titulaire du permis de recherche pour tenir compte des données propres à l'exploitation et des conditions économiques du moment mais aussi des découvertes de concentrations additionnelles non prises en compte par l'étude de faisabilité. Du moment que la convention minière couvre à la fois les périodes de recherche et d'exploitation et est signée sur la base d'une loi antérieure, en raison des clauses de stabilité garanties pendant toute la période de validité du contrat, des difficultés apparaissent pour l'État lorsqu'il souhaite inclure dans la convention minière des dispositions plus avantageuses issues de nouvelles lois. C'est le cas des conventions minières signées sous le régime du Code minier de 2003 qui sont à l'abri des effets du Code minier de 2016. Après cette renégociation, la convention minière et les avenants éventuels sont annexés au décret accordant le permis d'exploitation ou de la concession minière.

---

[471] On peut citer, également, les politiques d'ajustement structurel et le besoin subséquent d'améliorer les recettes budgétaires, l'émergence d'une société civile soucieuse de faire participer les populations à la gestion des ressources minérales et de leurs revenus, les nouvelles exigences de transparence et de lutte contre la corruption des institutions financières internationales, etc.

[472] Aujourd'hui, de nombreux pays producteurs ont décidé de ré-ouvrir des négociations de conventions en cours d'exécution. Cette attitude est souvent dictée par des impératifs financiers, ainsi que par la société civile qui joue un rôle de veille politique et économique dans la gestion des ressources. Certaines renégociations tendent à faire prendre en considération les aspects environnementaux et sociaux et, en particulier, l'indemnisation adéquate des populations. Par ailleurs, la révision des contrats miniers peut également viser l'inclusion de clauses relatives au contenu local. Il s'agit d'imposer à l'investisseur qu'il acquiert, dans la zone d'exploitation, une certaine quantité de biens et de services (pour autant qu'ils existent sur place) et qu'il utilise la main-d'œuvre locale pour la fourniture de services appropriés. Ces clauses sont souvent complétées par des dispositions relatives au transfert de techniques et de compétences au profit des populations locales. Il est toujours loisible à l'investisseur, dans le cadre de l'exercice de sa responsabilité d'entreprise sociale (*Corporate social responsability*) d'offrir aux populations locales des services d'éducation et de santé par la construction d'écoles et de postes de santé, etc.

277. Cette évolution du contenu de la négociation de ces conventions se caractérise aussi par le souci de favoriser l'implication des nationaux dans l'exploitation minière. Car, au-delà de sa participation gratuite au capital social de la société d'exploitation, l'État peut négocier pour lui et le secteur privé national, une participation supplémentaire de parts ou d'actions au capital de la société minière. Ce qui était quasi impossible pour la négociation des conventions d'établissement. En plus de ces précisions, il convient de retenir que dans la conclusion de ces accords, l'évolution s'est caractérisée surtout par un souci de transparence dans la négociation et dans la publication des contrats miniers. Et parallèlement à cette grande transparence qui devra accompagner leur négociation, les nouveaux outils doivent être conçus dans l'objectif de faciliter leur suivi et leur évaluation dans une optique de développement durable. Ce qui a entraîné un changement des conditions de validité même de ces contrats.

Paragraphe 2 : Des conditions de validité des conventions

278. Un contrat minier ne peut être considéré comme valablement établi que lorsque sont réunies les conditions essentielles pour sa validité après concordance entre l'offre et l'acceptation. Ainsi, les conventions d'établissement comme les conventions minières sont des contrats spéciaux. Leur validité suppose, en dehors des conditions de droit commun de formation des contrats[473], d'autres exigences pour pouvoir pleinement produire leurs effets. Cependant l'analyse de ces exigences organisant la conclusion desdits contrats, donne à constater une relative évolution non seulement des conditions de fond (A) mais aussi des conditions de forme (B).

A. L'évolution des conditions de fond

279. Les conditions de fond de validité des contrats sont au nombre de quatre. Il s'agit de la capacité, du consentement libre des parties, de l'objet, et de la cause. D'une manière générale, les parties doivent être capables de contracter – il s'agit de capacité juridique – et le consentement doit avoir été exprimé de manière libre c'est-à-dire être exempt de vices[474]. La capacité est la qualité que possède un individu

---

[473] Dans le droit commun des contrats, les conditions de conclusion des actes juridiques sont au nombre de quatre : la capacité, le consentement libre des parties, l'objet et la cause.

[474] Il ne peut y avoir d'engagement valable que si, à l'instant où il s'engage, celui qui contracte, se trouve libre de toute contrainte. La validité de toute obligation suppose

de pouvoir réaliser quelque chose. C'est le pouvoir particulièrement physique, intellectuel ou professionnel qu'il a d'accomplir quelque chose. Cette capacité se concrétise et donc se vérifie dans des comportements par des productions, des performances[475].

280. La cause du contrat correspond à la raison[476] pour laquelle chacune des parties a accepté de conclure le contrat. L'objet correspond à la prestation que chacune des parties s'engage à fournir[477] selon toute évidence, l'objet doit également être licite et conforme aux bonnes mœurs.

281. D'abord la capacité juridique : elle se définit comme étant l'aptitude à être titulaire de droits et d'obligations. Juridiquement, la capacité présente deux sens différents : la capacité de jouissance[478] et la capacité d'exercice[479]. En plus de cela, ce qui est principalement recherché derrière cette exigence contractuelle, c'est la capacité technique et financière des parties aux contrats miniers pour mener à bien l'ensemble des opérations minières.

282. Les capacités financières, qui ne peuvent revêtir qu'un caractère général, tendent à déterminer si les moyens financiers du candidat suffisent pour mener à bien le marché. Les capacités techniques renvoient

---

d'abord que le consentement ait été donné par une personne apte à exprimer une volonté lucide. L'erreur, le dol ou la violence sont des vices du consentement. Si le consentement de l'auteur de l'engagement est jugée viciée, l'acte juridique, qu'il soit unilatéral ou synallagmatique est susceptible d'être annulé. Mettre à néant un contrat est une chose grave parce qu'elle met en cause la sécurité des transactions. Il appartient donc à la partie qui excipe de l'invalidité de l'acte, d'établir que sans l'intervention de l'erreur, de manœuvres dolosives ou de faits de violence, il n'aurait pas contracté. Voir : Chauvel (P.), Le vice du consentement, thèse Paris II, 1981 ; Ferrier (V.), *Les dispositions d'ordre public visant à préserver la réflexion des contractants*, Dalloz 1980, Chr.177 ; Ghestin (J.), *La réticence, le dol et l'erreur sur les qualités substantielles*, Dalloz 1971, Chr.248 ; Lucas de Leyssac (C.), *L'obligation de renseignements dans les contrats*, L'information en droit privé, LGDJ, 1978 ; Rodière (R.), *Les vices du consentement dans le contrat*, Paris, A. Pedone, 1977.

[475] Raveleau (B.), Capacités, in Jean-Pierre Boutinet, L'ABC de la VAE, Ed. ERES Éducation - Formation, p. 92-94, 2009.

[476] Elle doit être licite et conforme aux bonnes mœurs. C'est le pourquoi les parties se sont-elles engagées.

[477] Ce qu'ont voulu les parties.

[478] L'aptitude à être titulaire de droits et d'obligations.

[479]L'aptitude à faire valoir personnellement les droits (ou les obligations) que l'on détient, sans avoir besoin d'être représenté ni assisté par un tiers.

aux moyens matériels et humains et sont appréciées quantitativement et qualitativement[480]. Ainsi, faut-il constater que des conventions d'établissement aux conventions minières, cette exigence est restée pratiquement la même ; elle n'a pas connu une évolution. Le demandeur[481] est tenu de prouver qu'il dispose, pour mener à bien son programme d'exploitation minière, soit des fonds propres, des fonds empruntés ou encore une caution bancaire susceptible de couvrir l'ensemble des opérations tant anciennes que nouvelles. Il est essentiel qu'une réelle évaluation financière des entreprises postulantes avec la mise en place d'un seuil minimal de surface financière soit faite afin de couper court à toutes les opérations de rabattage par des entreprises juniors, capables aujourd'hui de décrocher un titre minier avec un capital social de 100 000 FCFA. Il semble nécessaire que les services de l'État procèdent à une réelle enquête sur la fiabilité financière des entreprises postulantes et ne se satisfassent des déclarations faites par lesdites entreprises. Lorsqu'un détenteur de permis fait une demande de renouvellement, il semble nécessaire de procéder, à nouveau, à une enquête sur sa fiabilité financière. La versatilité du marché des matières premières minérales a permis de voir des entreprises florissantes, au moment de l'octroi d'un permis, être en situation de faillite et sur le point d'être rachetées au moment de l'octroi du renouvellement.

283. Le régime minier actuel est muet sur les critères d'appréciation des capacités techniques et financières. Afin de justifier ses capacités techniques, il peut être envisagé une réforme de la réglementation minière pour préciser les critères de qualification d'ordre financier et technique. Ainsi, le demandeur d'un titre minier fournit, à l'appui de sa demande, outre les documents mentionnés, selon le cas, pour justifier sa capacité technique, les titres, diplômes et références professionnelles des cadres de l'entreprise chargés du suivi et de la conduite des travaux de recherche ou d'exploitation, la liste des travaux de recherche ou d'exploitation auxquels l'entreprise a participé au cours des trois dernières années, accompagnée d'un descriptif sommaire des travaux les plus importants, et un descriptif des moyens techniques envisagés pour l'exécution des travaux. Afin de justifier de ses capacités financières, le demandeur d'un titre minier fournit, à l'appui de son dossier ; (i) les

---

[480] Il faut détenir ou avoir accès à des fonds et à l'expertise technique nécessaires à la tenue des activités et opérations décrites.

[481] Qu'il s'agisse de personne physique ou morale, doit justifier de capacités techniques et financières requises pour mener à bien l'ensemble des opérations minières.

déclarations bancaires appropriées ; (ii) les trois derniers bilans et comptes de résultats de l'entreprise. Le Directeur des Mines et de la Géologie chargé de l'instruction du dossier peut demander tout complément d'information qu'il juge utile. Si le demandeur justifie qu'il n'est pas en mesure de fournir les références exigées ci-dessus, il peut être autorisé à prouver ses capacités financières par tout autre document approprié.

284. Ensuite, la formation des contrats passera par l'échange préalable du consentement de chacune des parties à l'acte. Cette étape constitue a priori l'élément primordial, voire fondateur, du contrat. Ce consentement[482] arrive, donc, en « pôle position » des conditions de formation du contrat. Ainsi, ce consentement libre, préalable et informé, est requis aussi bien pour la formation des conventions d'établissement que pour celle des conventions minières. Cependant, contrairement aux premières où elle ne concernait que les parties prenantes[483], c'est-à-dire l'État et la société minière, dans les nouvelles conventions, cette condition de validité du contrat intervient dans un cadre beaucoup plus large. Ainsi, en se conformant aux exigences de l'industrie minière internationale, depuis le début des années 1990, le principe de consentement libre[484] implique que les populations autochtones doivent obligatoirement être consultées lorsque des activités de développement sont susceptibles d'affecter la jouissance de leurs droits. C'est dans cette perspective que s'inscrit la nouvelle législation sur le secteur minier au Sénégal. Le débat porte dorénavant sur le degré de contrôle qui devrait leur être accordé en ce qui concerne leur développement et celui du territoire qu'elles occupent[485]. En dépit des obstacles qui s'opposent à son développement et à sa mise en œuvre, ce principe jouit d'une reconnaissance croissante sur le plan international comme

[482] À quelques nuances près, les systèmes juridiques, comme le nôtre, qui s'inscrivent dans une tradition consensualiste, posent l'existence du consentement comme condition essentielle de la formation des contrats.

[483] La convention d'établissement est un contrat consensuel.

[484] Une norme internationale en émergence pour la protection des populations locales autochtones.

[485] Le principe selon lequel les communautés concernées devraient avoir le droit d'accorder ou de refuser leur consentement libre, préalable et informé à la réalisation d'activités prenant place sur leurs terres ou ayant un impact sur les ressources et l'environnement dont elles dépendent illustre bien l'évolution du concept de participation du public tant au niveau national que local.

moyen d'affirmation et de protection des droits des peuples autochtones et, parallèlement, des communautés locales non autochtones.

285. Pour ce qui est de la troisième condition du contrat, conformément au Code minier, l'objet de cette Convention est de régler de façon contractuelle, les rapports entre l'État, d'une part, et la société, d'autre part, pendant toute la durée des opérations minières. Elle couvre les périodes de recherche et d'exploitation. Pratiquement cette condition n'a pas connu une évolution. Des conventions d'établissement aux conventions minières, l'objet vise à définir les conditions générales, juridiques, financières, fiscales, économiques, administratives et sociales particulières dans lesquelles la société minière ou ses sociétés affiliées ou successeurs va exercer ses activités pour la recherche et l'exploitation éventuelle de substances recherchées à l'intérieur du périmètre du permis. La convention, qu'il s'agisse de l'ancienne ou de la nouvelle, détermine également les garanties et obligations essentielles concernant, le cas échéant, la phase d'exploitation, en cas de décision de passage à celle-ci. À travers cet objet de l'opération prévue par les parties, le contrat doit avoir certaines qualités[486]. On a parlé de civisme contractuel ; le contrat doit être conforme à l'ordre public, le contrat doit être aussi d'une certaine manière juste.

286. Ainsi, à l'analyse des contrats miniers, on constate une nette évolution entre l'objet des conventions d'établissement et celui des conventions minières. La convention d'établissement a pour objet de déterminer les conditions générales, économiques, financières, fiscales et sociales dans lesquelles on procèdera aux travaux de recherche ou de prospection à l'intérieur du périmètre, en vue de déterminer l'existence de

[486] Pour ce qui est de la licéité de l'objet, on s'engage dans une opération contractuelle. Cette opération doit être licite, et elle doit être conforme à l'ordre public. Cette notion d'ordre public est difficile et il y a certainement autant de définitions de l'ordre public que d'auteurs qui se sont penchés sur la matière. L'ordre public, néanmoins peut être défini de manière générale comme le bon fonctionnement des institutions indispensables à la collectivité. Négativement, l'ordre public est l'antithèse de la liberté contractuelle, c'est une limite à la liberté contractuelle. Dans un contrat on fait ce que l'on veut, on détermine donc les opérations que l'on souhaite, mais à condition que ses opérations ne soient pas illicites, à condition que ses opérations soient conformes à l'ordre public. L'ordre public est déterminé par les textes d'abord, il y a un certain nombre de lois, de lois impératives qui précisent que telle ou telle disposition est une disposition d'ordre public. On ne peut pas porter atteinte à l'ordre public qui est déterminé par des lois impératives, on doit respecter systématiquement ces textes.

gisements susceptibles d'une exploitation industrielle et, le cas échéant, à l'exploitation desdits gisements. Tandis que la convention minière, ayant un objet beaucoup plus large[487] et plus spécifié, vise à définir les conditions générales du permis de recherche régissant l'exécution des activités de recherche et de développement ; les conditions d'émission de toute concession minière émanant d'un tel permis de recherche et en l'occurrence, les droits et obligations de la société y afférant ; et les conditions générales économiques, juridiques, administratives, financières, fiscales, douanières, minières, environnementales et sociales régissant le statut de la société et les droits et obligations à l'intérieur du territoire visé par la convention sont spécifiées. La convention minière définit, donc, les conditions générales, juridiques, financières, fiscales, économiques, administratives et sociales particulières dans lesquelles la société d'exploitation[488] va exercer ses activités pour la recherche et l'exploitation éventuelle de substances recherchées à l'intérieur du périmètre. L'objet de la convention minière est de régler de façon contractuelle, les rapports entre l'État, d'une part, et le titulaire ou demandeur du titre minier, d'autre part, pendant toute la durée des opérations minières. Et contrairement à la convention d'établissement, elle couvre à la fois les périodes de recherche et d'exploitation[489].

287. La cause du contrat, doublée de la cause de l'obligation, quant à elle, permet de contrôler, non pas la seule justification des obligations,

---

[487] La Convention détermine également, la phase de recherche, la phase d'exploitation, en cas de décision de passage à celle-ci. La phase de recherche comprend notamment une analyse sommaire de l'état initial du site de recherche et de son environnement physique et humain, des travaux géologiques, géophysiques, géochimiques, miniers, des analyses chimiques, des tests métallurgiques et éventuellement une étude de faisabilité, ainsi que la formulation d'un programme de développement et d'exploitation de tout gisement économiquement rentable, mis en évidence. La phase d'exploitation consiste en la mise en valeur et l'exploitation d'un gisement en association avec l'État, conformément aux dispositions de la présente convention, à condition que les résultats de l'étude de faisabilité soient positifs et qu'ils démontrent que l'exploitation des minéralisations identifiées est économiquement rentable.

[488] Ou ses sociétés affiliées ou successeurs.

[489] Conformément au Code minier, au Code général des Impôts et à la loi 2012-32 du 31 décembre 2012 modifiant diverses dispositions législatives relatives aux régimes fiscaux particuliers.

mais aussi le motif qui anime les contractants[490] et plus précisément la cause impulsive et déterminante pour laquelle les parties s'engagent. Des conventions d'établissement aux conventions minières, cette condition de validité n'a pas varié. Parmi les autres conditions de fond, il faut relever l'obligation de détenir au préalable un titre minier pour entreprendre ou conduire une opération minière au Sénégal. Ce qui pose comme condition de validité de la convention minière, le fait d'être titulaire d'un titre minier ou du moins, le fait d'avoir déposé une demande pour l'obtention d'un tel titre minier sur le territoire[491]. En somme, lorsque ces conditions de fond sont réunies, ces contrats miniers, qu'il s'agisse des conventions d'établissement ou des conventions minières, sont formellement conclus entre l'État et la société minière. Ainsi, lorsque l'on examine ce formalisme, on constate aussi une certaine évolution.

B. L'évolution des conditions de forme

288. À l'exception des petits accords de la vie courante, les contrats sont de plus en plus souvent soumis à des règles de forme. Ces conditions de forme renvoient principalement au formalisme[492] des contrats miniers. Ce formalisme[493] peut être fréquemment envisagé comme une règle juridique en vertu de laquelle la formalité est exigée par la loi pour la validité ou l'efficience de ces contrats. Il s'impose à la conclusion du contrat. À cet égard, il constitue une exception au consensualisme de manière générale. Des conventions d'établissement aux conventions minières, le formalisme a une vision protectrice

---

490 Le contrat est un outil qui est mis à la disposition de personnes par l'ordre juridique ; et bien l'ordre juridique ne peut pas permettre que ce contrat, soit un instrument utilisé dans un but illicite, ou immoral.

491 À cet égard : le droit de prospecter des substances minérales ne peut être acquis qu'en vertu d'une autorisation de prospection, le droit de rechercher des substances minérales ne peut être acquis qu'en vertu d'un permis de recherche, le droit d'exploiter des substances de mines ne peut être acquis qu'en vertu d'un permis d'exploitation, d'une concession minière ou d'une autorisation d'exploitation de petite mine dans le cas d'une petite mine, ou d'une autorisation d'exploitation artisanale dans le cas d'une exploitation artisanale et enfin, le droit d'exploiter des substances de carrière ne peut être acquis qu'en vertu d'une autorisation d'ouverture et d'exploitation de carrières.

492 Trois buts du formalisme : validité, preuve et information.

493 Le formalisme est destiné à protéger le consentement contre des actes d'impulsion, mais aussi pour s'assurer du contenu exact du contrat, il a pour but de clarifier le consentement, de le porter à la connaissance des tiers ou encore de bénéficier d'une preuve de l'acte juridique ; cela permet de donner une importance à l'acte et donc d'amener davantage les parties à la réflexion avant l'engagement.

des parties au contrat, dès lors qu'il y a une différence de puissance économique.

289. D'abord concernant la forme de la société d'exploitation, à l'époque des conventions d'établissement, sa nature juridique pouvait être une société de droit national ou une société de droit international. Le Code des investissements[494] donne une double définition de l'investisseur étranger selon que l'entreprise est elle-même étrangère ou simplement contrôlée par des ressortissants étrangers ; et ceci afin de donner confiance aux détenteurs de capitaux étrangers. Au sens de la loi, il semble que toute personne physique ou morale n'ayant pas la nationalité sénégalaise est étrangère. Dans le silence de la loi, il faut admettre que les principes généraux et l'usage dominant conduisent à prendre en considération le critère classique du siège social ; une société qui a son siège social au Sénégal est une société sénégalaise. En fait, la plupart des conventions d'établissement sont signées par des sociétés de droit local dont le siège est au Sénégal. Mais la loi ajoute une seconde définition selon laquelle est entreprise contrôlée par un ressortissant étranger, tout établissement, quelle que soit sa nationalité, dans lequel des ressortissants étrangers détiennent un pouvoir déterminant sur la direction et la gestion. Une telle conception est source d'incertitude et d'imprécision dans la formation de la convention d'établissement. Toutefois, quelle que soit leur nationalité, ces personnes physiques ou morales reçoivent, sous réserve de certaines dispositions[495], le même traitement, eu égard aux droits et obligations découlant de la législation sénégalaise, relatif à l'exercice des activités portant sur l'extraction ou la transformation de substances minérales[496]. Aujourd'hui, l'institution de la convention minière lève cette incertitude pour préciser les droits et obligations des parties et garantir à l'investisseur la stabilité des

[494] Loi n° 2004-06 du 6 février 2004 portant Code des investissements, modifiée par la loi n° 2012-32 du 31 décembre 2012.

[495] Les personnes physiques ou morales étrangères reçoivent un traitement identique à celui des personnes physiques ou morales de nationalité sénégalaise, sous réserve :

– de réciprocité et sans préjudice des mesures pouvant concerner l'ensemble des ressortissants étrangers ou résulter des dispositions des traités et accords auxquels est partie la République du Sénégal (Art. 10) ;

– des dispositions des traités et accords conclus par la République du Sénégal avec d'autres États (Art. 11) ;

– des dispositions du Titre 3 - Des régimes privilégiés de la loi n°2004-06 du 6 février 2004 portant Code des investissements.

[496] Article 10 de la loi n°2004-06 du 6 février 2004 portant Code des investissements.

conditions qu'elle énumère. Cette convention fixe les conditions d'exercice du droit de recherche et éventuellement le cadre dans lequel se ferait la future exploitation en cas de succès des travaux[497]. De même, la législation minière rend obligatoire la constitution d'une société d'exploitation de droit sénégalais qui doit détenir le permis d'exploitation minière[498].

290. Ensuite, la procédure des conventions d'établissement est un peu plus complexe. Elle débute par la présentation par l'entreprise d'un dossier d'investissement qui répond aux conditions nécessaires à l'exploitation minière. C'est dire que le Code des investissements ne pose pas d'exigence plus stricte à l'endroit des entreprises conventionnées[499]. Des négociations s'engagent entre l'administration et l'investisseur, qui se traduisent parfois par la signature d'une convention provisoire[500]. Au terme de ces négociations, l'entreprise est agréée[501] par décret pris sur proposition du président de la commission d'agrément qui est une commission interministérielle présidée par le ministre chargé des Finances ou son représentant, après que la convention d'établissement ait été signée par le Président de la République et le représentant légal de l'entreprise. Le même décret contient une approbation de la convention d'établissement. Cette convention d'établissement, conçue sur une véritable base consensuelle et par conséquent librement discutée, fixe la condition de l'investissement étranger. Cependant, à l'opposé de cette convention d'établissement qui est établie véritablement sur la base d'un consensus, la convention minière peut être assimilée à un contrat d'adhésion.

291. En effet, selon l'article 42 du Code minier de 2003, *un modèle de convention minière est* mis à la disposition de tout demandeur d'un

---

[497] Exposé des motifs de la loi n° 88-06 du 26 août 1988 et du décret n° 89-907 du 5 août 1989 portant Code minier.

[498] Article 24 de la n° 2003-36 du 24 novembre 2003 portant Code minier et article 23 de la n° 2016-32 du 8 novembre 2016 portant Code minier.

[499] L'article 7 du Code des investissements précise que le programme d'investissement est apprécié en fonction de son montant, du nombre d'emplois à créer et de son incidence sur le développement du pays.

[500] Avant qu'une société de droit local ait été constituée.

[501] On constate qu'il existe deux types de décret d'agrément : ceux qui octroient la qualité d'entreprise conventionnée aux cosignataires de la convention et ceux qui, au préalable, leur accordent la qualité d'entreprise prioritaire ; on doit en conclure que, dans ces derniers cas, l'entreprise bénéficie de l'ensemble des avantages de plein droit, contenus dans le Code, applicables aux entreprises prioritaires.

permis de recherche, d'un permis d'exploitation ou de concession minière, par le Directeur des Mines et de la Géologie. Cette convention minière est négociée avec le Directeur des Mines et de la Géologie, dans une période n'excédant pas trois (03) mois, après notification de la recevabilité du dossier de demande de titre minier par le Directeur des Mines et de la Géologie. Passé ce délai, la demande peut être rejetée. La convention minière négociée est transmise au ministre chargé des Finances, pour avis sur les dispositions fiscales, douanières, économiques et foncières qu'elle contient. L'avis du ministre chargé des Finances est réputé conforme, si à l'expiration d'un délai de vingt et un (21) jours à compter de la date de réception de la demande d'avis, aucune suite n'est réservée à ladite demande. Elle est ensuite signée par le(s) demandeur(s) du titre minier et par le ministre chargé des Mines dans un délai de vingt et un (21) jours, après avis conforme du ministre chargé des Finances[502].

292. Suivant les dispositions du Code minier, toutes déclarations faites, toute demande formulée, toute information et toute documentation fournie en application du Code minier, sont rédigées en langue française ou accompagnées d'une traduction dûment certifiée. Elles sont obligatoirement adressées au moins en trois (03) exemplaires originaux à l'autorité administrative compétente[503]. Cela est devenu désormais une exigence dans l'établissement de ces nouveaux contrats miniers. En cas de litige et/ou contentieux, c'est le texte français qui fera foi. Pour la conclusion de ces nouveaux contrats, il est exigé un certain nombre de renseignements sur les personnes physiques ou morales.

293. S'il s'agit d'une personne physique : les nom, prénom, qualité, nationalité et domicile. S'il s'agit d'une personne morale : le numéro d'identification national des entreprises et des associations (NINEA)[504], les statuts, le siège social et le capital social, les nom, prénom(s), qualité, nationalité et domicile de toutes les personnes ayant une responsabilité dans la gestion de la société et ayant la signature sociale, les comptes de résultats et le bilan des trois (03) derniers exercices. Toute

---

[502] Article 43 de la n° 2003-36 du 24 novembre 2003 portant Code minier intitulé la signature de la convention minière.

[503] Article 4 de la n°2003-36 du 24 novembre 2003 portant Code minier intitulé *Langue des documents*.

[504] Le NINEA est le numéro unique par lequel une organisation est enregistrée dans le répertoire des entreprises, des établissements et des associations lui fournissant une identification satisfaisante pour faciliter ses démarches administratives.

demande faite au nom d'une société ou d'un groupe de personnes doit être accompagnée des pouvoirs y afférents[505]. Ainsi, on constate un allégement et une simplification des procédures administratives[506], car il est aujourd'hui préconisé de faire autoriser tous les actes de prospection et de recherche minière, ainsi que de l'exploitation artisanale ou de petite mine ainsi que l'ouverture et l'exploitation de carrières, par le seul ministre en charge des Mines, après avis des autres ministres éventuellement impliqués. Les délais de signature des conventions minières et des autorisations d'exploitation de carrières sont réduits.

294. La convention minière, elle-même a connu une évolution, car elle était en un moment subdivisée en une convention de recherche et une convention d'exploitation. Désormais, elle est remplacée par une convention minière unique prenant en considération aussi bien la phase de recherche que la phase d'exploitation. Elle est susceptible d'être renégociée, d'accord parties, aux fins de l'adapter aux conditions de l'exploitation du moment. Cette approche devrait pouvoir contribuer fortement à sécuriser l'investisseur. Elle ne prend pas en compte les avancées de la politique de décentralisation au Sénégal qui se heurte à l'inertie d'un système auparavant hyper-centralisé[507]. Sous le régime des décrets n° 61-356[508] et n° 61-357[509] et du Code minier de 1988, avant de conclure des conventions d'établissement et des conventions minières, l'avis du Conseil général des mines était déterminant dans la décision finale du ministre chargé des Mines. Dans un souci d'allégement des procédures administratives, le Code minier de 2003 a supprimé le Conseil général des mines qui était consulté sur toutes les affaires intéressant les mines et la géologie. Cette situation amène une

---

[505] Tout titulaire d'un titre minier doit porter à la connaissance du ministre chargé des Mines, toute modification apportée aux renseignements visés à l'article 5 du présent décret. Il doit lui adresser le cas échéant chaque année, copies de son compte d'exploitation, de son bilan, des rapports et documents présentés aux assemblées générales, selon l'article 6.

[506] Les actes relevant de l'exploitation des substances concessibles exigeant des titres miniers d'exploitation sont toujours octroyés par décret.

[507] Comme le Code minier, les conventions signées avec les sociétés minières ont été élaborées sans la moindre consultation des collectivités locales concernées. Tout au plus sont-elles conviées à faire de la figuration lors de la signature des conventions minières.

[508] Fixant le régime de l'exploitation des carrières.

[509] Réglementant et modifiant le régime des substances minérales.

frange importante de la société civile[510] à réclamer le retour du Conseil général des mines et la ratification des conventions minières par l'Assemblée nationale.

295. Globalement, l'attribution des titres miniers se déroule dans la transparence et repose non pas sur le *principe premier-arrivé – premier-servi* mais plutôt sur la priorité accordée au demandeur qui offre les meilleures conditions et garanties pour l'État. L'administration minière s'est dotée d'un système électronique moderne de gestion du patrimoine minier national. Avec la mise en place d'un système de cadastre minier[511], l'instruction des demandes de titres miniers s'inscrit

---

[510] Dans le cadre de la révision du Code minier de 2003, la société civile avait formulé 23 propositions d'amélioration du Code minier du Sénégal (http://www.amnesty.sn/ spip. php? article1738) en demandant que toute convention minière signée entre le gouvernement du Sénégal et la société minière doit être ratifiée par le parlement.

[511] Le système informatisé du cadastre minier a été mis en place. Le système permet d'ores et déjà de gérer les titres miniers (autorisations, permis et concessions) actuellement valides au Sénégal et facilite le processus d'attribution des nouveaux titres. Toutes les informations utiles au système concernant les titres ont été numérisées. Un manuel de procédure a été rédigé. Il précise les démarches administratives relatives aux demandes et à l'attribution de titres, ainsi que toutes les procédures concernant la vie d'un titre jusqu'à son expiration ou son annulation. Ces procédures sont rédigées conformément aux textes légaux en vigueur (loi n° 2003-36 du 24 novembre 2003 portant Code minier, décret n° 2004-647 du 17 mai 2004, fixant les modalités d'application de la loi). Elles mettent en exergue le rôle du cadastre minier en tant qu'outil facilitant la gestion des titres miniers et carrières, en tant que point focal de l'information cadastrale. Le système mis en place permet une mise à jour régulière des demandes et des titres miniers octroyés. Il intègre les différents outils définis durant la phase de compilation qui permettront une gestion optimisée des titres miniers. Le cadastre minier permet de :

– garantir la sécurité de l'information par des procédures définissant les niveaux d'accès autorisés pour chaque utilisateur et par la sauvegarde automatique et systématique des données ;

– faciliter et accélérer l'enregistrement des demandes au travers de l'informatisation et la standardisation des procédures définies par le Code minier et sa réglementation ;

– faciliter et accélérer l'instruction des demandes et notamment empêcher l'empiétement de titres octroyés pour des mêmes substances ;

– faciliter la gestion des titres au moyen de l'automatisation des contrôles du temps de validité, du payement des droits d'entrée et de l'accomplissement des exigences de la réglementation minière ;

– faciliter et accélérer les échanges entre les différentes instances chargées de l'instruction et de l'octroi des demandes ;

– faciliter l'accès des données cadastrales aux investisseurs ;

– permettre l'exploitation des données cadastrales sous forme de rapport de situation et statistiques permettant le suivi de l'évolution de la propriété minière.

dans une séquence temporelle bien définie avec des rôles assignés à chaque intervenant. Conformément au Code minier en vigueur, l'instruction des demandes de permis de recherche et d'exploitation suit une procédure réglementée dont les étapes les plus importantes sont l'examen de la recevabilité de la demande et, le cas échéant, la négociation de la convention minière et son approbation par le ministère de l'Économie et des Finances, pour ce qui concerne les dispositions fiscales, économiques et douanières, avant la signature de l'arrêté ou du décret, selon que l'on se situe en phase de recherche ou d'exploitation[512].

Section 2

L'évolution au niveau de leur contenu

296. À l'ère des conventions d'établissement[513], également appelées contrats d'investissement[514], les autorités des États sous-développés en général et du Sénégal, en particulier, cherchaient à fixer sur leur sol national des capitaux étrangers que leurs détenteurs acceptaient d'investir sur place. Une telle opération exigeait un climat de confiance que les motivations différentes des responsables nationaux et des investisseurs empêchaient parfois d'établir : au souci de rentabilité et de stabilité de l'investisseur s'opposaient, pour l'État, des préoccupations qui, selon les cas, étaient politiques[515], idéologiques[516], économiques ou financières.

---

[512] Concernant l'exploitation de l'or, deux concessions minières ont été octroyées à la suite d'un appel d'offres et l'instruction a suivi la procédure précédemment décrite.

[513] Avant l'indépendance du Sénégal, les conventions de longue durée accordées par le territoire étaient assimilées par une fraction de la doctrine à des contrats administratifs d'un type particulier, assez proches du système de la concession. Mais cette qualification de droit interne correspondait mal au régime juridique des conventions de longue durée parce que l'État renonçait à exercer son pouvoir de modification unilatérale du contrat et même s'engageait, par le jeu des clauses de stabilisation, à ne pas appliquer aux entreprises conventionnées toutes les dispositions législatives ou réglementaires susceptibles d'aggraver leur situation. Pour ces raisons, et avec l'indépendance du territoire, il n'est plus possible de considérer que les conventions d'établissement sont une catégorie spéciale de contrats administratifs sénégalais.

[514] Rapport de M. Paillere, *Le contrat d'investissement dans les pays en voie de développement*, rapport du colloque juridique international de mai 1967, in *Les investissements et le développement économique des pays du tiers monde* (Pedone 1968).

[515] Accroissement des biens appartenant à des nationaux.

[516] Nationalisation et socialisation.

297. Un tel climat, en plus des évolutions profondes de l'environnement minier international et une compétition de plus en plus marquée entre les pays miniers émergents[517], débouchant sur l'appellation de convention minière, a entraîné une situation qui a fortement influé sur les orientations de la législation minière et sur le contenu même des contrats miniers. Ainsi, deux remarques peuvent être faites au sujet de cette mutation : la première est relative au champ d'application (Paragraphe 1) et la seconde se rapporte aux techniques juridiques d'organisation de ces contrats miniers (Paragraphe 2).

Paragraphe 1 : l'évolution du champ d'application

298. Chaque texte définit son champ d'application c'est-à-dire ce à quoi il s'applique, ce qu'il régit. Le champ d'application d'un contrat peut être défini comme le domaine d'application d'un contrat. C'est-à-dire l'espace, les personnes ou les biens pour lesquels va être reconnue pour le contrat la vocation à régir une situation, l'aptitude à gouverner celle-ci. Il faut ajouter aussi que la notion de champ d'application peut se concevoir en fonction de la matière (*rationae materiae*), du temps (*rationae temporis*), selon les personnes qu'il embrasse (*rationae personae*), et de l'espace (*rationae loci*).

299. Le champ d'application annonce la manifestation de la volonté des parties et énonce les règles concernant le statut des personnes physiques ou morales de droit privé ou public et les relations entre ces personnes (leurs droits et leurs obligations) dans la convention minière. Ces conditions générales sont applicables à la convention minière, telle que définie par le Code minier. En analysant le contenu des contrats miniers, on se rend compte qu'en ce qui concerne leur champ d'application, des conventions d'établissement aux conventions il y a non seulement un élargissement du domaine (A) mais aussi une évolution des conditions encadrant l'exploitation (B).

A. L'extension du domaine de la convention

300. Du point de vue de leur domaine, comme précisé ci-dessus, les conventions d'établissement comme les conventions minières concernent principalement l'exploitation minière, autrement dit, l'ensemble des travaux préparatoires, d'extraction, de transport, d'analyse et de

[517] Ce sont les pays dont leurs économies comptent dans leurs rangs les plus gros producteurs mondiaux de minerai tels que : le Brésil (fer), la Chine (aluminium et or), le Chili (cuivre), le Pérou (d'argent), l'Afrique du Sud (platine) et le Botswana (diamants).

traitement, effectués sur un gisement donné, pour transformer les substances minérales en produits commercialisables et/ou utilisables. Ces contrats concernent également l'étude de faisabilité de l'exploitation minière, c'est-à-dire une étude relative à la mise en valeur d'un gisement ou de toute partie d'un gisement, afin de l'exploiter et de le mettre en production, en décrivant la mise en valeur proposée, les techniques à utiliser, le rythme de production, les calendriers et le coût estimatif relatif à la construction de la mine et des installations et à la conduite des opérations de développement et d'exploitation, avec parfois des modifications proposées par l'opérateur sous la direction et le contrôle du Conseil d'Administration de la société d'Exploitation.

301. Cependant, contrairement aux conventions d'établissement, les nouvelles conventions minières doivent inclure dans leur domaine des études de protection de l'environnement[518] et du patrimoine culturel national. Le démarrage de la plupart des projets nécessite la réalisation d'une étude d'impact environnemental et social (EIES) préalable à toute autorisation selon l'article L48 du Code de l'environnement au Sénégal[519]. C'est pourquoi tout demandeur de permis d'exploitation ou de concession minière ou d'autorisation d'exploitation de petite mine est obligé de réaliser, à ses frais, une étude d'impact sur l'environnement[520] conformément au Code de l'environnement et aux décrets[521] et arrêtés y afférents. Les titres miniers délivrés en application

---

[518] Article L2.17 de la loi n° 2001-01 du 15 janvier 2001 portant Code de l'environnement.

[519] La loi n° 2001-01 du 15 janvier 2001 portant Code de l'environnement, le décret n° 2001-282 du 12 avril 2001 portant application du Code de l'environnement et certains arrêtés d'application constituent la base de la législation environnementale au Sénégal.

[520] Les activités visées par la convention sont conduites de manière diligente et pratique afin qu'il puisse être raisonnablement possible de minimiser, gérer et limiter tout impact environnemental, y compris la pollution résultant des travaux qu'elle vise.

[521] La constitution de 2001, en son article L48 stipule que tout projet de développement ou activité susceptible de porter atteinte à l'environnement, de même que les politiques, les plans, les programmes, les études régionales et sectorielles devront faire l'objet d'une évaluation environnementale. Tout récemment, le référendum de mars 2016, donne de nouveaux droits aux citoyens parmi lesquels le droit à un environnement sain qui intègre dans la constitution de nouveaux dispositifs de prise en compte de l'environnement dans les processus de développement socioéconomique. Cela, sur le plan pratique se traduit par l'élaboration d'outils d'évaluation environnementale susceptibles de prendre en charge l'impact environnemental des différents projets et programmes afin de faire du développement durable le fil conducteur de nos politiques publiques.

du Code minier de 2003, révisé en 2016, doivent respecter les dispositions du Code forestier[522]. Et les conventions minières précisent que tout titulaire de titre minier doit obligatoirement procéder à la réhabilitation des sites à l'expiration dudit titre. Ces études[523] d'impact environnemental,

---

[522] Selon les dispositions de l'article L44 de la Loi 98-03 du 08 janvier 1998 portant Code forestier, toute exploitation minière, toute fouille altérant le sol et les formations forestières sont interdites dans les forêts classées, sauf autorisation du ministre chargé des Eaux et Forêts. En dehors des forêts classées, elles doivent être autorisées par le Président du conseil régional, après avis du conseil rural concerné. L'autorisation est accordée à la vue d'un dossier comprenant :

- un rapport du Service des Eaux et Forêts ;
- une étude d'impact sur le milieu ; l'évaluation des coûts de remise en état des lieux ;
- l'évaluation des taxes à payer avant tout abattage d'arbres ;
- un plan de situation ;
- des cartes de la végétation, des sols et des eaux de surface incluant les eaux de ruissellement.

L'étude d'impact sur le milieu et l'évaluation des coûts de remise en état des lieux sont effectuées par le Service des Eaux et Forêts, ou par toute autre personne physique ou morale agréée par ce dernier, aux frais du demandeur. La demande d'ouverture et d'exploitation de carrière est adressée au ministre chargé des Eaux et Forêts, précisant la nature de l'exploitation, la forêt classée, la superficie demandée. Après examen du dossier et son acceptation, la Direction des Eaux et Forêts, Chasses et de la Conservation des Sols le transmet à la Direction de l'Environnement et des Établissements Classés, pour avis et observations. La Direction des Eaux et Forêts, Chasses et de la Conservation des Sols émet ensuite un avis favorable transmis via le ministre chargé des Eaux et Forêts, au ministre chargé des Mines, qui prend en relation avec son collègue de l'Économie et des Finances, un Arrêté interministériel autorisant l'ouverture et l'exploitation de la carrière. Cependant, la Direction des Eaux et Forêts, Chasses et de la Conservation des Sols peut rejeter toute demande qui ne respecterait pas les conditions édictées par le Code forestier. La Direction lie également son accord à la signature d'un protocole d'accord dans lequel le demandeur, outre les taxes prévues par le Code forestier, s'engage à supporter les coûts de délimitation et de cartographie du site de carrière, mais aussi à appuyer le Service forestier dans les actions de reboisement et de lutte contre les feux de brousse. (http://www.eaux-forets.sn/index.php/services/centre-forestier-de-recyclage/22-menu.html)

[523] Elles sont réalisées par un bureau agréé par le ministère de l'Environnement sur la base d'un cahier de termes de références. Ainsi, des outils en évaluation environnementale et sociale ont été mis en œuvre afin d'obtenir un plan de gestion environnemental et social (PGES) pertinent qui intègre toutes les préoccupations environnementales dans le cycle de vie des projets. L'évaluation environnementale et sociale est devenue une obligation légale pour tout projet d'investissement tant public que privé et l'un des outils de l'évaluation environnementale qui est l'étude d'impact environnementale et sociale de projet permet d'identifier les impacts potentiels tant positifs que négatifs et de proposer un plan de gestion environnemental et social en vue d'atténuer ses impacts négatifs et de bonifier les impacts positifs.

jadis non prévues dans les conventions d'établissement, sont, aujourd'hui imposées par la nouvelle législation minière.

302. Dans certains pays, la législation portant sur l'environnement est assez souple, ce qui permet à l'État et à l'investisseur de pouvoir implanter des projets qui pourraient avoir un impact négatif sur l'environnement sans que cela ne soit une source de difficultés d'exécution pour le contrat, dès lors que l'étude environnementale et sociale aura conclu à des risques mineurs ou facilement gérables. Dans d'autres États, ce sont des questions très délicates qui impliquent aussi bien les collectivités locales que les populations autochtones ; ce qui rend extrêmement difficiles la négociation et l'exécution des contrats si les mesures de protection de l'environnement ne sont pas prises, notamment pour atténuer les effets néfastes liés, par exemple à l'exploitation d'une mine.

303. En tout état de cause, il est important, aussi bien pour l'État que pour l'investisseur, de prendre en considération la question environnementale et sociale et de prévoir, non seulement des clauses qui prennent en compte le respect de l'environnement, mais surtout, qui rendent possible la révision du contrat si des questions fondamentales de droit de l'environnement se posent avec acuité. C'est pourquoi tout titulaire d'un titre minier d'exploitation est tenu d'ouvrir et d'alimenter un compte[524] fiduciaire à la Caisse de Dépôts et Consignations[525] pour couvrir les coûts de la mise en œuvre du programme de réhabilitation.

---

[524] Le Fonds de réhabilitation des sites miniers a été institué par décret n°2009-1335 du 30 novembre 2009.

[525] La CDC est un établissement public à statut spécial qui est investi des missions d'intérêt général qui contribuent au développement économique et social. Elle vient en appui aux politiques publiques de développement. Elle a été créée par la loi 2006-03 du 04 janvier 2006 et assure la réception et la gestion des dépôts et consignations des organismes et des particuliers ainsi que la garde des fonds disponibles de la Caisse nationale d'Épargne. Une nouvelle loi portant organisation et fonctionnement est adoptée pour renforcer le dispositif de gouvernance et élargir les missions de la CDC (loi 2017-32 du 15 juillet 2017). Banquier du service public de justice, la CDC reçoit les dépôts d'un certain nombre d'officiers ministériels et d'auxiliaires de justice. Elle assure la sécurité, la transparence et la neutralité nécessaires à la protection des fonds de tiers. Pour lui permettre de contribuer de manière plus significative à l'effort de financement de l'économie, la loi portant sa création prévoit, entre autres, de lui confier la gestion de fonds de retraites, notamment le Fonds national des Retraites, les dépôts de garantie constitués par les usagers auprès des concessionnaires de service public.

Les sommes ainsi utilisées sont en franchise de l'impôt sur les bénéfices industriels et commerciaux. Les modalités d'opération et d'alimentation de ce fonds sont établies par l'État. En plus, selon les dispositions des nouvelles conventions minières, la société d'exploitation doit préserver, dans la mesure du possible, les infrastructures utilisées. Ce faisant, toute détérioration, au-delà de l'usage normal de l'infrastructure publique, clairement attribuable à la société d'exploitation doit être réparée.

B. Évolution des règles relatives aux droits humains

304. Le droit minier sénégalais n'a pas ignoré les droits de l'homme dans son contenu. Nés dans les années 1789 à la faveur de la Déclaration universelle des droits de l'homme[526], ils ont envahi fortement la législation minière de ces dernières années. Concepts filandreux et difficiles à définir, ils ont trouvé un confort dans la charte africaine des droits de l'homme et des peuples[527], après 1948. En effet, l'exploitation des ressources minérales, devenue courante dans bon nombre de pays est souvent associée à de nombreuses atteintes aux droits de l'homme telles que les déguerpissements de populations locales[528], la pollution de l'environnement ainsi que la disponibilité et la qualité des ressources en eaux[529]. Dès lors, un certain équilibre entre l'exploitation de ces

---

[526] Le 10 décembre 1948, les 58 États Membres qui constituaient alors l'Assemblée générale ont adopté la Déclaration universelle des droits de l'homme à Paris au Palais de Chaillot (Résolution 217 A (III)) (https://www.ohchr.org/EN/UDHR/ Documents/ UDHR_Translations/frn.pdf).

[527] La charte africaine des droits de l'homme et des peuples a été adoptée le 27 juin 1981 à Nairobi (Kenya) lors de la 18e Conférence de l'Organisation de l'Unité africaine. Elle est entrée en vigueur le 21 octobre 1986, après sa ratification par 25 États. Elle s'appuie sur la Charte de l'Organisation de l'Unité africaine et la Charte des Nations unies ainsi que sur la Déclaration universelle des droits de l'homme tout en tenant compte des vertus de leurs traditions historiques et des valeurs de civilisation africaine qui doivent inspirer et caractériser leurs réflexions sur la conception des droits de l'homme et des peuples (Préambule de la Charte). Voire la Charte africaine des Droits de l'Homme et des Peuples : http://www.achpr.org/files/instruments/achpr/achpr_instr_charter_fra.pdf

[528] Une des principales difficultés de mise en œuvre des mesures d'expropriation et de déguerpissement des populations réside dans la pratique coutumière de la propriété du sol en Afrique. Il est difficile de faire admettre aux occupants fonciers que le minerai appartient à la puissance publique et que son exploitation peut déboucher sur une délocalisation d'un village. La difficulté étant donc de réussir à mener des opérations de sensibilisation et aussi de légiférer dans ce domaine pour atténuer les impacts sociaux et environnementaux.

[529] Ailincai (M.). et Lavorel (S.). *Exploitation des ressources naturelles et protection des droits de l'homme*, Pedone, Paris, 2013.

ressources et la protection des droits humains dans la gestion des projets miniers se présente comme un défi. Aussi, le droit à une gestion transparente des ressources minérales et des flux financiers est-il érigé en principe de gouvernance, avec comme vertu le recul du secret dans la délivrance des titres miniers et des conventions rattachées, le tout reposant sur un esprit de redistribution équitable des revenus miniers par l'État.

305. En outre, les projets miniers présentent des risques pour les droits de l'homme liés à la sécurité. L'un de ces risques est le comportement du personnel de sécurité. En effet, certaines des violations des droits de l'homme parmi les plus graves dans le contexte des projets miniers ont impliqué des agents de sécurité – police locale, forces armées ou personnel de sécurité privée – chargés de protéger les installations ou les opérations commerciales. Les épisodes de violence, en particulier, lorsqu'ils ne sont pas suivis d'enquêtes, de poursuites et de recours appropriés, présentent des risques juridiques et financiers ou de réputation négative pour les gouvernements et les investisseurs commerciaux. Les représentants du gouvernement, les directeurs d'entreprises et peut-être les investisseurs commerciaux eux-mêmes peuvent être accusés de comportement criminel pour avoir commis ou être complice des violations des droits de l'homme.

306. Par conséquent, le fait de ne pas définir clairement les responsabilités et les attentes relatives à la sécurité physique des projets d'investissement présente de sérieux risques pour toutes les parties concernées. Il n'est peut-être pas possible d'identifier tous les besoins en matière de sécurité au stade initial du projet, et il faut peut-être convenir d'arrangements de sécurité avec les responsables locaux, le personnel militaire ou toute autre personne impliquée dans les négociations. Cependant, les protocoles et les méthodes de gestion de la sécurité physique du projet doivent être convenus préalablement à la réalisation du projet et développés tout au long de son cycle de vie[530].

---

[530] L'Initiative sur les principes volontaires (IPV) a adopté des clauses types pour la sécurité des accords entre les forces de sécurité du gouvernement et des entreprises dans les industries extractives et secteurs de l'énergie. Les principes du Modèle de clauses relatives aux accords entre les forces de sécurité gouvernementales et les entreprises, pour le respect de la sécurité et des droits de l'homme, sont conçus pour être utilisés ensemble ou individuellement, mais tous reflètent des aspects différents des Principes volontaires sur la sécurité et les droits de l'homme car ils se rapportent aux forces de sécurité du gouvernement. L'IVP recommande fortement aux gouvernements et aux

Lors de l'identification des risques, le profil de sécurité actuel de la zone dans laquelle l'investissement aura lieu doit être pris en compte, de même que les flux migratoires potentiels vers ou depuis la zone, en particulier en cas de flux importants. Par exemple, les conflits ethniques ou religieux, la pauvreté, les revendications territoriales non résolues, la criminalité, les conflits liés aux ressources, le terrorisme et l'insurrection politique, existants et/ou potentiels, seront tous des facteurs pertinents. Leurs incidences en matière de sécurité doivent être pleinement intégrées dans toute évaluation des risques et sont, le cas échéant, reflétées dans le contrat. Sur la base des évaluations de sécurité initiales, les parties peuvent s'entendre sur les dispositions de sécurité requises pour le projet, qui peuvent inclure le niveau de sécurité requis pour le projet, les règles d'engagement entre les parties et le processus d'implication d'autres fonctionnaires, institutions ou organisations concernés. Cela devrait être compatible avec les normes relatives aux droits de l'homme et au droit humanitaire. Les principes volontaires sur la sécurité et les droits de l'homme[531], les principes fondamentaux sur le recours à la force et aux armes à feu par les responsables de l'application des lois[532] et le Code de conduite pour les responsables de l'application des lois[533] fournissent tous des références utiles à cet égard.

---

membres de la société d'inclure ces clauses types ou des variantes similaires pour la sécurité des accords que les forces gouvernementales et de sécurité membres de l'IVP concluent avec les entreprises membres de l'IVP, le cas échéant et qu'ils soient applicables. L'IVP encourage les gouvernements non membres et les industries extractives et énergétiques. Les entreprises qui cherchent à créer un cadre de sécurité assurent le respect des droits de l'homme et doivent inclure dans leurs accords de sécurité ces principes ou des clauses similaires. Voire :
http://www.voluntaryprinciples.org/wp-content/uploads/2016/06/VPI_-_Model_ Clauses_for_Security_Agreements.pdf

[531] Les Principes volontaires sont les seules lignes directrices sur les droits de l'homme conçues spécifiquement pour les entreprises du secteur extractif. Les participants à l'Initiative sur les principes volontaires - y compris les gouvernements, les entreprises et les ONG – acceptent de mettre en œuvre ou d'aider de manière proactive la mise en œuvre des principes volontaires. Voire : http://www.voluntaryprinciples.org/wp-content/uploads/2013/03/principes_volontaires_francais.pdf

[532] Principes fondamentaux relatifs au recours à la force et aux armes à feu par les responsables de l'application des lois Adopté par le huitième Congrès des Nations Unies pour la prévention du crime et le Traitement des délinquants, La Havane, Cuba, 27 août au 7 septembre 1990. Voire : https://extractiveshub.org/servefile/ getFile/id/6575

[533] Voire : https://extractiveshub.org/servefile/getFile/id/6576

307. Lors de l'examen des modalités de sécurité, une attention particulière doit être accordée à la protection et au respect des défenseurs des droits de l'homme. Selon la Déclaration des Nations unies de 1998 sur les défenseurs des droits de l'homme (DDH)[534], ces derniers sont censés être les défenseurs des droits des communautés locales ou de l'environnement, dans le cadre de projets miniers. Ils doivent être protégés, non poursuivis, menacés ou intimidés. Au cours des dernières années, l'attention portée sur les défenseurs des droits de l'homme qui ont travaillé dans le domaine a augmenté en raison de la stigmatisation, de la diffamation ou même de l'assassinat malheureux. Un rapport publié en 2018 par Global Witness[535] a révélé que les défenseurs des droits humains travaillant dans le cadre de projets dans les secteurs extractifs sont particulièrement exposés.

308. L'exploitation minière est souvent associée à des opérations à grande échelle avec une technologie de pointe. Mais l'exploitation minière artisanale et à petite échelle (EMAPE) fournit des revenus à

---

[534] Par sa résolution n°1998/7, la Commission des droits de l'homme adopte le projet de déclaration sur le droit et la responsabilité des individus, groupes et organes de la société de promouvoir et de protéger les droits de l'homme et les libertés fondamentales universellement reconnus. Le 9 décembre 1998, à la veille du cinquantième anniversaire de la Déclaration universelle des droits de l'homme, l'Assemblée générale des Nations Unies adopte officiellement la Déclaration sur les défenseurs des droits de l'homme dans sa résolution n° 53/144. L'Assemblée générale est allée plus loin pour appuyer la Déclaration et la légitimité du travail des défenseurs des droits de l'homme en établissant officiellement le concept de défenseurs des droits de l'homme dans une résolution adoptée le 8 mars 1999. (disponible au : La Déclaration sur les défenseurs des droits de l'homme.
https://www.protecting-defenders.org/fr/contenu/la-declaration-sur-les-defenseurs-des-droits-de-l%E2%80% 99homme-texte-integral

[535] Global Witness a révélé aujourd'hui qu'au moins 207 défenseurs des droits à la terre et défenseurs environnementaux ont été tués l'année dernière – des chefs autochtones, des activistes de la communauté et des activistes environnementaux ont été assassinés alors qu'ils tentaient de protéger leurs domiciles et leurs communautés contre l'extraction minière, l'agrobusiness et d'autres industries destructrices. Les assassinats liés à l'extraction minière ont augmenté de 33 à 40. Voire: https://www.globalwitness.org/documents/19392/Defenders_report_layout_AW2_lowres.pdf. Ces dernières années, de nombreux conseils pratiques et de bonnes études de cas ont été élaborés. On peut les trouver sur ces deux sites: Principes volontaires sur la sécurité et les droits de l'homme (http://www.voluntaryprinciples.org/files/Implementation_Guidance_Tools.pdf) et forces de sécurité publique (http://www.securityhumanrightshub.org/content/public-security-forces) base de données des outils créés par le Centre pour le contrôle démocratique des forces armées et le Comité international de la Croix-Rouge (CICR).

plusieurs milliers de personnes. L'EMAPE joue un rôle légitime et significatif dans le développement social et économique de nombreux pays. La gestion des risques liés aux droits de l'homme dans l'exploitation minière artisanale et à petite échelle devient de plus en plus préoccupante[536]. En conséquence, les décideurs politiques doivent prendre en compte les aspects liés aux droits de l'homme dans l'EMAPE afin de garantir la sécurité des populations.

309. L'extraction de ressources minérales peut avoir des effets négatifs sur les personnes et l'environnement. Beaucoup de ces impacts perdurent après la conclusion de l'exploitation commerciale. Si elles ne sont pas correctement traitées et atténuées lors de la fermeture de la mine ou lors du déclassement, ces impacts peuvent entraîner des charges juridiques et financières importantes pour la population locale, les pays hôtes et les opérateurs, une fois l'exploitation terminée. Les impacts environnementaux, sociaux, sanitaires et sécuritaires associés au déclassement et à la fermeture, lorsqu'ils sont abordés dans les premières étapes du cycle de vie du projet (phase de conception et phase de négociation du contrat), peuvent être considérablement réduits et pris en compte à moindre coût (par exemple, implantation de composants spécifiques, évitement de zones sensibles, établissement de garanties financières, etc.).

310. C'est pourquoi il est avantageux pour les gouvernements de comprendre et de gérer de manière proactive les problèmes environnementaux, sociaux et économiques associés à la fin du cycle de vie d'un projet d'extraction, le plus tôt possible. Alors que certaines sociétés minières multinationales améliorent leurs politiques et pratiques de fermeture et de démantèlement, l'exploitant d'un site ne peut pas contrôler tous les risques. Le rôle du gouvernement consiste à jouer un rôle actif en veillant à ce que les recettes fiscales et les redevances soient investies de manière stratégique pour préparer la gestion des risques après la fermeture.

311. Dans les différents codes miniers adoptés par le Sénégal, les droits de l'homme sont progressivement reconnus. Peu saisissables

---

[536] De nombreux risques liés aux droits de l'homme liés à l'ASM sont détaillés dans la rubrique Extractives Hub sur ASM (https://extractiveshub.org/servefile/getFile/id/6577), qui constitue une source utile pour comprendre comment ces risques sont compris en termes de droits humains et fournit des exemples d'études de cas pertinents.

dans le premier Code de 1988, un peu apparents dans le Code de 2003, ils sont clairement consacrés par le Code de 2016 lorsqu'il s'agit du droit à une indemnité pour les dommages et préjudices causés. Suivant les dispositions du Code minier de 1988, le *« titulaire d'un droit minier est tenu d'indemniser l'État ou toute autre personne pour les dommages et préjudices résultants des opérations minières et causés par lui-même ou les entreprises travaillant pour son compte*[537] ».

312. Mais, une telle rédaction laissait apparaître quelques équivoques quant au sens à donner à la notion de personne. Le Code de 2003 permettait de signaler l'introduction ambiguë des droits de l'homme. En effet, la loi 2003 disposait que *le titulaire de titre minier est tenu d'indemniser l'État ou toute personne physique ou morale pour les dommages et préjudices matériels qu'il a causés.* La personne physique n'était pas donc épargnée et sa responsabilité était prise en compte dans la réparation forfaitaire des dommages. Cependant, la protection de la personne physique souffrait d'un manquement, car le dommage n'était réparé qu'à moitié. Seuls, les préjudices matériels obligeaient l'auteur à une éventuelle indemnisation. Le préjudice moral n'entrait pas dans le champ d'application de l'article 81 du Code 2003. À ces dommages matériels comme le prévoit la loi de 2003, viennent s'ajouter les dommages moraux. Mais on peut retrouver cet aspect dans la charte africaine des droits de l'homme à laquelle le Sénégal a souscrit. Son article 5 vise à protéger tout être humain en reconnaissant son droit à ce que sa vie et l'intégrité physique et morale de sa personne soient respectées. Les dénonciations de la violation des droits de l'homme par les organisations de la société civile ont produit comme effet l'introduction sans ambiguïté du concept de droit de l'homme.

313. Le Code de 2016 consacre le principe du respect et de protection des droits humains sans équivoque et introduit une innovation majeure en constituant le travail des enfants comme motif de retrait du titre minier. La réforme du Code minier de 2016 a ajouté au lot des obligations du titulaire de titres miniers le respect des droits humains. Le non-respect de cette disposition est assorti d'une sanction qui génère le retrait du titre minier, notamment lorsque le titulaire fait travailler des enfants[538]. La discrimination est également interdite. L'obligation de garantir cette composante des droits de l'homme est imputable à l'État.

---

[537] Article 69 de la loi n° 88-06 du 26 août 1988.

[538] Article 94, al. 2 de la loi n° 2016-32 du 8 novembre 2016 portant Code minier.

Cette évolution remarquable n'est pas pour autant exempte de critique. En vérité, l'obligation des entreprises de respecter les droits de l'homme est formulée comme un principe fondé sur les aspirations et les normes sociales [539] et non pas comme principe fondé sur le droit international. Il semble que la violation n'est pas interdite, mais c'est l'absence de réparation qui l'est. Or, la responsabilité de respecter signifie surtout responsabilité de s'abstenir de commettre des violations des droits d'autrui ou de contribuer d'une façon directe ou indirecte à la commission de ces violations.

314. La consécration de ce principe relatif au respect des droits humains peut cependant, être considérée comme un principe de plus ou un acte portant, officiellement, réception pour l'application des principes de la CEDEAO dégagés par la directive de 2009. Le Sénégal est membre de la CEDEAO, organisation d'intégration qui définit des normes dérivées supérieures à celles des États membres. En 2009, l'organisation a adopté une directive qui oblige les titulaires de droits et de titres miniers à garantir le respect et à promouvoir les droits de l'homme reconnus sur le plan international[540]. En outre, la réforme de la constitution du Sénégal[541] a été une occasion de formuler le principe du respect des nouveaux droits, incluant les droits humains. Les nouvelles initiatives sont également largement revenues sur les droits humains avec une autre orientation cette fois-ci reposant sur le droit d'accès à la terre pour les populations locales. Elles ont pour objectif d'inciter les États et les sociétés minières à revoir les instruments juridiques de protection des communautés locales. La directive 2009 empruntait la même voie obligeant les titulaires de droits et titres miniers à conduire les activités minières, de façon à respecter le droit des populations à participer et à contribuer au développement économique, social culturel et politique.

---

[539] Ailincai (M.). et Lavorel (S.), *ibid.* p. 155.

[540] Article 15 de la Directive C/DIR3/05/2009 du 27 mai 2009 portant sur l'harmonisation des principes directeurs et politiques dans le secteur minier.

[541] La loi constitutionnelle n° 2016-10 du 05 avril 2016 portant révision de la Constitution reconnaît de nouveaux droits aux citoyens : droits à un environnement sain, sur leurs ressources naturelles et leur patrimoine foncier.

Paragraphe 2 : L'évolution des techniques juridiques d'organisation des contrats miniers

315. Depuis le début des premières concessions, les compagnies minières et leur pays d'appartenance ont joué un rôle primordial dans la conclusion des contrats miniers, précisément les cahiers des charges, bénéficiant de l'autorité nécessaire pour imposer leur volonté. Ces anciens accords étaient établis sur des rapports juridiques inégaux et le plus souvent à partir d'engagements pris involontairement. Parfois même ils mettaient en cause le droit de souveraineté nationale. C'est la raison pour laquelle les pays miniers les ont abandonnés pour adopter des nouveaux types de contrats. Ceux-ci contiennent des ordres clairs sur le recours à une procédure d'arbitrage.

316. Dans sa volonté de rendre plus compétitif le secteur minier, le Sénégal propose une politique minière simple, claire et transparente, sous-tendue par une législation minière conçue dans un souci d'allégement des procédures administratives et de sécurisation des investisseurs[542]. Les normes minières contenues dans la réglementation, se conformant aux exigences de l'industrie minière internationale, prévoient des innovations majeures aptes à drainer vers le Sénégal les flux d'investissements miniers nécessaires au développement des activités d'exploration et d'exploitation des importantes ressources minérales que recèlent le sol et le sous-sol[543]. Ainsi, les relations contractuelles de l'État avec les sociétés d'exploitation minière se traduisent par une densification des clauses contenues dans les conventions (A) reflétant une plus nette prise en compte des droits et obligations des parties (B).

A. Le changement relatif aux clauses susceptibles d'être contenues dans les conventions

317. Au début des années 1960, une dizaine de conventions d'établissement avaient été conclues au Sénégal. Ce nombre, peu élevé, s'explique par l'histoire du développement économique du pays qui est

---

[542] Exposé des motifs de la loi n° 2003-36 du 24 novembre 2003 portant Code minier.

[543] Par ailleurs, les dispositions du présent projet de loi prennent en compte les orientations et les politiques minières en vigueur dans les pays de la sous-région, principalement ceux de l'UEMOA.

largement antérieur à la date de promulgation du Code de 1962[544]. Dans leur contenu, on retrouve un certain nombre de clauses incorporées au texte de la convention et qui ont fait l'objet d'une évolution lorsque l'on est passé aux conventions minières. Certaines conventions contiennent, en outre, une clause de *l'entreprise la plus favorisée* qui oblige le gouvernement, par voie d'avenant, à appliquer au cosignataire les conditions plus avantageuses qu'il accorderait à une autre entreprise se trouvant dans une *situation similaire*[545]. Cette disposition assez ambiguë (qu'est-ce qu'une situation similaire ?) n'a pas été reprise dans les conventions conclues récemment. Les garanties particulières énumérées dans les conventions sont d'ordre juridique, économique, financier et fiscal. Enfin, sur le plan des transferts de capitaux, l'État s'engage à garantir le libre mouvement de fonds, l'exportation hors du Sénégal, en quelque lieu que ce soit, des sommes dues par l'entreprise ainsi que le rapatriement des capitaux appartenant à des non-résidents, la liberté de transfert du produit des actions et bénéfices ou de la réalisation et de la liquidation des investissements. La liberté de transfert porte ainsi à la fois sur les bénéfices obtenus et sur la mise initiale en capital[546].

318. Plus importantes sont les clauses qui concernent la rentabilité de l'entreprise. Elles sont parfois déterminantes sur l'incitation à investir car l'investisseur est alors assuré d'un amortissement rapide et d'une rentabilité satisfaisante du capital engagé. Ce point apparaît d'autant plus important que, outre les risques politiques auxquels s'exposent les investisseurs dans tout pays sous-développé, il apparaît difficile d'assurer au Sénégal une production industrielle concurrentielle par rapport aux produits importés d'Europe, étant donné le coût des approvisionnements en matières premières, le coût du transport, le prix élevé de la mise en place et de l'entretien d'une infrastructure technique de production, et cela en dépit de l'existence de facteurs favorables[547]. Pour pallier ces inconvénients, les conventions d'établissement

---

[544] À la différence de la Côte d'Ivoire qui a connu un essor plus récent lié à l'éclatement du marché de l'AOF avec la bancarisation et la politique économique libérale prônée par ses dirigeants, selon J. Claude Gautron.

[545] Par similaire, il faut certainement entendre une entreprise qui aurait la même activité que l'entreprise déjà installée et préalablement conventionnée.

[546] Article 5 du Code des Investissements.

[547] Coût de la main-d'œuvre moins élevé contrairement dans les pays développés, proximité des marchés à desservir.

contiennent des garanties d'ordre fiscal et douanier et des garanties d'ordre économique.

319. En ce qui concerne les avantages fiscaux, il faut distinguer deux catégories de conventions d'établissement, les conventions simples et les conventions à régime fiscal stabilisé. Si les premières contiennent diverses dispositions fiscales et douanières, sensiblement analogues à celles prévues pour les entreprises prioritaires (avantages de plein droit ou avantages facultatifs), les secondes garantissent une stabilité des charges fiscales, de toute nature, découlant des impôts, droits, taxes et redevances tels qu'ils existent à la date retenue par la convention. Toutefois, certaines conditions sont posées par le Code des investissements à l'octroi du régime fiscal stabilisé. Une telle clause de stabilisation était toujours en défaveur des intérêts de l'État et confortait la position de l'entreprise privée partenaire, particulièrement dans tous les cas de changements intervenus dans la situation politique ou législative du pays. À la différence de l'ancien, l'actuel Code des investissements[548] assure la stabilité du régime fiscal et douanier. Ainsi, pendant une période de trois (03) ans pour les titulaires de permis d'exploitation et de sept (07) ans pour les titulaires de concession minière, à compter de la date de délivrance du titre minier d'exploitation, et sous réserve des dispositions de l'article 64, ces titulaires bénéficient d'une exonération totale des droits de douane, notamment des droits et taxes de sortie[549]. Les dispositions fiscales du droit commun s'appliquent aux titulaires de droits miniers suivant les taux et les modalités prévus au jour de l'entrée en vigueur du Code. Toutefois, du fait du caractère non renouvelable de la ressource minérale, un principe fondamental énoncé dans cette loi voudrait qu'aucune exonération ne soit possible sur la redevance minière[550], due

[548] Loi n° 2004-06 du 6 février 2004 portant Code des investissements, modifiée par la loi n° 2012-32 du 31 décembre 2012.

[549] Article 64 de la loi n°2003-36 du 24 novembre 2003 portant Code minier abrogé par la loi n° 2012-32 du 31 décembre 2012 portant Code général des Impôts.

[550] Les ressources minérales sont, à de rares exceptions près, des propriétés publiques plutôt que privées. Les ressources minérales sont épuisables et non-renouvelables dans le sens où leur extraction appauvrit de façon permanente le stock de ressources d'un pays. Pour maximiser les avantages économiques pour le pays, conformément à la nécessité d'attirer et de conserver le capital d'exploration et de développement nécessaire afin de continuer à réaliser ces bénéfices aussi longtemps que possible, dans la pratique, les gouvernements conçoivent des moyens alternatifs pour s'approprier des rentes économiques uniques à l'exploitation minière en plus de

l'impôt sur le revenu des entreprises général et autres formes d'imposition couvrant tous les secteurs d'une économie. Les impôts spéciaux applicables au secteur minier prennent généralement les formes suivantes :

– des redevances basées sur des unités (spécifiques) quand la base d'imposition est une unité physique (volume ou poids) ;
– des redevances ad valorem basées sur la valeur de la production ;
– une redevance ou un impôt basé sur les bénéfices quand la base d'imposition est un concept des bénéfices comptables ;
– basé sur une rente économique quand la base d'imposition est une mesure directe de la rente économique;
– des systèmes hybrides combinant un système basé sur les bénéfices ou la rente avec un système ad valorem ;
– d'autres méthodes quand plusieurs bases d'imposition sont utilisées, y compris le partage de la production.

Le terme de redevance minière a traditionnellement été appliqué dans la législation minière en référence à des impôts spécifiques ad valorem et, dans certains cas, des impôts miniers basés sur une base de bénéfices comptables. Voire Pietro Guj (2012) : Les redevances minières et autres impôts spécifiques à l'industrie minière.

http://centre-mcd.uqam.ca/upload/files/Publications/Veille/redevances%20minires%20australie.pdf)

D'un point de vue juridique, la redevance minière est en principe la contrepartie pour la société minière du droit d'exploiter le gisement. Les sociétés minières sont souvent passibles d'une redevance fixe perçue à l'attribution ou au renouvellement du permis, d'une redevance superficiaire, qui est fonction de la superficie du permis octroyé, et d'une redevance proportionnelle, qui est fonction de la nature et de la valeur de la substance minière extraite (V. infra 2). Cela pose la question de savoir si les redevances minières ont le caractère d'un impôt. La classification OCDE définit les impôts comme suit : *Dans la classification de l'OCDE, le terme impôts désigne uniquement les versements obligatoires effectués sans contrepartie au profit des administrations publiques. Les impôts n'ont pas de contrepartie en ce sens que, normalement, les prestations fournies par les administrations au contribuable ne sont pas proportionnelles à ses versements* (OCDE, Statistiques des recettes publiques 2012, Éd. OCDE : 350 : http://dx.doi.org/10.1787/rev_stats-2012-en-fr). Elle précise toutefois que Les *redevances versées pour obtenir le droit d'extraire du pétrole et du gaz ou de mettre en valeur d'autres ressources minérales sont considérées normalement comme des recettes non fiscales, car il s'agit de revenus immobiliers procurés par des terres ou des ressources appartenant à l'État.* La publication de l'OCDE ne précise pas si elle classe de la même manière les redevances fixes et les redevances proportionnelles. En tout état de cause, ces redevances sont généralement classées dans les codes miniers africains sous la SECTION relative au régime fiscal. Voir Alain Charlet, Bertrand Laporte et Grégoire Rota-Graziosi (2013), La *fiscalité minière en Afrique de l'Ouest et du Centre* disponible au :

https://www.researchgate.net/profile/Gregoire_Rota-Graziosi/publication/278825483_La_fiscalite_miniere_en_Afrique_de_l%27Ouest_et_du_Centre/links/56a8784308ae0fd8b3fed736/La-fiscalite-miniere-en-Afrique-de-lOuest-et-du-Centre.pdf?origin=publication_detail par le seul fait de l'extraction du sol ou du sous-sol, des substances minérales appartenant à la nation[551].

320. Les conventions minières contiennent une clause compromissoire dans le but d'exclure la compétence des tribunaux nationaux quant à un litige pouvant survenir dans le cadre de l'exécution des obligations de ce contrat. Ainsi, l'insertion de la clause compromissoire est courante dans les conventions minières. D'ailleurs, comme la nature juridique du contrat varie selon les dispositions internes de chaque État, les juristes se sont donc demandé quelle était la nature juridique du contrat minier. En réalité, la détermination de cette nature nous aide à désigner la loi applicable au fond de litige. C'est pourquoi les investisseurs miniers ont souhaité délocaliser les contrats et choisir, comme la loi applicable, le droit transnational, qui contient *la lex mercatoria*[552] et les principes généraux du droit. En effet, cette délocalisation évite tout changement politique et juridique qui pourrait se produire dans le pays hôte, et qui affecterait les dispositions du contrat considéré, parce que les sociétés estiment que les opérations minières s'effectuent dans un délai relativement long entraînant beaucoup d'investissements et de risques. Ce qui constituait, en fait, la cause essentielle des différends. Dans le cas où le tribunal arbitral tranche un litige en faveur de la société étrangère, celle-ci se trouve, néanmoins, devant un autre problème : celui de l'inexécution de la sentence arbitrale par l'État hôte. Cette question a été résolue par les conventions internationales d'arbitrage dont les règles obligent les États y adhérant à exécuter la sentence sans qu'ils puissent se réfugier derrière une quelconque immunité d'exécution ou de juridiction.

321. Dans le même sens est la clause relative à l'utilisation prioritaire de la main-d'œuvre locale (avec fixation éventuelle d'un chiffre minimum d'emplois), ainsi que la reconnaissance des droits et avantages sociaux dus au personnel. De nombreuses conventions d'établissement obligent l'entreprise à favoriser le logement et les conditions sanitaires du personnel et surtout à poursuivre la formation professionnelle du personnel, soit en organisant des cours à l'intérieur de l'entreprise, soit en inscrivant leurs agents dans des établissements de perfectionnement. Toutes les conventions d'établissement contiennent,

---

[551] Art. 57 de la loi n°2003-36 du 24 novembre 2003 portant Code minier.

[552] La *lex mercatoria* est historiquement un ensemble de règles de droit servant à encadrer les relations contractuelles entre commerçants.

en outre, sous réserve d'un recours à l'arbitrage (que nous analyserons plus loin) une procédure unilatérale de retrait d'agrément, par décret, après mise en demeure restée sans effet, au cas où l'entreprise aurait manqué à l'une de ses obligations (sauf fait justificatif tiré de la force majeure). En pratique, des avenants à la convention peuvent corriger, en cours d'exécution, le texte primitif.

322. L'organisation et le fonctionnement de l'entreprise sont assurés d'une bienveillante neutralité de l'administration. L'entreprise est libre d'utiliser les agents qui lui conviennent. C'est la liberté d'embauche, d'emploi et de circulation du personnel quelle que soit sa nationalité. Les modifications des dispositions légales relatives aux droits des sociétés ne leur sont pas appliquées et, seules devraient être approuvés par le gouvernement, les changements de statut et les cessions de capital qui aboutissent à modifier le contrôle de la société.

B. Une prise en compte des droits et obligations des parties

323. La réglementation minière permet à chacune des parties de déclarer et garantir être dûment autorisée à conclure une convention, être en mesure de répondre à toutes les obligations s'y rattachant et avoir obtenu toutes les autorisations nécessaires en vertu du droit applicable à son domicile. En sa qualité de partie au contrat, la société minière déclare et garantit à l'État d'accueil, au moment de la date d'entrée en vigueur de la convention les liant et tout au long de sa durée, toute information[553] relative au bon déroulement des activités minières.

324. En vertu de la convention minière, la société, partie au contrat minier, est une personne morale dûment constituée. Devenant une entreprise de droit sénégalais, les relations contractuelles sont organisées en vertu des lois sénégalaises. Au moment de la constitution du contrat, la société possède les pouvoirs et l'autorité nécessaires pour détenir en propriété et exploiter ses biens dans les lieux où ils sont actuellement détenus ou exploités et pour exercer ses activités dans les lieux où elles sont actuellement exercées. Il n'existe aucune action, réclamation, enquête, procédure arbitrale ou autre en cours impliquant la société et aucune ordonnance, décision, injonction, décret ou jugement contre elle. Désormais, à travers la convention minière, la société chargée de l'exploitation minière a, ou a accès à, et utilisera en temps opportun, toute

---

[553] Toute l'information fournie à l'État par la société pour conclure la convention, sera libre de toute fausse déclaration ou de toute omission intentionnelle.

l'expertise financière, technique et de gestion, et, si les circonstances l'exigent, la technologie nécessaire afin de répondre à ses obligations et ses objectifs. En sa qualité de partie au contrat, elle possède les pouvoirs et l'autorité nécessaires pour signer la convention et pour répondre aux obligations qui s'y rattachent. La convention est signée et délivrée par un représentant dûment autorisé de la société et est exécutoire contre elle conformément aux conditions y énoncées.

325. Ensuite, selon J.-C. Gautron[554], avant l'indépendance du Sénégal, les conventions de longue durée accordées par le territoire étaient assimilées par une fraction de la doctrine à des contrats administratifs d'un type particulier, assez proches du système de la concession. Mais cette qualification de droit interne correspondait mal au régime juridique des conventions de longue durée parce que l'État renonçait à exercer son pouvoir de modification unilatérale du contrat et même s'engageait, par le jeu des clauses de stabilisation, à ne pas appliquer aux entreprises conventionnées toutes les dispositions législatives ou réglementaires susceptibles d'aggraver leur situation. Pour ces raisons, et avec l'indépendance du territoire, il n'est plus possible de considérer que les conventions d'établissement sont une catégorie spéciale de contrats administratifs sénégalais.

326. Cependant, il y a le constat du déséquilibre des contrats en défaveur du Sénégal dans les exploitations minières, qui est préjudiciable à son développement. Ce constat a incité à dire que malgré les potentialités en ressources de ce pays, il lui semblait difficile de faire entendre sa voix pour défendre ses intérêts économiques face aux puissantes compagnies minières. Ce qui fait qu'aujourd'hui, de par l'évolution, les conventions minières, différentes formes de gouvernance du secteur minier sont alors mises en œuvre depuis quelques années. Il en est ainsi de la technique des avenants[555]. Ainsi, lorsque l'économie et l'objet d'une convention minière ne sont pas remis en cause, il est possible, si besoin est, de poursuivre l'exécution des prestations au-delà du montant prévu par le marché. Toutefois, cette situation requiert la conclusion d'un avenant que les prix du marché soient forfaitaires ou

---

[554] Gautron (J. C.), Les Conventions d'établissement conclues par le Sénégal avec des entreprises. *Annuaire Français de Droit International* : 654-670, 1988.

[555] L'avenant est l'acte par lequel les parties à un contrat modifient ou complètent une ou plusieurs de ses clauses. Cette modification ne peut avoir ni pour objet ni pour effet de substituer au contrat initial un autre contrat, soit parce que son économie en serait bouleversée, soit parce que son objet ne serait plus le même.

unitaires. L'avenant est alors indispensable même si, seules, les quantités sont affectées et non les prix unitaires des produits de l'exploitation minière eux-mêmes. C'est dire que, maintenant, avec la technique des avenants, les parties à une convention minière peuvent modifier d'un commun accord leurs droits et obligations contractuels afin de les adapter à l'évolution du contexte, en tenant compte des résultats des programmes de travaux de la société. Les parties conviennent ainsi que l'avenant est une modification de cette convention minière dont elle fait partie intégrante[556].

327. Enfin, concernant la stabilisation du régime fiscal et douanier, sur le plan de la technique rédactionnelle et du contenu, la convention d'établissement n'est pas assez précise sur certains points. À titre d'exemple, la durée des périodes d'exonération ou de stabilisation n'est pas associée à la durée de l'amortissement. Ce qui fait qu'en pratique, quels que soient la rentabilité de l'investissement ou le secteur choisi, chaque investisseur demande l'application des avantages déjà accordés, et les conventions d'établissement s'inspirent trop étroitement de celles déjà publiées. La convention d'établissement perd ainsi de sa souplesse. Il y a en effet, une période de stabilisation pour la durée de la convention, dans la limite supérieure de 25 ans, pendant laquelle les droits et taxes énumérés par la convention sont gelés à la date de sa signature, en dépit de toutes les modifications législatives ou réglementaires susceptibles d'intervenir ultérieurement. La liste de ces impôts et taxes est longue. En l'absence d'un régime fiscal stabilisé, les conventions d'établissement ont un contenu proche de celui des décrets d'agrément prioritaire, et, de ce fait, les investisseurs se contentent du régime de l'agrément.

---

[556] À titre d'illustration, pour tenir compte des résultats des programmes de travaux de la société, un avenant a été signé entre l'État du Sénégal et la société Oromin Joint-Venture Group Ltd. L'État et la société ont convenu de réviser la convention minière du 17 février 2005 conformément aux dispositions de son article 38 par le biais de l'Avenant n° 2. L'État et la société ont signé une convention minière en date du 17 février 2005 pour l'exploration d'or et de substances connexes dans le périmètre d'exploration de Sabodola d'une superficie de 230 km^2. Depuis leur commencement dans le cadre de la convention minière, les travaux d'exploration ont permis de déterminer des gisements commercialement viables. Sur la base d'une étude de faisabilité préliminaire et d'une évaluation environnementale stratégique approuvée par les services compétents, la société a décidé de passer à l'exploitation des gisements découverts et de demander, à cette fin, l'octroi d'une concession minière.

328. Désormais, dans les nouvelles conventions minières, les titulaires de titres miniers bénéficient d'une stabilisation du régime fiscal et douanier durant toute la période de validité de leurs titres miniers. Cette stabilisation est effective à compter de la date de notification d'octroi du titre minier. À ce titre, le régime fiscal et douanier attaché à l'octroi d'un permis de recherche ne peut être remis en question au moment de l'octroi du permis d'exploitation. Toutefois, le titulaire d'un permis de recherche peut négocier avec l'État, avant l'octroi du titre minier d'exploitation, le régime fiscal et douanier afin de l'adapter aux conditions de l'exploitation. La seule dérogation possible concerne quelques exonérations en matière douanière. La société d'exploitation minière est exonérée de tous droits et taxes de douane à l'importation y compris le prélèvement du Conseil sénégalais des Chargeurs (COSEC). Cette exonération de la taxe de douane à l'importation ne porte que sur des marchandises bien précises qui sont indispensables à l'exécution des travaux[557]. De même, pendant toute la période de validité d'une convention minière, les modifications apportées aux règles d'assiette, de perception et de tarification des impôts, taxes et redevances susvisés sont inopposables au titulaire du titre minier, sauf à la demande du titulaire du titre minier et à condition qu'il adopte les nouvelles dispositions dans leur totalité[558].

329. On peut observer que le cadre contractuel relatif aux investissements miniers au Sénégal s'est beaucoup enrichi au cours de ces dernières années marquées par de profondes mutations et une compétition de plus en plus marquée entre les pays miniers émergents. Cette situation a fortement influé sur les orientations des législations minières.

---

[557] Cette exonération porte sur :

– les matériels, matériaux, fournitures, machines, engins et équipements, véhicules utilitaires inclus dans le programme agréé, ainsi que les pièces de rechange et les produits et matières consommables, destinés de manière spécifique et définitivement aux opérations de recherche minière et dont l'importation est indispensable à la réalisation du programme de recherche ;

– les carburants et lubrifiants alimentant les installations fixes, matériels de forage, machines et autres équipements destinés aux opérations de recherche sur le permis octroyé ;

– les produits pétroliers servant à produire de l'énergie utilisée dans la réalisation du programme de recherche ;

– les parties et pièces détachées destinées aux machines et équipements reconnus destinés de façon spécifique à la réalisation du programme de recherche agréé.

[558] Art. 69 du Code minier 2003 intitulé Stabilisation *des régimes fiscaux et douaniers.*

CHAPITRE 2

L'APPORT SPÉCIFIQUE DES CONVENTIONS MINIÈRES DANS L'ÉTAT ACTUEL DE LA RÉGLEMENTATION

330. Dans un contexte international de compétition économique entre les différents régimes pour attirer les investisseurs susceptibles de réaliser de grands projets miniers[559], l'État du Sénégal est en quête d'une nouvelle approche axée sur le développement. Les réformes subséquentes du régime minier, qui devaient attirer les capitaux-investissements privés étrangers, ont supprimé le rôle direct que l'État jouait dans les opérations minières. Ainsi, fortement influencé par le droit international, l'État s'est inspiré de ses expériences contractuelles pour concevoir un régime minier plutôt orienté vers l'allégement des procédures administratives et la sécurisation des investisseurs. Les dispositions du Code minier sénégalais prennent aussi en compte les orientations et les politiques minières en vigueur dans les pays de la sous-région, principalement ceux de l'Union économique et monétaire ouest-africaine (UEMOA).

331. On s'aperçoit dès lors que l'État initie et impulse la politique minière. L'orientation qu'il en donne peut aussi être influencée par le droit international. Sous ce rapport, le droit minier tend à devenir la rencontre entre le droit national et le droit international.

332. Le droit minier sénégalais n'échappe pas à cette influence. Son régime juridique est aujourd'hui fortement influencé. Le contact du droit minier avec le droit international a donné au premier une nouvelle

---

[559] Les ressources minérales et le développement de l'Afrique : défis et perspectives ; Extraits du rapport Les ressources minérales et le développement de l'Afrique du Groupe d'études international sur les régimes miniers de l'Afrique, Commission économique des Nations unies pour l'Afrique, Addis-Abeba, Éthiopie, www.uneca.org, novembre 2011. Voir : https://www.cetri.be/IMG/pdf/08-5.pdf

orientation. La recherche de l'uranium qui a connu une évolution significative entre 1965 et 1984 a été relancée en 2007. Il a permis de rendre la réglementation minière nationale attractive (Section 1) mais aussi il lui a permis de rendre la réglementation minière adaptée (Section 2).

Section 1

Une réglementation minière nationale attractive

333. Le droit minier national s'est ouvert aux autres droits. Cette rencontre l'a rendu rayonnant. Il lui a permis d'attirer les investisseurs internationaux. Pour y arriver, le législateur national a dû aménager une place non négligeable au droit international. En réponse aux préoccupations des investisseurs étrangers, notre droit national est réaménagé et réadapté. Il fallait répondre à deux enjeux majeurs. Tout d'abord la promotion de l'investissement minier. Ensuite, il fallait encourager la mise en valeur rationnelle des ressources du sous-sol. Ces réponses apportées par le droit national se comprennent aisément. En effet, l'exploitation du sous-sol est le plus souvent l'œuvre d'investisseurs étrangers. Et si cela se trouve, ces derniers revendiquent un droit national minier attractif.

334. Mais, qu'est-ce que l'attractivité ? Elle peut être comprise, comme étant la capacité *d'une entreprise, d'une région ou d'une nation à conserver ou à améliorer sa position face à la concurrence des autres unités économiques comparables. La notion de compétitivité est, le plus souvent, vue sous l'angle de la nation et associée à la concurrence internationale. Elle est alors définie, de façon plus précise, comme son aptitude à produire des biens et des services qui satisfont au test de la concurrence sur les marchés internationaux et à augmenter de façon durable le niveau de vie de la population*[560]. L'attractivité du droit minier peut se définir alors comme étant sa capacité à attirer et retenir des investissements et à créer des emplois. Une autre définition simple de l'attractivité du droit minier est la capacité de ce droit à accompagner le monde des affaires dans son développement et sa croissance[561].

[560] V. *Dictionnaire 2007 des sciences économiques*, Paris PUF, 2001, cité par B. Du Marais, « Attractivité économique du droit : le droit français peut-il survivre dans la compétition internationale ? » *Droit et Patrimoine* n° 170, Mai 2008, p. 38.

[561] Fiche technique sur les mines au Sénégal, novembre 2010, p. 6.

335. S'interroger sur l'apport du droit international à l'attractivité du droit minier ainsi définie, suppose d'abord de connaître les réactions qu'il peut susciter auprès des acteurs économiques déjà établis sur le territoire national et ceux qui seraient tentés de s'y établir. En effet, face à un système juridique, les investisseurs s'interrogent sur deux aspects importants : les garanties théoriques qu'offre le système juridique et la perception pratique du respect de ces garanties. Notre droit minier tend aujourd'hui à réaliser ces objectifs. Sur la base des logiques économiques, les entreprises étrangères choisissent d'établir une partie de leur activité de production à l'étranger dans les pays à faibles contraintes réglementaires et sociales. Toutefois, les investisseurs candidats aux délocalisations prennent en compte plusieurs considérations avant de décider de s'établir dans tel ou tel pays. C'est en ce sens que la politique minière tend à concilier les intérêts locaux et les intérêts étrangers en réadaptant notre droit minier. Elle veut faire de notre droit minier, à l'instar des autres instruments juridiques nationaux, un outil de développement économique majeur. Le contact du droit minier national avec les conventions internationales a donné une plus-value significative en apportant une attractivité de notre arsenal juridique minier. Parler d'attractivité du régime minier, c'est parler préalablement de son caractère unique. En effet, le Code de 2003 marque le passage d'un régime conventionnel jugé moins permissif d'abus. Ce régime unique a été élaboré dans une politique de totale faveur aux investisseurs et s'étend sur deux axes principaux, à savoir celle de l'admission des investissements miniers et celle de la promotion et de la protection des investissements miniers. Aujourd'hui, nul ne doute des potentialités minières que le Sénégal peut faire valoir auprès des investisseurs étrangers. Ces potentialités devraient être valorisées auprès des investisseurs désireux de faire des affaires avec le Sénégal. L'instrument de valeur par excellence reste sans aucun doute le droit minier. Plus important, dans le cadre de l'élaboration du régime minier, l'adéquation des principes du droit minier national aux conditions de la vie internationale apparaît comme une condition de leur accueil favorable par l'investisseur. D'autres facteurs pertinents sont la flexibilité de l'ensemble des règles juridiques qui régissent les mines. Tous ces éléments contribuent à former la compétitivité internationale d'un pays ou d'un espace économique intégré. Conscient de cet état de fait, l'État doit se donner les moyens de faire de notre droit minier un atout significatif.

336. L'influence des conventions internationales sur le droit minier national est aujourd'hui une réalité (Paragraphe 1), encore que ce vent de changement, apporté par les conventions minières, se trouve aussi avoir influencé les politiques minières (Paragraphe 2).

Paragraphe 1 — l'influence des conventions internationales sur le droit minier national

337. Aujourd'hui le fait de s'interroger sur une possible internationalisation du droit minier se présente avec acuité. Si les positions sont jusqu'ici divergentes, l'influence que le droit minier national subit ne fait aucun doute. Ce droit minier a une connotation internationale. Le régime juridique de ce droit est aujourd'hui plus poussé vers des règles extérieures. La tendance actuelle de ce droit est de devenir un droit exogène. Ainsi entretient-il un certain paradoxe avec des corps de règles à la fois endogènes et exogènes. Les règles exogènes semblent aujourd'hui dominer notre système juridique minier. Pour promouvoir l'investissement minier et encourager la mise en valeur rationnelle des ressources du sous-sol, le Sénégal s'est doté d'une législation minière moderne[562], plus conforme à l'orientation générale du droit minier international et des directives communautaires de l'UEMOA[563].

338. Ainsi, pour une meilleure gouvernance des ressources minérales au Sénégal, une nouvelle réglementation est élaborée. Il s'agit d'un régime minier fortement orienté vers la sauvegarde des intérêts de l'État et des populations (A) et la réception de principes du droit international par le droit minier national (B).

A. Un régime minier fortement orienté vers la sauvegarde des intérêts de l'État et des populations

339. L'environnement minier international est marqué ces dernières années par de profondes mutations et une compétition de plus en plus marquée entre les pays miniers émergents. Cette situation a fortement influé sur les orientations des législations minières. Le Sénégal n'a pas échappé à cette mutation de l'environnement minier. Le 6 mars 2003, le Sénégal adoptait *La Déclaration de Politique minière* (DPM), et le

---

[562] Il s'agit de la loi n° 2003-36 du 24 novembre 2003 portant Code minier et du décret n° 2004-647 du 17 mai 2004 portant les modalités d'application de ladite loi.

[563] Règlement n° 18/2003/CM/UEMOA du 22 décembre 2003, portant adoption du Code minier communautaire de l'UEMOA, J.O n° 6163 du samedi 29 mai 2004.

12 novembre 2003, la loi n° 2003-36 portant Code minier était promulguée. Le Sénégal se dotait ainsi d'une législation moderne, plus conforme à l'orientation générale du droit minier international et de l'UEMOA, permettant d'assurer la promotion de l'investissement et de préserver les intérêts de l'État et des populations. Élaboré dans un contexte de concurrence entre pays miniers émergents, ce nouveau cadre légal incitatif a en effet encouragé une mise en valeur importante des ressources du sol et du sous-sol et favorisé l'afflux d'investisseurs au Sénégal. La DPM énonce les grandes orientations de la stratégie de développement du secteur minier. Ces grandes orientations prennent la forme d'un allégement et d'une simplification des procédures administratives. Elles prennent aussi la forme d'une amélioration du dispositif d'incitation à l'investissement minier.

340. Cependant, tirant les enseignements de cette période, notamment les faibles retombées pour l'État et les populations, la nouvelle politique impulsée par le Plan Sénégal émergent (PSE) a retenu la réforme du Code minier parmi les réformes phares à initier. Pour la réalisation du PSE, le Sénégal compte exploiter son potentiel minier et assurer l'émergence d'industries structurées autour de ces ressources. L'option de l'État dans le domaine est de favoriser un meilleur partage de richesse à travers l'implication du secteur privé national dans l'exploitation, la mise en place de contrats et d'un cadre réglementaire préservant les intérêts de l'État[564].

341. C'est ainsi qu'après un processus participatif et inclusif de révision qui aura duré trois années, l'État promulguait la loi n° 2016-32 du 08 novembre 2016 portant Code minier. Le nouveau Code minier vise à créer un environnement favorable au développement durable du secteur dans un cadre favorisant une répartition plus équilibrée des richesses produites entre l'État, les populations des régions d'accueil et les investisseurs. En plus d'être l'une des réglementations minières les plus compétitives en Afrique, le Code minier sénégalais est surtout le fruit d'un long processus de recherche d'un modèle juridique favorable au développement. Les investisseurs ont exprimé des besoins auxquels le législateur sénégalais a essayé de répondre plus ou moins. L'exploitant,

---

[564] Les objectifs retenus à l'horizon 2020 sont de produire annuellement entre 15 et 20 millions de tonnes de minerai de fer, 2,5 millions de tonnes de phosphates, 3 millions de tonnes d'acide phosphorique, 17 tonnes d'or correspondant au triplement de la production actuelle et 90 000 tonnes de zircon.

personne physique ou personne morale, qui souhaite explorer et développer la ressource minérale trouve un arsenal juridique fortement orienté et dont le but est d'attirer les investisseurs. Des réformes furent entreprises dans le but de relancer le secteur minier.

342. Pour sauvegarder les intérêts stratégiques de l'État et pour adapter les termes de la convention minière aux contextes nouveaux, la première période de validité de la convention minière[565] est fixée à douze (12) ans, renouvelables par périodes de validité n'excédant pas dix (10) ans. Aussi, à côté de cette option conventionnelle, la loi instaure, à titre optionnel et sélectif, le contrat de partage de production minière[566] comme mode juridique d'exploitation qui se justifie par la décision de l'État de mettre en place un système qui assure une répartition plus équitable des revenus générés par l'activité minière, compte tenu des avantages importants accordés aux opérateurs miniers. Dans ce type de contrat, l'État est seul détenteur des titres miniers, à travers une société d'État. Celle-ci est propriétaire de la production et des installations. L'opérateur minier agit pour le compte de la société d'État et est rémunéré par une part de la production après recouvrement des coûts d'exploration et d'exploitation. Le législateur dispose que le contrat de partage de production ne peut porter que sur des zones promotionnelles dont l'intérêt minier est démontré, attribuées suivant une procédure qui mettrait en concurrence les investisseurs intéressés[567], sauf si le titulaire d'un titre minier portant sur un périmètre situé à l'extérieur desdites zones fait l'option de réaliser les opérations minières par des contrats de services, notamment de partage de la production[568]. Le contrat de partage de production est approuvé par décret[569] et le bénéficiaire n'est pas assujetti au paiement de la redevance minière[570].

343. La réforme du Code minier de 2003 introduit une disposition relative aux conflits d'intérêts[571]. Elle renforce les moyens de contrôle des opérations minières et des capacités d'intervention de l'administration minière, à travers le Fonds d'appui au secteur minier (FASM) alimenté par vingt pour cent (20 %) des recettes provenant des

---

[565] Art.27 du Code minier de 2016.
[566] Art. 12 *ibid.*
[567] Art. 10 *ibid.*
[568] Art. 33 *ibid.*
[569] Art. 34 *ibid.*
[570] Art. 35 *ibid.*
[571] Art. 32 *ibid.*

opérations minières[572]. Aussi, au titre de l'appui aux collectivités territoriales, le législateur prévoit d'affecter au Fonds d'appui et de péréquation aux collectivités territoriales vingt pour cent (20 %) des recettes minières de l'État provenant des opérations minières[573].

344. Il est incontestable que l'un des problèmes majeurs de l'exploitation minière industrielle, aurifère en particulier, l'empiètement des nouveaux exploitants industriels sur les terrains des petits exploitants traditionnels[574]. Dans le sens d'organiser les activités minières artisanales et la petite mine, les nouvelles dispositions prévoient une séparation de règles applicables à la petite mine, l'exploitation minière semi-mécanisée et l'exploitation minière artisanale. Contrairement au Code minier de 2003 qui regroupait toutes les dispositions relatives à la petite mine et à l'artisanat minier, la loi apporte une meilleure définition du régime juridique des exploitations minières à petite échelle en distinguant plusieurs ordres d'exploitation : l'exploitation de la petite mine[575] qui est accordée pour une durée n'excédant pas cinq (5) ans, pour une superficie n'excédant pas cinq cents (500) hectares ; l'exploitation minière semi-mécanisée[576] qui est accordée pour une durée n'excédant pas trois (3) ans, pour une superficie n'excédant pas cinquante (50) hectares ; et l'exploitation minière artisanale[577] qui utilise des méthodes et des procédés manuels et traditionnels est accordée pour une durée de cinq (5) ans. Cette organisation est complétée par des dispositions réglementant l'ouverture et l'exploitation de comptoirs d'achat de métaux précieux et pierres précieuses[578] qui ne sont plus soumis à une simple déclaration.

345. Concernant les exploitations de carrières, la loi distingue la carrière publique et la carrière privée, qui peuvent être temporaires si la durée de l'exploitation ne dépasse pas un (1) an, ou permanentes lorsque la durée d'exploitation dépasse un (1) an. Les carrières peuvent être ouvertes aussi bien sur le domaine public que sur le domaine privé.

---

[572] Art. 11 *ibid.*

[573] Art. 113 *ibid.*

[574] P. Hatcher, « Mali : Réécrire le Code minier ou redéfinir le rôle de l'État ? », *in* B. Campbell, *Enjeux des nouvelles réglementations minières en Afrique*, Nordiska Afrikainstitutel, Göteborg, 2004.

[575] Titre VI *ibid.*

[576] Titre VII *ibid.*

[577] Titre VIII *ibid.*

[578] Titre IX *ibid.*

La carrière est dite artisanale si la substance extraite par tous procédés traditionnels, manuels et/ou mécanisés, n'est pas concassée. La carrière est dite industrielle si la substance extraite par tous procédés traditionnels, manuels et/ou mécanisés est concassée[579]. L'autorisation d'ouverture et d'exploitation de carrières est accordée pour une durée n'excédant pas cinq (5) ans, renouvelable[580].

346. Dans le contexte mondial actuel où les normes internationales se multiplient et entraînent un phénomène d'internationalisation des droits nationaux[581], il est utile de s'intéresser à la manière dont les ordres juridiques internes accueillent le droit international.

B. La réception de principes du droit international par le droit minier national

347. Le Sénégal qui a, pour rappel, adopté le 24 novembre 2003 un nouveau Code minier s'inspire du contexte régional et international. Les meilleures pratiques et mécanismes incitatifs ont été pris en compte dans ce Code minier. Avec la suppression des lourdes procédures d'avis préalables, la signature des conventions minières se fera dans des délais plus réduits. Pour simplifier davantage ces procédures administratives, il est à noter que certains actes tels que la délivrance de permis de recherche minière et d'autorisations d'ouverture de carrières sont désormais autorisés par le seul ministre chargé des Mines. Une convention minière unique prenant en compte les phases de recherche et d'exploitation simplifie le cheminement des actes administratifs nécessaires, tout en contribuant à renforcer la sécurité de l'investisseur. Le Code de 2003, bien que raisonnablement moderne, avait des caractéristiques qui nécessitaient une révision afin de l'adapter aux initiatives de l'Union africaine (UA), de la Communauté économique des États de l'Afrique de l'Ouest (CEDEAO), de l'UEMOA et de la communauté internationale qui ont pris des mesures afin d'harmoniser leurs politiques, les législations et règlements nationaux ; et pour définir des normes communes qui uniformisent l'environnement des affaires proposé aux investisseurs miniers.

---

[579] Art. 64 *ibid.*

[580] Art. 65 et 67 *ibid.*

[581] La force obligatoire des normes du droit international dérive en effet du principe du "*Pacta sunt servanda*" qui dispose que les États doivent respecter les accords passés entre eux.

348. Le Code minier de 2016 intègre les principes de la Directive de la CEDEAO, adoptée en 2009, et qui repose sur une approche participative, un développement socio-économique durable, la réduction de la pauvreté, la transparence et l'équité sociale ainsi que la garantie de la protection des communautés locales, la protection de l'environnement, la bonne gouvernance ainsi que le respect des droits de l'homme. Cette loi est caractérisée par le renforcement des mesures de responsabilisation des sociétés minières, par une redéfinition du rôle de l'État et une réelle prise en compte des objectifs sociaux et environnementaux.

349. Au titre du renforcement du droit à l'information, des droits humains et des principes de bonne gouvernance, la loi apporte des innovations majeures. Habituellement, le secteur minier est considéré, à tort ou à raison, comme une industrie suspecte, opaque et inaccessible. Le manque ou l'insuffisance d'information sur l'industrie minière est encore trop souvent un obstacle qui pose le plus de soucis à la société civile. C'est pour cela que la loi devient un parti pris clair pour la transparence qui est un facteur important en matière de bonne gouvernance.

350. Les grandes réformes contenues dans le nouveau Code de 2016 améliorent la transparence, avec notamment la suppression de la notion de confidentialité et l'introduction de l'obligation pour l'État de publier toutes les conventions signées conformément aux engagements liés à la norme de l'Initiative pour la Transparence dans les Industries extractives (ITIE)[582]. Elles constituent également un premier pas vers l'application des nouvelles dispositions de la constitution révisée en ce sens qu'il vise à la redistribution des revenus miniers non plus seulement à l'État mais également aux collectivités territoriales.

351. Cependant, la mise en œuvre et le suivi de ces standards environnementaux posent problème dans un milieu dominé par les sociétés rurales sous-informées nécessitant une participation active des différents acteurs notamment l'État, les sociétés minières, les autorités décentralisées et la société civile.

---

[582] Voir M. Bonnin, I. Ly, B. Queffelec et M. Ngaido (M.), (eds), 2016. *Droit de l'environnement marin et côtier au Sénégal*, IRD, PRCM, Dakar, Sénégal, 532 p.

352. Le Code de 2016 oblige les titulaires de titres miniers à respecter les droits de l'homme[583]. Cette disposition est en accord avec les Principes directeurs relatifs aux entreprises et aux droits de l'homme, des Nations unies. Aussi la loi oblige-t-elle les titulaires de titres miniers à respecter les principes et exigences de l'ITIE[584] et à déclarer tous les revenus miniers dus à l'État et perçus par l'État, y compris les réalisations économiques et sociales effectuées[585]. La loi réaménage les dispositions relatives à la confidentialité, pour être conforme aux normes de l'ITIE. Elle dispose que la convention minière doit être publiée au *Journal officiel*[586], ce qui n'est pas une exigence de la norme ITIE.

353. Afin d'attirer les investissements étrangers dans le secteur minier, une concurrence est née entre les pays et a entraîné une législation de complaisance ainsi que le *dumping* fiscal. Ces mesures excessives, surtout sur le plan fiscal, ont limité, de façon marquante, les bénéfices des gouvernements africains ainsi que des populations des pays producteurs, quant aux changements sociaux et économiques espérés[587]. Cependant, le secteur minier pourrait jouer un rôle majeur dans le développement durable de nombreux pays africains, avec une meilleure gouvernance des ressources naturelles[588].

354. C'est dans cet esprit que s'est articulée la « Vision du Régime minier de l'Afrique[589] (VMA) », une initiative transnationale adoptée par les Chefs d'État africains, en 2009. La stratégie de développement de la VMA traduit donc les efforts du continent à trouver un moyen de traduire les ressources minérales, ainsi que les retombées des investissements, en une économie équitable et inclusive et de débarrasser le secteur minier de ses caractéristiques coloniales qui n'ont pas, jusqu'alors, été couronnées de succès et de s'assurer que l'industrie minière puisse avoir des liens plus forts avec les économies nationales.

---

583 Art. 94 Code minier de 2016.

584 Art. 95 *ibid.*

585 Art. 96 *ibid.*

586 Art. 117 *ibid.*

587 L. Maréchal, « Le secteur minier est-il porteur de développement en Afrique ? », *Politique étrangère*, 2 : 85-98, 2013.

588 S. Bilal, "From Growth to Transformation: What Role for the Extractive Sector?" *GREAT Insights*, Vol. 2, Issue 2. February-March 2013.

589 Union africaine (2009). Vision du Régime minier de l'Afrique. Voir: http://pages.au.int/sites/default/files/AfricaMiningVisionfrench.pdf

Pour la maximisation et la gestion des recettes fiscales, le Code minier de 2016 a procédé à la révision du cadre fiscal pour les projets d'exploitation minière. Cette révision est marquée par la hausse modérée du taux de redevance, l'indexation de la redevance sur le cours des minerais et le degré de transformation sur place, la réintroduction des droits superficiaires, et la définition de nouvelles règles de partage de ressources entre les opérateurs miniers et État.

355. Le *traitement de la nation la plus favorisée* (NPF) est également un des principes repris par les différents régimes miniers. Le traitement national signifie que les investisseurs de l'autre partie bénéficient d'un traitement « non moins favorable » que ceux de l'État hôte. En d'autres termes, la législation et les politiques applicables à l'investissement ne peuvent faire de discrimination liée au pays d'origine de l'investisseur. Cette disposition ne signifie pas que l'État ne peut faire une distinction entre les investissements sur la base de questions telles que l'impact environnemental ou les différences liées directement aux différentes localités d'un pays ou pour d'autres raisons légitimes. Les droits d'établissement ou d'accès au marché restent des principes dont l'intégration dans le corpus juridique national est à débattre. Ces dispositions sont diversement appelées dispositions d'accès au marché, droits d'établissement ou droits de pré-établissement. En exigeant un traitement national dans la réalisation des investissements, ces dispositions peuvent empêcher le recours à des obligations ou restrictions particulières envers les investisseurs étrangers, y compris éventuellement des exigences en ce qui concerne les partenaires de la co-entreprise et des exigences de performance. Si ces droits ne figurent pas dans la majorité des anciens traités, ils sont contenus dans les traités récents en cours de négociation à l'échelle régionale ou mondiale.

356. L'expropriation reste problématique pour l'investisseur étranger. Le droit minier se doit d'assurer sa protection. Pour y parvenir, il a subi l'influence des principes du droit international. Tous les traités d'investissement comprennent une disposition visant à protéger les investisseurs étrangers contre les expropriations sans indemnisation. Il faut préciser que ces traités n'interdisent pas les expropriations mais imposent certaines conditions, dont la plus importante est l'indemnisation de l'investisseur. Il existe trois types d'expropriations qui sont potentiellement abordés par ces dispositions : les expropriations directes, indirectes et réglementaires. L'expropriation directe, c'est lorsque la propriété d'un investissement ou de l'actif d'un investissement est transférée à l'État ou, de façon légale, à un tiers. L'expropriation indirecte, c'est lorsqu'un gouvernement ne transfère pas la propriété, mais reprend effectivement la gestion et la direction de l'investissement. L'expropriation réglementaire est une notion controversée en vertu de laquelle un règlement qui est légitimement adopté pour promouvoir les objectifs de bien-être public (par exemple, la protection de l'environnement, la santé humaine, la protection des consommateurs) et qui n'a aucune incidence sur la propriété ou la gestion de l'investissement, peut encore se traduire par une expropriation si elle a un impact sur la valeur économique de l'investissement[590].

357. Il ressort de cette analyse que le droit minier national est fortement influencé par les conventions internationales auxquelles l'État du Sénégal a souscrit. Cette influence ne se limite pas au cadre légal mais se manifeste aussi sur la politique minière.

Paragraphe 2 : l'influence des conventions minières sur les politiques minières nationales

358. La « Déclaration de Politique minière » du 06 mars 2003[591] énonce les grandes orientations de la stratégie de développement du secteur minier. Ces grandes orientations peuvent être appréhendées comme suit : un allégement et une simplification des procédures administratives ainsi qu'une amélioration du dispositif d'incitation à l'investissement minier qui ne peut prospérer que si les conditions favorables au rendement économique sont réunies et répondent aux besoins des entreprises[592]. Pour attirer les investissements étrangers et encourager les investissements domestiques, le Sénégal a entrepris d'orienter sa législation minière. Cela est motivé par l'objectif de la restauration de la sécurité juridique et judiciaire.

---

[590] OCDE (2004), *L' 'expropriation indirecte' et le "droit de réglementer" dans le droit international de l'investissement*, Éditions OCDE. http://dx.doi.org/10.1787/871821182042

[591] *Ibid.*

[592] Pour identifier ces besoins, il faut partir de l'idée, toute simple, qu'une entreprise est une entité dans laquelle des fonds (généralement empruntés) sont investis au service d'une activité; au principe de son fonctionnement, il y a l'espoir d'un retour sur investissement mais aussi la conscience de la perte possible de ce dernier. Si la probabilité de la perte des investissements est plus grande que l'espoir de gain, de retour sur investissement, la solution évidente est que l'investisseur ne prendra pas le risque d'investir. Comme le rappelle une expression bien connue, on n'attrape pas les mouches avec du vinaigre.

359. Toutefois, s'il est indéniable que d'énormes progrès ont été faits sur le chemin de la sécurité juridique en droit substantiel, d'importants efforts restent à accomplir sur le plan processuel afin que la sécurité judiciaire rime avec la sécurité juridique obtenue. En effet, le Code minier n'est pas un simple instrument de régulation. Il est surtout un outil de développement. Dès lors, un Code minier efficace est donc un Code qui garantit ce résultat. Ce qui explique qu'aujourd'hui le Sénégal est en constante recherche du fameux modèle gagnant-gagnant contribuant à l'émergence d'un droit processuel minier autonome (A) et d'un droit matériel minier autonome (B)

A. L'émergence d'un droit processuel minier autonome

360. Les règles de procédure sont encore trop différentes les unes des autres et portent en elles-mêmes, les germes de l'insécurité juridique et judiciaire. Le régime juridique des délais et de la saisine du juge national de fond, juge de première saisine en droit national, appelé à interpréter et appliquer les textes nationaux reste vague. Son office et les procédures applicables devant lui ne sont pas suffisamment précisés. On se demande pragmatiquement comment l'incohérence des aspects judiciaires de ce système juridique peut servir la sécurité juridique et son attractivité économique. Il ne suffit pas seulement que le législateur sénégalais affirme son attachement à la sécurité judiciaire pour qu'elle soit perceptible. Encore faudrait-il se donner les moyens d'y parvenir. On s'aperçoit alors que la sécurité judiciaire reste un concept en devenir dans le système juridique sénégalais. Certains reproches essentiels faits au droit minier national par les investisseurs concernaient le fonctionnement défectueux des institutions juridictionnelles nationales. Pour permettre aux investisseurs d'éviter d'être confrontés aux difficultés de fonctionnement de la justice, le législateur sénégalais a systématisé, en réponse à l'insécurité judiciaire, une voie alternative de règlement des différends en mettant des outils organiques et juridiques à la disposition de l'investisseur, qui a ainsi la liberté de choisir son juge.

361. En effet, le législateur sénégalais a créé un organe indépendant de règlement arbitral de différends et qui est régi par un Acte uniforme portant droit commun de l'arbitrage dans l'espace de l'OHADA[593].

---

593 Acte uniforme portant droit de l'arbitrage, Adopté le 11/03/1999, Date d'entrée en vigueur : 11/06/1999 Publié dans le *Journal officiel* n° 8.

Le Code de Procédure civile, en ses dispositions 795[594] et suivantes, envisage cette procédure. L'investisseur peut alors décider, *ex ante*, d'attribuer la connaissance de son litige à un arbitre (juge privé réputé être au-dessus de tout soupçon et bénéficiant de la confiance des parties). Ce sera le cas toutes les fois que l'investisseur conviendra avec son co-contractant public ou privé d'inclure dans leur convention une clause compromissoire attribuant expressément la connaissance de leur litige éventuel par un juge privé (arbitre). Même s'il a été négligent, *ex ante*, il peut encore se rattraper, *ex post*, en concluant, avec l'accord de son partenaire commercial avec lequel il est en litige (ce qui est rare), un compromis d'arbitrage afin d'éviter d'affronter les difficultés, désagréables pour la bonne marche des affaires, de fonctionnement des institutions juridictionnelles officielles nationales.

362. L'arbitrage extérieur est donc l'instrument que le législateur sénégalais a mis à la disposition des investisseurs publics ou privés désireux d'échapper aux difficultés de fonctionnement des institutions juridictionnelles nationales. Ainsi, le législateur national a principalement exprimé la prise en compte des aspects judiciaires de l'attractivité du droit minier à travers la rédaction du droit communautaire, l'Acte uniforme portant droit de l'arbitrage[595]. Le fait que le droit minier revête une empreinte internationale forte est également un grand atout pour la sécurité judiciaire tant souhaitée par les investisseurs et véhiculée par les conventions internationales signées par le Sénégal.

363. Le cadre institutionnel de l'arbitrage proposé par l'OHADA et adopté par le Sénégal est organisé par les articles 21 à 26 du Traité et traduit la volonté des états parties d'encourager les investisseurs à choisir aisément et librement leur juge ou, par défaut, le juge étatique. Son régime est encadré par un Acte uniforme spécialement dédié au droit de l'arbitrage. Ce mode alternatif de résolution des litiges est un élément de sécurité judiciaire car il constitue un instrument d'évitement du juge étatique dont l'indépendance, la compétence et surtout l'impartialité n'emporte pas généralement l'adhésion des investisseurs. Il offre une alternative crédible aux investisseurs qui ne font toujours pas confiance aux institutions judiciaires des états parties. Pour le règlement des litiges de nature contractuelle, les investisseurs peuvent alors choisir la

---

[594] Le décret n° 64-572 du 30 juillet 1964 portant Code de Procédure civile a été publié au *Journal officiel* n° 3.705 du 28 septembre 1964, pages 1289 et suivantes.
[595] *Ibid.*

voie arbitrale, classiquement présentée comme une justice au service des affaires et qui garantit à la fois la confidentialité nécessaire dans le domaine des affaires.

364. Selon l'article 319 du Code, les litiges portant sur l'interprétation ou l'application de la loi peuvent faire l'objet d'un arbitrage international CIRDI, à la requête de la partie la plus diligente, à condition que le titulaire du droit minier soit ressortissant d'un autre État conformément à l'article 25 de la Convention CIRDI[596]. Le consentement à l'arbitrage CIRDI devra être donné par l'investisseur au moment de la délivrance du titre minier conformément à la convention, en l'exprimant tant en son nom qu'à celui des sociétés affiliées. Quelle que soit la nationalité de la société, celle-ci sera alors considérée comme société de droit étranger. Si le titulaire d'un titre minier ou de carrière n'est pas considéré comme ressortissant d'un autre État, conformément à l'article 25 du CIRDI[597], il pourra au moins soumettre le litige au tribunal arbitral international de son choix. Mais, il convient de signaler que la voie de l'arbitrage n'est pas une solution miracle[598]. Il faut donc se garder d'en surestimer la portée. De manière générale, cette procédure se veut transparente, objective, efficace et rapide, dès le moment de la réception des demandes jusqu'au moment de la délivrance des droits miniers. En effet, avant la phase d'exploitation, les investisseurs engagent généralement moins de fonds. Ainsi, ils sont plus susceptibles de faire marche arrière et changer d'avis, surtout si leurs activités se retrouvent ponctuellement suspendues par des procédures administratives lourdes et longues.

365. Pour éviter ces désagréments, le législateur a envisagé deux outils. Premièrement, il a mis en place un système de priorité d'instruction selon lequel, tant qu'une demande se trouve en instruction, aucune autre demande concernant le même périmètre, totalement ou partiellement, ne pourra être traitée. De plus, il a prévu que la durée de la procédure d'octroi d'un permis de recherche ou d'exploitation, entre le moment de l'introduction de la demande et celui de l'octroi ou du refus, ne puisse excéder un délai raisonnable. Cet ensemble de mesures s'inspire de cette

---

596 Convention et Règlement du CIRDI, Centre international pour le règlement des différends relatifs aux investissements, CIRDI/15 avril 2006 ; 128 p.

597 *Ibid.*

598 P. Wolfgang, *Arbitration & Renegotiation of International Investment Agreements*, Second Revised and Enlarged Edition, The Hague, Kluwer Law international, 1995.

idéologie séductrice de la législation de 2003. Ces dispositions sont élaborées les unes après les autres, dans un même objectif, attirer l'investisseur. Le permis de recherche est valable pour une durée préfixée. Il est renouvelable deux fois. Quant au permis d'exploitation, il est valable pour une durée plus longue. Il est tout autant renouvelable. Il apparaît ici que le législateur sénégalais, toujours dans sa politique d'incitation, a choisi d'établir des durées de validité des droits miniers relativement longues. En effet, plus les droits sont longs, mieux cela est favorable aux investisseurs, ce qui favorise également l'afflux de nouveaux capitaux. Les bailleurs de fonds se laissent généralement séduire par des projets rentables sur le long terme et cela peut se transformer en casse-tête chinois s'ils doivent à chaque fois renouveler leurs droits à cause de durées trop brèves. Au regard des aspects juridiques et de négociations, bien que les États acquièrent une certaine certitude par le biais de l'utilisation de dispositions de brève durée, celles-ci peuvent créer une incertitude proportionnelle chez les investisseurs, craignant d'être à la merci du cadre législatif du pays d'accueil, et tout particulièrement si les relations entre les parties en venaient à se détériorer.

366. Les préoccupations en matière de corruption et de manque d'indépendance judiciaire peuvent intensifier le désir d'un investisseur de trouver un décideur échappant aux pressions internes. Pour remédier à ces préoccupations, les investisseurs obtiennent parfois du gouvernement qu'il accepte de régler les différends dans les tribunaux du pays d'origine de l'investisseur. Ils peuvent aussi insister pour obtenir une solution par voie d'arbitrage. Mais si le pays dispose d'un système judiciaire efficace et indépendant, il peut cependant se révéler difficile pour l'investisseur d'insister sur un arbitrage et/ou de déplacer les questions en litige dans un pays étranger.

367. Les Principes directeurs disposent également que pour s'acquitter de leur responsabilité en matière de respect des droits humains, les entreprises doivent mettre en place une procédure de diligence raisonnable en matière de droits de l'homme pour identifier leurs incidences dans ce domaine, prévenir ces incidences, en atténuer les effets, et rendre compte de la manière dont elles y remédient[599]. Par ailleurs, les principes directeurs indiquent que lorsque les entreprises découvrent qu'elles ont eu des incidences négatives, ou y ont contribué,

[599] Principes directeurs des Nations unies, principe 15.

elles doivent prévoir des mesures de réparation ou collaborer à leur mise en œuvre suivant des procédures légitimes[600].

B. L'émergence d'un droit matériel minier autonome

368. Au regard du droit applicable, le droit minier matériel est lui aussi imprégné de droit international. Il a donné naissance à une ingénierie juridique. La clause-cadre que nous définissons est comprise ici comme une disposition qui dit essentiellement que l'État doit respecter les engagements pris vis-à-vis d'un investisseur et fait ainsi de ces engagements une partie du corps du traité d'investissement. Les tribunaux ont eu des opinions très différentes sur la façon dont l'engagement d'un État doit être défini, allant des déclarations générales d'un gouvernement, en ce qui concerne un investissement, aux accords spécifiques par écrit ou à la législation. Dans les deux cas, lorsqu'une clause-cadre est couplée à une clause de stabilisation dans un contrat d'investissement ou dans le droit interne de l'État d'accueil, une puissante combinaison est mise en place pour empêcher les actions de l'État non conformes à la disposition de stabilisation.

369. Au Sénégal, un modèle de convention minière est mis à la disposition de tout investisseur minier. Ces conventions de longue durée passées entre le gouvernement et les sociétés titulaires de droits miniers fixent les engagements réciproques de l'État et de la société. Elles permettent aussi de garantir la stabilité générale des conditions fiscales, juridiques et économiques. Ces contrats miniers, comme tout autre engagement juridique, peuvent ne pas aboutir. Les parties, le projet, l'économie, et d'autres forces et facteurs peuvent transformer une alliance jadis heureuse en une relation tendue, allant même jusqu'à la séparation. De nombreuses questions peuvent donner lieu à des conflits, y compris la conformité avec les obligations en matière de performance, le non-respect des obligations sociales ou environnementales durant la phase de développement et l'interprétation des questions relatives à la fermeture de la mine. Comment le gouvernement et la société minière peuvent-ils gérer les différends ? Une question qui se pose avec acuité et dont on n'a pas encore fait le tour. Une variété d'outils contractuels disponibles permettant de contribuer à un déroulement harmonieux est disponible.

---

[600] Principes directeurs des Nations unies, principe 22.

370. Une option consiste à insister sur des examens périodiques obligatoires du contrat, dans le but d'obliger les parties à confronter les changements de circonstances. En cas de mécontentement, les parties peuvent négocier en vue de modifier les conditions financières et les autres termes de l'entente de manière à maintenir l'équilibre prévu. Des consultations planifiées peuvent minimiser la frustration et apaiser les tensions si l'une des parties en vient à estimer que l'accord a cessé d'être équitable, ce qui évite des jugements irréfléchis pouvant conduire une entreprise à se retirer d'un pays ou un gouvernement à nationaliser une mine.

371. Certains contrats contiennent d'autres formes d'obligations, en termes de négociation et de médiation, ces obligations rappelant les parties autour de la table en cas de désaccord. Ils encouragent les parties à résoudre leurs problèmes, par elles-mêmes ou avec l'aide d'un médiateur neutre et contribuent ainsi à éviter une escalade du litige. Lorsque les nouvelles négociations ou des médiations régulières échouent, les contrats prévoient d'autres méthodes formelles de règlement des différends. Les dispositions pertinentes relatives aux différends contiennent généralement au moins deux éléments importants : la loi qui régira le litige et la méthode de résolution des différends. La loi régissant les accords miniers peut être totalement indépendante de la méthode utilisée pour résoudre les différends.

372. Le droit substantiel sénégalais est une réponse à l'incertitude dans laquelle se trouvaient les investisseurs quant au droit qui régira leur patrimoine. Cette garantie des droits serait même l'assurance tout risque que peut offrir l'État aux investisseurs. En effet, toute personne physique ou morale, de nationalité sénégalaise ou étrangère, ainsi que tout organisme à vocation scientifique sont éligibles à obtenir des droits miniers, sous réserve, pour les personnes étrangères d'élire domicile auprès d'un mandataire minier établi sur le territoire sénégalais. Une fois les droits miniers octroyés, l'admission est effective. Cela aura alors pour conséquence de rendre applicable l'ensemble des dispositions du Code minier à l'investisseur, y compris donc l'ensemble des mesures favorables à son investissement, c'est-à-dire les mesures de garanties, de promotion et de protection des investissements. Non seulement l'investissement sera protégé au niveau du droit interne, mais il le sera également au niveau du droit international ; cela par l'enclenchement quasi-automatique des garanties et protections des investissements résultant du droit coutumier[601].

373. L'ensemble de ces mesures, autant internes qu'internationales rassurent en pratique l'investisseur et se révèlent décisives dans le choix d'investir dans un État. C'est donc intentionnellement que l'État sénégalais a également mis en place tout un système de promotion et de protection de droits des investisseurs. Les États de la région sont confrontés à un défi complexe dans la promotion de champions nationaux et dans la matérialisation de la vision sénégalaise des mines. Si la vision elle-même est claire, le cheminement est complexe. Il s'agit de trouver la bonne combinaison de politiques qui marcheraient avec l'ensemble des circonstances et acteurs uniques de chaque État afin que les richesses minérales se traduisent de manière plus efficace par une réduction de la pauvreté et un développement durable inclusif. Une autre complication consiste en la série d'obligations juridiques intégrées dans les nombreux accords d'investissement internationaux auxquels le Sénégal est partie. Dans certains cas, ces accords restreignent la capacité des gouvernements à se servir des outils pouvant lui permettre d'atteindre ses objectifs.

374. Nonobstant les avancées significatives précédemment mises en exergue au cours de l'évolution du régime minier, l'État du Sénégal continue à démontrer sa volonté de réforme du régime minier pour se doter d'une législation minière adaptée aux réalités économiques, en concordance avec plusieurs autres juridictions africaines et en conformité avec les exigences et normes internationales en la matière.

Section 2

Une réglementation minière nationale adaptée

375. La modernisation du droit minier national devient une nécessité. C'est ce que nous voulons démontrer ici : un droit national minier réorganisé. Depuis 2003, la promotion du secteur minier a mobilisé d'importants moyens et efforts axés sur la mise à jour des connaissances et des infrastructures géologiques, le renforcement institutionnel du ministère chargé des Mines et la promotion des investissements directs étrangers.

---

[601] OCDE (2004), *L'expropriation indirecte et le droit de réglementer dans le droit international de l'investissement*, Éditions OCDE.

376. Pour la rendre adaptée, la réglementation minière est alignée sur les conventions internationales (Paragraphe 1) elle est aussi matérialisée par des protections extracontractuelles pour les investisseurs et des restrictions sur le pouvoir de l'État : le rôle des traités d'investissement (Paragraphe 2).

Paragraphe 1 : Une réglementation minière alignée sur les conventions internationales

377. Tout pays dans l'exercice de sa souveraineté signe des traités et conventions qui l'amènent à les ratifier, selon la procédure prévue dans son ordre juridique interne. Le cadre juridique international approprié est de nature interétatique et relève aussi des organisations internationales productrices du droit international. Les normes juridiques au niveau international sont vastes et constituées de nombreux textes applicables en la matière. Il est, en outre, important de savoir qu'au plan international, un texte n'est applicable et imposable à un État que lorsqu'il a été ratifié ; dans le cas contraire, ledit État n'est pas obligé de l'appliquer. Un tel texte ne peut pas être inscrit dans l'ordre juridique de cet État.

378. Le nouveau Code minier comporte des dispositions fortes garantissant une bonne gouvernance du secteur minier. Le respect des conventions internationales répond au souci de permettre une bonne exploitation des ressources minérales pouvant profiter à l'économie et aux personnes, à travers une politique sociale cohérente. Ce souci de faire profiter les populations des ressources disponibles doit s'inscrire dans un cadre juridique approprié[602]. Le Pacte international relatif aux droits économiques, sociaux et culturels de 1966[603] en son article 2, dispose que « Chacun des États parties au présent Pacte s'engage à agir, tant par son effort propre que par l'assistance et la coopération internationales, notamment sur les plans économique et technique, au maximum de ses ressources disponibles, en vue d'assurer progressivement le plein exercice des droits reconnus […] y compris en particulier l'adoption de mesures législatives. » Par l'adoption de ce pacte, le Sénégal s'engage à respecter les standards internationaux pour

---

[602] Centre d'études sur le droit international et la mondialisation, Université du Québec à Montréal, http://www.cedim.uqam.ca.

[603] Le pacte a été signé en 1966 et ratifié par le Sénégal en 1976 ; c'est-à-dire 10 ans après sa signature, d'où la difficulté pour l'insérer dans l'ordre juridique interne.

le bien-être de sa population. Se fondant sur les meilleures pratiques internationales, le régime minier actuel est à la recherche d'une conformité avec le droit international (A) tout en assurant la promotion du développement local (B).

A. La recherche d'une conformité avec le droit international

379. Aujourd'hui aucun droit n'évolue en vase clos. Il y a une nécessité de se conformer aux exigences de l'industrie minière internationale. Au cours des dernières décennies, les développements probablement les plus importants, en termes de lois minières et de contrats, se sont produits dans les procédures de délivrance des titres miniers et dans les domaines, sociaux et environnementaux ; et cela de manière drastique. Des domaines tels que la responsabilité sociale, les droits de l'homme, les dispositions anti-corruption, et les consultations au niveau local apparaissent en tant que nouveaux sujets dans les contrats internationalisés.

380. Actuellement, de nombreux pays ont adopté un processus d'obtention des titres miniers simple et efficace reposant sur le principe du premier *arrivé, premier servi* : le premier investisseur à présenter une demande conforme obtient le droit exclusif de recherche sur le territoire désigné. En cas de découverte, le titulaire du titre minier bénéficie de l'assurance raisonnable d'obtenir le droit d'exploiter la ressource. Ce système est logique, dans la mesure où, en théorie, il devrait permettre de ne pas favoriser une partie quelconque et inciter à attirer ceux qui sont désireux d'obtenir une licence leur permettant de se lancer dans une exploitation minière. Ce système a connu de nombreuses évolutions avec l'introduction d'appels d'offres concurrentielles pour l'octroi des droits d'exploration et d'exploitation minière dans un nombre grandissant de pays. Les offres concurrentielles peuvent présenter plusieurs avantages : elles peuvent inciter les décideurs à anticiper, planifier et prioriser les avantages de projets d'exploitation des ressources minérales qu'ils seraient désireux d'entreprendre, dans la mesure où ces avantages peuvent être le sujet de l'offre.

381. Les critères de pré-qualification, les frais de dossiers d'appels d'offres, et les paiements de primes à l'avance peuvent dissuader la spéculation et provoquer un gel des licences, tandis que des appels d'offres transparents peuvent réduire les risques de corruption par rapport au système *premier arrivé, premier servi* ou aux négociations directes. Il n'en demeure pas moins que faute de dispositions solides assurant la transparence et la surveillance, les offres concurrentielles peuvent souffrir des mêmes problèmes de corruption et de mauvais octroi des licences et des ressources que les autres systèmes. Et, de fait, des problèmes tels que le gel des licences et la corruption peuvent également être découverts dans des systèmes d'octroi divers. En outre, si le gouvernement ne dispose pas d'informations géologiques suffisantes, il peut s'avérer bien plus difficile de mettre en œuvre un système concurrentiel donnant de bons résultats. Dans ce type de situation, il est préférable que le gouvernement commence sur la base du système *premier arrivé, premier servi*, ou investisse de manière à être en mesure de fournir les informations de nature géologique, pertinentes.

382. Afin d'assurer une plus grande transparence, des dispositions entourant la protection de l'environnement et le dialogue avec les communautés ont enrichi le droit minier. Pour tous les projets miniers, la phase de planification est la phase la plus importante, en termes d'influence sur la forme finale d'un projet d'exploitation minière et sur les impacts qu'il aura. Une opportunité unique se présente lorsque les plans d'exploration, d'exploitation et de fermeture sont développés (ou révisés). C'est un moment crucial pour recenser les risques environnementaux et sociaux, pour déterminer les moyens d'éviter ou atténuer les problèmes, et pour concevoir le projet et l'exploitation en conséquence. Ce processus vise l'évaluation de l'impact environnemental et social. Les évaluations de l'impact environnemental et social sont des outils fondamentaux de planification d'avant-projet utilisés pour s'assurer qu'un large éventail d'implications environnementales et sociales potentielles est pris en compte avant que le projet ne soit formellement approuvé. Les résultats de ces évaluations de l'impact environnemental et social permettent de modeler les projets, voire de les stopper. Traditionnellement, ces évaluations déterminent les caractéristiques environnementales de la zone susceptible d'être affectée par un projet[604]. Il serait souhaitable que les conclusions issues de cette procédure n'aient pas la portée de simples avis et qu'elles revêtent une portée juridique réelle vis-à-vis de l'autorité administrative[605].

---

[604] L'étude d'impact sur l'environnement, Patrick Michel, p. 157, 2001 ministère de l'Aménagement du Territoire et de l'Environnement.

[605] Synthèse des remarques formulées par des opposants au gaz de couche et aux pétrole et gaz de schiste, ni ici, ni ailleurs, ni aujourd'hui, ni demain ! relatives à la proposition de loi n° 4251 portant adaptation du Code minier au droit de l'environnement en France. Disponible au :

383. Au sens du droit comparé, en Australie, par exemple, l'État du Queensland a récemment adopté une réglementation exigeant des évaluations de références sociales plus approfondies et une planification de la gestion de l'impact social, préliminaire à l'approbation des permis. Cette réglementation exige que les données soient recueillies sur des catégories telles que l'histoire et la culture communautaires, les revenus et le coût de la vie, la population, l'infrastructure sociale, la participation de la main-d'œuvre, l'emploi et le profil de diversité, le logement et l'hébergement, l'éducation, la formation, et les transports. Tout peut être pertinent dans ces évaluations d'impact, depuis le prix des maisons et le montant des prêts jusqu'à la nature des marchés locaux de l'emploi, en passant par les transports en commun.

384. Compte tenu de la lourde empreinte des mines, les études d'impact environnemental et social (EIES) dans le domaine des mines sont généralement soumises aux normes les plus exigeantes. La législation nationale peut exiger des entreprises qu'elles préparent une EIES ou du moins obtiennent des approbations et autorisations nécessaires, avant de procéder à un projet d'exploitation minière ; mais quand ce n'est pas le cas, les dispositions de l'EIES dans les contrats peuvent stipuler leur caractère nécessaire. En outre, même si une exigence d'EIES est formulée dans la loi, il peut exister des raisons pour lesquelles le gouvernement décide également d'inclure cette obligation dans le contrat pour renforcer le message que les obligations d'une entreprise, de se préparer ou de se procurer une EIES, sont considérées comme un élément fondamental de la réussite. S'il y a une violation en ce qui concerne la façon dont l'EIES a été préparée, le contrat peut prévoir des sanctions et des recours spécifiques, qui pourraient ne pas être disponibles dans le cadre du droit interne. Dans certains pays, les citoyens ont la possibilité de contester l'EIES et les décisions qui en découlent devant un tribunal. La manière dont les EIES sont conduites est essentielle pour déterminer si, dans quelle mesure, et comment les impacts environnementaux et sociaux sont anticipés et, dans la mesure du possible, évités. Sans une indépendance, une surveillance et une intégration adéquate des processus de prise de décision, une EIES n'offre aucune valeur pratique. Certains accords, comme celui du projet

---

http://alternatives-projetsminiers.org/wp-content/uploads/docs/code_minier/CM_fiches_dec2016_OK3.pdf

Zogota en Guinée (2009)[606], exigent que l'entreprise prépare l'EIES. Certains contrats miniers indiquent que le gouvernement doit approuver les EIES, bien que la plupart des contrats ne comportent pas d'exigences relatives à la portée de l'EIES ou au processus d'approbation. Il est à noter, en passant, que le Sénégal gagnerait à s'inspirer du modèle guinéen en le perfectionnant notamment.

385. Surtout, les principes liés aux droits de l'homme rencontrent des problèmes d'application, parce que certains traités prévoient que les individus, les communautés et d'autres entités des mécanismes judiciaires ou quasi judiciaires puissent intenter des poursuites contre les États, devant les cours, les tribunaux et les autres organes. Dans le cas Awas Tingni 2001[607], par exemple, une communauté autochtone a poursuivi avec succès le gouvernement du Nicaragua pour avoir omis de s'assurer de l'efficacité du processus de consultation avant d'accorder une concession d'exploitation forestière sur ses terres. La Cour des droits de l'homme interaméricaine estima que le Nicaragua avait violé la Convention américaine relative aux droits de l'homme en omettant de protéger le régime coutumier de la communauté, les droits fonciers et les ressources collectives[608]. Depuis cette décision, un travail important

---

606 Contrats miniers comment les lire et les comprendre, p. 242, sept. 2014.

607 Affaire de la Communauté Mayagna (Sumo) Awas Tingni C/ La République du Nicaragua – 31 août 2001 - Cour Interaméricaine des Droits de l'Homme mercredi 26 mai 2010. Dans la décision rendue le 31 août 2001, la Cour a statué par sept voix contre une, que la République du Nicaragua avait violé l'article 25 (en liaison avec les articles 1 et 2) de la Convention relatif au droit à une protection juridictionnelle. De même, elle a également constaté par une majorité de sept voix contre une, que la République du Nicaragua avait violé l'article 21 de la Convention régissant le droit à la propriété. À l'unanimité, la Cour décida que la République du Nicaragua devait donc adopter des mesures visant à créer un mécanisme pour assurer l'efficacité et la reconnaissance officielle des terres traditionnelles des communautés autochtones en conformité avec le droit coutumier, les valeurs, us et coutumes. Enfin, la Cour déclara que le jugement représentait en partie, une forme de réparation pour les membres de la communauté Mayagna (Sumo) des Awas Tingni. Elle condamna la République du Nicaragua au paiement de 50 000 dollars dans les travaux publics et des services supplémentaires à titre de réparation pour les préjudices matériels et moraux ainsi qu'au paiement de 3 000 dollars pour les dépenses et les frais juridiques engagés par les Awas Tingni à la fois dans la procédure interne et internationale.

608 L'étude a été commanditée par le CONGAD, en partenariat avec OXFAM NOVIB et CARITAS, dans le cadre du Projet de renforcement des capacités des ONG/OCB pour l'amélioration de l'accès à la terre et à la sécurisation foncière en zone rurale au Sénégal. Axée sur l'exercice des droits des petits exploitants, notamment des femmes et des jeunes, à l'accès à la terre et à la sécurisation foncière.

a été accompli par diverses organisations pour mieux décrire ce que la législation internationale relative aux droits de l'homme exige des gouvernements qui passent des contrats avec des entreprises privées, en vue d'une exploitation minière ou de projets d'une autre nature. Le Conseil des droits de l'homme des Nations unies a adopté en 2011[609] un rapport contenant des principes pertinents dans le cadre des contrats, qui visent à aider les négociateurs gouvernementaux et privés désireux de s'assurer que leurs affaires sont compatibles avec les droits de l'homme[610].

386. Dans un environnement juridique relativement dynamique, la recherche de la conformité du régime minier avec le droit international est une nécessité constante. Toutefois, le législateur doit toujours s'assurer que l'application du droit minier concourt au développement local.

B. La promotion du développement local

387. Le cadre juridique national tient compte du contexte international mais aussi du contexte local pour édicter des règles pouvant régir le domaine minier. Avec la vague de libéralisation des années 1990 et de ce qui est connu comme étant le consensus de Washington[611], de nombreuses conventions minières ont perdu l'orientation de développement qu'elles avaient dans les années 1970 et 1980. Pour les gouvernements d'accueil, ce qui était auparavant appelé accord de développement minier « est devenu un accord de promotion de l'investissement, fournissant des recettes fiscales au gouvernement, sans plus ». Ces accords ont permis le développement d'une forme d'enclave de l'exploitation minière, dans le cadre duquel les mines opèrent et paient des impôts, tout en restant cependant largement déconnectées de l'ensemble de l'économie. Vingt ans plus tard, les pays d'accueil réalisent de plus en plus que les mines qui auraient pu être un tremplin pour le développement n'ont pas produit les avantages

---

[609] Rapport du Conseil des Droits de L'homme, Assemblée Générale, Documents officiels Soixante sixième session, Supplément n° 53 (A/66/53), New York, 2001, p. 238.

[610] Haut-Commissariat des Nations unies aux Droits de l'Homme, questions fréquentes au sujet d'une approche de la coopération pour le développement fondé sur les droits de l'homme, New York et Genève 2006 ; p. 50.

[611] E. Berr et F. Combarnous, *L'impact du consensus de Washington sur les pays en développement : une évaluation empirique, Centre d'Économie du Développement*, Université Bordeaux IV, 24p, Document de travail n° 100.

présumés au niveau national. L'objectif présent est d'intégrer le secteur minier au cœur de la croissance économique et d'en tirer parti.

388. En vertu de cette tendance, l'État du Sénégal, à l'image des autres pays africains, a élaboré la Vision minière pour l'Afrique, qui reconnaît le rôle que peuvent jouer les minéraux dans une simulation réelle de croissance économique et comme moteur de la diversification économique. Plutôt que d'utiliser la richesse en minéraux uniquement pour générer des revenus, cette stratégie cherche à mieux intégrer les opérations minières dans l'économie du pays. Les exigences en matière de contenu local des contrats visent à assurer que les citoyens des pays d'accueil bénéficient d'un emploi et d'une formation, et que les entreprises locales obtiennent des contrats d'approvisionnement[612]. Des mécanismes tels que l'emploi ou l'approvisionnement local, les régimes préférentiels pour les entreprises locales, l'appui au développement du capital industriel et humain par le gouvernement, ou des facilités de financement pour les entreprises locales, représentent les méthodes permettant de réaliser les objectifs de *local content*. Selon le contexte, par exemple, une société peut être considérée comme étant locale « sur la base de son enregistrement, de qui en est le propriétaire, de la main-d'œuvre, ou de la valeur ajoutée en termes de production locale. Une entreprise détenue en majorité par des intérêts étrangers peut même être considérée comme locale » dans certains cas, pour autant que l'entreprise locale détienne une participation minimale. Le défi consiste à passer de la vision à la pratique. Cette partie décrit les différentes options possibles, dans le cadre des négociations d'un gouvernement d'accueil avec une société d'exploitation minière, consistant à s'assurer que le projet d'exploitation minière génère des liens avec l'économie et s'y intègre.

389. De nombreux contrats miniers énoncent des dispositions relatives au contenu local visant à maximiser les opportunités économiques de l'investissement minier et à mieux assurer que les avantages demeurent dans le pays. L'objectif de ces dispositions est de tirer de l'activité minière des bénéfices en matière de croissance et de développement durable. Ces dispositions viennent en sus de celles qui pourraient également se trouver ailleurs que dans le contrat lui-même,

---

[612] OCDE (2017) : *local content policies in minerals-exporting countries, case studies.* Voir: http://www.oecd.org/officialdocuments/publicdisplaydocumentpdf/?cote=TAD/TC/WP(2016)3/PART2/FINAL&docLanguage=En

comme dans les lois, les pratiques, les politiques nationales, et dans les Accords de développement communautaire (ADC). Si elles sont suivies d'une bonne implémentation, ces politiques et ces instruments renforcent les compétences et les possibilités économiques. Elles peuvent tout aussi servir la société minière, dans la mesure où les travailleurs locaux et la production locale peuvent s'avérer moins coûteux, plus prévisibles, et peuvent faciliter l'intégration de l'entreprise dans le pays d'accueil, renforçant par là-même les relations entre l'entreprise et un large éventail de parties prenantes.

390. La réalisation des objectifs anticipés par les dispositions relatives au « *local content* » peut cependant s'avérer difficile. Elle implique en effet une coordination des politiques et des instruments contractuels à la lumière des considérations nationales, régionales, locales et transfrontalières. Trop souvent, la participation locale souffre de deux maux connexes : des dispositions relatives à la participation locale mal conçues et une application inadéquate. Les États sont également tenus de réglementer les activités des entreprises domiciliées sur leur territoire s'agissant des atteintes aux droits humains qu'elles commettent à l'étranger (un principe parfois appelé responsabilité de l'État d'origine). L'étendue de cette obligation a été plus clairement définie ces dernières années par les mécanismes des droits de l'homme des Nations unies ainsi que par le travail des juristes experts internationaux – dans le domaine de l'extraction minière et du négoce – par l'Organisation de Coopération et de Développement économiques (OCDE)[613]. Le Comité des Droits économiques, sociaux et culturels (CDESC), un organe des Nations unies composé d'experts qui fournit des orientations faisant autorité sur l'application du Pacte international relatif aux droits économiques, sociaux et culturels[614] (PIDESC), a précisé que les États sont tenus de respecter les droits dans d'autres pays et d'empêcher des tiers, par exemple des entreprises, de les violer,

---

[613] Voir le site de l'OCDE www.oecd.org/corporate/mne/mining.htm, consulté le 7 mai 2014.

[614] Le Pacte international relatif aux droits économiques, sociaux et culturels (PIDESC) est un traité international multilatéral adopté le 16 décembre 1966 par l'Assemblée générale des Nations unies dans sa résolution 2200A (XXI) 1. Il requiert des États parties qu'ils agissent en vue d'assurer progressivement le plein exercice des droits économiques, sociaux et culturels protégés dans le Pacte, y compris le droit au travail, le droit à la santé, le droit à l'éducation et le droit à un niveau de vie suffisant.

s'ils sont en mesure d'influencer ces tiers par des moyens juridiques ou politiques[615].

Paragraphe 2 : Protections extracontractuelles pour les investisseurs et restrictions sur le pouvoir de l'État : le rôle des traités d'investissement

391. Durant la seconde moitié du 20e siècle, on a vu se développer un important champ du droit international relatif au régime de protection de l'investissement étranger. Les traités bilatéraux d'investissement (TBI) répondaient au besoin de suppléer aux maigres protections offertes par le droit international coutumier aux ressortissants étrangers. Il existait bien certaines protections minimales pour les investisseurs étrangers contre d'éventuels préjudices de la part d'un État hôte, mais il n'y avait pas unanimité sur les formes spécifiques de traitement nécessitant protection de la part des États hôtes[616]. Ces traités d'investissement sont généralement des instruments dont l'unique fonction consiste à protéger les investisseurs étrangers et leurs actifs, et non à leur imposer des obligations ou des responsabilités légales[617].

392. À quelques exceptions près (par exemple dans certains traités relatifs aux droits de l'homme), la plupart des types de traités ne permettent aux États que de soulever des litiges et d'obtenir réparation que pour cause de violation du traité. Mais, au contraire de ce type de traités, les traités d'investissement permettent aux sociétés étrangères de poursuivre le gouvernement du pays d'accueil et de demander des réparations en compensation des préjudices qu'ils ont subis à la suite d'une violation d'un traité. La réconciliation des intérêts des parties

---

[615] Comité des droits économiques, sociaux et culturels [ONU], Observation générale n° 15 (2002), Le droit à l'eau (art. 11 et 12 du PIDESC), 20 janvier 2003, doc. ONU E/C.12/2002/11, § 31-36, www.tbinternet.ohchr.org/_layouts/treatybodyexternal/TBSearch.aspx?TreatyID=9&DocTypeID=11

[616] Par exemple, aux Nations unies, on assista à de sérieux accrochages entre pays développés et pays en voie de développement sur la question de savoir si les gouvernements pouvaient nationaliser des investissements étrangers dans le secteur des ressources naturelles sans pleinement dédommager les investisseurs étrangers. Voir: M. Sornarajah, *The International Law on Foreign Investment*, Cambridge University Press, 2004, p. 22-23.

[617] L. E Peterson, Le rôle du droit relatif aux droits humains dans l'arbitrage des différends entre investisseurs et États, 2005. https://www.business-humanrights.org/sites/default/files/media/documents/human-rights-andbilateral-investment-treaties-peterson-2009-fr.pdf

requiert la création d'un environnement de collaboration avec les investisseurs (A) avec des exigences difficilement applicables (B).

A. La création d'un environnement de collaboration avec les investisseurs

393. La responsabilité des États et des entreprises est précisée par le droit minier national, sur l'influence du droit international. Les États sont tenus, au regard du droit international, de protéger les droits humains contre les atteintes perpétrées par des acteurs non étatiques, notamment des entreprises. L'obligation des entreprises de respecter les droits humains est de plus en plus reconnue depuis une dizaine d'années. Cette obligation a été définie dans la mise en œuvre du cadre de référence « *protéger, respecter et réparer* » des Nations unies[618] ainsi que dans les Principes directeurs des Nations unies relatifs aux entreprises et aux droits de l'homme[619]. Le droit international imprègne l'État du Sénégal du devoir de protéger ses citoyens. S'agissant des activités des entreprises, le devoir de protéger exige des États qu'ils mettent en place des systèmes appropriés et efficaces pour les réglementer. Parce que la plupart des traités d'investissement ne font jamais référence au droit relatif aux droits humains, les États pourraient choisir, à l'avenir, d'introduire dans les traités qu'ils négocient le discours des droits humains. Les organes de suivi des traités des Nations unies indiquent clairement que les États sont tenus de prendre des mesures pour remplir leur obligation de protéger, au regard du droit international, notamment en adoptant des mesures législatives en vue d'empêcher les entreprises de porter atteinte aux droits humains et, lorsque de tels faits se

---

[618] Conseil des droits de l'homme des Nations unies, *Protéger, respecter et réparer : un cadre pour les entreprises et les droits de l'homme.* Rapport du représentant spécial du secrétaire général chargé de la question des droits de l'homme et des sociétés transnationales et autres entreprises, John Ruggie, 7 avril 2008, doc. ONU A/HRC/8/5, disponible à l'adresse : www.ohchr.org/EN/Issues/TransnationalCorporations/Pages/Reports.aspx.

[619] Bureau du Haut-Commissariat des Nations unies aux droits de l'homme, Principes directeurs relatifs aux entreprises et aux droits de l'homme : mise en œuvre du cadre de référence protéger, respecter et réparer des Nations unies, 2011, doc. ONU HR/PUB/11/04, disponible à l'adresse www.ohchr.org/Documents/Publications/-GuidingPrinciplesBusinessHR_FR.pdf (Principes directeurs des Nations unies).

produisent, enquêter à leur sujet, en punir les auteurs, et veiller à ce que les victimes aient accès à un recours effectif[620].

394. La législation, les politiques, les exigences intégrées dans les accords communautaires, les politiques et initiatives de l'industrie sont autant d'outils qui peuvent également venir en aide au *local content*. Les entreprises trouvent leur propre intérêt dans le renforcement de la base de compétences des pays où elles investissent. L'Initiative sur la participation du marché national au Conseil mondial des affaires pour le développement durable[621] engage les investisseurs et les gouvernements locaux dans un dialogue pour identifier les intérêts communs et améliorer la compétitivité des entreprises locales, plutôt que de se concentrer sur des obligations. Une amélioration des compétences et de la capacité entrepreneuriale est également une priorité croissante pour les organismes de développement et les organisations inter-gouvernementales.

395. Des initiatives conjointes émergentes, telles que l'Initiative sur les compétences minières en Afrique[622] et le partenariat public-privé

---

[620] Conseil des droits de l'homme des Nations unies, Rapport du représentant spécial du secrétaire général chargé de la question des droits de l'homme et des sociétés transnationales et autres entreprises. Additif : Obligations pour les États de réglementer et de contrôler les activités des sociétés, en application des principaux instruments des Nations unies relatifs aux droits de l'homme: synthèse des commentaires émanant d'organes conventionnels, 13 février 2007, doc. ONU A/HRC/4/35/Add.1. Voir : www.ohchr.org/EN/Issues/TransnationalCorporations/Pages/Reports.aspx. À noter que le représentant spécial John Ruggie a récemment souhaité que les organes gouvernementaux fassent preuve d'une plus grande cohérence quand ils rédigent les traités d'investissement (ou tout autre traité économique). Il a en effet constaté que les ministères du Commerce ou du Développement économique ont trop souvent travaillé à contresens des obligations des États en matière de droits humains et des institutions chargées de mettre en œuvre ces obligations. Rapport du 7 avril 2008; les mémoires préparés à l'intention du Représentant spécial préconisaient l'introduction de références aux droits humains dans la formulation des traités d'investissement.

[621] Le World Business Council for Sustainable Development (WBCSD) a été créé en 1995 par la fusion du Business Council for Sustainable Development et du World Industry Council for the Environment, à l'initiative de l'industriel suisse Stephan Schmidheiny, ex-PDG de Swiss Eternit Group et membre de nombreux conseils d'administration (dont ceux de Nestlé, etc.), et qui fut le principal conseiller pour les affaires de Maurice Strong, le secrétaire général de la Conférence des Nations unies sur l'Environnement et le Développement, plus connue sous le nom de sommet de la Terre de Rio (1992). C'est après ce travail qu'il fonda le WBCSD.

[622] La Vision minière pour l'Afrique : Un programme de développement transformateur, note d'information de 12 pages préparée en janvier 2013, Forum Afrique Canada.

visent à créer et à soutenir de nouvelles solutions pour combler les déficits identifiés dans les compétences minières[623]. En fait, lors de l'implémentation du *local content*, les pays les plus performants peuvent être ceux qui créent un environnement de collaboration avec les investisseurs. Un établissement du contenu local dans le cadre de la loi ne saurait suffire à assurer les intérêts des entreprises et des compétences locales. En revanche, par le biais d'approches de collaboration, les gouvernements et les entreprises se réunissent pour établir un calendrier réaliste en matière d'emploi, d'approvisionnement et de formation. C'est ce qui s'est passé au Chili.

396. Comme il est indiqué ci-dessus, les contrats miniers comprennent de plus en plus des exigences liées au *local content* et couvrant des questions telles que l'emploi, la chaîne d'approvisionnement, la formation, le renforcement des compétences et le transfert du savoir. Le contrat d'exploitation minière Guinée-SIMFER[624] en est un exemple assez typique. L'une des grandes nouveautés de cette convention, est l'introduction d'une dimension sociale et environnementale, de manière très forte, des mesures obligeant la société minière à renforcer les engagements pris avec l'État et les populations locales en matière de protection de l'environnement, de développement local, de l'employabilité des nationaux ainsi qu'en matière de respect des droits de l'homme, de l'éthique et de la transparence.

397. Le contrat minier entre le gouvernement du Libéria et la société Mano River est plus direct, déclarant simplement que l'opérateur ne doit pas employer la main-d'œuvre non qualifiée étrangère. Dans toute la mesure du possible, l'exploitant emploiera des citoyens libériens à tous les niveaux. L'Accord Australie — Macarthur River Project fournit un autre exemple. Il exige que la société utilise la main-d'œuvre et les services locaux disponibles dans le Territoire du Nord de l'Australie, mais indique que l'entreprise peut aller chercher cette main-d'œuvre et

[623] La Commission économique pour l'Afrique des Nations unies (CEA) a été établie en 1958 pour encourager la coopération économique entre ses États membres (les nations du continent africain). C'est l'une des cinq commissions régionales du Conseil économique et social des Nations unies (ECOSOC) qui lui rend compte directement. La Commission se compose de 54 États membres. Elle siège à Addis-Abeba en Éthiopie et dispose de cinq bureaux sous régionaux.

[624] La convention dite de base a été signée le 26 novembre 2002, qui sera finalement ratifiée le 3 février 2003 par le parlement guinéen.www.contratsminiersguinee.org/contract/ocds-591adf-6187166467/download/pdf

ces prestations de services à l'extérieur de ce territoire, si elle est en mesure de le faire.

398. Les dispositions relatives au contenu local sont souvent utilisées pour développer et renforcer les liens en amont, des connexions intégrant les individus et les entités locales, dans la chaîne d'approvisionnement de la société minière. Mais, d'autres dispositions peuvent également être utilisées pour générer des liens en aval qui encouragent un plus grand nombre d'activités fournissant une valeur ajoutée. S'il est rare qu'un contrat comprenne des références pour analyser des exigences en aval, certains termes du contrat mettent toutefois en évidence de telles stratégies de diversification. Ces dispositions visent à encourager le développement des activités en aval mais, et il est important de le noter, elles reconnaissent toutefois que cela pourrait ne pas s'avérer économiquement viable. Il est évident que les politiques visant à encourager la participation locale doivent être soigneusement conçues. Insister sur la transformation en aval, par exemple, peut s'avérer être une exigence illusoire pour de nombreuses raisons. La transformation en aval peut impliquer une lourde demande en investissements accompagnée d'une marge de profit très faible. Si le pays ne présente pas l'avantage comparatif recherché (c'est-à-dire qu'il n'est pas en mesure d'offrir l'énergie à un prix compétitif, un marché proche du produit fini, une main-d'œuvre qualifiée ou une monnaie stable), il pourrait ne pas être suffisamment concurrentiel pour justifier un investissement en aval. Il est souvent plus avantageux pour ce pays de dépenser son capital de négociation et ses ressources pour créer une stratégie industrielle facilitant le développement de liens en amont de la mine.

399. Il faut admettre que le respect de certaines de ces exigences s'avère impraticable pour diverses raisons.

B. Des exigences difficilement applicables

400. Le Sénégal est assujetti à un certain nombre d'obligations en matière de droits humains[625]. Le préambule de la Constitution de 2001

[625] Il est partie à tous les principaux instruments des Nations unies relatifs aux droits humains, dont le Pacte international relatif aux droits civils et politiques, le Pacte international relatif aux Droits économiques, sociaux et culturels (PIDESC) et la Convention sur l'élimination de toutes les formes de discrimination à l'égard des femmes (CEDAW). Au niveau régional, le Sénégal est membre de l'Union africaine (UA) et de la Communauté économique des États de l'Afrique de l'Ouest (CEDEAO). Il

de la République du Sénégal affirme l'adhésion du pays aux instruments internationaux adoptés par les Nations unies et l'Union africaine, notamment la Déclaration universelle des Droits de l'Homme, la Convention sur l'Élimination de toutes les Formes de Discrimination à l'égard des Femmes (en anglais *Convention on the Elimination of All Forms of Discrimination Against Women*, CEDAW), la Convention relative aux Droits de l'Enfant et la Charte africaine[626].

401. Le PIDESC et la Charte africaine exigent la protection des droits économiques, sociaux et culturels. La Constitution garantit à tous les citoyens des libertés fondamentales, des droits économiques et sociaux ainsi que des droits collectifs, notamment le droit au travail, le droit de propriété, le droit à la santé et le droit à un environnement sain[627]. Ces libertés et ces droits ne peuvent toutefois s'exercer que dans les conditions prévues par la loi[628]. Et il appert que l'entière protection des droits économiques, sociaux et culturels n'est pas encore inscrite dans la législation interne du Sénégal, mais cette absence de législation nationale ne dispense toutefois pas le gouvernement sénégalais de respecter ses obligations découlant des traités internationaux qu'il a ratifiés. Une imprécision des règles juridiques minières entretenue par cette ambiguïté. Il en est ainsi du besoin de clarifier et d'actualiser le statut de l'ensemble des aires protégées par rapport au risque minier. Pour pouvoir réellement protéger les aires protégées, il convient de les doter de statuts clairs et totalement officiels, sans ambiguïté quant au droit sur les ressources qu'elles abritent. Les grandes sociétés minières disposent de juristes internationaux qui peuvent exploiter au besoin toute faille dans l'arsenal juridique afin de faire valoir leurs droits d'exploitation dans des zones à fort potentiel minier[629].

402. Les clauses de contenu local tendent à se présenter en deux groupes : le premier établit des objectifs minimaux spécifiques tandis que le deuxième fixe des objectifs plus flexibles. Le contrat entre le

---

fait également partie à la Charte africaine des droits de l'homme et des peuples (Charte africaine).

[626] Constitution de la République du Sénégal promulguée le 05 avril 2016.

[627] Article 15 de la Constitution de la République du Sénégal.

[628] *Ibid.*

[629] Évolution du secteur minier en Afrique de l'Ouest ; Quel impact sur le secteur de la conservation? Annexe IV: quelques propositions d'amélioration ; AXE 1 : clarifier et actualiser le statut de l'ensemble des aires protégées par rapport au risque minier, p. 77 ; p. 158.

gouvernement du Libéria et la société China Union indique des objectifs précis, en stipulant que les parties s'entendront sur une mise en œuvre progressive d'un organigramme de travail permettant aux citoyens libériens d'occuper au minimum 30 % de tous les postes de gestion, y compris 30 % des dix postes les plus élevés, dans les cinq ans à compter de la date d'effet, et un minimum de 70 % de tous les postes de gestion, y compris 70 % des dix postes les plus élevés, dans les dix ans à compter de cette date.

403. De même, le contrat d'exploitation minière établit des objectifs pour les employés embauchés par l'entreprise d'exploitation minière, en précisant que, non moins de 90 % (quatre-vingt-dix pour cent) des employés de l'investisseur seront des citoyens libériens. En ce qui concerne la sous-traitance, toutefois, le contrat est plus flexible, énonçant que l'entreprise doit faire de son mieux en matière de sous-traitance afin d'assurer qu'un minimum de 60 % des salariés de la construction et de 75 % des employés dans le secteur minier soient des citoyens. Il est bon de stipuler des exigences de *« local content »* dans le contrat, mais encore faut-il s'assurer qu'elles soient appliquées. Trois facteurs peuvent rendre leur mise en application particulièrement difficile. Le premier est le caractère vague du langage utilisé. Le deuxième est lié aux difficultés de contrôle. Le troisième aux conséquences d'une non-conformité.

404. Les contrats d'exploitation minière Guinée-Simfer (2011), Liberia-Mano River Exploration (2005), et Australie-Mc Arthur River (2007) cités ci-dessus offrent un exemple de langage vague. La flexibilité va toutefois souvent de pair avec des problèmes d'interprétation. C'est lorsque les entreprises ne sont tenues de se conformer aux règles de *local content* que « dans la mesure du possible » ou « dans la mesure où cela est faisable », ou « dans la mesure du pratique », qui détermine ce qui est possible, faisable ou pratique, et comment le faire. Lorsque les contrats précisent que les citoyens nationaux doivent occuper un certain nombre de positions senior, qui détermine ce qu'est une position senior ? Et lorsque les entreprises doivent faire de leur mieux, qu'est-ce que cela signifie ? Ces types de questions se posent couramment, et il peut s'avérer difficile pour les gouvernements de faire respecter les obligations de *local content*. Le deuxième défi en matière de respect est le suivi. Après avoir négocié des engagements de *local content*, comment les gouvernements peuvent-ils s'assurer qu'ils sont respectés ? Certains contrats fournissent une aide contribuant à résoudre ce problème.

405. Le contrat d'exploitation minière Australie-Mc Arthur River Project en Australie, par exemple, stipule que le ministre de l'Énergie et des Mines peut requérir annuellement, et l'entreprise doit alors fournir, un rapport écrit en matière de respect et de mise en œuvre des exigences de contenu local stipulées dans le contrat. Survient alors la question des conséquences. Supposons que le gouvernement sénégalais reçoive un rapport de l'entreprise indiquant une non-conformité. S'il n'y a pas de pénalité en la matière, pourquoi la société devrait-elle s'y conformer ? Certains contrats prévoient des amendes et exigent que la société paye une pénalité si elle engage un trop grand nombre d'employés étrangers. Si l'investisseur emploie un nombre de ressortissants étrangers excédant le pourcentage établi, il devra payer une redevance mensuelle équivalente à 10 (dix) fois le salaire mensuel minimum de chacun des ressortissants étrangers excédentaires. Le contrat d'exploitation minière signé par le Sénégal est un exemple d'approche plus flexible, énonçant que l'investisseur emploiera un personnel sénégalais, dans toute la mesure du possible, et dans toutes les catégories d'emploi, pour la construction et l'exploitation de ses infrastructures de production d'or au Sénégal.

406. Mais, les contrats peuvent aussi réduire dans la pratique les sanctions associées à une non-conformité. Ce même accord illustre ceci quand il stipule qu'une violation des conditions d'embauche locale ne constitue pas une violation de l'accord global et ne saurait être utilisée par le gouvernement comme motif de résiliation du contrat. Considérer le contrat comme étant la seule source d'obligations peut s'avérer être une erreur. La législation, les politiques, les exigences intégrées dans les accords communautaires et les politiques et les initiatives de l'industrie sont autant d'outils qui peuvent également venir en aide au *local content*. Un contrat, plutôt que de créer des exigences de *local content* spécifiques au projet, pourrait plutôt exiger que l'investisseur respecte la loi et la réglementation en vigueur. Le nombre de gouvernements disposant d'un cadre juridique élargi en termes de *local content* est toutefois limité. La loi minière 2009 de l'Indonésie déclare que les entreprises doivent donner la priorité aux employés locaux et aux biens et services nationaux en conformité avec les lois et règlements applicables. Elle comprend également une disposition relative à un dessaisissement pour les participations étrangères dans des entreprises locales. Selon cette loi, après cinq années de production. En 2013, le gouvernement a publié des réglementations clarifiant ce à quoi les entreprises sont tenues conformément aux dispositions de la loi.

407. Les sociétés minières peuvent être tenues de fournir des plans de développement local qui comprennent la participation des entreprises et de la main-d'œuvre dans la zone d'exploitation minière, ces plans étant intégrés dans les plans de développement économique régional avant de passer à l'exploitation. Un plan social de l'emploi, qui a valeur d'exigence en matière de droit et d'exploitation dans le domaine des mines, doit inclure des statistiques de l'emploi et une stratégie de recrutement. Le plan doit également définir un programme de développement économique local visant à accroître la part des sociétés dans l'approvisionnement.

DEUXIÈME PARTIE

LES NOUVELLES APPROCHES D'APPLICATION DU DROIT MINIER

408. L'exploitation minière a relevé l'économie de certains pays d'Afrique mais aussi du Canada[630] et de l'Asie. En effet, des États comme, le Botswana[631], l'Afrique du Sud, l'Australie, le Kazakhstan ont réussi à exploiter sainement leur minerai. Une prise de conscience des Africains a permis de réunir une série de motivations qui ont activé les mouvements de réforme des codes miniers tandis que d'autres sont mis en chantier. Pour tirer profit de l'exploitation des ressources minérales, de nombreux acteurs internationaux – publics et privés – suggèrent la révision des conditions de répartition de la rente minière, introduits par les réformes menées dans le cadre des programmes d'ajustement structurel et rationalisant les exonérations fiscales qui ont été consenties de manière excessive[632].

409. Les concepts utilisés sont la renégociation ou revue, ou la relecture des contrats miniers. Les raisons avancées pour réviser les législations varient d'un pays à un autre. Il peut s'agir de motivations d'ordre économique et budgétaire, des motivations qui tiennent à l'émergence de principes nouveaux internationalement admis et des motivations non écrites. L'avancée de la technologie a accentué la demande de minerai, et les demandes de prospection se multiplient.

410. En outre, les ONG dénonçant les violations des droits humains dans les sites miniers et soutenues par les Organisations de la Société civile (OSC) sont à l'origine de certaines initiatives dont le but est de repenser l'apport social des législations. Par ailleurs, certains pays motivent la révision de leurs codes par la nécessité d'accroître leur part

---

[630] Rapport sur la performance du secteur minier 2006-2015, publié par la conférence des ministres de l'Énergie et des Mines, Winnipeg, Manitoba, août 2016 : il a été démontré que le secteur minier canadien a contribué de manière importante à sa croissance et à sa prospérité procurant des emplois et des possibilités économiques dans toutes les régions et soutenant la cohésion économique et sociale dans de nombreuses collectivités rurales éloignées et nordiques : http://www.rncan.gc.ca/sites/www.nrcan.gc.ca/files/mineralsmetals/pdf/mms-smm/MSRP_report_access_FR.pdf

[631] Silve (A.), Botswana et Maurice, deux miracles africains ; profiter de ses rentes sans hypothéquer son développement Afrique contemporaine 2012/2/ (n° 242) : 31. À l'indépendance (1966), le Botswana comptait parmi les pays les plus pauvres du monde et présentait des facteurs notoires de vulnérabilité. L'exploitation saine du diamant a permis la croissance moyenne du PIB à 6,8 % ; et le place au 66e rang mondial en 2010, en termes de richesses par habitant.

[632] Marechal (L.) « Le secteur minier est-il porteur de développement en Afrique ? », *Politique étrangère*, Vol. 2 : 85-98, 2013.

de recettes. Pour atteindre cet objectif, ils recourent à diverses mesures, telles que les méthodes d'établissement des prix afin de fixer une juste valeur marchande pour les ressources minérales, l'utilisation de divers instruments fiscaux comme l'impôt sur les bénéfices exceptionnels, l'imposition modulée, toutes mesures tendant à transformer le minerai sur place et réduire l'exportation de minerai brut. La nécessité de mettre l'accent sur le développement durable afin de penser à la génération future a suscité l'idée d'aménager d'autres systèmes de protection de l'environnement.

411. En outre, le déficit de bonne gouvernance constaté dans la gestion des contrats miniers a suscité la naissance de normes dans la sous-région et au niveau international. Il a fait réapparaître les concepts de transparence et de lutte contre la corruption. C'est sûrement pour réaliser ce défi que l'ITIE est né lors du sommet sur le développement durable à Johannesburg, englobant nombre de principes qui incitent les États à ériger la transparence comme une composante de la gestion des contrats miniers. Le contenu du concept de transparence est cependant saisi de manière hétérogène. Elle signifie non seulement la publication des contrats mais aussi permet de savoir la destination des fonds. L'ITIE a ainsi conduit à la mise en chantier de plusieurs codes miniers dont celui du Sénégal. La réforme des codes miniers a eu des conséquences sur les contrats dont les modèles de convention ont connu une modification légère.

412. En outre, les abandons de souveraineté sont ressentis du fait de l'intervention des organisations d'intégration comme la CEDEAO et l'OHADA et l'UA. Sous le contrôle des institutions financières internationales (IFI), des pays miniers et, en particulier, des pays d'Afrique, la révision des législations et contrats miniers est devenue une nécessité pour se conformer aux nouvelles exigences. Ce vent de réforme n'a pas épargné le Sénégal.

413. Le droit minier sénégalais va ainsi changer de figure. Les résultats de la réforme ont permis de relever les nouvelles approches de la législation minière (Titre I). Celles-ci sont constatées dans les conventions minières qui fixent les rapports entre les parties (Titre II).

TITRE PREMIER

LES NOUVELLES APPROCHES DE LA LÉGISLATION MINIÈRE

414. La réforme du Code minier sénégalais a révélé chez le législateur la volonté de relever le niveau économique à travers le secteur minier. Les reproches dont était victime le secteur ont été réduits. Il faut noter que les efforts fournis pour tenter de résoudre le paradoxe d'une industrie minière durable ont inclu le développement de règlements et d'outils de gestion. Thème central des débats, le développement durable est perçu comme une forme de développement économique ayant pour objectif principal de concilier le progrès économique et social avec la préservation de l'environnement. Ce dernier étant considéré comme un patrimoine devant être transmis aux générations futures. Au-delà de cet objectif commun, les manifestations d'une réforme de grande envergure apparaissent dans le nouveau Code minier sénégalais.

415. En effet, l'introduction du principe de partage de production, l'extension des obligations de réhabilitation des sites miniers et l'optimisation du taux de la redevance minière dans le cadre d'un dispositif modulaire, selon les substances minérales extraits et le niveau de valorisation, constituent des innovations majeures. Il s'agit d'orienter la législation vers les perspectives de développement. Une démarche inclusive pour impliquer les populations souvent affectées par les projets miniers a été instaurée. Par ailleurs, les sentences arbitrales rendues par les centres de règlement des différends ont été prises en compte. L'évolution des sentences a permis d'alimenter le contenu relatif à la notion d'investissement et son introduction dans les nouveaux instruments juridiques.

416. Le réajustement normatif intervenu en 2016 fait du Code minier sénégalais un instrument juridique chargé de consolider la mission développementale des ressources minérales (Chapitre 1) ; pour cela, l'adoption d'une définition de la notion d'investissement était inévitable pour concrétiser la réforme (Chapitre 2).

CHAPITRE PREMIER

LA CONSOLIDATION DU CARACTÈRE DÉVELOPPEMENTAL DE LA LÉGISLATION MINIÈRE

417. Les ressources minérales constituent des biens nationaux dont l'exploitation doit profiter à l'État et aux communautés. Une politique de gouvernance sectorielle efficace reposant sur la consolidation des mines permet d'aller vers un développement de ces ressources. Cependant, une législation orientée vers une dynamique de développement durable (Section 1) et celle protégeant les intérêts réciproques des parties (Section 2) dans le cadre des conventions d'investissement doivent être élaborées.

Section 1

Une législation orientée vers une dynamique de développement durable

418. La mise en œuvre d'une politique de développement du secteur des mines doit être repensée afin de prendre en charge les questions relatives à la préservation des intérêts de la nation. Pour ce faire, il faut mettre en place une politique minière soucieuse du bien-être socio-économique de l'État et des populations locales (Paragraphe 1) et procéder à une redéfinition du cadre contractuel propice à la croissance du secteur minier (Paragraphe 2).

Paragraphe 1 : Une politique minière soucieuse du bien-être socio-économique de l'État et des populations locales

419. La nouvelle politique minière de l'État, déclinée à travers la nouvelle législation minière, est basée, d'une part, sur la promotion des intérêts nationaux dans la conclusion des conventions minières (A) et, d'autre part, sur l'intégration de l'objectif et des principes directeurs du développement durable dans le régime minier (B).

A. La promotion des intérêts nationaux dans la conclusion des conventions minières

420. La préservation des intérêts nationaux doit occuper une place non négligeable dans toute conclusion de contrats d'investissement afin de prendre en compte le niveau de formation du personnel local, d'une part, et de bénéficier des avantages sur les retombées de l'exploration et/ou de l'exploitation des ressources minérales, d'autre part. Cela passera nécessairement par la mise en place de dispositifs, de moyens d'implication et de conditions de participation au développement du secteur minier. Permettre à la population locale d'investir pleinement le secteur des mines revient à mettre en place des structures d'accompagnement, de mise à niveau des citoyens, pour leur permettre de jouer un rôle déterminant dans les opérations minières.

421. Aujourd'hui, avec le développement des activités extractives,[633] des opportunités s'offrent en termes d'industrialisation et d'aménagement du territoire ; ce qui nécessitera une formation des acteurs locaux en vue de les adapter à la nouvelle situation qui doit impacter sur le niveau de formation des populations, favorisant l'accès à des emplois décents dans le secteur des industries extractives. Cela qui permettra de résoudre le problème crucial de la demande d'emploi des populations locales dans les exploitations minières. On a souvent dénoncé le fait que les jeunes des régions minières ne bénéficiaient pas des emplois créés par les opérations d'exploration et/ou d'exploitation des ressources minérales, du fait de leur manque de qualification professionnelle dans le domaine des mines. Pour résoudre cette situation, une nouvelle politique de prise en compte de cet état de fait doit être définie et mise en place. À cet égard, la commission de révision du Code minier dans son rapport final estime que la situation est favorable à leur implication.

422. Il est également proposé le renforcement du contrôle pour améliorer la situation notamment en matière d'emploi et de protection de l'environnement[634]. En effet, les régions minières doivent bénéficier de promotion en matière d'extraction des ressources minérales. Ce travail, selon les termes d'isabelle Greig *se propose d'analyser les perspectives*

---

[633] Greig (I.) « Le Sénégal oriental à l'aube du développement minier, les collectivités locales des jeux du pouvoir aux enjeux du territoire », *EchoGéo*, mars 2009/mai 2009, p. 1.

[634] *La Commission de révision du Code minier* - Rapport final - 07 août 2014, p. 5.

d'évolution d'un territoire sous l'effet conjugué de trois dynamiques : le développement des activités extractives, la mise en œuvre d'une politique d'aménagement du territoire et les balbutiements de la décentralisation. Ces dimensions, combinées à d'autres facteurs politiques et économiques, traduisent la volonté des autorités nationales de faire du secteur minier le pilier de tout développement.

423. Ainsi, avec le principe de la territorialisation des politiques publiques défini par les autorités étatiques, dans le cadre de l'acte III de la décentralisation[635], certains domaines de compétence jusqu'ici transférés et qui subissent l'impact des exploitations minières doivent être renforcés pour permettre aux autorités locales de pouvoir jouir pleinement des avantages procurés par cette situation. Toutefois, les activités minières n'étant pas du ressort des collectivités locales, doivent rester dans les domaines de compétence du pouvoir central.

424. Mais, l'État ne doit pas, dans le cadre de la promotion des intérêts nationaux, gêner les investissements privés dans le secteur minier, il doit faire en sorte que l'investisseur soit attiré par les avantages que lui offrent les nouvelles législations en la matière[636]. Des dispositions et moyens doivent être établis pour permettre à l'État de s'assurer une part suffisante des ressources. Ainsi, conformément aux recommandations du Rapport final de la Commission de révision du Code minier, les contours de l'interaction entre l'État et les entreprises minières doivent être maîtrisés. C'est en ce sens que des initiatives et innovations sont apportées pour consolider les fondamentaux indispensables à toute activité de développement ; à travers la promotion d'une région ou zone déterminée[637]. Aussi, du point de vue financier, les intérêts de l'État sont-ils pris en considération dans le sens de la consolidation des acquis *à travers un prélèvement du taux de redevance, la restauration de la taxe superficiaire, le relèvement des droits fixes, la possibilité d'exiger un versement sous forme de droit d'entrée, le changement d'assiette de calcul de la redevance*[638].

---

[635] Loi n° 2013-10 du 28 décembre 2013 portant Code général des Collectivités locales. L'objectif général, visé par cette réforme, baptisée l'Acte III de la décentralisation, est d'organiser le Sénégal en territoires viables, compétitifs et porteurs de développement durable.

[636] « Réglementation et formation. Principes de législation minière » par Véronique Tournis et Michel Rabinovitch, *Géologue*, N° 152.

[637] *Ibid.*

[638] La Commission de révision du Code minier, *op. cit.*, p. 5.

425. Au niveau international, le droit souverain de l'État sur ses ressources naturelles est reconnu, conformément à ses intérêts nationaux[639]. La préservation des intérêts de l'État et de ses collectivités a toujours été une préoccupation des institutions internationales. Des dispositions ont été prises dans le cadre des Nations unies afin de reconnaître aux peuples le droit de disposer de leurs ressources naturelles. À cet effet, la résolution 1314 du 12 décembre 1958[640], porte sur des recommandations concernant le respect, sur le plan international, du droit des peuples et des nations à disposer d'eux-mêmes[641]. Aussi, une évolution a été notée en ce sens, concernant la création de commissions chargées de procéder à une enquête approfondie sur la situation des populations devant bénéficier des retombées des ressources de leur sol et sous-sol et de formuler, le cas échéant, des recommandations tendant à renforcer ce droit fondamental. Des aménagements[642] plus conséquents dans ce secteur doivent être pris en compte par les dispositions nationales et internationales pertinentes. Une harmonisation[643] des codes nationaux, le Code communautaire de l'UEMOA et la directive de la CEDEAO est également souhaitable.

426. Désormais, les droits de propriété sur des ressources minérales établis par la loi, et surtout le pouvoir de concéder des droits d'exploration, d'exploitation, de production et de vente de ces ressources sont favorables à l'amélioration des conditions socio-économiques des populations locales. Dans ce sens, il est souhaitable que les prescriptions données aux entreprises pour améliorer les résultats sociaux incluant l'obligation d'engager des personnels[644] locaux soient accompagnées d'un fonctionnement effectif du fonds de péréquation des collectivités locales. Ce privilège pourrait également être soumis à l'obligation de former les employés locaux ou de développer les compétences des fournisseurs et autres acteurs intervenant dans le secteur minier.

---

[639] La résolution 626 sur le droit des peuples à disposer d'eux-mêmes, relayée par la CNUCED en 1960.

[640] Documents officiels du Conseil économique et social, dix-huitième session, Supplément No 7(E/2573), annexe I, 788e séance plénière, 12 décembre 1958.

[641] Commission pour la souveraineté permanente sur les ressources naturelles, p. 6.

[642] La réglementation minière, *op. cit.*, p. 1.

[643] Commission de révision du Code minier - Rapport final - 07 août 2014, p. 3.

[644] Mitchell (A.) et Sheargold (E.) « l'autonomie réglementaire des États et le contrôle du tabac dans le droit international commercial et de l'investissement », in *Investment Treaty news*, numéro 1, volume 6, février 2015, p. 10.

427. Aussi, les plans de développement économique des collectivités territoriales abritant les opérations minières doivent-ils être exécutés, pour permettre aux populations des zones minières ainsi que les autres acteurs de tirer profit des retombées du secteur minier, d'augmenter la proportion ou l'impact du secteur minier dans l'économie nationale et d'atteindre les objectifs du développement durable.

B. l'intégration de l'objectif et des principes directeurs du développement durable dans le régime minier

428. Il faut rappeler que le *développement durable*, mis en avant par la *Stratégie mondiale de la conservation*[645], a été popularisé en 1987 dans le Rapport Brundtland, qui le définit ainsi : *un développement qui répond aux besoins du présent sans compromettre ceux des générations futures*[646]. C'est par le biais de la Déclaration de Rio sur l'environnement et le développement de 1992 (Déclaration de Rio)[647], reprenant cette définition et identifiant les principes conditionnant sa réalisation, qu'il reçoit réellement l'aval de la communauté internationale.

429. Par contre, si l'objectif de développement durable tend vers une reconnaissance mondiale[648], tel n'est pas encore le cas du développement minier durable. En effet, une contradiction apparaît qui est liée à l'essence même de la notion de durabilité appliquée à l'exploitation de ressources non renouvelables, comme les ressources minérales. L'épuisement à terme de la ressource milite ainsi en faveur d'une prise en compte des enjeux sociaux et environnementaux de l'activité minière, afin que celle-ci participe à un développement qui puisse durer au-delà de la période d'exploitation minière. De plus, les

---

[645] Union internationale pour la Conservation de la Nature, World Wildlife Fund et Programme des Nations unies pour l'environnement, World Conservation Strategy : Living Resource Conservation for Sustainable Development, Gland, UICN, 1980 au paragr. 3 [Stratégie mondiale de la conservation].

[646] Commission mondiale sur l'environnement et le développement (1987), Notre avenir à tous, Montréal, éditions du Fleuve, Les publications du Québec, 1988 à la p. 51.

[647] Déclaration de Rio sur l'environnement et le développement dans Rapport de la Conférence des Nations unies sur l'environnement et le développement, Doc off AG NU, 1992, Doc NU A/CONF.
151/26/Rev.1 (Vol I) (1993) 3.

[648] Bien que sa définition et son contenu soient variables ; Sur cette question voire Gendron (C.), Le développement durable : un nouvel enjeu de l'historicité dans Guay (L.), Doucet (L.), Bouthillier (L.) et Debailleul (G.) (dir) *Les enjeux et les défis du développement durable, Connaître, décider, agir*, Sainte-Foy, Les Presses de l'Université Laval, 2004 à la p. 59.

conséquences autres que l'épuisement même de la ressource, c'est-à-dire les impacts d'un projet minier sur la société et sur l'environnement, militent aussi en faveur de la poursuite de l'objectif de développement durable par l'industrie minière. Aussi est-il désormais reconnu qu'une conciliation doit s'opérer entre l'industrie minière et les exigences du développement durable[649].

430. Plusieurs initiatives de l'industrie minière mondiale ont vu le jour afin d'inclure les exigences du développement durable dans le secteur[650]. Celles-ci établissent des mesures volontaires, qui promeuvent par exemple des outils, mécanismes ou démarches visant la prise en considération des principes du développement durable, ou encore la souscription à des pratiques de responsabilité sociale des entreprises[651]. Sur la scène internationale, la plus importante de ces initiatives est sans aucun doute les *Directives environnementales pour les opérations minières* formulées par le Programme des Nations unies pour l'environnement (PNUE). Selon le PNUE, si le développement durable est défini comme l'intégration des considérations sociales, économiques et environnementales, alors un projet minier développé, exploité et formé de manière acceptable sur les plans environnemental et social pourrait être considérée comme contribuant au développement durable[652].

---

[649] Bridge (G.), *Contested Terrain: Mining and the Environment* (2004) 29: 59 Ann Rev Envtl Resource; 205 à la p. 206.

[650] Miranda (M.), Chambers (D.) et Coumans (C.), *Framework for Sustainable Mining: A Guide to Evolving Standards*, 19 octobre 2005, en ligne: Framework for Responsible Mining http://www.frameworkforresponsiblemining.org/; Association minière du Canada, Vers le développement minier durable, en ligne: Association minière du Canada http://www.mining.ca/www/_fr/Vers_le_developpement_minier_durable/Towards_Sustaining_Mining.php ; International Council on Mining and Metals, Sustainable Development Framework, en ligne : International Council on Mining and Metals http://www.icmm.com/our-work/sustainable-development-framework ; Fiona Solomon et al., Mining Certification Evaluation Project, janvier 2006, en ligne : Mining Certification Evaluation Project http://www.minerals.csiro.au/sd/SD_MCEP.htm ; Prospectors & Developers Association of Canada E3 Plus : A Framework for Responsible Exploration, en ligne : Prospectors & Developers Association of Canada http://www.pdac.ca/programs/e3-plus

[651] Pour une revue des cinq initiatives voire: Fonseca (A) *et al.*, Measuring What: A Comparative Anatomy of Five Mining Sustainability Frameworks, Minerals Engineering, 46-47: 180, 2013.

[652] Programme des Nations unies pour l'Environnement et Conseil des affaires économiques et sociales, Berlin II Guidelines for Mining and Sustainable Development,

431. Depuis la publication de la première édition des *lignes directrices*, des changements constants ont été observés dans le secteur minier – en particulier dans l'évolution de la législation, de la fiscalité et de la réglementation. En effet, les décisions politiques, les conventions et normes nationales et internationales, les tendances des entreprises, les codes de l'industrie volontaires et l'utilisation croissante des systèmes de gestion de l'environnement ont également contribué à modifier la réglementation du secteur minier.

432. Avec la réforme constitutionnelle[653] de 2016, le développement durable est désormais un principe ayant valeur constitutionnelle. Au Sénégal, les ressources minérales constituent une propriété du peuple[654] dont la gestion est confiée à l'État. Elles sont utilisées pour l'amélioration de ses conditions de vie. L'exploitation et la gestion des ressources naturelles doivent se faire dans la transparence et de façon à générer une croissance économique, à promouvoir le bien-être de la population en général et à être écologiquement durable. L'État, les collectivités territoriales et les citoyens ont l'obligation de veiller à la préservation du patrimoine foncier et de l'environnement[655]. En conséquence, les pouvoirs publics ont l'obligation de protéger et de restaurer les processus écologiques essentiels et de pourvoir à la gestion responsable des espèces et des écosystèmes, de préserver la diversité et l'intégrité du patrimoine génétique, d'exiger l'évaluation environnementale pour les plans, projets ou programmes, de promouvoir l'éducation environnementale et d'assurer la protection des populations dans l'élaboration et la mise en œuvre des projets et programmes dont les impacts sociaux et environnementaux sont significatifs.

433. Avec cette réforme constitutionnelle, les principes du développement durable ont vocation à s'appliquer uniquement à l'ensemble des sphères d'intervention de l'administration publique au Sénégal. Elle s'applique de manière horizontale à l'ensemble de la

---

Programme des Nations unies pour l'environnement, 2002 à la p. 6, en ligne: http://commdev.org/files/903_file_Berlin_II_Guidelines.pdf

[653] Loi constitutionnelle n° 2016-10 du 05 avril 2016 portant révision de la Constitution du 22 janvier 2001.

[654] Art. 25-1 intitulé: *Des droits des citoyens sur leurs ressources naturelles et leur patrimoine foncier* de la loi constitutionnelle n° 2016-10 du 05 avril 2016 portant révision de la Constitution du 22 janvier 2001.

[655] Art. 25-2 intitulé : *Du droit à un environnement sain* de la loi constitutionnelle n° 2016-10 du 05 avril 2016 portant révision de la Constitution du 22 janvier 2001.

législation sénégalaise, établissant ainsi une approche de nature transversale et fait donc du développement durable une pierre d'assise de l'ensemble de l'administration. Ces principes s'inspirent des formulations de la finalité du développement durable proclamée dans la sphère internationale[656] et découlent des engagements pris par le Sénégal en 2002 lors du Sommet mondial sur le développement durable à Johannesburg. L'intégration de ces principes dans le droit minier interne nécessite expressément la révision des lois, des règlements, des politiques ou des programmes existants, envisagée en vue de mieux assurer le respect de la stratégie et des principes sur lesquels elle repose.

434. D'entrée de jeu, il est pertinent de souligner que l'objet du Code minier de 2016 demeure de favoriser *la prospection, la recherche, et l'exploitation des substances minérales* [...]. La Loi modificatrice s'y ajoute cependant en prévoyant que les opérations minières doivent désormais s'effectuer dans une perspective de développement durable. Elle procède à l'extension de l'obligation de réhabilitation à la phase de recherche[657] et non plus seulement à partir de la phase d'exploitation. Ainsi, le bénéficiaire du permis de recherche est tenu de réhabiliter tous les sites ayant fait l'objet de travaux de recherche et n'ayant pas abouti à la découverte d'indices ou de gisement économiquement exploitable. La loi renforce les mesures nécessaires pour la protection de l'environnement et oblige le titulaire du permis de recherche à réaliser une évaluation environnementale. En cas de renonciation, le titulaire reste soumis aux obligations relatives à l'environnement et à la réhabilitation des sites d'exploitation. Au titre de la protection de l'environnement, le Code de 2016 fait obligation à tout demandeur de permis d'exploitation, d'autorisation d'exploitation de petite mine ou d'autorisation d'exploitation de carrières de réaliser une étude d'impact sur l'environnement[658]. La loi élargit le champ des motifs pouvant conduire au retrait du titre minier en y incluant l'inactivité persistante ainsi que les manquements graves aux règles d'hygiène, de santé, de protection de l'environnement et de sécurité.

---

[656] Le Rapport Brundtland précise que la fin ultime du développement *consiste à satisfaire les besoins et aspirations de l'être humain* ; Rapport Brundtland, supra note 17, à la p. 52. La Déclaration de Rio établit ainsi la finalité du développement durable : Les êtres humains sont au centre des préoccupations relatives au développement durable. Ils ont droit à une vie saine et productive en harmonie avec la nature.

[657] Art.20, al. 8, 9 & 10 de la loi 2016-32 du 8 novembre 2016 portant Code minier.

[658] Art. 102 *op.cit.*

435. La maîtrise de l'économie locale découlant de l'activité minière dépend en partie de notre indépendance et de la capacité de jouissance que nous avons de nos ressources naturelles. Il en est de même des avantages tirés de celles-ci mais également de l'utilisation du domaine et du foncier. La question foncière étant au centre des enjeux de développement économique[659] doit être revue afin de permettre aux propriétaires de pouvoir en bénéficier, au même titre que l'État. *Il n'est jamais possible de mettre en place des politiques économiques efficaces sans la maîtrise du foncier qui doit déterminer les prérogatives de chaque acteur social sur les ressources minérales et l'accès aux ressources naturelles.* Le foncier doit donc faire l'objet d'une gestion saine et vertueuse afin que son utilisation soit profitable à tous. Ainsi, le rapport final entend harmoniser dans la nouvelle législation minière un ensemble de codes nationaux notamment le Code forestier, le Code domanial et le Code foncier. Cela va engendrer une efficacité dans la politique de recouvrement des frais et produits relatifs aux concessions et autorisations de recherche et d'exploitation.

436. Faisant suite aux différents arrêtés ministériels et interministériels[660] de 2013 et 2014 qui organisent le sous-secteur, les nouvelles prescriptions du Code minier de 2016 viennent poser les bases d'une participation formelle à l'économie du pays. L'application des dispositions du nouveau Code minier dans le secteur minier artisanal constitue une priorité. Pour atteindre les résultats escomptés, un effort important est attendu dans l'amélioration des conditions de travail et d'exploitation des mines artisanales en sorte que ce sous-secteur puisse contribuer au développement durable. Le changement comportemental recherché passe notamment par la mise en place d'instruments économiques susceptibles de modifier les modes de production et de consommation.

Paragraphe 2 : La redéfinition du cadre contractuel propice à la croissance du secteur minier

437. Pour arriver à l'objectif de développement visé par les différentes législations existantes, il convient, dans une perspective de

---

[659] *Ibid.*

[660] Arrêté n° 009249 du 14 juin 2013. Organisation de l'activité d'orpaillage ; Arrêté interministériel n° 09931 du 18 juin 2014 portant sur l'ouverture et l'exploitation des comptoirs de commercialisation des métaux précieux et de pierres précieuses ; Arrêté n° 02472 du 10 février 2014 portant création des couloirs d'orpaillage.

relancer le secteur minier, d'étudier, d'abord, le caractère inclusif de la participation des populations à la gouvernance du secteur minier (A) et ensuite, d'intensifier les relations commerciales entre l'État et les investisseurs étrangers (B).

A. Le caractère inclusif de la participation des populations à la gouvernance du secteur minier

438. L'implication de tous les acteurs gravitant autour des mines, dans le processus d'exécution des contrats d'exploitation des ressources naturelles, contribue à imprimer au contrat le caractère d'une gouvernance inclusive. Cela permet de créer les conditions d'une bonne gestion, mais surtout de transparence, qui suscite aujourd'hui des interpellations de la part des citoyens, avec notamment les ITIE.

439. La négociation des contrats d'investissement étrangers devrait traduire, en théorie, les principes d'un développement durable sous-tendu par des dispositions relatives à la protection de l'environnement, le développement économique, la réduction de la pauvreté et le développement humain[661]. La gestion de ces questions constitue aujourd'hui les préoccupations auxquelles les gouvernements doivent apporter des solutions durables. En effet, très souvent, il existe des écarts marqués entre la théorie et la pratique.

440. Tenant compte des ambitions déclinées dans le rapport final de la commission de révision du Code minier, le nouveau Code veille à corriger cet état de fait, en essayant dans la mesure du possible d'impliquer les communautés locales et les autres acteurs qui participent à l'exploitation et aux opérations minières. La bonne gestion du secteur passe inéluctablement par la recherche de solutions, en cas d'inadéquation entre la nature des impacts d'un investissement étranger et les exigences au niveau local. La question de l'implication des communautés locales dans la gestion des ressources minérales s'avère ainsi nécessaire, dans le contexte d'une gouvernance inclusive. Les objectifs de développement seront atteints lorsque les retombées de l'exploitation des ressources minérales contribueront à leur réalisation.

441. Il est généralement admis que l'exploitation des ressources minérales ne profite pas généralement aux populations locales. Cet état de fait, selon les populations locales, résulte de la politique de l'État qui ne favorise pas leurs intérêts au moment de la conclusion des contrats

[661] Ayine (D) et autres, *op. cit.*, p. 1.

d'investissement. Il est souvent reproché aux résidents[662] le manque de qualification professionnelle pour prétendre à certaines responsabilités dans les opérations minières. En effet, pour une meilleure participation à la gestion de la gouvernance du secteur minier, les populations doivent effectivement se former pour répondre aux besoins des sociétés minières. C'est la raison pour laquelle, désormais, la gestion de ces ressources doit être inclusive pour permettre à d'autres acteurs d'intervenir dans le cadre d'une gestion participative.

442. En effet, la plupart du temps, les communautés locales impactées par des projets d'investissement ne prennent part ni aux négociations ni à la mise en œuvre des marchés qui régissent le projet[663]. Elles ne font que constater l'implantation des entreprises devant exploiter leurs ressources, et subissent, du coup les effets adverses du projet. Dans le but de faire participer la société civile et d'autres acteurs dans la gestion des ressources naturelles, la *Revenue Watch Institute*[664] *favorise la gestion responsable des ressources pétrolières, gazières et minérales pour le bien public.* Elle estime que *grâce à une gestion efficace des revenus, la participation de la société civile et la responsabilisation des gouvernements, les richesses naturelles peuvent favoriser le développement et la croissance économique*[665].

443. Une gestion inclusive doit être conforme à l'esprit et à la lettre des dispositions internationales pertinentes qui plaident en faveur du droit des peuples et nations de pouvoir disposer eux-mêmes de leurs ressources naturelles, et profiter de leurs retombées. Cependant, les gouvernements et les entreprises étrangères laissent, souvent en rade les intérêts des communautés locales lorsqu'ils sont amenés à conclure les contrats d'investissement étrangers. Pour corriger cet état de fait, les parties doivent prendre en compte les intérêts locaux, selon le contexte.

---

[662] Les populations kédovins qui n'ont pas la plupart du temps de qualification requise en matière minière pouvant leur permettre de gérer des responsabilités dans le domaine.

[663] Ayine (D.) et autres, *op. cit.*, p. 2.

[664] *Revenue Watch Institute* est une organisation à but lucratif qui attribue des subventions pour favoriser la gestion responsable des ressources pétrolières, gazières et minérales pour le bien public. Elle lutte pour la fin des contrats confidentiels dans la gestion des ressources naturelles.

[665] Contrats confidentiels : Pour en finir avec les accords secrets dans le secteur extractif, par Rosenblum (P.) et Maples (S.), Revenue Watch Institute, 1700 Broadway, 17e étage New York, NY 10019, États-Unis, 2009, p. 4

En effet, ce n'est qu'en cernant vraiment les contextes locaux que les stratèges et les entreprises peuvent savoir comment trouver un juste équilibre entre les différents intérêts.

444. La vision du régime minier de l'Afrique en 2050 cherche à matérialiser ces initiatives et efforts au niveau régional. Cette vision se déploie aussi au niveau local.

B. L'intensification des relations commerciales entre l'État et les investisseurs étrangers

445. Avec les récents développements enregistrés dans le secteur minier au Sénégal, les autorités publiques doivent envisager des clés de lecture originales, des clauses de stabilisation et d'intangibilité dans les contrats d'États – les contrats entre l'État du Sénégal et les compagnies pétrolières étrangères. Ces clauses permettront, à terme, de pouvoir contrôler les opérations minières mais surtout de pouvoir veiller à la redistribution des dividendes de façon équitable.

446. Le droit des peuples à disposer de leurs ressources, consacré par le pacte international relatif aux droits économiques sociaux et culturels (PIDESC)[666] donne la latitude aux États de profiter des relations commerciales entre l'État et les investisseurs étrangers. Toutefois, ces relations entre les gouvernements et les entreprises doivent s'adosser sur des valeurs de transparence afin que les populations puissent avoir des informations relatives à l'exploitation de leurs ressources. Aujourd'hui, on constate avec satisfaction que certaines informations relatives au secteur minier ne font plus l'objet de discrétion dans leur traitement et sont portées à la connaissance du public[667]. Ce droit à l'information est renforcé par l'initiative pour la transparence dans les industries extractives (ITIE), qui prône la transparence dans les secteurs extractifs. Mais quoi qu'il en soit le citoyen a besoin d'être informé de l'utilisation qu'on fait des ressources naturelles.

447. Les clauses qui régissent ces contrats doivent être portées à la connaissance du public, des citoyens qui manifestent le besoin d'être informés. La situation de l'exploitation et les produits tirés de ces

---

[666] Adopté et ouvert à la signature, à la ratification et à l'adhésion par l'Assemblée générale dans sa résolution 2200 A (XXI) du 16 décembre 1966. Il est entré en vigueur : le 3 janvier 1976, conformément aux dispositions de l'article 27.

[667] Les conventions minières sont disponibles au : https://www.sec.gouv.sn/lois-et-reglements/conventions-mini%C3%A8res

ressources aiguisent souvent les appétits et du coup le droit pour les populations d'en disposer ou de profiter des revenus. Les produits mais surtout les revenus des ressources minérales doivent être redistribués de façon à permettre aux citoyens d'en bénéficier en même temps que l'économie nationale. À cet égard, la résolution 523 du 12 janvier 1952 intitulée *Développement économique intégré et accords commerciaux*[668] pose les jalons d'un développement économique qui proviendrait des accords commerciaux État-investisseur. Pour remédier à certaines situations défavorables dans lesquelles pourraient se retrouver les États, face aux compagnies étrangères, ce *texte reconnaît les risques que les pressions inflationnistes persistantes peuvent créer sur le rythme et sur la structure même du développement économique des pays insuffisamment développés*. Cette recommandation permettra, à terme, aux États d'accueil de renforcer leur position vis-à-vis de l'investisseur dans le cadre du contrat d'investissement. L'État pétrolier ou gazier insuffisamment développé se verra allouer de nouveaux avantages préférentiels prévus dans les accords commerciaux. En effet, il serait question aux termes de la réglementation, d'accords *commerciaux qui ne violeraient pas les droits souverains des pays insuffisamment développés ainsi que le droit qu'ils ont d'arrêter leurs propres plans de développement économique... et sur ce, des mesures sont prises* [669].

448. Ainsi, le Code minier de 2016 entend s'inscrire dans cette dynamique. Il prévoit à cet effet de nouvelles dispositions pour préserver les intérêts stratégiques et financiers de l'État, de l'économie et des populations de manière équilibrée, dans le cadre d'un partenariat gagnant-gagnant[670]. Dans le souci de sauvegarder les intérêts nationaux, la commission de révision avait pour mission de préserver le caractère compétitif, du Code pour tenir compte des contraintes de la concurrence internationale[671]. Il s'agit pour l'État du Sénégal, dans le cadre des conventions minières, d'avoir une certaine indépendance, une certaine liberté vis-à-vis de l'investisseur, sur les richesses et ressources minérales du pays. Il partage en ce sens, une préoccupation des Nations unies

---

[668] Publications des Nations unies, numéro de vente : 1951. II. B.3. 360e séance plénière, 12 janvier 1952.

[669] Réglementation, *op. cit.*, p. 5.

[670] Commission de révision du Code miner- Rapport final - 07 aout 2014, p. 2.

[671] *Ibid.*

déclinée dans la résolution 626 du 21 décembre 1952[672] consacrant le droit d'exploiter librement les richesses et les ressources naturelles.

449. La restauration de la souveraineté permanente des peuples sur leurs ressources naturelles, souvent remise en cause dans les accords commerciaux, est en train aujourd'hui de reprendre tout son sens, à travers des dispositions internes et internationales relatives à cette question même, d'une part, et à la stabilité dans le monde, d'autre part. En effet, le développement économique devenant essentiel pour le renforcement de la paix universelle doit permettre aux parties à la convention de prendre en considération les intérêts de l'État et des populations. En ce sens, la résolution précitée vise à encourager les pays insuffisamment développés à exploiter leurs richesses et ressources naturelles et œuvre pour le respect de la souveraineté des peuples [673].

450. Le rapport final de la commission de réforme du Code minier entend également sauvegarder les intérêts des partenaires dans un cadre gagnant-gagnant. Tout en cherchant à préserver les intérêts nationaux, le Code minier de 2016 s'inspire des textes de l'UEMOA, de la CEDEAO et de la Vision minière africaine. Dans le même sillage, il intègre des dispositions essentielles relatives aux mouvements des capitaux, dans des conditions de sécurité et dans une atmosphère de confiance mutuelle et de coopération économique entre les nations[674]. Cette forte recommandation s'analyse en une protection des États insuffisamment développés pour qu'ils puissent bénéficier des richesses et ressources naturelles dans les relations avec les investisseurs. À cet égard, la résolution recommande, par ailleurs, à ces derniers *de s'abstenir directement ou indirectement d'empêcher un État quelconque d'exercer sa souveraineté sur ses ressources naturelles* [675].

451. L'intensification des relations commerciales repose fondamentalement sur le respect du droit des États et des peuples en ce qui concerne l'exploitation de leurs ressources naturelles. C'est simplement dans le respect mutuel des droits et dans l'équité dans l'exécution des conventions d'investissement que l'État en disposera.

---

[672] Documents officiels de l'assemblée générale, septième session, Supplément numero3, 411e séance plénière, 21 décembre 1952.

[673] Réglementation, *op. cit.*, p. 6.

[674] Résolution 626 du 21 décembre 1952 sur le droit des peuples de disposer de leurs ressources naturelles.

[675] Réglementation, *op. cit.*, p. 6.

Dans le même ordre d'idée la résolution 1515 du 15 décembre 1960[676], recommande le respect du droit souverain de chaque État de disposer de ses richesses et de ses ressources naturelles. La législation sénégalaise entend, à travers le rapport final de la commission de révision, amener l'État à disposer pleinement de ses richesses et ressources naturelles, conformément aux dispositions pertinentes en vigueur dans la sous-région et au niveau international. Ainsi, la résolution 1515, pour préserver les intérêts des États et intensifier les relations dans d'autres secteurs de développement socio-économique, vise à améliorer le rapport État-investisseurs étrangers, dans le cadre des conventions d'exploitation des richesses et ressources naturelles.

452. Toutefois, ces relations commerciales intensifiées doivent s'adosser sur une législation qui vise à protéger les intérêts des parties, en vue d'une gestion équitable des richesses et ressources naturelles.

Section 2

Une législation protectrice des intérêts réciproques des parties

453. Le contrat est un accord de volonté destiné à créer des effets de droit. Dans une formule lapidaire empruntée à Domat[677], l'alinéa 1 de l'article 1134 du Code civil exprime le principe de la force obligatoire du contrat : *les conventions légalement formées tiennent lieu de loi pour ceux qui les ont faites.* Rien n'oblige les parties à contracter ; mais, dès lors qu'elles l'ont fait, elles sont tenues de respecter leurs engagements. Ce qu'elles ont convenu s'impose à elles sans qu'il soit besoin du renfort d'aucune norme. L'accord des volontés est lui-même créateur d'obligations. Il en résulte qu'aucune des parties ne pourrait se délier par sa seule volonté sans engager sa responsabilité. Le consentement mutuel peut seul dénouer ce qu'il a noué et les parties doivent bien évidemment exécuter fidèlement les obligations nées du contrat.

454. Dès lors, le problème qui se dégage est la nécessité, voire l'existence même des règles de protection dans le contrat. La protection est l'action de mettre quelqu'un ou quelque chose à l'abri de ce qui peut nuire ou de ce qui peut représenter un danger[678]. En d'autres termes, la

---

[676] 948ᵉ séance plénière, 15 décembre 1960, rapports de la deuxième commission.
[677] Domat (J.), Les lois civiles dans leur ordre naturel, Livre I, Titre I, Section II.
[678] D'après le dictionnaire *Encarta*, logiciel de documentation sur Internet.

protection consiste à assister, à prêter secours à quelqu'un de manière à garantir sa sécurité physique, morale ou professionnelle ; ou encore, à préserver, à garantir l'existence d'une chose. La protection revêt un caractère indispensable dans le contrat minier. Eu égard à l'importance du contrat dans le secteur minier, le législateur lui a consacré un chapitre spécial[679] dans le Code minier. Ce chapitre spécifique à la convention minière traite de l'objet et de la durée. Aussi, le régime minier édicte des règles de protection des parties. La gestion équitable des ressources minérales doit passer, d'une part, par la révision des contrats d'investissement nécessaires à l'atteinte des objectifs de développement (Paragraphe 1) et par la promotion des intérêts stratégiques et financiers de l'État, d'autre part (Paragraphe 2).

Paragraphe 1 : La révision des contrats d'investissement nécessaires à l'atteinte des objectifs de développement

455. Dans la mesure où le but poursuivi est la réalisation d'un développement économique et social durable, il importe de prendre en considération la gestion du risque relatif aux droits de l'homme dans les négociations pour les contrats investisseurs — États (A) et le rôle des acteurs et intervenants contribuant à la mise en œuvre du processus de développement (B).

A. La gestion du risque relatif aux droits de l'homme dans les négociations de contrats Investisseurs-États

456. La question du risque relatif aux droits de l'homme doit être mise en avant dans tout contrat d'investissement impactant l'environnement, en vue de la préservation d'un cadre de vie épanoui, favorable au développement. Les contrats conclus pour le développement durable sont importants dans la mesure où ils contribuent à définir la qualité de l'investissement et sa capacité à améliorer les moyens de subsistance, tout en protégeant l'environnement. En effet, les droits inhérents à la condition d'existence des populations doivent être visés et préservés dans les contrats d'investissement. C'est dans ce contexte de promotion du risque relatif aux droits de l'homme que le

679 Chapitre VIII du Titre XV de la loi 2016-32 du 8 novembre 2016 portant Code minier intitulé *De la Convention minière*.

conseiller[680] senior en droit international de l'IISD demande la réévaluation des objectifs contenus dans les clauses de stabilisation[681].

457. On rencontre souvent ces clauses dans les contrats Investisseurs-États surtout dans les pays en développement qui ont tendance à minimiser les risques de l'investisseur. La volonté des pouvoirs publics de relancer le développement du secteur des mines et de l'économie, au profit de l'État d'accueil et de ses populations permet, du coup, la révision des contrats d'investissement existants. À cet effet, le développement durable, selon les termes de Lorenzo Cotula, représente un filtre intéressant quand il s'agit d'examiner les contrats investisseurs-États. *Dans cette perspective, attirer l'investissement n'est pas une fin en soi, mais le moyen d'arriver à une fin pour les pays d'accueil*[682].

458. Le respect des engagements fondés sur la prévention des risques relevant des impacts environnemental et social est soutenu grâce à la répartition des risques, coûts et bénéfices au sein du pays d'accueil. Les études d'impact et les standards applicables en matière d'exploitation des ressources minérales déterminent le degré d'intégration des considérations sociales et environnementales. En effet, dans son rapport final, la commission de révision du Code minier en cherchant à harmoniser les autres codes nationaux avec le Code minier, recommande de façon expresse, la suppression de la taxe d'abattage prévue par le Code forestier et imposée aux sociétés minières. Ceci dans le souci de préserver l'environnement mais surtout de limiter les risques relatifs aux droits de l'homme.

459. La dégradation de l'environnement dans les carrières et sites d'exploitation minière, qui est souvent négligée dans les conventions d'exploitation, constitue un fléau qui menace la sécurité des populations riveraines. Ces dernières ne bénéficiant pas d'une protection particulière

---

680 Mann (H.), Contrat Investisseur-État et Développement Durable, Investment Treaty news ; Numéro 1. Volume 2, p. 3, 2011.

681 Investment Treaty news. Un journal trimestriel sur le droit et la politique des investissements dans la perspective du développement durable.

682 Cotula (L.), Repenser les contrats investisseur-État dans une perspective de développement durable, in Investment Treaty news. Un journal trimestriel sur le droit et la politique des investissements dans la perspective du développement durable. Numéro Spécial : Contrat Investisseur-État et Développement Durable, Numéro 1. Volume 2. Octobre 2011, p. 3.

et subissent les conséquences de l'impact de ces exploitations sur leur environnement immédiat. Du coup, une protection de leurs droits inhérents à une vie normale dans un cadre adéquat s'impose. C'est pourquoi des mesures de sauvegarde et d'accompagnement des intérêts des communautés locales se révèlent comme une obligation devant être stipulée dans les clauses relatives à la préservation contre les risques sociaux et environnementaux. À cet effet, il est important, que des efforts conjoints de la part des entreprises, du gouvernement et des fournisseurs soient consentis dans le but de pouvoir prendre en charge d'éventuels risques ou dégâts collatéraux.

460. Il serait également souhaitable que, lors des négociations des contrats entre — Investisseurs-États, la prise en charge de certaines questions relatives, par exemple, à la formation des populations locales soit prévue, relativement au secteur d'activité qui concerne le contrat. La formation doit concerner toutes les parties prenantes aux opérations minières. Elle doit, en outre être accompagnée de politiques de développement des intérêts locaux. C'est la raison pour laquelle, l'obligation *pour les fournisseurs de suivre des formations, sans la mise en place des politiques d'accompagnement adéquates pourraient être contre-productives et donner lieu à des résultats décevants* [683].

461. Aujourd'hui, avec le développement du contrôle citoyen sur la gestion des ressources naturelles du pays, il apparaît indispensable pour les gouvernants de jouer la carte de la transparence, en ce qui concerne les exonérations et autres privilèges accordés aux investisseurs. C'est pourquoi, toute modification apportée dans le cadre de l'exécution de ces textes doit faire l'objet d'une justification, pour permettre aux citoyens d'avoir une information sur l'état de la question. En ce sens, la commission de révision du Code minier estimait que la suppression de la taxe d'abattage prévue par le Code forestier, serait *d'autant plus justifiée qu'il est prévu un fonds de réhabilitation des sites miniers ; il en est de même des dispositions du Code de l'environnement traitant de la taxe superficiaire prévue dans le Code minier* [684].

462. La gestion du risque doit permettre de veiller aux conséquences néfastes que pourraient engendrer l'exploitation des sites miniers. Dans cette perspective, le principal objectif de l'intervention des bailleurs de

---

[683] Investment Treaty news, *op. cit.*, p. 11.
[684] Commission de révision du Code minier- Rapport final - 07 aout 2014, p. 4.

fonds dans le secteur minier en Afrique, qu'il s'agisse d'assistance technique ou de financement des investissements, devraient être aussi de faciliter et d'aider à atténuer, pour l'investisseur privé, les risques inhérents au pays [685]. La réalisation des objectifs de développement ne pourrait être effective que dans la mesure ou les risques relatifs au développement du secteur minier sont évités dans le respect des droits des communautés locales, d'une part, de ceux des parties au contrat d'investissement, d'autre part. Cet objectif, une fois atteint favorisera la contribution à la mise en œuvre du processus de développement économique et social.

B. La contribution à la mise en œuvre du processus de développement économique et social

463. Le processus de développement économique et social du secteur minier passe par la contribution de l'ensemble des acteurs. L'ouverture du secteur aux investissements directs étrangers (IDE) doit influer fortement sur *le développement des pays et sur les soutiens dont ils doivent bénéficier dans les négociations avec les investisseurs* [686]. En effet, le rôle et la responsabilité des différents agents et intervenants qui contribuent à mettre en œuvre le processus de développement économique et social, en termes de développement humain et de progrès social[687], doit être déterminant pour permettre de relever le niveau du secteur.

464. Le développement des activités extractives doit permettre d'ouvrir des perspectives en termes d'industrialisation[688] dans le secteur des mines et autres ressources naturelles, mais en priorité dans les zones d'exploitation de ces ressources. En effet, la promotion de telles activités ne se réalisera que dans le cadre d'un partenariat gagnant-gagnant, comme il est envisagé dans le rapport final de la commission de révision du Code minier.

465. La mise en œuvre d'une politique d'aménagement du territoire, déclinée dans l'Acte 3 de la décentralisation procédant à la répartition des compétences entre les différents niveaux de collectivités, doit tenir compte des intérêts des communautés locales. Bien que les activités

---

[685] World Bank, 1992, *op. cit.*, p. 10.

[686] *Ibid.*

[687] Ressources minérales et développement en Afrique, *op. cit.*, p. 18.

[688] Greig (I.) « Le Sénégal oriental à l'aube du développement minier, les collectivités locales des jeux du pouvoir aux enjeux du territoire », EchoGéo, p. 1, 2009.

minières ne soient pas du ressort des collectivités locales, une politique adaptée doit permettre de *mettre en évidence un jeu d'intérêts contradictoires entre les différents acteurs du développement minier, de l'État aux collectivités locales et des sociétés minières à la société civile* [689]. L'apport des investisseurs miniers dans le processus est fondamental si nous voulons passer d'une économie de rente à une économie de croissance partagée[690].

466. La contribution à la création de l'emploi, le travail décent, la création d'entreprises, le transfert de technologies sont indispensables au développement. À cela, il faut demander, dans le cadre du partenariat investisseurs-États, l'expertise des institutions financières multilatérales et bilatérales ainsi que des pays d'origine des entreprises multinationales exploitant les mines du pays. Le rôle du secteur privé et des entreprises dans le processus de développement et de celui des institutions financières et entreprises multinationales favorise l'*offre de nouvelles opportunités de promotion de la croissance, de génération de recettes publiques et d'emplois dans des pays aux options alternatives de développement limitées* [691].

467. Selon une étude de la banque mondiale, la plupart des pays africains qui éprouvent des difficultés de sortir de la situation dans laquelle se trouve leur secteur minier, sont toujours dans la dépendance parce que n'ayant pas toujours de compétences en gestion ni de compétences techniques nécessaires. Ainsi, après *les indépendances, le secteur minier s'est généralement retrouvé sous le contrôle des États. Puisque, selon la même étude, les États africains ont été pris dans un cycle d'endettement, et ne peuvent donc soutenir le développement des ressources du continent. Par conséquent, le développement du secteur minier dépendra largement de la possibilité d'attirer le capital-risque de sociétés minières étrangères*[692]. Cela démontre la marge de manœuvre des États africains à développer leur secteur minier et le besoin de faire appel à l'expertise pour participer à la mise en œuvre de moyens de développement économique et social.

---

[689] *Ibid.*
[690] *Id.*, p. 15.
[691] Cotula (L.) « Repenser les contrats investisseur-État dans une perspective de développement durable », in *Investment Treaty news*, Numéro 1. Volume 2. Octobre 2011 : 4. https://www.iisd.org/pdf/2011/iisd_itn_october_2011_fr.pdf
[692] World Bank, 1992, *op. cit.*, p. 10.

468. La contribution du secteur minier sénégalais au développement du pays ne pourra échapper à cet état de fait qui lie notre sort à celui de nos partenaires et des investisseurs. Cependant, cela doit se faire dans le cadre d'un partenariat gagnant-gagnant, c'est-à-dire que les ressources doivent profiter aux parties de façon équitable. L'insuffisance de moyens et de capacité d'exploitation de nos ressources fait que nous avons toujours besoin à côté de notre administration, de l'expertise des sociétés minières internationales qui fournissent les *moyens techniques et administratifs et mobilisent les concours financiers nécessaires pour que les projets puissent être identifiés et exécutés* [693].

469. Cette stratégie vise à garantir le développement des ressources du pays et, à plus long terme, à améliorer la situation économique, grâce aux recettes fiscales et autres avantages que génèrent les opérations minières. Toutefois pour permettre à l'État et aux communautés locales de jouir des retombées de l'industrie extractive sénégalaise, il faut s'atteler à promouvoir les intérêts stratégiques et financiers de l'État.

Paragraphe 2 : La promotion des intérêts stratégiques et financiers de l'État

470. Rappelons que la plupart des contrats miniers ont été négociés dans les années 1980 et 1990. Cette période avait été marquée, en particulier, par des prix très bas ainsi qu'un risque politique élevé qui a découragé nombre d'investisseurs étrangers. Pour les attirer, les pays africains ont adopté, à travers leurs codes des investissements, des règles extrêmement généreuses, notamment, sous la forme d'exemptions fiscales, d'octroi d'avantages douaniers en matière d'importation de matériel technique et d'exportation de matières premières, de politique des changes, de rapatriement de bénéfices, etc. De surcroît, en l'absence de capacités humaines et techniques suffisantes, au plan local la négociation des contrats miniers était tout à l'avantage des investisseurs étrangers[694].

471. Aujourd'hui, plusieurs facteurs ont contribué à modifier la donne et à faire prendre conscience aux pays producteurs africains de la nécessité, non seulement de mieux négocier les nouveaux accords,

---

[693] *Ibid.*, p. xi.

[694] Fall (A) ; Contrats d'investissement miniers : exorciser la malédiction de l'abondance ; juin 28, 2015.
http://ordredesavocats.sn/contrats-dinvestissement-miniers-exorciser-la-malediction-de-labondance/

mais également, de renégocier tout ou partie des accords déjà conclus, en vue d'une *juste rémunération des matières premières et la transparence dans les contrats d'exploitation*[695]. Cette attitude est souvent dictée par des impératifs financiers, ainsi que par la société civile qui joue un rôle de veille politique et économique dans la gestion des ressources minérales. Le renforcement du contrôle de l'activité minière avec un dispositif de protection des ressources minérales, dans le but de promouvoir les intérêts stratégiques et financiers de l'État, appelle à la garantie d'un cadre fiscal et légal stable et attractif (A) et la prise en compte des intérêts économiques de l'État et des populations (B).

A. La garantie d'un cadre fiscal et légal stable et attractif

472. Les régimes fiscaux[696] applicables au secteur minier dans les pays en voie de développement résultent souvent d'un arbitrage entre une volonté d'attirer des investisseurs internationaux nécessaires à la valorisation de la rente minière, et une imposition suffisante de cette rente. Ainsi, le régime fiscal fixe les conditions de la recherche et de l'exploitation des substances minérales. Il est généralement admis qu'un régime fiscal stable et attractif doit garantir au moins les principes[697]

---

[695] Le Président Macky Sall s'est offusqué de l'injustice que constituent les contrats miniers et leur manque de transparence en marge du Sommet du G8, lors de son discours d'ouverture du Conseil d'administration de la fondation Open Society Initiative for West Africa (OSIWA). http://reussirbusiness.com/actualites/contrats-miniers-le-senegal-est-il-un-bon-negociateur/

[696] Les systèmes fiscaux doivent être entendus au sens large, car nous considérons que les recettes fiscales et celles non fiscales telles que les redevances minières contribuent à la définition de ces systèmes fiscaux.

[697] Les investisseurs comme l'État sont à la recherche de garanties pour tirer profit des opérations minières. Les principes directeurs tendant à sauvegarder les intérêts de

1- l'État :

– principe de maximisation des recettes – L'État doit gagner à chaque phase de l'investissement ;

– principe de non exonération - Aucune exonération totale ne sera accordée, sauf cas exceptionnel, et les avantages accordés se limiteront aux rabattement des taux ;

– Principe d'actionnariat de l'État dans les sociétés d'exploitation minière –L'État doit être associé dans toute société d'exploitation minière industrielle ;

2. des investisseurs :

– principe de non-imposition des facteurs de production – Le régime fiscal et douanier du Code Minier évite d'alourdir le coût de l'investissement ;

de transparence, de simplicité, de stabilité et de progressivité[698].

473. Le principe de transparence du secteur minier requiert la publication des conventions avec les sociétés exploitantes ainsi que les études de faisabilité. L'opacité favorise les pires pratiques et évince du secteur minier des sociétés qui sont soumises à des lois en matière de divulgation financière, les plus drastiques. La transparence est un véritable outil de discrimination positive en faveur des sociétés multinationales socialement responsables.

474. La simplicité des lois minières et fiscales est une condition indispensable pour assurer une maîtrise des recettes de l'État. La simplicité de la loi renforce la transparence du secteur. Elle améliore également le climat des affaires en évitant certaines interprétations divergentes entre l'investisseur et les administrations concernées. Enfin, elle réduit les coûts d'administration du régime fiscal, en particulier ceux supportés par les administrations publiques pour la définition, la mise en œuvre et le suivi des recettes fiscales et non fiscales.

475. La clause de stabilité[699] dans le secteur de l'industrie extractive est un mécanisme d'assurance contre le risque politique d'expropriation, et une révision unilatérale des conditions fiscales de l'activité minière. La clause de stabilité s'explique par la nature même

---

– principe de rentabilité – Permettre au titulaire de réaliser des bénéfices raisonnables – Ce principe est appuyé par celui d'extensibilité qui veut que les avantages fiscaux et douaniers soient étendus aux sous-traitants et Sociétés Affiliées ;

– principe de stabilité - Le régime fiscal et douanier applicable aux titulaires de droits miniers ne peut pas être modifiée inutilement. – Ce principe a comme corollaires 3 autres principes: + Le principe d'exhaustivité qui veut que tous les droits en charge des titulaires miniers soient repris dans la loi + Le principe d'exclusivité suivant lequel les titulaires ne sont soumis qu'aux prélèvements énumérés dans la loi.+ Principe d'intangibilité selon lequel les titulaires des droits miniers seront régis et soumis à la législation antérieure, en dépit de la modification de celle-ci et de la mise en place d'une nouvelle législation.

[698] Voire le rapport du FMI portant sur le diagnostic de la fiscalité minière et pétrolière au Mali (2014)

https://www.imf.org/~/media/Websites/IMF/imported-publications-loe-pdfs/external/french/pubs/ft/scr/2015/cr15348f.ashx

[699] Les clauses de stabilité ont été introduites par les sociétés pétrolières américaines dans les années 1930 afin de se prémunir contre le risque de nationalisation en Amérique latine. Une analyse de ces clauses détaillée est présentée dans Daniel (Ph.), Keen (M.) et Mcpherson (Ch.), The Taxation of Petroleum and Minerals: Principles and Practice, Abingdon: Routledge. 2010.

de l'activité d'extraction. D'une part, les décisions d'investissements particulièrement importants sont dites irréversibles[700], et leurs coûts irrécupérables car spécifiques. D'autre part, l'activité extractive est par définition une activité de rente, dont la valeur demeure très incertaine au moment de l'investissement : le prix du minerai extrait peut varier significativement ; le coût de production est également incertain (innovations technologiques, difficultés techniques imprévues dans l'extraction…). Enfin, les projets miniers se caractérisent par des durées de vie très variables, certains pouvant s'étendre sur plusieurs décennies.

476. De telles spécificités soulèvent le problème de l'incohérence inter-temporelle : l'État étant enclin à réviser à son avantage le partage initial de la rente minière, une fois que l'investissement irréversible a été réalisé. Cependant, le pouvoir d'intervention unilatérale de l'État *peut être limité par l*e droit communautaire, qui est défini comme un ensemble de « règles obligatoires (...), de normes de conduites (…), un droit secrété dans le cadre des processus d'intégration régionale conduisant à la mise en place d'une organisation supranationale[701] ». Selon A. A. Kébé, le pouvoir de modification unilatérale est quasiment ruiné par la réglementation communautaire[702]. Ici, sont même annihilés les pouvoirs d'expropriation de l'administration. Le Traité communautaire garantit la protection « contre toute mesure de nationalisation, d'expropriation ou de réquisition » à l'égard des entreprises minières.

477. Pour A. A. Kébé, il peut paraître étonnant que l'administration ne puisse pas revenir sur les avantages fiscaux consentis aux titulaires des titres miniers quand des exigences d'intérêt général l'imposent. La

---

[700] Un investissement est dit irréversible lorsqu'il n'existe aucun marché concurrentiel où celui-là pourrait être échangé, puisqu'il est dans le cas minier ou pétrolier physiquement associé à un gisement qu'il valorise.

[701] Ibriga (L. M.), Droit communautaire ouest-africain, Université Ouaga II, UFR de Sciences Juridiques et Politiques : 27-28, 2012.

[702] Règlement n°18/2003/CM/UEMOA du 22 décembre 2003 portant adoption du Code minier communautaire de L'UEMOA. L'article 17 du Règlement instaure, de façon péremptoire, un système de verrouillage des dispositions du contrat qui lient l'État et les entreprises : « La stabilité du régime fiscal et douanier prévu dans la réglementation en vigueur au sein de l'Union est garantie aux titulaires de titres miniers pendant la période de validité de leurs titres. Pendant la période de validité de ces titres miniers, les règles d'assiette et de liquidation des impôts, droits et taxes prévus par la réglementation en vigueur demeurent telles qu'elles existent à la date de délivrance desdits titres miniers et aucune nouvelle taxe ou imposition de quelque nature que ce soit n'est applicable au titulaire ou bénéficiaire pendant cette période. »

matière fiscale est par excellence, un domaine d'expression culminante de la souveraineté, de l'exorbitance du droit administratif[703].

478. Toutefois, on assiste au recul du droit administratif face au droit communautaire, confirmé par le juge sénégalais dans l'affaire Industries Chimiques du Sénégal c/État du Sénégal. En effet, le jugement rendu par le Tribunal Régional Hors Classe de Dakar (TRHC) avait sanctionné l'État du Sénégal en considérant que « le règlement étant un acte obligatoire, d'une valeur supérieure à la loi nationale et, de surcroît, directement applicable dans les États de l'Union, il s'impose face à toute disposition contraire de droit interne [704]».

479. Les garanties d'un cadre fiscal stable et attractif sont donc sécurisantes pour tout investisseur menant ses activités sans trop de risques fiscaux. C'est dans le même souci de garantir un cadre fiscal stable et attractif que des régimes particuliers garantissant un environnement juridique stable et favorable pour la protection de l'investissement sont également mis en place. Ce régime protège les investisseurs étrangers (firmes et particuliers) contre tout traitement arbitraire de la part des États d'accueil, y compris l'expropriation ou la nationalisation de leurs investissements. Les accords de protection d'investissement constituent l'un des axes fondamentaux de la politique des pouvoirs publics en faveur de l'investissement étranger, notamment dans les pays émergents et en développement. En assurant aux investisseurs un environnement juridique stable et favorable, assorti de la possibilité de recourir à des mécanismes d'arbitrage investisseurs-États, ces accords permettent de réduire les facteurs d'incertitude politique et juridique qui viennent souvent compliquer les projets des opérateurs désireux de s'implanter dans des marchés étrangers.

480. Le risque économique ou politique est pour l'investisseur potentiel un problème clé, en particulier dans les secteurs qui nécessitent des investissements importants et donc des apports de capitaux pour des montants élevés et des durées longues. Le but des accords de protection et d'encouragement réciproques des investissements est précisément de fixer, par la voie de conventions internationales et pour une durée initiale tacitement renouvelable de l'ordre de 10 à 20 ans, les conditions de

---

[703] Kébé (A. A.), Le déclin de l'exorbitance du droit administratif sénégalais sous l'effet du droit communautaire. Edition Afrilex, pp. 28, 2015.

[704] Voir : Jugement commercial N° 681 du 28 mai 2014 entre ICS c/État du Sénégal.

protection minimales dont bénéficiera l'investisseur. Pour le pays d'accueil, ce type d'accord est de nature à créer le climat de confiance indispensable pour attirer des investisseurs étrangers et ainsi consolider son développement économique.

481. Ces accords peuvent permettre notamment aux investisseurs, ayant la nationalité de l'autre État signataire, d'enclencher une procédure judiciaire d'arbitrage international, en cas de rupture du traité par l'un des États signataires, par un mécanisme de règlement des différends entre investisseurs et États.

482. Le traitement juste et équitable est peut-être la protection la plus importante prévue dans les traités d'investissement. Le sens de cette obligation continue d'évoluer et les avis divergent quant à l'uniformité de cette norme dans tous les pays (quel que soit leur degré de développement)[705]. Minimalement, cette norme vise à protéger les investisseurs contre les dénis de justice, car il peut arriver aussi que les États manquent à cette obligation en agissant de mauvaise foi à l'endroit des investisseurs ou que les procédures légales régulières ne soient pas respectées.

483. À travers ces accords, certains types de traitements et de mesures de protection juridique extracontractuelle sont offerts aux investisseurs de chaque partie. Ainsi, les États s'engagent à traiter les sociétés étrangères de manière juste et équitable et à payer une compensation s'ils exproprient une société étrangère, à traiter les entreprises étrangères sur le même pied que les entreprises nationales, à fournir une protection et une sécurité totales aux investissements des entreprises, et à permettre aux entreprises étrangères de transférer librement l'argent dans le pays et hors de celui-ci.

484. Certains traités d'investissement contiennent également des dispositions qui restreignent la capacité des gouvernements à imposer des conditions et des exigences aux sociétés étrangères, telles que les exigences de co-entreprise, les exigences touchant à l'approvisionnement local et les exigences de transfert de technologie. Les traités d'investissement ne font pas que fournir ces protections aux entreprises.

---

[705] Gallus (N.), *The influence of the host state's level of development on international investment treaty standards of protection*, 6(5) Journal of World Investment and Trade 711 (2005).

Ils permettent aussi de transférer librement l'argent dans le pays et hors de celui-ci.

485. L'État mettra en œuvre tout mécanisme de concertation entre l'administration sénégalaise, les acteurs de la société civile et le secteur privé national pour la définition et la mise en œuvre d'une politique et d'une stratégie nationale pour le secteur des ressources minérales[706].

B. La prise en compte des intérêts économiques de l'État et des populations

486. Dans le cadre de son développement économique et social visé dans le Plan Sénégal émergent, l'État a mis en place une politique de sauvegarde de ses intérêts et des populations, en considérant que la décision d'autoriser l'exploration ou l'exploitation minière est une décision stratégique majeure qui doit désormais prendre en compte les avantages économiques de l'État et des populations locales[707]. L'autorisation d'exploration ou d'exploitation minière est stratégique parce qu'elle illustre bien les politiques économiques de chaque pays, en un moment donné de son histoire. Le développement économique est devenu essentiel pour le renforcement de la paix universelle. Le Sénégal s'inscrit dans cette perspective, en procédant à un réaménagement permettant de prendre en compte davantage les intérêts stratégiques et financiers de l'État, de l'économie et des populations de manière équilibrée, dans le cadre d'un partenariat gagnant-gagnant[708].

487. En faisant de sa nouvelle législation minière un instrument de politique d'attraction des investisseurs, nationaux et étrangers, il promeut en même temps le développement de son secteur minier c'est devenu une ambition affichée des autorités politiques nationales. Jadis, depuis plus de deux siècles, certains pays ouest-africains, au potentiel minier avéré ou relativement intéressant, eurent pour ambition majeure d'avoir un développement économique soutenable[709]. La LSPD s'oriente également dans cette dynamique de développement économique. C'est en ce sens que la révision du Code minier qui figure au chapitre des réformes[710] prévues par le PSE propose des orientations allant dans le cadre du renforcement des intérêts nationaux. C'est ce même esprit de relance de

[706] Ressources minérales et développement en Afrique, *op.cit.*, p. 13.
[707] *ibid.*
[708] Commission de révision du Code minier, *op. cit.*, p. 2.
[709] Politiques économiques de l'activité minière au Sénégal de 1890 à nos jours, p. 1.
[710] Commission de révision du Code minier- Rapport final - 07 août 2014, p. 2.

l'économie, à partir de l'exploitation des ressources minérales qui a prévalu dans certains États de la sous-région, au potentiel minier considérable.

488. Ainsi, la nécessité de reposer l'économie sur un levier aussi important qu'est le secteur minier, découle du rôle primordial que doivent jouer les ressources minérales dans l'objectif de réaliser les défis qui s'imposent[711]. La résolution 626 du 21 décembre 1952 des Nations unies, vise à encourager les pays insuffisamment développés à exploiter leurs richesses et ressources naturelles et œuvre pour le respect de la souveraineté des peuples[712]. Les réformes initiées dans les secteurs miniers en Afrique de l'Ouest, notamment au Sénégal depuis quelques années, entrent en droite ligne de la préoccupation des Nations unies consistant à faire bénéficier les États et leurs populations des retombées de leurs ressources naturelles, mais surtout de disposer d'une souveraineté sur ces ressources. Qui plus est, la détention d'un fort potentiel minier où la capacité de s'en procurer traduit la logique de tout progrès économique[713].

489. Pour la réappropriation des intérêts économiques tirés des richesses et ressources naturelles qui ont longtemps profité aux investisseurs au détriment de l'État et de ses populations, de nouvelles politiques favorisant la préférence nationale sont de plus en plus établies. Elles permettent de restaurer l'équilibre dans les clauses d'investissement qui s'établissaient, jadis, au profit de l'investisseur étranger. Ce sont les richesses du sol et du sous-sol qui créèrent de grands courants d'échange permettant un soubassement à la révolution industrielle en Europe.

490. En effet, la logique incarnée à travers ces réformes vise un contrôle effectif[714], du moins, une mainmise sur tout ce qui est considéré comme ressource minérale. Elle vise également à permettre, conformément à la recommandation de l'ONU de maintenir le courant des capitaux dans des conditions de sécurité et dans une atmosphère de confiance mutuelle et de coopération économique entre les nations[715]. Cet instrument[716] onusien recommande, par ailleurs, de s'abstenir

---

[711] *Politiques économiques*, *ibid.*, p. 1.

[712] La réglementation minière au Sénégal et au niveau international, p. 6.

[713] *Politiques économiques*, *ibid.*, p. 1.

[714] *Idem.*

[715] La réglementation minière, *ibid.*

[716] La résolution 626, Documents officiels de l'assemblée générale, septième session, Supplément numero 3, 411e séance plénière, 21 décembre 1952.

directement ou indirectement d'empêcher un État quelconque d'exercer sa souveraineté sur les ressources naturelles[717].

491. Pendant la période coloniale, l'industrie extractive, loin de toute logique de développement, revêtit un caractère contraignant sur l'évolution des États coloniaux[718]. Mais aujourd'hui, une nouvelle politique de relance de l'économie des pays miniers a permis de reprendre le contrôle de l'activité minière et de l'initiative en la matière. On assiste à l'adoption d'une multitude de textes législatifs et réglementaires afin de conduire une politique minière devant répondre aux enjeux économiques, politiques, culturels et surtout sociaux afin de satisfaire les préoccupations de durabilité et de stabilité dans l'exploitation des ressources minérales. Ce sont ces objectifs de développement que le Code minier de 2016 entend promouvoir par la mise en place d'un cadre qui prendra en charge les objectifs de développement du secteur des mines, aussi bien au niveau national qu'aux niveaux régional et international. Pour la réalisation de tels objectifs, plusieurs enjeux relatifs à la question des mines et qui sont souvent source de conflits entre les communautés locales et les autres, doivent être l'objet d'une large inclusion des différents acteurs politiques, économiques et sociaux. L'industrie minière traduisit même l'un des symboles de la ségrégation raciale en Afrique[719].

492. On observe que l'exploitation des ressources minérales s'organise le plus souvent au sein d'une relation bilatérale entre l'État et le bénéficiaire du titre minier. Plus précisément, la modalité la plus couramment envisagée s'inscrit dans le cadre de la convention minière où le propriétaire des réserves, généralement un État, délègue à une firme, l'opérateur minier, la tâche d'extraire le minerai tout en lui cédant les droits de propriété qu'il détient sur celui-ci. Le concessionnaire verse au gouvernement concédant des paiements périodiques appelés royalties. Depuis quelques années, l'analyse des conventions minières, centrée sur l'organisation de la relation bilatérale entre le propriétaire et l'opérateur, et particulièrement sur leurs impacts économiques, amène les États à reconsidérer ou redéfinir la notion d'investissement.

---

[717] La réglementation minière, *ibid.*

[718] *Politiques économiques*, *ibid.*, p. 2.

[719] Rapport du Groupe d'études international sur les régimes miniers de l'Afrique, Les ressources minérales et le développement de l'Afrique, CEA et UA, p. 13, 251 pages.

CHAPITRE 2

UNE NOUVELLE DÉFINITION DE LA NOTION D'INVESTISSEMENT DANS LES OPÉRATIONS MINIÈRES

493. Il convient d'emblée de s'interroger sur la notion d'investissement. Selon Gaillard Yann, la *fortune d'une expression s'explique par la pauvreté de son contenu : le mot d'investissement n'échappe pas à cette règle*[720]. On se trouve en face d'une multitude de conceptions dont les unes ont un caractère théorique, (l'œuvre de Keynes et de ses successeurs) les autres étant le résultat de conventions adoptées pour des raisons de commodité, dans le cas de définitions comptables, ou des définitions fiscales. Cette multiplicité s'explique par le fait qu'une définition n'est jamais qu'un outil et que chaque technique économique, comptable, juridique, retient de la notion d'investissement un certain complexe de faits et d'idées qui lui est nécessaire pour atteindre ses propres fins.

494. L'investissement représente l'acquisition de machines et de moyens de production[721] réalisée par un agent économique[722], dans l'objectif de maintenir ou de développer le capital technique dont il dispose[723]. Le niveau des investissements dans l'économie globale est déterminé par la formation brute du capital fixe. L'investissement productif désigne les investissements en capital fixe réalisés par les entreprises qui sont véritablement destinées à produire d'autres biens, ceci excluant les investissements en logement réalisés par les ménages

---

720 Yann (G.), Guy (T.) « Qu'est-ce qu'un investissement ? » In: *Revue économique*, vol. 19, n° 4, 1968 : 607-637, 1968.

721 Tels que les bâtiments et les équipements.

722 Qu'il s'agisse d'une entreprise, d'une administration ou encore d'un ménage.

723 Abraham (G.) et Caire (G.), Dictionnaire d'économie, 2e éd. Dalloz, Paris, p. 236, 2002.

et les dépenses de bâtiments[724]. Pour le comptable, un investissement est un flux qui modifie le niveau des actifs immobilisés dans l'entreprise. Il devient et se confond donc avec l'immobilisation. De ce point de vue, constitue donc un investissement, tout bien, meuble ou immeuble corporel ou incorporel, acquis ou créé par l'entreprise et destiné à rester durablement plus d'un an, par exemple, sous la même forme dans l'entreprise. Plus arbitraire encore est la définition fiscale, qui exerce pourtant une influence déterminante sur la décision des investisseurs. Dans la pratique, cette définition résulte d'une discussion permanente, à tous les niveaux, entre ces derniers et les pouvoirs publics, lesquels sont soucieux de minorer le volume des investissements susceptibles de justifier un allégement de la charge fiscale[725]. À la limite, dans la réalité de la vie économique actuelle, sinon dans la théorie, on peut dire qu'est investissement ce que le fisc veut bien accepter pour tel ; ce qui conduit, par le biais des statistiques fiscales qui nourrissent la comptabilité nationale, à une minoration nécessairement arbitraire et peut-être variable dans le temps[726] des investissements recensés. Dans ces conditions, l'investissement n'est plus une notion claire ni distincte – ce qui aurait peu d'inconvénients si cette notion n'avait, du fait de ses résonances psychologiques et sociales, une influence directe sur l'action.

---

[724] C'est-à-dire qui ne sont pas immédiatement productives.

[725] La définition fiscale, en effet, est purement opératoire : la notion d'investissement n'intervient que pour justifier soit une réduction de la matière imposable (à l'impôt direct), soit une réduction de l'impôt (à la TVA). De ce fait la définition fiscale de l'investissement se ramène à un problème de frontière entre l'imposition et l'exemption – frontière mouvante donc : en premier lieu les disponibilités budgétaires, en second lieu les impératifs économiques (soutien à l'industrie des biens d'équipement, politique conjoncturelle de relance, etc.) expliquent ces variations. Il est évident, dans ces conditions, qu'un certain arbitraire règne dans les différents secteurs économiques et, à la limite dans les entreprises elles-mêmes bénéficiant de privilèges inégaux. Outre cette hétérogénéité de caractère général, il en existe une autre, plus importante, qui résulte de la confrontation permanente entre l'entreprise et les services fiscaux, cette discussion portant sur de nombreux points : le montant d'acquisition, la durée de vie de l'équipement, le caractère productif du bien. In Yann (G.), Guy (T.), « Qu'est-ce qu'un investissement ? » In: *Revue économique*, vol. 19, n°4 : 607-637, 1968.

[726] Il convient de préciser qu'une telle discussion de l'investissement ne concerne pas un certain nombre de secteurs, notamment des entreprises industrielles et commerciales et des entreprises agricoles qui ne sont pas encore assujetties à la TVA. L'extension de la TVA conduira mécaniquement à un gonflement du volume des investissements recensés, compte non tenu de l'éventuel effet d'incitation.

495. Pour ce qui concerne le secteur minier qui nous intéresse, dans le cadre de cette étude, il importe donc d'aller au-delà des définitions opératoires, dont l'affinement incessant ruine peu à peu l'unité du concept, sans pour autant sortir du cadre arbitraire des conventions initiales, et de saisir, dans sa totalité et dans son essence, le mécanisme de l'investissement. Ainsi, les agences gouvernementales désireuses d'attirer des investissements étrangers ont parfois changé la législation nationale dans le seul but d'ouvrir la voie à des projets d'investissement dont certains portent préjudice à l'environnement. Ainsi, l'évolution du droit des investissements est intégrée dans le processus global de transformation de la société humaine, sous tous ses aspects : économiques, socioculturels et politiques. Le phénomène le plus controversé de cette transformation est constitué par la mondialisation qui correspond à une internationalisation de l'activité économique. Le droit international des investissements s'inscrit dans le contexte de ces évolutions qui accélèrent actuellement le processus de mondialisation des relations économiques[727] . Dans cette perspective, pour comprendre l'évolution de la notion d'investissement dans les opérations minières, il faudrait passer en revue les raisons qui la sous-tendent (Section 1) et ses manifestations (Section 2).

Section 1

Des raisons justifiant la nouvelle perception de la notion d'investissement dans les opérations minières

496. On ne saurait nier que les investissements étrangers peuvent, dans certains cas, apporter de réels avantages et améliorer les conditions de vie des gens, à travers le monde, en leur fournissant des produits et services qui répondent aux besoins humains. Dans le même temps, les activités des multinationales peuvent nuire aux travailleurs, aux communautés, à l'environnement et même aux institutions publiques. Une partie du problème réside dans le fait qu'un contexte politique international partisan du marché libre a donné lieu à un système de réglementation des investissements qui est étudié pour répondre aux intérêts et aux besoins des investisseurs étrangers plutôt qu'à ceux des communautés ou à l'impératif de protection de l'environnement. Très

[727] Wälde (W. T.), Nouveaux horizons pour le droit international des investissements dans le contexte de la mondialisation de l'économie, IHEI Paris, Université Panthéon-Assas (Paris II), Ed. Pedone, 2004.

souvent, les gouvernements se concentrent sur des réformes destinées à libéraliser les marchés aux dépens des efforts visant à renforcer la protection de l'environnement et la protection sociale.

497. De meilleurs moyens de communication à travers le monde ont permis de sensibiliser l'opinion sur l'impact négatif des sociétés étrangères dans les pays pauvres. Mais les efforts déployés en vue de promouvoir un comportement social responsable par le biais des pressions du marché n'ont réussi jusqu'ici qu'à effleurer la question. Les conditions élémentaires des investissements étrangers directs dans certains des projets les plus controversés au monde – y compris des oléoducs, des sites miniers, des centrales électriques et des barrages – sont énoncées dans des contrats négociés en privé entre de grosses sociétés et des agents gouvernementaux des pays qui accueillent leurs projets d'investissement. La plupart du temps, les communautés locales touchées par des projets d'investissement[728] n'ont pas leur mot à dire dans les négociations et la mise en œuvre des marchés qui régissent le projet. Pourtant, ce sont souvent elles qui subissent les effets adverses d'un projet. Ce n'est qu'en comprenant vraiment les contextes locaux que les stratèges et les entreprises peuvent savoir comment trouver un juste équilibre entre le développement durable sur le plan national et local. Ce qui fait qu'il existe de profondes inadéquations entre les revendications qui sont clamées haut et fort, concernant les impacts positifs d'un investissement étranger au niveau macro, où sont prises les décisions liées aux contrats d'investissements, et leur incidence réelle au niveau local[729]. Dans cette perspective, les raisons justificatives

[728] Ils renvoient aux contrats d'investissement étranger, qui pour nous, sont relatifs à des accords conclus entre une société ou une autre sorte d'entreprise quelconque et un État, dans le but de réaliser un projet d'investissement dans l'État en question. Le ou les accord (s) stipule (ent) les modalités qui s'appliquent au projet d'investissement. Un contrat d'investissement est dit "étranger" lorsqu'il est associé à une entreprise étrangère (qui est ou non directement partie au contrat) ayant la capacité de contrôler les décisions de gestion importantes et les impacts associés.

[729] L'environnement juridique et économique du processus d'investissement évolue continuellement sous l'influence des attitudes et des comportements de ces principaux participants. Depuis toujours ce processus a exercé des pressions permanentes sur les décideurs politiques, à tous les niveaux, pour créer un cadre législatif afin d'harmoniser les besoins et les possibilités de l'économie mondiale, avec la garantie que leurs actions permettront à leur propre économie nationale de bénéficier du développement et de la croissance mondiale . In Deville (H.) – *L'intégration des espaces économiques : politiques commerciales et économiques*, Ed. Academia, Bruylant, 2003, p. 17.

de la nouvelle perception de la notion d'investissement dans les opérations minières sont à rechercher tant au niveau interne (Paragraphe 1) que sur le plan extranational (Paragraphe 2).

Paragraphe 1 : La nouvelle perception de la notion d'investissement dans les opérations minières sur le plan national

498. La question de l'investissement dans les contrats miniers, qu'il s'agisse des conventions d'établissement ou des nouvelles conventions minières, a toujours soulevé une vive critique de la part de la société civile et des ONG intervenant pour la défense des droits des communautés locales. Celles-ci déplorent le plus souvent la non-participation des acteurs locaux à la prise de décisions et à la répartition des bénéfices des investissements, ainsi que sur les possibilités d'amélioration des outils existants. Par conséquent, sur le plan interne, c'est le manque de transparence (A) et les problèmes liés à la teneur des contrats d'investissement (B) qui influent particulièrement sur

A. Manque de transparence

499. Le concept de transparence[730], très galvaudé, irrigue aujourd'hui toutes les sphères de la vie publique, économique, sociale au point de devenir un principe incontournable dans la conduite dans les affaires de l'État. La transparence constitue un élément inhérent à la bonne gouvernance et à l'État de droit. Elle sert de support à la démocratie pour lutter contre le secret et la corruption dans la gestion publique.

500. La transparence est devenue depuis peu un concept juridique. Elle connaît aujourd'hui un succès transversal qui selon certains serait excessif. La notion est en tout cas envahissante. Nancy Vignal démontre que le concept de transparence est imposé par la loi, par les autorités de contrôle, par la jurisprudence dans le souci de préserver les intérêts individuels ou dans l'intérêt supérieur d'un marché. Ce concept contemporain est sans doute précieux car il protège le consentement des parties, moralise les relations, renforce la libre concurrence mais la reconnaissance d'un droit général à la transparence généralisée coûterait cher.

501. En effet, elle implique la recherche d'informations et la diffusion des renseignements obtenus. La recherche suppose des investigations,

---

[730] Sur une définition détaillée du concept, voir Marchand (J.) « Réflexion sur le principe de transparence », *Revue de droit public* (RDP), n° 3, 2014 : 677.

la diffusion nécessite la plupart du temps l'accomplissement de formalités souvent coûteuses et parfois inefficaces. Un droit subjectif à la transparence risquerait aussi de fragiliser l'entreprise, de porter atteinte au secret de la vie privée en particulier lorsqu'il s'agit d'un contrat de travail ou d'assurance.

502. Le secret a encore des vertus et est parfois même obligatoire (ex. : secret professionnel, obligation de discrétion). L'auteur considère que le secret complète la transparence et préconise un équilibre des forces contradictoires. Elle est même favorable à une limitation de la transparence actuelle. Cette notion devrait être selon elle cantonnée à certaines hypothèses et la jurisprudence devrait en faire une application mesurée surtout sur le plan des sanctions. La nullité devrait être évitée dans la mesure du possible[731].

503. La transparence n'est plus seulement un droit, elle est une exigence morale. Elle est la pierre angulaire sur laquelle repose notre société. Le déclin des idéologies, de la morale, le recul des religions ont placé la transparence au centre, comme le recours ultime d'une société qui fait de la recherche de la vérité son horizon[732].

504. Dans de nombreux pays ayant une plus grande quantité de ressources minérales, il a été établi une corrélation négative entre l'abondance en ressources naturelles et la croissance du produit intérieur brut (PIB). Cela constitue ce qu'on appelle souvent la « *malédiction des ressources naturelles*[733] », puisque les ressources sont un obstacle à la croissance.

---

[731] Vignal (N.) « La transparence en droit privé des contrats. Approche critique de l'exigence ». In: *Revue internationale de droit comparé.* Vol. 51 N° 3, juillet-septembre 1999 : 718; https://www.persee.fr/doc/ridc_0035-3337_1999_num_51_3_18292

[732] Massis (T.) « La transparence et le secret. Champ social, débat de conscience », *Études* 2001/6 (Tome 394) : 751-761.

[733] Une des théories expliquant les écarts de croissance est celle de la malédiction des ressources naturelles, popularisée, en 1995 par Sachs et Wamer. Les auteurs de cet article ont présenté leur découverte du phénomène contre-intuitif d'une relation négative entre la croissance économique et l'abondance en ressources naturelles. Ils constatent que depuis 1970, les économies riches en ressources naturelles ont eu une croissance économique plus faible que les économies moins bien dotées en matières premières. Sala-i-Martin (1997) et Doppelhofer *et al.* (2000) confirment que les ressources naturelles sont empiriquement importantes dans l'étude de la croissance.

505. C'est ce qu'on appelle souvent la « *malédiction des ressources naturelles* » résultant du manque de transparence et du non-respect de l'obligation de rendre compte sur les paiements que les entreprises versent au Gouvernement et les recettes que les Gouvernements reçoivent des entreprises. C'est ce gap que l'Initiative pour la Transparence dans les Industries Extractives (ITIE) vise à combler »[734] dans les différents pays membres.

506. Le constat global est que la plupart des pays riches en ressources naturelles sont encore confrontés à des vrais défis de gouvernance. À titre d'illustration, sur 89 pays étudiés dans l'indice de gouvernance des ressources naturelles, avec une économie dominée par le pétrole, le gaz ou les minerais. La majorité de ces pays affichent une gouvernance des ressources naturelles insuffisante, médiocre ou défaillante[735]. Justement, c'est pour apporter un cadre de gouvernance optimale et collective que l'Initiative pour la Transparence dans les Industries extractives, en tant que norme mondiale de gouvernance, a été mise en place en 2003[736]. L'ITIE a été créée par une coalition de gouvernements, des entreprises et des organisations de la société civile. Elle résulte d'une conviction partagée : « *les richesses en ressources naturelles doivent profiter aux citoyens et cela nécessite des niveaux élevés de transparence et de redevabilité* »[737].

507. Aujourd'hui l'initiative pour la transparence dans les industries extractives (ITIE) demeure le référentiel en matière de bonne gestion des ressources naturelles. Déjà la vision minière de l'Union africaine, que « l'adhésion à l'ITIE permet de renforcer les capacités de l'Afrique en matière d'audit, de suivi, de réglementation et d'amélioration des régimes d'exploitation des ressources. L'ITIE est l'une des initiatives les plus remarquables qui contribue à porter la question de la gouvernance dans les programmes internationaux »[738]. En tant que

---

[734] Livre source ITIE 2005.

[735] *Indice de gouvernance des ressources naturelles,* Natural Resource Governance Institute 2017. https://resourcegovernanceindex.org/.

[736] L'ITIE a été lancée en septembre 2002 lors du Sommet mondial sur le développement durable à Johannesburg par Tony Blair.

[737] https://eiti.org/sites/default/files/documents/eiti_factsheet_fr_feb2018.pdf.

[738] Vision minière 2009, p. 21 ; Voir aussi article 13§4 de la Directive minière de la CEDEAO C/DIR/3/05/09 du 27 mai 2009 : « Les États s'engagent à promouvoir la transparence des informations relatives aux revenus miniers en particulier, en encourageant la souscription à l'ITIE et en l'appuyant. »

norme mondiale, elle exige des pays mettant en œuvre la publication régulière de tous les paiements versés par les entreprises et de toutes les recettes perçues par les gouvernements.

508. Les spécialistes de la gouvernance ont présenté l'ITIE comme « la nouvelle forme de gouvernance collective »[739] et le « cadre normatif de gouvernance le plus ambitieux et le plus pratique des ressources naturelles »[740]. La norme comprend huit exigences[741] et garantit la transparence sur toute la chaîne de valeur des industries extractives, de l'octroi des permis et licences à l'utilisation des revenus au profit des populations. Le pays qui adhère à la norme ITIE met en place un Groupe multipartite composée des représentants de l'État, de la société civile et des compagnies pour superviser le processus en publiant un rapport annuel sur l'état de la gouvernance des ressources naturelles. Le rapport ITIE[742] doit être élaboré par un administrateur indépendant recruté sur appel d'offres international. Ledit rapport alimente le débat public et formule des recommandations qui feront l'objet de suivi.

509. L'ITIE est devenue un outil pour les réformateurs[743], un instrument de diagnostic, un outil de redevabilité et de contrôle. Pour l'essentiel, l'ITIE a impacté positivement la gouvernance des 51 pays membres dont 24 pays africains[744]. La mise en œuvre a permis de relever :

---

[739] Eddie (R.) et Moberg (J.), Beyond Governments, Making collective Governance Work, Lessons from the Extractives industries transparency initiative, Greenleaf Publishing, p. 7, 2015.

[740] Lehmann (V.), Natural Resources, The Extractives Industries Transparency Initiative, and Global Governance, The Hague Institute for Global justice 2015 ; Voir aussi, Rapport sur la Gouvernance en Afrique V, Commission économique pour l'Afrique, p. 52, 2018.

[741] Suivi par le Groupe multipartite ; cadre juridique et institutionnel ; prospection et production ; collecte des revenus ; attribution des revenus ; dépenses sociales et économiques ; résultats et impacts ; contribution et délais de mise en œuvre.

[742] https://eiti.org/fr/document/termes-reference-standard-pour-services-adminstrateurs-independants.

[743] Rapport d'avancement de l'ITIE international, *Mettre fin à l'anonymat des entreprises, la clé pour combattre la corruption* 2017, p. 6. https://eiti.org/sites/ default/ files/documents/eiti_progress_report_2017_fr_0.pdf.

[744] Depuis le retrait du Niger et celui des États-Unis de l'ITIE.

– la réforme des cadres juridiques et institutionnels (adoption de nouveaux codes contenant des clauses de transparence, et adoption de loi sur l'ITIE) ;

– la publication des contrats miniers et pétroliers[745] ;

– la meilleure connaissance de la contribution du secteur au PIB et à l'économie nationale ;

– la mobilisation des recettes en renforçant le système d'administration fiscale[746] ;

– le renforcement du dialogue entre l'État et les communautés.

510. Après trois années de mise en œuvre de la norme ITIE le pays se soumet à ce qu'on appelle la validation qui est un mécanisme d'assurance qualité permettant d'évaluer la performance du pays, de promouvoir le dialogue et l'apprentissage par rapport aux 33 critères fixées par la norme ITIE. Actuellement, peu de pays ont rempli pleinement les exigences de la norme ITIE.

511. Le Sénégal ayant adhéré à l'ITIE en 2013[747] a publié 5 rapports annuels et a procédé à la validation qui lui a valu de rang de pays ayant accompli des progrès satisfaisants depuis mai 2018. Le Sénégal est le premier africain à avoir satisfait toutes les exigences de la norme ITIE.

512. L'ITIE est un succès remarquable au Sénégal avec l'engagement de toutes les parties prenantes. Le pays en adoptant un nouveau Code minier, a intégré des clauses de transparence notamment l'obligation pour les compagnies de divulguer les paiements. La Constitution a été révisée par référendum le 20 mars 2016 pour consacrer le droit de propriété des ressources naturelles au peuple. Ce qui renforce la gestion transparente au profit des communautés. Un Comité d'orientation stratégie du pétrole et du gaz pour assister le Gouvernement dans la définition de la politique pétrolière et gazière du pays a été mis en place[748]. Le projet de Code pétrolier en cours de révision a adopté aussi des dispositions sur la transparence des revenus[749]. Avec l'adhésion à la

[745] Sénégal, Libéria, Ghana, Guinée, RDC…

[746] Par exemple au Nigéria, l'ITIE avait permis de recouvrer 800 millions de dollars en impôts et en redevance.

[747] *Cf.* Décret 2013-881 du 20 juin 2013 portant organisation et fonctionnement du Comité National ITIE.

[748] Décret 2016-1542 du 3 octobre 2016 portant COSPETROGAZ.

[749] Voir article 53 du projet de Code.

norme qui ne pose pas la publication des contrats comme une exigence, le Sénégal a décidé d'en faire une obligation. Ainsi, les contrats sont publiés et ils ont suscité un débat public.

513. En même temps, il faut rappeler que les rapports ITIE ont formulé des recommandations pour améliorer le système de gestion des ressources naturelles telles que : la mise en application de la réglementation sur la péréquation ; le renforcement de l'administration fiscale ; la création d'une ligne dédiée aux industries extractives dans le tableau des opérations financières de l'État pour mieux assurer la traçabilité des revenus, etc.

514. L'ITIE en contribuant à la gouvernance des ressources naturelles, pose de nouveaux chantiers complexes en termes de mise en œuvre. La volonté de l'ITIE est de traduire les recommandations en réformes concrètes afin de pouvoir assurer le succès des nouvelles exigences. Nous pourrons en citer quelques-unes.

515. D'abord la propriété réelle qui va entrer en vigueur en 2020. En effet, la Norme recommande que les pays mettant en œuvre l'ITIE tiennent « un registre public des propriétaires réels des entreprises qui soumissionnent, opèrent, ou investissent dans les actifs extractifs, incluant l'identité de leur(s) propriétaire(s) réel(s), leur degré de participation, et les modalités d'exercice de cette participation ou du contrôle desdites entreprises ». Le Sénégal a déjà identifié le Registre de Commerce et de Crédit Mobilier comme étant la structure devant recueillir les informations sur les propriétaires réels. Un projet de décret est en cours d'élaboration entre le Comité national Sénégal et le ministère de la Justice pour encadrer la collecte, l'accès et la divulgation des informations.

516. Ensuite, la divulgation intégrée demandant les pays mettant en œuvre l'ITIE de publier des informations requises par la Norme ITIE au moyen des systèmes de déclaration du gouvernement et des entreprises[750].

517. Dans de nombreuses régions du monde, les dispositions les plus élémentaires d'un contrat d'investissement étranger ne sont pas rendues publiques. Dans certains cas, il peut arriver qu'elles soient

---

[750] À terme, les rapports ITIE seront remplacés par des *reporting* plus périodiques au moyen de base de données des administrations.

rendues publiques une fois que les marchés auxquels elles se rapportent ont été signés, mais sans donner la moindre chance de contribution au public. La transparence, l'accès à l'information et les droits à la participation du public sont des principes au cœur même du développement durable. Le manque de transparence est un excellent terreau pour le développement de la corruption. Il érode la démocratie participative en privant les citoyens et les communautés susceptibles d'être touchés par un projet, de la possibilité d'avoir leur mot à dire sur la question de savoir si les investissements devraient être entrepris et comment.

518. Sans examen public des contrats d'investissements étrangers, il est impossible pour les citoyens de juger si leurs élus agissent ou non au mieux de leurs intérêts et sont réellement engagés dans la poursuite et la satisfaction des objectifs de politique publique. Il leur est également impossible de faire en sorte que leur gouvernement leur rende des comptes sur les conséquences de l'investissement étranger direct.

519. Ce manque de transparence nourrit le sentiment dans l'opinion qu'il n'existe pas de mécanismes adéquats pour garantir la reddition de comptes des entreprises, notamment en ce qui concerne leurs plans d'investissements pour le développement d'infrastructures censées améliorer les services d'eau et élargir leur portée. Cependant, ce ne sont pas tous les pays qui omettent d'assurer un accès du public aux contrats d'investissements[751]. Sur ce plan, certains sont en avance sur d'autres.

520. De toute évidence, un droit public d'accès à l'information n'est pas la même chose qu'un droit public de participation. Dans le cas du Ghana, la portée du droit public de formuler des commentaires est au

[751] Ainsi par exemple, au Ghana, la Constitution prévoit l'implication du Parlement dans l'octroi des droits ou des concessions d'exploitation minéralière. Toute transaction, tout contrat ou toute entreprise doit être ratifié(e) au Parlement par un scrutin à la majorité des deux tiers. Du côté du gouvernement, les négociations sont généralement menées par la Commission des minerais. Habituellement, avant la ratification d'un accord d'investissement minier, le Comité parlementaire sur les minerais et les ressources naturelles a l'opportunité d'examiner l'accord et de poser des questions aux responsables de la Commission des minerais sur différents points de l'accord. Il appartient au Comité parlementaire d'inviter les commentaires du public sur le document contractuel, auquel cas les contrats sont mis à la disposition du public ; or, pour la plupart des accords soumis au Parlement, cela ne se produit pas. La ratification par le Parlement a peu d'impact sur le fond des accords négociés avec la Commission des minerais. C'est un droit de veto de la dernière heure.

moins déterminée par un Comité parlementaire. Pourtant, dans la pratique, l'exercice de ce pouvoir a rarement offert aux membres du public la possibilité de formuler des contributions substantielles aux contrats tant que des négociations de fond étaient toujours en cours. Les groupes de la société civile et les communautés qui vivent au cœur ou à proximité de sites miniers potentiels au Sénégal comme au Ghana par exemple, ont rarement l'occasion de contribuer au processus de négociation.

521. Un autre moyen pour le gouvernement du pays hôte d'assurer un accès du public à l'information sur les contrats d'investissements étrangers consiste à les adopter officiellement comme faisant partie intégrante de la législation. Cette approche a été suivie, par exemple, dans le cas de projets pétroliers au Cameroun. Elle présente un certain nombre de conséquences : non seulement elle confère aux investisseurs étrangers un complément de sécurité mais encore elle peut être assortie d'implications légales plus vastes qui découlent du fait qu'en ratifiant le contrat par le biais de sa législation, le pays d'accueil souscrit bien plus qu'un simple acte contractuel : il fait acte d'autorité souveraine. Et si le contrat vient à violer d'autres sortes de lois nationales, son adoption par le biais de la législation ouvre aussi la possibilité pour les citoyens de récuser les conditions contractuelles auprès des tribunaux nationaux.

522. Outre le problème général de manque d'accès aux conditions des contrats d'investissements étrangers, certains contrats comprennent des dispositions qui empêchent le public d'accéder à l'information dont il a besoin pour évaluer les implications socio-économiques du projet. Au Ghana, par exemple, un bail minier typique contraindrait probablement le gouvernement à traiter toutes les informations contenues dans le bail comme revêtant un caractère confidentiel pour une période de cinq ans, ou jusqu'à expiration du bail. Et même dans ces circonstances, il se peut que le consentement de la société soit requis. Le manque de transparence dans les négociations portant sur les contrats d'investissements étrangers peut recentrer l'attention du public sur les processus et les forums dont le mandat ne correspond pas aux préoccupations sous-jacentes mais qui, au moins, permettent un certain degré de participation publique.

523. Ce sont notamment les procédures d'évaluation de l'impact environnemental adoptées par certains pays[752] pour mesurer les impacts

[752] C'est le cas au Belize et au Pakistan.

environnementaux des grands projets. Mais ces procédures d'évaluation d'impact ne sont pas conçues pour permettre un examen efficace des considérations n'ayant pas trait à l'environnement. Elles ne sont qu'un pis-aller et ne valent pas une transparence plus systématique ou des opportunités publiques pour modeler les conditions mêmes des contrats.

524. Ce manque général de transparence dans la négociation et dans l'accessibilité des contrats d'investissements étrangers risque de saper les objectifs de politique publique associés au développement durable. Par conséquent, parallèlement à la grande transparence qui devra accompagner la négociation des contrats d'investissements étrangers, il faudra élaborer de nouveaux outils pour faciliter leur suivi et leur évaluation dans une optique de développement durable, liée aux dispositions qui permettent de réviser leur contenu.

525. De telles impressions ont entraîné, sur le plan national, un changement dans la perception des contrats d'investissement qui pâtissent aussi d'un problème lié à leur teneur.

B. Problèmes liés à la teneur des contrats d'investissement

526. Par un contrat d'investissement, nous entendrons un accord ou une convention passée entre un État importateur de capital et un investisseur étranger. Certaines dispositions des traités bilatéraux visent à régir ces accords. La convention conclue entre un État souverain et une personne privée ressortissante ou non de son territoire, le contrat d'État ou contrat d'investissement permet le transfert de richesses, de savoir-faire et de technologie. L'investissement direct étranger, en ce qu'il permet le transfert de technologies et génère d'importants revenus fiscaux, est considéré comme l'un des principaux vecteurs du développement durable. Cependant, les instruments internationaux normatifs ne prennent que peu en compte cet objectif de développement durable. Ainsi, pour Sabrina Cuendet[753], *les accords sur l'investissement international peuvent constituer un véritable frein à la mise en œuvre des politiques publiques en faveur du développement durable,* en raison de la déconnexion entre les instruments et les objectifs, incontestable dans les conflits qui opposent les États aux investisseurs étrangers. Cela ne

---

[753] Cuendet (S.), Accords d'investissement et développement durable comment concilier la protection des investissements étrangers avec la promotion du développement durable ? ; la Note de Convention, n° 14. Disponible à l'adresse: http://convention-s.fr/wp-content/uploads/2014/10/BACnote-15-accords-dinvestissements.pdf

tient pas uniquement aux accords eux-mêmes mais à la manière dont ils sont utilisés par certains investisseurs.

527. Les contrats d'investissement recherchent tout particulièrement l'équilibre qu'ils traduisent entre les préoccupations des investisseurs étrangers, concernant la stabilité de leur projet, et les dispositions acceptées par le pays d'accueil chargé de faire respecter les objectifs de politique publique[754]. Ils ont donc besoin de trouver un juste milieu entre l'intérêt légitime des investisseurs envers la stabilité de leur investissement d'un côté et la poursuite du développement durable de l'autre. Là où il existe un délai prolongé entre l'investissement initial et la matérialisation des profits, les investisseurs ont besoin de sauvegardes appropriées pour se protéger des risques non commerciaux – tels que le risque de voir leur investissement exproprié sous l'effet d'une mesure de nationalisation. Trop souvent, dans les cas dont nous avons connaissance, le scénario adopté dans les contrats d'investissements étrangers semble privilégier, outre mesure, l'investisseur étranger et non le gouvernement du pays d'accueil, en sa qualité de gardien des objectifs de politique publique du pays. Quelques exemples de clauses contractuelles qui soulèvent des préoccupations particulières sont repris ci-dessous.

528. Selon Sabrina Cuendet[755], le caractère déséquilibré des accords sur l'investissement, fréquemment dénoncé, ne peut donc être sérieusement contesté. En effet, selon cet auteur *les accords sur l'investissement international peuvent se résumer à une accumulation de droits consentis aux investisseurs étrangers, dont certains équivalent à de véritables privilèges exorbitants (c'est le cas de l'accès à un tribunal international sans que ne soit toujours requis l'épuisement des*

---

[754] Fontaine (M.), Négociation et formation des contrats internationaux, Formation of Contrats and Precontractual Liability, International Chamber of Commerce, Paris, 1990, p. 323-341. Fontaine (M.), Les principes pour les contrats commerciaux internationaux élaborés par Unidroit R.D.LD.C., 1991, p. 25-40. Fontaine (M.), Les problèmes du long terme dans les contrats internationaux, colloque de Tours (1-3 juin 1978), D.P.C.I., t. 5, n° 1 p. 142-145 (exposé introductif), p.146-174 (direction des débats) 1979. Fontaine (M.), Les lettres d'intention dans la négociation des contrats internationaux, D.P.C.I., p.73-122, 1977.

[755] Cuendet (S.), Accords d'investissement et développement durable comment concilier la protection des investissements étrangers avec la promotion du développement durable ? ; la Note de Convention, n°14. Disponible à l'adresse : http://convention-s.fr/wp-content/uploads/2014/10/BACnote-15-accords-dinvestissements.pdf

voies de recours internes[756]*), auxquels correspondent autant d'obligations à la charge des États hôtes.* En effet, le recours à l'arbitrage qui permet aux investisseurs étrangers d'échapper à la compétence des tribunaux de l'État hôte est couramment pointé du doigt comme l'instrument de l'exacerbation du déséquilibre inhérent aux accords sur l'investissement international. Ainsi, la refonte des accords sur l'investissement international a suscité d'importants débats sur l'opportunité de maintenir la possibilité offerte aux investisseurs étrangers d'accéder à l'arbitrage transnational pour contester une mesure de l'État hôte. Il n'est pas question de faire totalement table rase de ce mécanisme. Mais les discussions sont très vives à ce sujet. L'Australie, à la suite de la plainte initiée à son encontre par Philip Morris, avait clairement indiqué qu'elle refuserait, à l'avenir, d'insérer des clauses d'arbitrage dans ses nouveaux traités sur l'investissement. Avant cela, l'accord conclu avec les États-Unis en 2004 substituait déjà à l'arbitrage transnational une procédure de conciliation interétatique.

529. En règle générale, les TBI comportent des dispositions pour le règlement des litiges relatifs aux investissements. Certains TBI de première génération étaient d'ailleurs exclusivement axés sur le règlement des litiges entre États. Plus récemment, les TBI intègrent désormais l'arbitrage entre investisseur et État, ce qui permet aux investisseurs privés de présenter une réclamation contre le pays hôte[757]. La réforme du mécanisme de règlement des différends est au cœur des discussions actuelles sur l'évolution souhaitée et souhaitable des accords sur l'investissement international. Elle a donné lieu à une toute *nouvelle génération d'accords sur l'investissement* qui tient mieux compte des intérêts des États hôtes.

530. Les implications détaillées de tout contrat en termes de développement durable ne peuvent être évaluées qu'en l'examinant dans un contexte global, parallèlement à des contraintes juridiques intérieures plus vastes et aux dispositions de tout accord intergouvernemental d'investissement pertinent. Ainsi, la qualité des avantages que présente un projet d'investissement étranger pour le développement économique local

---

[756] UNCTAD, World Investment Report, Investment Policy Framework for Sustainable Development, 2012, p. 28 et ss.

[757] Commission économique pour l'Afrique (2016) : Politiques d'investissement et accords bilatéraux d'investissement en Afrique : Implications pour l'intégration régionale.
https://www.uneca.org/sites/default/files/PublicationFiles/fre_investment_landscaping_study.pdf

peut dépendre des différentes sortes d'opportunités économiques qu'il apporte aux résidents locaux. Dans ce domaine, il se peut que les États hôtes cherchent plus à maximiser la contribution au projet, par le biais de biens et services produits localement, alors que les investisseurs étrangers chercheront peut-être à optimiser leur liberté de se procurer des biens et services ou de louer de la main-d'œuvre auprès de la source qu'ils jugeront la plus appropriée.

531. Il est vrai toutefois que la conclusion des accords de promotion et de protection des investissements, le plus souvent dans un cadre bilatéral, est extrêmement tributaire du rapport de force, économique et politique, qui existe entre les États partenaires, de sorte que la marge de manœuvre de certains s'en trouve très largement affaiblie. Pour autant, bien que la préservation de la liberté normative de l'État soit devenue l'enjeu essentiel de la refonte du droit des investissements et qu'elle constitue la condition indispensable à une réconciliation entre les accords sur l'investissement international et l'objectif de développement durable, la question reste entière de savoir si ces accords constituent une véritable menace pour la souveraineté des États. En dépit des nombreuses affirmations en ce sens, c'est une réponse nuancée qu'il convient ici de formuler.

532. Il convient d'abord de souligner que l'essence même du pouvoir normatif de l'État ne peut aucunement être affectée par les accords sur l'investissement international. C'est un principe bien établi en droit international que *la conclusion d'un traité quelconque, par lequel un État s'engage à faire ou ne pas faire quelque chose ne constitue en aucun cas un abandon de souveraineté.* Même si la conclusion de cet accord entraîne une restriction de l'exercice de certains droits de l'État, la *faculté de contracter des engagements internationaux est précisément un attribut de la souveraineté de l'État*[758]. Ce principe vaut bien évidemment en droit des investissements internationaux, d'autant plus que, même lorsque les États s'engagent dans de tels instruments, ils restent parfaitement libres de circonscrire la portée de leurs engagements.

---

[758] Cour permanente de justice internationale, Affaire du vapeur Wimbledon, arrêt du 17 août 1923, Rec. Série A, p. 25..in Sabrina Cuendet (2014) Accords d'investissement et développement durable comment concilier la protection des investissements étrangers avec la promotion du développement durable ? ; La note de convention, n° 14. Disponible à l'adresse : http://convention-s.fr/wp-content/uploads/2014/10/BAC note-15-accords-dinvestissements.pdf

533. Un nombre croissant d'études et de travaux universitaires suggèrent l'inclusion d'obligations d'investisseurs dans les textes des traités d'investissement[759]. Par exemple, l'insertion de la clause des *obligations sans contrepartie* et de la *clause-cadre*. Les obligations sans contrepartie requièrent que les entreprises accordent, sans frais, un pourcentage de participation spécifié de leur entreprise au pays hôte. Elles sont de nature plus proche d'une réforme fiscale que d'une démarche visant à promouvoir des champions nationaux, offrant un flux de revenus sous forme de dividendes. Cela dit, elles constituent aussi une mesure de participation de l'État dans des secteurs d'intérêt national clé. Et au cours des dernières années, un certain nombre de gouvernements de pays émergents sont passés maîtres dans l'utilisation de leurs participations minoritaires et d'autres moyens d'influence pour exercer un contrôle important sur les activités des entreprises clés.

534. La clause-cadre est une disposition qui dit essentiellement que l'État doit respecter les engagements pris vis-à-vis d'un investisseur et fait ainsi de ces engagements une partie du corps du traité d'investissement. Les tribunaux ont eu des opinions très différentes sur la façon dont l'engagement d'un État doit être défini, allant des déclarations générales d'un gouvernement, en ce qui concerne un investissement, aux accords spécifiques par écrit ou à la législation. Dans les deux cas, lorsqu'une clause-cadre est couplée à une clause de stabilisation dans un contrat d'investissement ou dans le droit interne de l'État d'accueil, une puissante combinaison est mise en place pour empêcher les actions de l'État non conformes à la disposition de stabilisation.

535. Comme on l'a déjà souligné, les accords sur l'investissement international ont pour seule vocation de protéger les investissements réalisés par les étrangers. Dans cette perspective monofonctionnelle, la protection des investisseurs est considérée comme une fin en soi, indépendamment des avantages qu'en retire l'État hôte, ce qui favorise les tentations d'extrapoler davantage encore cette protection. Pourtant, les instruments de protection des investissements n'ont, en réalité, jamais

---

[759] Les traités bilatéraux d'investissement, l'exploitation minière et les champions nationaux : en assurer le succès. Publié par l'Institut international du développement durable. (2014) ;
https://www.iisd.org/sites/default/files/publications/bilateral_investment_treaties_mining_national_uneca-fr.pdf

eu vocation à fonctionner en système clos. Dans la scène internationale, c'est désormais une préoccupation essentielle des États de négocier des instruments de réglementation des investissements qui préservent autant les droits des investisseurs que ceux des pays hôtes. Ces nouveaux accords contiennent également des clauses permettant de revaloriser les droits de l'État hôte. Il peut s'agir de clauses appelées *clauses de non-abaissement* des normes sociales et environnementales selon lesquelles *les parties reconnaissent qu'il n'est pas approprié d'encourager l'investissement en adoucissant les mesures nationales qui se rapportent à la santé, à la sécurité ou à l'environnement. En conséquence, une partie ne devrait pas renoncer ni déroger, ou offrir de renoncer ou de déroger à de telles mesures, dans le dessein d'encourager l'établissement, l'acquisition, l'expansion ou le maintien sur son territoire d'un investissement effectué. La partie qui estime qu'une autre a offert un tel encouragement pourra demander la tenue de consultations, et les deux parties se consulteront en vue d'éviter qu'un tel encouragement ne soit donné*[760].

536. Cependant, à côté de ces difficultés d'ordre interne, il en existe d'autres qui relèvent du cadre extranational justifiant une nouvelle perception de la notion d'investissement dans les opérations minières.

Paragraphe 2 : La nouvelle perception de la notion d'investissement dans les opérations minières sur le plan extranational

537. La notion d'investissement semble d'ailleurs s'étendre sous l'influence de l'évolution actuelle du droit des investissements. Ainsi, sur le plan extranational, plusieurs facteurs ont contribué à modifier la donne et à faire prendre conscience aux pays d'accueil, d'une manière générale, et aux pays africains, en particulier, de la nécessité, non seulement de mieux négocier les nouveaux accords, mais également, de renégocier tout ou partie des accords déjà conclus. Au titre de ces facteurs, l'on peut citer, notamment, d'une part, au niveau international, les politiques d'ajustement structurel et le besoin subséquent d'améliorer les recettes budgétaires, les nouvelles exigences de transparence et de lutte contre la corruption posée par les institutions financières internationales (A) et, d'autre part, sur le plan régional avec les nouvelles exigences posées par les organisations d'intégration à l'image de l'UEMOA et de la CEDEAO (B).

---

[760] Voir l'article VI c. du modèle de TBI colombien adopté en 2007. 44 - Voir aussi l'article 1114 al. 1 de l'ALENA., in Sabrina Cuendet, *op. cit.*

A. Les nouvelles exigences de transparence et de lutte contre la corruption posées par les institutions financières internationales

538. L'environnement minier international est marqué ces dernières années par de profondes mutations et une compétition de plus en plus marquée entre les pays miniers émergents [761]. En effet, les organismes internationaux ont joué un rôle important dans l'évolution actuelle du droit des investissements internationaux, en général, et de la perception de la notion d'investissement dans les opérations minières, en particulier. Les institutions financières telles que le FMI, la BM et la BAD jouent un rôle très important dans la bonne gestion des ressources financières et l'assistance aux pays d'accueil des investissements. Ces institutions agissent essentiellement en appuyant la négociation et/ou la renégociation des contrats d'investissement, la formation des administrations et en réformant le cadre réglementaire.

539. Le rôle du FMI dans l'assistance des États ne peut mieux être illustré qu'au travers de la suspension de son aide à la RDC pour cause d'opacité d'un contrat minier[762]. Le FMI a fait de la transparence dans les industries extractives une conditionnalité de son aide.

540. La BM encourage les États, à travers ses orientations dans la promotion et la gestion des ressources naturelles, à délaisser leur rôle de « propriétaire/opérateur d'intérêts miniers » pur celui de « régulateur/ administrateur »[763].

541. Depuis 2008, la Banque africaine de développement (BAD) a créé la Facilité africaine de soutien juridique pour venir en aide aux gouvernements dans la rédaction des contrats qui les lient pour plusieurs décennies aux entreprises étrangères. Selon Stephen Karangizi, « La plupart n'ont pas les moyens de négocier d'égal à égal avec des multinationales qui s'entourent de bataillons de juristes, d'avocats, de

---

[761] Loi n° 2003-36 du 24 novembre 2003 portant Code minier au Sénégal.

[762] Le FMI suspend son aide à la RDC pour cause d'opacité d'un contrat minier, jugeant insuffisantes les explications du gouvernement sur un contrat minier conclu avec une compagnie américaine domiciliée dans un paradis fiscal.
http://www.rfi.fr/afrique/20121208-fmi-suspend-aide-rdc-opacite-contrat-minier-gecamines-straker-international

[763] Van Der Veen (P.), The World Bank Experience. Lessons From 10 Years of Mining Sector Reform: The road travelled. Mining Taxation Workshop. Washington DC Mining Department. 4-5 avril 2000. p. 3.

géologues… Il faut cinq ans pour former un bon expert. Dans des pays pauvres ou qui sortent de conflits, il n'y en a pas[764] ».

542. La captation de la rente a aussi retenu l'attention de la BM, du FMI et de la BAD. Dans ce domaine, trois outils ont été développés par ces institutions :

– la Facilité d'assistance technique dans les industries extractives de la BM (*Extractive Industries Technical Assistance Facility*, (EI-TAF)) ;

– la Facilité africaine de Soutien juridique (FASJ) de la BAD ; et

– le Fonds fiduciaire pour la gestion de richesses naturelles (*Managing Natural Resource Wealth Tropical Trust Fund*, (MNRW)) du FMI.

543. L'environnement politique international, en ce qui concerne les contrats d'investissement contenus dans les opérations minières, a changé radicalement à cette époque[765]. De l'autre côté, les pays développés se sont complètement rétablis de la crise énergétique. Il convient de rappeler à cet effet les tentatives avortées de l'OCDE de faire adopter un instrument juridique universel applicable aux investissements internationaux. En dépit de ces échecs, l'OCDE continue de contribuer à l'enrichissement des débats non seulement sur les règles applicables mais aussi sur la façon de percevoir l'investissement dans le secteur des mines par exemple. En effet, la Banque mondiale, quant à elle, a réussi à faire adopter deux conventions importantes dans le domaine des investissements internationaux.

544. Il s'agit d'abord de la convention de Washington du 18 mars 1965 créant le Centre international de règlement des différends relatifs à l'Investissement (CIRDI) qui avait pour mission de trancher les litiges entre les investisseurs étrangers et l'État d'accueil par arbitrage. Elle a également fait adopter la convention de Séoul de 1985. C'est cette convention qui crée l'Agence multilatérale de Garantie

---

[764] Caramel (L.), Le combat de l'Afrique pour se réapproprier ses ressources naturelles. *in Le Monde*, Disponible sur https://www.lemonde.fr/planete/article/2013/05/31/le-combat-de-l-afrique-pour-se-reapproprier-ses-ressources-naturelles_3421570_3244.html

[765] La position des pays en développement dans les négociations est plus faible. La crise de la dette après le choc pétrolier a fini par rendre les pays en développement moins revendicatifs et leur cohésion était moins évidente.

d'investissements (AMGI) et protège l'investisseur contre certains risques non-commerciaux, pour se subroger ensuite dans les droits et obligations de l'investisseur contre l'État hôte. Elle a, en outre, élaboré des principes directeurs pouvant guider les États et les investisseurs dans leurs négociations. Le FMI et la CNUCED contribuent aussi par leurs études à l'amélioration du régime juridique des investissements privés internationaux.

545. Ces nouvelles réalités économiques ont fait évoluer la perception des États d'accueil au regard des investissements directs[766]. Ce changement d'attitude s'explique par des raisons purement pragmatiques, surtout parce que les investissements étaient plus facilement disponibles par rapport à d'autres sources de financement, mais aussi parce qu'ils ne généraient pas de dettes pour le pays d'accueil. En outre, ils apportaient des avantages supplémentaires pour l'économie d'accueil, comme les technologies, le savoir-faire (*know-how*), les compétences et l'accès au marché. Les pays d'accueil, dont la majorité des pays en développement, se sont alors efforcés d'attirer les investisseurs car, par rapport à la période d'après-guerre, le contrôle sur les ressources naturelles n'était plus une priorité. L'intérêt de ces pays a basculé vers le besoin d'investissements dans d'autres secteurs et la concurrence, pour les attirer.

546. Pour le cas spécifique du Sénégal, la nouvelle législation minière s'aligne donc sur ces nouveaux standards internationaux, en incorporant dans ses politiques sectorielles des mesures sociales et environnementales destinées à éviter la dégradation, voire à améliorer les conditions de vie des populations locales. À titre d'illustration, le Plan de gestion environnemental du projet précise qu'il doit être destiné à améliorer le bien-être des populations locales en mettant en œuvre des

[766] Le recours aux contrats d'investissements étrangers dans les pays les plus pauvres du monde est souvent le résultat direct de l'élaboration de politiques macroéconomiques ou de l'application des instructions élaborées en matière de programmes d'assistance technique au sein du système de la Banque mondiale. Ainsi, dans les années 1980 et 1990, les programmes d'ajustement structurel de la Banque mondiale et du Fonds monétaire international (FMI) encourageaient les gouvernements à se dégager de la production directe de biens et services pour donner la préférence aux processus de privatisation. Ainsi par exemple, au Ghana, le cadre politique actuel pour les contrats d'investissements miniers constitue la suite logique des réformes découlant d'un programme de reprise économique amorcé par la Banque mondiale et le FMI.

programmes de développement économique et social et en prévoyant l'indemnisation des populations en cas de déplacement de leur lieu d'habitation[767]. Les jalons de la responsabilité sociale des partenaires au développement sont ainsi posés. Reste désormais à voir de quelle manière les entreprises minières se soumettront à ces nouveaux standards de développement, et quelle instance aura la charge de définir les indicateurs et à estimer dans quelle mesure les entreprises minières contribuent réellement à l'amélioration du bien-être des populations locales[768].

547. C'est dire que le fondement juridique international concernant les investissements est constitué principalement par les accords entre États sur cette matière. L'encadrement juridique des investissements à l'étranger inclut des règles de droit international général, des accords bilatéraux, régionaux et multilatéraux, mais aussi des textes dépourvus de caractère obligatoire, comme les déclarations adoptées par les États ou les résolutions des organes des organisations internationales, le tout jouant selon les cas avec ou contre les règlements et les procédures nationaux. Les normes juridiques internationales en matière d'investissement se sont imposées progressivement. Leur rôle s'est considérablement élargi. Et, il est toujours sous une pression constante pour s'élargir encore plus. Cependant, du point de vue politique, la problématique des investissements directs étrangers reste encore un sujet fort sensible.

548. La conséquence majeure en est que la réglementation juridique des investissements directs étrangers est de plus en plus acceptée comme une question de nature internationale. Ainsi, bien qu'il n'existe pas un seul instrument juridique pour couvrir tous les aspects des investissements directs étrangers, le cadre juridique existant est le résultat d'un processus évolutif au niveau international. Pour comprendre ce mouvement d'internationalisation du droit de l'investissement, il faudrait passer en revue l'histoire de relations économiques, car c'est à

---

[767] Tel que déterminer dans les choix d'évaluation et de gestion des impacts environnementaux et sociaux à grande échelle auxquelles SRK, un groupe créé à Johannesburg, Afrique du Sud en 1974 a participé.

[768] Dans le secteur minier sénégalais, le respect de la loi est un enjeu en soi, question qui se posera forcément aux futurs investisseurs. Le haut degré de désorganisation du secteur, l'absence de pouvoirs publics, la corruption et la militarisation des zones d'exploitation risquent de décourager bien des initiatives, voire de rendre impossible une réelle mise en œuvre de ces normes sociales et environnementales.

la suite des interactions économiques entre les États, ou entre les États et les entreprises multinationales, que s'est affirmé progressivement le droit international en ce domaine.

549. L'environnement économique international a été radicalement affecté par l'extension des entreprises multinationales et par l'accroissement de l'intégration mondiale. En ce qui concerne les politiques nationales, dans les pays développés où le besoin d'une intervention gouvernementale directe dans l'économie était depuis longtemps largement acceptée, les approches orientées vers le marché ont bénéficié d'un élan politique. Ces points de vue se sont répandus rapidement dans plusieurs pays en développement, en affectant directement leurs politiques économiques nationales[769].

550. Jusqu'à une date récente, les investissements directs étrangers étaient encore perçus comme devant être exclusivement gouvernés par les règles et principes nationaux. C'est seulement au début des années quatre-vingt que s'est manifesté un grand changement d'attitude vis-à-vis de ces investissements étrangers, dans la quasi-totalité des pays.

551. Ceci étant les justifications de la nouvelle définition de la notion d'investissement sur le plan international, reste à voir celles qui se rapportent au cadre régional dont le Sénégal fait partie.

B. Les nouvelles exigences posées par les organisations d'intégration régionale

552. La nouvelle conception de la notion d'investissement dans les opérations minières trouve aussi ses justifications dans un contexte régional. C'est dire que le régime des investissements internationaux s'est surtout enrichi des politiques et normes issues non seulement du cadre continental[770] mais aussi de certains organismes régionaux ou

---

[769] C'est dire que désormais dans les opérations minières, le droit international des investissements expié des réactions passionnelles de certains États, s'intéresse davantage à la rentabilité de l'investissement.

[770] Il faut citer aussi, au niveau africain, le plan d'implémentation de la Vision minière africaine (VMA) a été adopté à l'Union africaine, par l'intermédiaire des ministres des Mines réunis à Addis Abeba, en décembre 2011. La Vision minière africaine représente un schéma directeur novateur, qui va au-delà de l'amélioration des régimes miniers nationaux et censé aider les pays africains à bénéficier au maximum de l'exploitation de ses ressources minérales du sous-sol ; elle se traduirait à l'échelle nationale, par la négociation des contrats avec les entreprises afin de générer des revenus équitables de l'extraction des ressources.

sous régionaux comme l'UEMOA et la CEDEAO[771] qui décident de créer un environnement minier qui soit sensible au développement macro-économique durable et équilibrant la nécessité de fournir des incitations appropriées afin, d'attirer les investisseurs, avec la responsabilité de protéger la base de revenu et les ressources des États membres.

553. Afin d'assurer une réorientation et une plus grande coordination des priorités en matière d'investissement, dans l'espace UEMOA, toutes les politiques sectorielles communautaires se sont inscrites dans un ensemble cohérent, orienté vers la compétitivité et la promotion de l'investissement. C'est dans cette perspective que la *politique minière commune* de l'Union telle que définie dans l'*Acte Additionnel n° 01/2000*[772] vise également à contribuer à l'instauration d'un climat propice aux investissements miniers dans l'espace UEMOA[773]. Cet Acte Additionnel instituant la politique minière commune de l'UEMOA décline les principes directeurs de la législation minière à l'échelle de l'Union. Ces principes s'articulent autour des aspects fondamentaux ci-après : l'égalité de traitement (non-discrimination) entre les investisseurs, la clarté, la simplicité et la transparence des textes ainsi que la flexibilité,

---

[771] Depuis 2008, la CEDEAO a entrepris de se doter d'une législation minière unifiée telle que prévue par son traité, en adoptant une démarche triaxiale, qui s'accompagne de la création de trois cadres juridiques régionaux, dans le but de présider à l'harmonisation des législations et régimes miniers dans ses États membres et ce, afin de créer un environnement juridique minier plus stable et plus transparent dans la région. Ces trois axes sont l'adoption d'une Directive sur l'harmonisation des principes directeurs et des politiques dans le secteur minier en 2009 ; la définition d'une Politique de développement des ressources minérales en 2011, afin de répondre à des problématiques telles que l'optimisation de la filière par le traitement et la valorisation des minéraux pour un profit maximum ; et la future adoption d'un Code minier commun en cours d'élaboration, censé assurer la cohérence entre les approches suivies par les États membres pour harmoniser leurs législations minières nationales.

[772] Acte additionnel n° 01/2000 du 14 décembre 2000 portant adoption de la politique minière commune de l'UEMOA.

[773] L'Acte Additionnel définit les programmes autour desquels s'articule la politique minière commune. Entre autres, nous pouvons citer : l'harmonisation des cadres réglementaires, la promotion du secteur minier, le développement des échanges intra-africains de produits miniers, la préservation de l'environnement ; l'incitation à la recherche et à l'exploitation des hydrocarbures.... C'est ce qui doit permettre la création d'un environnement favorable et sécurisé pour les investissements miniers dans l'Union, l'accélération de l'exploitation des substances minérales, la promotion et le renforcement des industries locales de transformation, un meilleur encadrement de l'artisanat minier et le développement des petites exploitations.

en vue de permettre une adaptation des mesures communautaires à l'évolution des réalités du secteur. Ils prennent également en considération le souci d'assurer un développement durable du secteur minier ainsi que le renforcement des stratégies pour attirer les investisseurs.

554. À côté du texte issu de ce cadre réglementaire de l'UEMOA, le Code minier a une incidence particulière sur l'exploitation minière. Il constitue le véritable texte de base traitant des questions comme, entre autres, la recherche et l'exploitation, les relations des titulaires des titres miniers avec, d'une part, les propriétaires des sols et, d'autre part, l'administration chargée des mines, les dispositions économiques, financières, fiscales et douanières applicables aux activités minières, les dispositions relatives à l'environnement, au patrimoine culturel, à la santé, à l'hygiène, à la sécurité et à l'emploi, etc. La révision du Code minier de 2003 a permis d'enrichir la législation minière en l'alignant aux dispositions du Code communautaire de UEMOA[774].

555. Il faut également noter l'adoption de la Lettre de Politique sectorielle de développement (LSPD), le 06 mai 2016, dont l'objectif est, entre autres, d'améliorer le cadre juridique de l'activité minière et la performance de l'administration minière, en vue d'attirer plus d'investissements, d'approfondir les recherches pour de meilleures connaissances géologiques et minières de base, à travers des programmes d'inventaire minier, pour assurer la diversification de la production minière. La LSPD prévoit également un volet sur l'appui aux communautés de base. Cependant, la question minière au Sénégal s'est longtemps caractérisée par l'absence d'informations officielles sur les conditions d'exploitation et de gestion des ressources financières qu'elle procure. Ceci avait créé un malaise profond au sein de la population dont les préoccupations sont relayées par la presse privée.

---

[774] Ces initiatives régionales sont assurément louables en ce qu'elles tentent de coordonner les efforts autour des aspects législatifs et d'assurer la cohérence nécessaire, mais les volets production et infrastructure sont largement absents de leur schéma d'intégration. Or, ces volets sont indispensables pour libérer pleinement le potentiel de participation des entreprises dans les filières régionales. Ainsi, fait remarquable, les efforts régionaux font largement l'impasse sur le secteur des hydrocarbures, alors qu'il s'agit du principal secteur économique de la région. La convergence entre des efforts économiques au plan national, des politiques économiques communes au plan régional et l'établissement de liens avec l'industrie ne peut qu'aboutir à des résultats positifs en termes de développement.

556. En guise de conclusion partielle, on peut dire que le droit contemporain des investissements internationaux entend orienter la notion d'investissement à des considérations de rentabilité économique. C'est pourquoi, dans ce contexte, la conséquence majeure est que l'orientation des investissements se fait dans un sens qui n'est pas toujours conforme aux impératifs d'une politique nationale de développement, parce que les investissements dans les opérations minières sont généralement choisis en raison de la complémentarité des structures de production qu'ils instaurent entre pays primaires et pays industriels. Ce qui laisse apparaître un changement de cap dans la perception de la notion d'investissement dans les opérations minières dont nous étudierons les manifestations.

Section 2

Les manifestations de la nouvelle définition de la notion d'investissement dans les opérations minières

557. Les phénomènes et situations décrits précédemment sont le produit d'une méconnaissance totale et d'une incompréhension certaine de l'importance et du rôle que pourrait jouer le secteur minier dans la promotion des investissements étrangers pour le pays d'accueil. Face à ce constat, certains auteurs dénoncent les politiques de ces acteurs extérieurs en dévoilant les mécanismes de pouvoir plus large dont elles participent, tandis que d'autres formulent des recommandations pour que ces politiques puissent effectivement contribuer au développement[775].

558. Ainsi, pour réduire les effets négatifs de l'exploitation minière dans les pays d'accueil, il est devenu nécessaire de renforcer la coopération internationale pour stimuler le développement économique[776] et d'encourager le rôle que peut jouer l'exploitation minière dans ce

[775] Un bon exemple pour les premiers est BUSH, R., "Scrambling to the Bottom? Mining, Resources and Underdevelopment". Review of African Political Economy, 35(117), 2008 : 361-366, art. cit. et, pour les seconds, Hilson (G.) et Murck (B.), Sustainable Development in the Mining Industry: Clarifying the Corporate Perspective, Resources Policy, vol. 26, n° 4 : 227-238, 2000. On retrouve ainsi pour le secteur minier les deux postures morales et politiques – la posture critique et la posture appliquée – qui polarisent le champ des sciences du développement en général.

[776] Souhaitant encourager la fourniture aux pays en développement, à des fins productives, de ressources financières et techniques assorties de conditions compatibles avec leurs besoins, leurs politiques et leurs objectifs de développement, sur la base de normes stables et équitables pour le traitement des investissements étrangers.

développement, par les investissements étrangers en général et les investissements étrangers privés en particulier. Ne faisant pas l'objet de définition[777] dans le texte définitif de la *Convention de Washington*[778], et pour tenir compte de certaines réalités[779], dans la pratique, la notion d'investissement a connu une nette évolution dans son appréhension.

559. Ainsi, la nouvelle définition de cette notion dans les opérations minières est alors replacée dans le cadre d'une problématique de développement[780] de l'État d'accueil.

560. Sous réserve de ces précisions, il convient d'étudier successivement l'évolution des critères de définition de la notion d'investissement (Paragraphe 1) et les conséquences qui en découlent (Paragraphe 2) dans la perspective d'une politique d'incitation à l'investissement adoptée dans la plupart de la réglementation des pays d'accueil.

---

[777] Selon l'article 25 de la convention de Washington Il n'a pas été jugé nécessaire de définir le terme 'investissement', compte tenu du fait que le consentement des parties constitue une condition essentielle et compte tenu du mécanisme par lequel les États contractants peuvent, s'ils le désirent, indiquer à l'avance les catégories de différends qu'ils seraient ou ne seraient pas prêts à soumettre au Centre . Autrement dit, il a été estimé que toute définition serait relativement insatisfaisante et que, la base de la compétence du CIRDI étant le consentement des parties, il leur appartenait de préciser quelle serait la matière-objet de leurs différends éventuels. Dans le cadre d'une clause bilatérale de référence au CIRDI, il convient de se reporter aux définitions données dans les clauses interprétatives des Conventions.

[778] Convention du 18 mars 1965 créant le Centre international de règlement des différends relatifs aux investissements entre États et ressortissants d'autres États (CIRDI).

[779] Le plus souvent, les compagnies minières sont susceptibles de déplacer les populations de leur site, de priver des milliers de creuseurs de leur principale source de revenus, de recourir à des formes de travail précaire, ou encore de provoquer différents dégâts écologiques. À plusieurs reprises, leur implantation a donné lieu, pour ces différents motifs, à des actions de protestation que certaines compagnies n'ont pas hésité à réprimer violemment avec le soutien des forces de police. Ce bilan globalement négatif a pu alimenter la thèse de la malédiction des ressources naturelles (*resource curse*), qui veut que l'abondance de richesses minérales soit corrélée à un faible développement économique et social, et favorise la corruption, la consolidation du pouvoir des élites, voire l'émergence de conflits armés.

[780] Qui est dirigée vers l'évaluation normative des effets (positifs ou négatifs) des mesures de libéralisation et des investissements étrangers.

Paragraphe 1 : l'évolution des critères de définition de l'investissement

561. Si, dans la Convention de 1965[781], l'investissement a été conçu comme une notion souple, on notera que cette souplesse ne comporte pas que des avantages. Dans l'*Affaire Holiday Inns*, des coûts substantiels ont été encourus par les parties, entre autres, parce que les investissements couverts par une clause de référence au CIRDI n'avaient pas été suffisamment précisés. Aux termes de l'accord de base, le gouvernement du Maroc devait contribuer à financer la construction de quatre hôtels sur son territoire ; en conséquence, des contrats de prêt furent conclus entre une institution bancaire marocaine et les quatre sociétés-filiales, et marocaines, chargées sur place de la construction.

562. L'exécution de ces contrats de prêt se révéla par la suite être la principale source de différend entre les parties à l'accord de base. Les contrats de prêt eux-mêmes ne contenaient aucune référence au CIRDI ; ils étaient passés entre des sociétés marocaines, devaient être exécutés au Maroc, et attribuaient juridiction aux tribunaux marocains. Lorsque le différend fut porté devant un Tribunal arbitral du CIRDI, le gouvernement du Maroc excipa de l'incompétence de cette instance pour en connaître ; les sociétés demanderesses alléguèrent, à l'opposé, que lesdits contrats avaient un caractère subordonné dans le cadre des investissements prévus par l'accord de base. Le Tribunal se prononça finalement en faveur de l'*unité générale d'une opération d'investissement,* les contrats en cause étant des mesures *d'exécution* dans cet ensemble. Selon une autorité, certains aspects du différend auraient pu être évités par une plus grande attention dans la rédaction des divers contrats.

563. Le précédent confirme que la souplesse nécessaire de la notion d'investissement ne saurait devenir, sans risque, synonyme d'indéfinition. Ainsi, on pourrait dire que l'investissement international est une opération à but lucratif et à terme différé caractérisé par l'existence d'un apport et une prise de risque par l'investisseur ; et effectué en dehors de l'État de la nationalité de l'investisseur[782]. À travers cette définition, on peut relever les critères classiques de la perception de la notion d'investissement (A) auxquels l'on ajoute un nouveau

---

[781] La Convention de Washington relatif au CIRDI.

[782] Ici l'investisseur peut être une personne morale ou une personne physique.

critère c'est-à-dire la contribution au développement économique de l'État d'accueil (B).

A. Les critères classiques de la perception de la notion d'investissement

564. Selon le Rapport *des Administrateurs de la Banque internationale pour la reconstruction et le développement sur la Convention pour le règlement des différends relatifs aux investissements entre États et ressortissants d'autres États* [783], pour des raisons liées à la difficulté de proposer une seule définition applicable universellement, la Convention du CIRDI n'a pas jugé nécessaire de proposer une définition du terme investissement [784]. Les parties se sont, donc, accordées une certaine liberté en définissant quelles activités sont considérées comme un investissement selon les circonstances de leur affaire.

565. Cette liberté n'est pas, toutefois, sans limite. Comme l'a observé le tribunal dans l'affaire *SGS c. Pakistan*[785], la notion d'investissement a une signification fondamentale qui la distingue, par exemple, des transactions commerciales ordinaires telles que la simple vente de biens ou de services. En effet, pour statuer sur une affaire portée à leur connaissance, certains tribunaux arbitraux recommandent d'appliquer un double critère pour déterminer s'il existe un investissement : d'une part, si le différend est né d'un investissement au sens de la Convention, d'autre part, s'il est relatif à un investissement tel que défini par le consentement des parties à l'arbitrage CIRDI.

---

[783] Tenu le 10 septembre 1964.

[784] Généralement, on considérait qu'un investissement devrait comprendre cinq éléments : une contribution en argent ou en biens ; un retour en termes de profits ; un risque pris par les deux

contractants ; une certaine durée ; enfin, l'opération doit revêtir une certaine importance pour le développement de l'État-hôte. Les travaux préparatoires contenaient une définition fixant la durée minimale de l'investissement à cinq ans. Une telle définition est très complexe, car les domaines possibles d'investissement sont multiples et variés : concessions minières, pétrolières ; concessions de distribution d'eau ou d'électricité ; projets industriels de production de biens ; projets de fourniture de services, tels transports, administration d'infrastructures, traitement d'ordures, gestion de complexes hôteliers, construction, services bancaires et financiers.

[785] SGS c. Pakistan, Décision sur la compétence, 6 août 2003, in Affaire No. ARB/07/10 du CIRDI, dans la procédure entre M. MEERAPFEL SÖHNE AG (Demanderesse) Contre la République centrafricaine (Défenderesse), 12 mai 2011, p. 21.

566. Ainsi, l'examen de la jurisprudence CIRDI montre que certains éléments objectifs sont habituellement présents dans les investissements visés par la Convention du CIRDI. Conformément à ce que les parties ont observé, il est à constater, dans les décisions des tribunaux CIRDI, que trois critères ont souvent été utilisés pour définir un investissement : un *apport* dans le pays concerné portant sur une certaine *durée* et comportant des *risques*.

567. S'agissant de l'apport, le tribunal, dans l'affaire *LESI-DIPENTA c. Algérie*[786], a retenu que cela peut consister non seulement en des engagements financiers mais aussi en des prêts en matériaux, en services ou en travaux, pour autant qu'ils aient une valeur économique. Il n'est pas nécessaire que les investissements soient effectués dans le pays concerné car ils peuvent être engagés depuis le pays de résidence de l'investisseur, mais visant un projet à réaliser à l'étranger. D'autres formes d'apports incluent notamment la transmission de savoir-faire, le paiement de salaires, la fourniture de personnel qualifié et l'installation de l'outil de production.

568. Pour le second critère, le tribunal, dans le cadre de la même affaire[787], a considéré que le concept de la durée doit être compris, de manière large. Selon certaines décisions arbitrales[788], la durée minimale est de deux à cinq années. Cette durée prise en considération doit inclure non seulement la période de l'activité principale de l'investissement, mais également les suspensions de travaux, les prolongations et, le cas échéant, la durée des garanties.

569. Enfin, le troisième critère, c'est-à-dire l'élément du risque encouru peut être fonction de la nature du contrat en cause. Dans l'affaire *Salini c. Maroc*, le tribunal observe que celui-ci peut découler, par exemple, des droits du maître de l'ouvrage de mettre fin prématurément au contrat ou d'imposer des variations contractuelles sans modifier les modalités de fixation des prix, ou encore en raison de l'éventuelle augmentation du prix de la main-d'œuvre, en cas de modification législative, de tout accident ou tout dommage causé à la propriété pendant l'exécution des travaux, ou tout événement imprévisible qui ne serait pas considéré comme relevant de la force majeure et qui, dès lors, ne donnerait pas droit à une indemnisation. À

---

786 Lesi-Dipenta c. Algérie, Sentence, 11 janvier 2005, paragr. II. 14.

787 Lesi-Dipenta c. Algérie, Sentence, 11 janvier 2005, paragr. II. 14.

788 Salini c. Maroc, Décision sur la compétence, 23 juillet 2001, paragr. 54.

cet égard, peu importe que ces risques aient été librement consentis par les parties. Par ailleurs, il faut constater que des tribunaux ont considéré que la situation politique ou économique du pays d'accueil et la nécessité d'avoir recours aux juridictions nationales constituent des facteurs pertinents, au regard de l'élément de risque.

570. Nonobstant son omniprésence dans la littérature juridique contemporaine, la notion de risque reste cependant assez mal fixée en droit des contrats. Elle apparaît distinctement prise en compte dans le droit de la responsabilité civile sans faute encourue « à raison du risque que, par sa propriété ou son activité, on a fait courir à autrui »[789]. En droit des contrats, elle n'est pas spécifiquement prise en compte dans la terminologie juridique. Elle y est cependant envisagée sous l'angle de la théorie des risques[790].

571. Devant l'éventualité de la survenance d'un événement de force majeure les contractants ont toujours éprouvé une réelle vulnérabilité et affiché une certaine impuissance. Cette éventualité représente une menace permanente qu'ils doivent neutraliser pour assurer le succès de l'opération contractuelle. Parmi l'éventail des moyens dont ils disposent pour se prémunir de l'incertitude, le contrat est sans aucun doute celui qui se prête le mieux à la maîtrise des risques. En tant qu'instrument d'anticipation sur l'avenir, le contrat permet de « rationnaliser l'incertain en le ramenant dans le domaine du certain »[791].

572. Quel que soit le type de contrat, la gestion contractuelle des risques se concrétise toujours par l'accomplissement de deux diligences

---

[789] Cornu (G.), Étude comparative de la responsabilité délictuelle en droit privé et en droit public, th. Matot-Braine, Paris, 1951.

[790] *Ibid.*, n° 3, p. 2. V. aussi, A. Savot, *ibid.* ; L'HopitaL (H.), th. préc . p. 6 ; Millet (F), La notion de risque et ses fonctions en droit privé, Presses universitaires de la faculté de droit de Clermont-Ferrand, éd., L.G.D.J. 2001 ; Voidey (N.), Le risque en droit civil, PUAM, 2005 ; Nauges-Denioux (S.), Le risque et le droit ; contribution à l'étude d'un instrument juridique, th. dactyl. Droit public, 2001 ; Noiville (C.), Du bon gouvernement des risques. Le droit et la question du «risque acceptable», Puf. 2003. V. Cependant, Morin (A.), Contribution à l'étude des contrats aléatoires, LGDJ 1998. Il est remarquable de noter que la doctrine définit rarement la notion du risque qu'elle se contente d'envisager uniquement sous l'angle de ses effets à travers la notion de force majeure.

[791] Hauriou (A.) « Le droit administratif de l'aléatoire », in Mélanges offerts à M. le Doyen L. Trotabas, LGDJ, Paris, pp. 197 et s. sp. : 198, 1970.

successives[792]. En amont, la phase d'anticipation des risques concerne l'exploration, l'identification, la cartographie, le démembrement, et l'estimation de la probabilité de la survenance des risques ainsi que la fixation de la conduite que devront adopter les contractants pendant le processus de réalisation de la perturbation[793]. En aval, la phase d'attribution des risques concerne le choix entre deux modalités d'attribution des risques qui concernent l'attribution des risques entre contractants et la délégation de la charge des risques à un tiers.

573. Selon Rochfelaire Ibara, les risques encourus par les contractants pendant l'exécution du contrat sont toujours une fonction croissante de la durée du contrat. Plus la durée du contrat est éloignée dans le temps, moins les contractants sont assurés d'obtenir la satisfaction de leurs attentes légitimes. C'est dire que la problématique de la gestion contractuelle des risques fait donc corps avec les contrats successifs de longue durée. Dans ces conventions la gestion de la force majeure est empreinte de nombreuses particularités qui restent méconnues en droit interne des contrats.

574. Certes, le droit commun des contrats tient compte du phénomène de la durée qu'il réglemente dans certaines matières spécifiques. Il reste globalement insensible aux particularités des engagements de longue durée notamment à l'égard des incidences de la modification des circonstances économiques et de l'impossibilité d'exécuter[794].

575. L'absence de la notion de contrat de longue durée ou à long terme dans la nomenclature des contrats traditionnellement admise en doctrine est remarquable[795]. Le professeur Fontaine est même persuadé

---

[792] Ledouble (D.), L'entreprise et le contrat, Bibl. dr. entr., n° XI, Litec, n° 258 et s., p. 246 et s., 1980.

[793] À propos de la «gestion des risques» ou risk management dans la perspective du management des organisations, (v. Cah. dr. entr ., n° sp. 1976. II, sous la (dir.) de Fizelier M. V.) aussi, Hirsch (G.) et Mazeaud (O.), « Mise en place d'une gestion des risques juridiques d'entreprise », *Rev. fr. de gestion*, II.49, 1984 ; Dupichot (J.), Regards sur le nouveau juriste d'entreprise et la gestion du risque juridique, in Mélanges M. de Juglard : Aspect du droit privé à la fin du XXe siècle, L.G.D.J.-Litec, 1986, p. 121; Pellerin (J.), Les clauses relatives à la répartition des risques financiers entre contractants, th. dr. Paris, II, 1979.

[794] Fontaine (M.), «Les lettres d'intention dans la négociation des contrats internationaux», D.P.C.I., p. 73-122, 1977.

[795] Parmi les classifications fréquemment retenues, on distingue notamment celles des (contrats unilatéraux et synallagmatiques ; contrats instantanés et à exécution

que cette notion en opposition à celle du contrat à court terme est un emprunt fait aux économistes et aux financiers[796].

576. La gestion des risques dans les contrats internationaux présente des particularités.

577. qui renforcent l'autonomie juridique de ces conventions par rapport aux contrats de droit interne[797]. Cette autonomie du contrat international plaide pour une reconnaissance plus solennelle de la *lex mercatoria* comme un ordre juridique autonome par rapport aux systèmes juridiques nationaux[798]. En droit international privé, l'autonomie du contrat international en tant que « contrat sans-loi » fait débat.

---

successive ; contrats à titre onéreux et contrats à titre gratuit ; contrats consensuels, solennels et contrats réels ; contrats commutatifs et contrats aléatoires, etc.).

[796] *Ibid.*, p. 264. V. plus généralement sur le problème de la durée en droit des contrats internationaux, Fontaine (M.), «Les problèmes du long terme dans les contrats internationaux», colloque de Tours (1-3 juin 1978), D.P.C.I. 1979, t. 5, n° 1 : 142-145 (exposé introductif), p.146-174 (direction des débats).

[797] Kahn (Ph.), «Force majeure et contrat internationaux de longue durée», préc. 485 ; Fontaine (M.), « Les contrats internationaux à long terme », préc. p. 272. Comp. P. V. Ommeslaghe, « Les clauses de force majeure et d'imprévision (hardship) dans les contrats internationaux) ». Pour cet auteur : « Il ne semble donc pas que l'on puisse dégager avec suffisamment de certitude et de précision un usage international déterminé en matière de force majeure ou de clause d'imprévision, ni au niveau de la rédaction des contrats, ni au niveau du droit des conflits. »

[798] V. Cependant, la position nuancée de Batiffol pour qui c'est : « une des acquisitions les plus précieuses de la pensée de Lerebours-Pigeonnière que la légitimité des différences entre les règles de l'ordre interne et celles de l'ordre international. Ce dernier appelle, notamment en matière de contrat, un régime plus souple en raison de la concurrence plus forte et plus inégale qui s'y exerce. Encore faut-il ne pas excéder la mesure, et il serait surprenant qu'une certaine différence de degré se convertisse en une différence de nature allant jusqu'à engendrer deux évolutions radicalement contraires. » Batiffol (H.), Aspects philosophiques du droit international privé : Dalloz, Paris, 1956, spéc. p. 163 ; «Le pluralisme des méthodes en droit international privé» : Rec. Cours. Ac. Dr. int. de La Haye, 1973, II : 75-147 : « Comment répondre alors à l'objection que les droits nationaux n'ont été conçus que pour des relations purement internes, et que leur application dans les relations internationales ne fait pas droit à la spécificité de ces relations ? Il faut reprendre à ce sujet ce qui en a été dit des règles matérielles de caractère étatique ou jurisprudentiel. Les cas dans lesquels la spécificité en question exerce une influence sont décidemment limités. Dans la majorité des cas, les relations contractuelles internationales posent les mêmes problèmes que les relations contractuelles internes (…) »

578. Selon Rochfelaire Ibara, dans les contrats de *Joint-Venture* portant sur la coproduction des hydrocarbures et des produits miniers conclus entre les compagnies pétrolières et les États souverains, il est fortement recommandé au pays hôte de bien identifier le contractant débiteur de l'obligation de remise en l'état des lieux d'exploitation, d'extraction et de production en cas de force majeure. La désignation du débiteur ou du préposé du débiteur tenu à l'obligation de restitution en cas de survenance d'un cas de force majeure permet d'éviter des recours en responsabilité en cascade à l'encontre des préposés du débiteur[799].

579. Par ailleurs, si en droit civil l'imputation des risques soulève principalement le problème de l'équilibre du contrat, en revanche, dans les contrats administratifs d'affaires, elle intervient directement dans le rattachement du contrat administratif. En effet, le cahier des charges générales de l'administration prévoit un modèle de répartition des risques qui met la charge de certains risques aux dépens du cocontractant de l'administration. Ces clauses de transfert des risques qui émaillent les instruments juridiques d'intervention de l'administration dans le secteur privé sont considérées dans la jurisprudence constante du Conseil d'État[800] comme des « clauses exorbitantes de droit commun »[801] qui caractérisent le contrat administratif. Telle est la

---

[799] Ibara (R.), L'aménagement de la force majeure dans le contrat : essai de théorie générale sur les clauses de force majeure dans les contrats internes et internationaux de longue durée. Thèse Droit. Poitiers : Université de Poitiers, 2012.

[800] CE, 31 juillet 1912, Société des granits porphyroïdes des Vosges, Rec. Lebon, p. 909, concl. L. Blum.

[801] Les contours de cette notion sont mal cernés en doctrine et en jurisprudence. V. plus gén., sur cette notion, Vedel (G.), « Remarques sur la notion de clause exorbitante », Mél. Mestre, p. 540-. Lamarque (J.), «Le déclin du critère de la clause exorbitante», préc. – De Laubadere (A.) et Amselek (P.), « La Cour de cassation et le déclin de la clause exorbitante comme critère du contrat adminsitratif », cités par Gaudemet (Y.), Traité de droit administratif, t. I, 16e éd., LGDJ, 2001, n° 1427 : 681 et les références citées. Fardet (C.), « La clause exorbitante et la réalisation de l'intérêt général (à propos de l'arrêt du tribunal des conflits du 5 juillet 1999, U.G.A.P) », A.J.D.A . 2000, p. 115. En jurisprudence, la clause exorbitante est celle « comportant des obligations qui ne sont pas susceptibles d'être librement consenties dans le cadre des lois civiles et commerciales », C.E., 15 févr. 1935, Sté fr. de construction, Rec. Lebon, p. 201 – 29 juin 1951, Sté minière du Cap Corse, Rec. Lebon, p. 383 – T.C. 20 avril 1959, Sté nouvelle exploitation des plages, Rec. Lebon, p. 866- C.E., 30 juillet 1949, Gluckberg, Rec. Lebon, p. 387). La jurisprudence décide aussi que «portent la marque adminsitrative» les clauses contraires à l'ordre

position prise par le Conseil d'État à propos de l'interprétation d'une clause de résiliation unilatérale excluant expressément le jeu de l'exception de force majeure pour le cocontractant de l'administration[802]. Il a ainsi été jugé que : « la personne publique peut résilier le marché aux torts du titulaire sans mise en demeure préalable ; a) Lorsque le titulaire déclare ne pas pouvoir exécuter ses engagements, sans qu'il soit fondé à invoquer le cas de force majeure (...) ; qu'une telle clause est exorbitante de droit commun et confère audit marché le caractère d'un contrat administratif relevant de la compétence de la juridiction administrative. » Cette décision consacre une certaine autonomie de la clause de force majeure par rapport au contrat dont il garantit les effets.

580. Depuis une dizaine d'années, l'arbitrage d'investissement connaît une évolution fulgurante due à un nouveau développement : la conclusion de traités d'investissements. Il peut s'agir de traités bilatéraux qui garantissent l'investissement, interdisent l'expropriation, sauf indemnité, et prévoient la possibilité pour tout investisseur d'instaurer un arbitrage contre l'État-hôte.

B. La contribution au développement économique de l'État d'accueil

581. Dans sa décision rendue en date du 17 mai 2007, *MHS c/Malaisie,* le tribunal arbitral a estimé que les apports en espèces et en industrie consacrés par la société MHS au sauvetage d'un navire en Malaisie ne constituaient pas un investissement au sens de l'article 25 de la Convention de Washington, faute de contribuer positivement au développement économique de l'État d'accueil. Cette jurisprudence se démarque ainsi tant de la jurisprudence *LESI c/Algérie* précitée et pour qui la notion d'investissement résulte de la réunion des critères d'apport, d'une certaine durée et d'une participation aux risques de l'opération par l'investisseur, que de la jurisprudence *Salini*

---

public ou inspirées par les considérations d'intérêt générale différentes des préoccupations des contrats privés.

[802] CAA Nantes, 9 décembre 1996, inédit, n° 94NT00532, Sté SEMITAN/ Sté A.G.I. Était en cause la clause de l'article 37-2 du C.C.A.G.P.I (cahier des clauses administratives générales applicables aux marchés des prestations intellectuelles, qui prévoyait au profit de la société d'économie mixte des transports de l'agglomération nantaise une faculté unilatérale de résiliation unilatérale du contrat en cas de retard ou de manquement de la société Assistance à la Gestion et à l'Informatique à ses obligations résultant d'un marché de fourniture et de mise en place d'un logiciel de gestion de la maintenance.

c/Maroc[803] qui ajoute à ces trois conditions celle de la contribution au développement économique de l'État d'accueil, alors que la jurisprudence *LESI* estime cette dernière condition implicitement incluse dans les précédentes[804]. Elle se démarque plus nettement encore de la jurisprudence selon laquelle la définition de l'investissement procède moins de véritables critères que de la constatation de certaines caractéristiques qui sont variables suivant les espèces et qui ne constituent pas une condition *formelle pour qu'une opération puisse être qualifiée d'investissement*[805]. Le fait d'ajouter une condition selon laquelle la contribution de l'investisseur devrait être positive permet au tribunal arbitral de disqualifier l'opération à partir de considérations qui procèdent d'une appréciation ne pouvant être que subjective.

582. Certains tribunaux CIRDI ont mis l'accent sur ce nouveau critère, la contribution au développement économique de l'État, avec des différents niveaux d'importance. Dans l'affaire *CSOB c. Slovaquie*[806], le tribunal déduit du préambule de la Convention du CIRDI qui porte sur le rôle des investissements privés internationaux dans le domaine de la coopération internationale pour le développement économique qu'une opération internationale qui contribue à une coopération visant à la promotion du développement économique peut être considérée comme un investissement au sens de ladite Convention[807].

583. Toutefois, d'autres tribunaux n'ont pas accepté la promotion économique du pays comme un critère distinct compte tenu de la difficulté d'établir cette condition qui est d'ailleurs implicitement couverte par les autres éléments. C'est le cas de la jurisprudence *LESI-Astaldi c. Algérie* du 12 juillet 2006, et de la jurisprudence *LESI-DIPENTA c. Algérie* du 11 janvier 2005. Cependant, malgré toutes ces critiques, on suivra la position retenue par le tribunal dans l'affaire *Salini,* considérant notamment que les critères énoncés ci-avant peuvent être interdépendants et qu'ils doivent être appréciés dans leur ensemble même si, pour les besoins de l'analyse, le tribunal les examine un par un. Par ailleurs, le tribunal ne considère pas ces éléments comme étant des

---

[803] Affaire Salini c/ Maroc, décision du 23 juillet 2001, § 50-58 in E. Gaillard, La jurisprudence du CIRDI : Pedone 2004, p. 633 et 634.

[804] Affaire LESI c/ Algérie, sentence du 10 janvier 2005, § 13(iv), JDI 2006, p. 239.

[805] Voir dans ce sens la décision sur la compétence rendue dans l'affaire CSOB c/ Slovaquie du 24 mai 1999, § 90, in *La jurisprudence du CIRDI*, préc., p. 577.

[806] CSOB c. Slovaquie, Décision sur la compétence, 24 mai 1999, paragr. 64.

[807] CSOB c. Slovaquie, Décision sur la compétence, 24 mai 1999, paragr. 64.

conditions devant être strictement remplies pour établir la compétence du CIRDI, mais plutôt comme étant des principes utiles pour l'analyse et la détermination de l'existence d'un investissement.

584. Une telle appréhension de la notion d'investissement n'a pas manqué d'engendrer suffisamment de conséquences dans le programme minier sénégalais. En effet, après une évaluation à mi-parcours du programme ayant abouti au constat d'un faible niveau d'investissement sur les projets susceptibles de contribuer au développement économique des populations riveraines[808] des zones d'intervention des sociétés minières, et dans le souci de mettre l'accent sur les investissements à caractère économique, le secteur minier sénégalais est en train d'évoluer[809] vers un programme minier de développement économique communautaire. Ce qui fait qu'aujourd'hui, cette nouvelle orientation de l'investissement minier a fortement influé sur les orientations de la législation minière sénégalaise qui se traduit par des incitations à l'investissement minier.

Paragraphe 2 : L'incitation à l'investissement minier

585. La nouvelle orientation de l'investissement a comme principale conséquence, l'introduction de règles extrêmement généreuses dans les opérations minières. En effet, pour rendre les contrats d'investissements étrangers propices au développement durable, il a fallu encourager les investissements miniers[810] au moyen des exonérations et réduction d'impôts ou des droits de douane, par l'introduction de nouvelles règles

---

[808] Cette nouvelle orientation stratégique devra reposer sur une structure de coordination et de surveillance qui devrait garantir la mutualisation des sources de financement ainsi que l'harmonisation des interventions visant à identifier et solutionner les besoins réels des populations en cohérence avec les programmes locaux de développement.

[809] Sous l'égide de l'ancienne législation, les titulaires des Autorisations personnelles de prospection, des Permis de recherches, des Permis d'exploitation et des concessions étaient soumis au régime fiscal et douanier de droit commun, avec possibilité d'obtenir des avantages en la matière par le biais du Code des investissements. Cependant, le constat était que ces avantages n'étaient pas favorables au développement économique du Sénégal.

[810] Au Sénégal, il a été engagé une réforme à quatre niveaux : d'abord, dans les processus de négociation des contrats miniers ; ensuite, dans les conditions contractuelles proprement dites ; par ailleurs, dans les modalités de règlement des différends ; et enfin, dans une mise en correspondance avec le développement durable des cadres politiques plus vastes dans lesquels sont négociés les différents contrats d'investissements étrangers.

fiscales et douanières dans le dispositif juridique encadrant les opérations minières. Ainsi, dans la plupart des États africains[811], de façon générale, et des États en développement, en particulier, qui veulent attirer les capitaux étrangers nécessaires pour la relance et la croissance de leur économie, on peut constater dans la législation l'introduction des mesures fiscales et douanières particulièrement favorables aux investissements. Ces États font ainsi de la fiscalité un outil de la politique de développement économique et social. Ils utilisent divers instruments juridiques spéciaux pour la mise en forme juridique des mesures fiscales et douanières au service de leur politique de développement économique et sociale[812].

586. Les mesures fiscales et douanières d'incitation à la recherche ou l'exploitation des ressources minérales désignent toutes les mesures de réduction et d'exonération d'impôts et de taxes à l'intention des promoteurs, notamment étrangers. Un autre auteur indique aussi que les avantages fiscaux peuvent prendre la forme d'une réduction partielle ou d'une exonération totale de la quotité de l'impôt auquel est soumise l'entreprise considérée [813]. Dans cette optique, il est devenu nécessaire que les dispositions des contrats d'investissements étrangers puissent trouver le juste milieu entre l'intérêt légitime des investisseurs du point de vue de la stabilité de leur investissement, et la poursuite du développement durable[814]. C'est pourquoi, la loi n° 2003-36, adoptée dans un contexte de compétition internationale entre pays miniers émergents a eu pour effet de drainer vers le Sénégal des flux massifs d'investissements miniers[815]. Cette loi a permis d'insuffler au secteur

---

[811] À cet effet, le Code nigérien des investissements indique qu'il entend favoriser le développement des activités socio-économique en stimulant les investissements dans des secteurs économiques limitativement déterminés dont les industries extractives. Voir l'article 4 de la loi 2014-09 du 16 avril 2014 portant Code des investissements en République du Niger pour la liste complète des secteurs concernés.

[812] Ainsi, dans la majeure partie de ces États, des législations spéciales aux investissements connues sous les dénominations de codes d'investissements, codes miniers, codes pétroliers et des contrats d'investissements comportent d'importantes mesures fiscales et douanières favorables aux investissements. Ils superposent notamment à la fiscalité de droit commun des règles dérogatoires destinées à modérer la charge fiscale des investisseurs.

[813] Timsit (G.), *Les contrats fiscaux*, chronique Dalloz, 1964.

[814] Même s'il arrive très souvent que la priorité soit donnée à la stabilité de l'investissement aux dépens du développement durable.

[815] Ce sont des avantages économiques mesurables, accordés à des entreprises étrangères par le Sénégal afin d'attirer les investisseurs étrangers et/ou de les inciter à

minier sénégalais un dynamisme sans précédent avec l'attribution de plusieurs permis couvrant diverses substances minérales et la mise en production de nouvelles mines d'or, de phosphate et de zircon[816]. D'après toutes ces considérations, comme nous l'avons vu, dans les opérations minières, la nouvelle place accordée à la contribution au développement économique de l'État d'accueil, pour attirer les investissements étrangers, se traduit par l'introduction d'avantages particuliers, d'une part, pendant la phase de recherche (A) et, d'autre part, pendant la phase d'exploitation (B). Ce qui permet alors de soutenir que la législation sénégalaise concernant les investissements miniers est fiscalement attractive.

A. Pendant la phase de recherche

587. Pour mieux tirer parti du potentiel de développement dans le secteur extractif, les gouvernements et régions en Afrique doivent non seulement améliorer leur gouvernance en général, mais surtout octroyer un certain nombre de faveurs et, à tous les niveaux, aux entreprises qui investissent dans le domaine, afin qu'elles contribuent effectivement à une transformation économique inclusive et durable de leur pays d'accueil. C'est pourquoi, ces derniers pour accueillir les investissements miniers, prévoient, tout à la fois, des mesures d'incitation à la recherche.

588. Ainsi, pour le cas spécifique du Sénégal, à l'exception de la redevance statistique (RS), du prélèvement communautaire de solidarité (PCS), du prélèvement communautaire (PC) et de toutes autres taxes communautaires à venir, le titulaire de permis de recherche de substances minérales est exonéré de tous droits et taxes de douane, y compris la taxe sur la valeur ajoutée (TVA), et le prélèvement du Conseil sénégalais des Chargeurs (COSEC). C'est le cas par exemple des matériels, matériaux, fournitures, machines, engins et équipements, véhicules utilitaires inclus dans le programme agréé, ainsi que les pièces de rechange et les produits et matières consommables ni produits, ni

---

modifier leur comportement et faire en sorte qu'ils contribuent plus spécifiquement à la réalisation de certains objectifs des politiques publiques.

[816] Des résultats significatifs ont été également enregistrés dans le domaine de la promotion et de la règlementation de l'exploitation artisanale dont l'environnement a connu une plus grande rationalisation avec notamment l'organisation de la profession d'orpailleur, la création de couloirs d'orpaillage, la définition des modalités d'ouverture et de fonctionnement des comptoirs d'achat de métaux précieux et le renforcement du dispositif de surveillance et de contrôle.

fabriqués au Sénégal, destinés de manière spécifique et définitivement aux opérations de recherche minière et dont l'importation est indispensable à la réalisation du programme de recherche.

589. L'exonération fiscale et douanière concerne aussi les carburants et lubrifiants alimentant les installations fixes, matériels de forage, machines et autres équipements destinés aux opérations de recherche suivant le permis octroyé. Par ailleurs, les produits pétroliers servant à produire de l'énergie utilisée dans la réalisation du programme de recherche sont soumis à l'exonération. Également les parties et pièces détachées nécessaires aux machines et équipements reconnus destinés de façon spécifique à la réalisation du programme de recherche agréé, ne sont pas concernés par cette taxation.

590. Les sociétés sous-traitantes, y compris les sociétés de géo-services, telles que les sociétés de forage, de géophysique, d'analyses et de tests chimiques intervenant dans la réalisation du programme de travaux de recherche minière agréé, ayant reçu l'approbation du ministre chargé des Mines, bénéficient de l'exonération des droits et taxes de douane pour la réalisation de leurs prestations.

591. Pour ce qui est du régime de l'admission temporaire, sur simple présentation certifiée conforme d'un permis de recherche, les matériels, matériaux, fournitures, machines, équipements et véhicules utilitaires destinés directement aux opérations de recherche minière ainsi que les machines et véhicules de chantier pouvant être réexportés ou cédés après utilisation, bénéficient de l'admission temporaire, en suspension totale des droits et taxes à l'importation et à l'exportation. En cas de mise à la consommation en suite d'admission temporaire, les droits et taxes exigibles sont ceux en vigueur à la date du dépôt de la déclaration en détails de mise à la consommation, applicable à la valeur vénale réelle des produits à cette même date.

592. Conformément aux dispositions du Code des Douanes[817] et aux textes pris pour son application, durant les six (06) mois suivant son établissement au Sénégal, le personnel étranger employé par le titulaire d'un titre minier, résidant au Sénégal, bénéficie, également, de la franchise de droit de taxes grevant l'importation de leurs objets et effets personnels[818].

---

[817] Loi n°2014-10 du 28 février 2014 portant Code des Douanes du Sénégal.

[818] Article 60 alinéa 2 de la Loi n° 2003-36 du 12 novembre 2003 portant Code minier.

593. Outre les traitements, les salaires et les frais divers relatifs au personnel effectivement engagé, dans le cadre des travaux de recherche au Sénégal, seront pris en considération dans la détermination des dépenses de recherche. C'est le cas de l'amortissement du matériel effectivement utilisé dans le cadre des travaux de recherche, pour la période correspondant à leur utilisation. C'est également le cas des dépenses engagées au Sénégal dans le cadre de travaux de recherche, proprement dits, sur le périmètre du titre minier, y compris les frais encourus à l'extérieur relatifs à l'établissement des programmes de travaux, essais, analyses, études, formation.

594. Rentrent aussi dans la détermination des dépenses de recherche, les frais relatifs aux sous-traitants dûment approuvés par le ministre chargé des Mines, les frais généraux encourus au Sénégal dans le cadre de l'exécution des programmes de travaux de recherche agréés et enfin les frais de siège encourus dans le cadre de l'exécution des programmes de travaux de recherche agréés, et dans la limite du taux fixé par le Code général des impôts. Le montant total des investissements de recherche que le titulaire du permis de recherche aura engagé, au jour de la constitution d'une société d'exploitation, pour l'exploitation de tout ou partie du périmètre du permis de recherche, sera actualisé à cette dernière date, conformément aux dispositions fiscales en la matière et avec l'accord du ministre chargé des Finances et amorti en phase d'exploitation[819].

B. Pendant la phase d'exploitation

595. Dans la phase de recherche, comme dans la phase d'exploitation de l'opération minière, les incitations fiscales et douanières concernent l'ensemble des avantages fiscaux et douaniers accordés aux investisseurs, en vue de réduire leurs charges. Il s'agit, en effet, de l'ensemble des mesures destinées à réduire le taux global de pression fiscale et douanière. Ces mesures permettent aux États d'encourager les investissements indispensables à leur développement économique et social.

596. En effet, en droit sénégalais, pendant la période de réalisation des investissements et de démarrage de production d'une nouvelle exploitation ou de l'extension de la capacité de production d'une exploitation déjà existante, à l'exception de la redevance statistique (RS), du prélèvement communautaire de solidarité (PCS), du prélèvement

---

[819] Article 61 du Code minier de 2003.

communautaire (PC) et de toutes autres taxes communautaires à venir, le titulaire de permis d'exploitation minière ou le bénéficiaire d'autorisation d'exploitation de petite mine, ainsi que les entreprises travaillant pour son compte, bénéficient de l'exonération de tous droits et taxes perçus à l'entrée y compris la taxe sur la valeur ajoutée (TVA), et le COSEC.

597. En outre, dans la période d'exploitation, ces avantages fiscaux sont extrêmement variés. Ils peuvent notamment prendre la forme de la stabilisation des conditions fiscales de recherche et d'exploitation des ressources minérales. Ils peuvent prendre aussi et surtout la forme d'exemption ou de réduction d'impôt. Ainsi, l'exonération concerne, non seulement, les matériels, matériaux, fournitures, machines, véhicules utilitaires inclus dans le programme agréé et équipements destinés directement et définitivement aux opérations minières ; mais aussi, les carburants et lubrifiants alimentant les installations fixes, matériels et forages, machines et autres équipements destinés aux opérations minières. Par ailleurs, cette exonération est relative aux produits pétroliers servant à produire de l'énergie utilisée dans la réalisation du programme d'exploitation. Et enfin, les parties et pièces détachées des machines et équipements destinés de façon spécifique aux opérations minières ne sont pas soumis à la fiscalité et à la douane.

598. La période de réalisation des investissements entre en vigueur à la date d'octroi du permis d'exploitation minière ou de l'autorisation d'exploitation de petite mine pour se terminer à la date de notification au ministre chargé des Mines de la date de première production, à l'exception des opérations effectuées à titre d'essai. Elle expire au plus tard dans un délai de trois (03) ans pour le permis d'exploitation et d'un (01) an pour l'autorisation d'exploitation de petite mine.

599. Pendant la période de réalisation des investissements et de démarrage de la production d'une nouvelle exploitation ou de l'extension de la capacité de production d'une exploitation déjà existante, les matériels, matériaux, fournitures, machines, engins, équipements et véhicules utilitaires destinés directement aux opérations minières, importés au Sénégal par le titulaire de permis d'exploitation minière ou le bénéficiaire d'autorisation d'exploitation de petite mine, ainsi que les entreprises travaillant pour son compte et pouvant être réexportés ou cédés après utilisation, seront déclarés au régime d'admission temporaire en suspension de tous droits et taxes à l'importation y compris la taxe sur la valeur ajoutée (TVA) et le prélèvement COSEC.

600. C'est dire que la fiscalité[820] étant pour les entreprises minières un des facteurs déterminants de la décision d'investir leurs capitaux dans un pays donné, la législation minière, au Sénégal, introduit une innovation majeure. Cette réglementation met en place un régime fiscal et douanier unique, applicable à tous les opérateurs du secteur minier industriel et à tous les exploitants miniers à petite échelle, sans aucune exception résultant de la nature ou durée du titre minier. Il s'agit d'un régime fiscal et douanier incitatif, adapté aux réalités du secteur minier et fondé sur le principe de maximisation des recettes de l'État. Ce régime tient compte des spécificités et particularités de l'industrie minière en organisant une fiscalité adaptée aux différentes phases d'un projet minier. Dans le but de maximiser les recettes de l'État, on peut déduire que le régime fiscal et douanier du Code minier est dominé par le principe de la non exonération.

601. Aujourd'hui, c'est à un complet renversement de paradigme que l'on assiste, puisque la question essentielle qui traverse l'ensemble des réflexions portant sur le droit des investissements est celle de savoir comment préserver la souveraineté de l'État au regard de ses engagements pris dans le cadre des accords sur l'investissement international. Ce changement radical de perspective est très clairement apparu dès lors que certains États traditionnellement en position d'exportateurs des investissements, soucieux de protéger les intérêts de leurs nationaux à l'étranger, se sont retrouvés dans la situation d'État hôte dont les réglementations pouvaient être contestées par des investisseurs devant un tribunal arbitral et sur le fondement d'un accord sur l'investissement. Le droit de l'État de réglementer dans le but de satisfaire ses intérêts essentiels est au cœur du débat sur les nouvelles approches des conventions minières.

---

[820] Toutefois, il faut préciser que ces incitations fiscales et douanières ne sont pas des règles du droit fiscal mais plutôt des instruments de politique fiscale de l'État. Elles permettent alors d'adapter le contenu de certaines règles classiques du droit fiscal, comme celle de la neutralité de l'impôt aux exigences de politique d'attraction des investissements. Il s'agit alors de simples privilèges fiscaux et douaniers qui sont accordées dès lors que les investissements sont réalisés dans un secteur particulier, ou plus souvent encore dans une région défavorisée ou lorsqu'ils ont un impact sur l'économie, l'emploi, la recherche et développement, la formation professionnelle, etc., dans le pays d'accueil. Bouvier (M.), Introduction au droit fiscal général et à la théorie de l'impôt, L.G.D.J, 2012.

TITRE II

LES NOUVELLES APPROCHES DES CONVENTIONS MINIÈRES

602. Le vent de la réforme qui s'est abattu sur la législation minière ces dernières années a emporté certaines stipulations contractuelles jusque-là jugées intouchables. Les programmes d'ajustement structurel imposés par les IFI pour faire renaître l'attractivité dans les années 80 ont été une occasion pour les sociétés de bénéficier d'exonérations fiscales et douanières. L'attractivité se manifestait aussi par une souplesse relative aux mesures de protection de l'environnement. Avec les revendications répétitives des populations locales d'une prise en compte de leurs intérêts, et des ONG et OSC qui condamnent les déguerpissements sans indemnités significatives, le processus de négociation des contrats miniers a été remanié dans la pratique. Le droit des femmes était souvent ignoré, comme le rappelle certains auteurs au sujet d'un pays anglophone. Elles étaient traitées de manière injuste en ce qui a trait aux compensations liées aux déplacements et aux réinstallations[821].

603. Les révisions observées ont été marquées par la présence du groupe de la Banque mondiale (GBM) dont le but était de favoriser le développement, par le secteur privé, d'une industrie minière acceptable d'un point de vue social et environnemental[822]. La Responsabilité sociétale des entreprises (RSE), sur laquelle les entreprises minières se fondaient pour stabiliser les récalcitrants aux projets miniers a été

---

[821] Campbell (B.) *Ressources minières en Afrique : quelle règlementation ?* éd. Puq. 2010, p. 59.

[822] Campbell (B.) et Laforce (M.) « La réforme des cadres réglementaires dans le secteur minier : Les expériences Canadienne et africaine mises en perspective ». *Recherches amérindiennes au Québec*, 40(3) : 69-84., 2010, p. 74. https://www.erudit.org/fr/revues/raq/2010-v40-n3-raq0118/1009370ar.pdf

retouchée. Étant une initiative privée au début, la nouvelle formule du législateur lui imprime la marque d'une obligation. Celle-ci se répercute dans l'exécution des contrats miniers et sa violation peut générer une responsabilité qui pèsera sur la société. Ce toilettage des conventions minières, réussi grâce aux réformes initiées dans le continent a pris en compte les droits des personnes affectées par les projets miniers (Chapitre 1). Par ailleurs, les résultats du sommet de Rio et l'adoption d'autres conventions au niveau international ont constitué une série de motivations permettant aux conventions minières d'exiger un rôle social crédible dans la protection de l'environnement (Chapitre 2).

CHAPITRE PREMIER

LA PRISE EN COMPTE DES DROITS DES PERSONNES PAR LES CONVENTIONS MINIÈRES

604. L'installation des sociétés minières dans les pays d'Afrique, génère souvent des conflits entre les populations des zones concernées et les autorités étatiques. En vérité, la majorité des populations accèdent aux décisions tendant à n'occuper certains sites pour les besoins de l'exploitation, qu'après le début de l'exécution.

605. L'étendue des conséquences de telles décisions entraîne souvent un risque d'affrontement, soit entre société minières et populations, soit entre populations et autorités étatiques. Les populations digèrent mal la dépossession de leurs zones de production et l'abandon forcé de leurs activités dominantes. Au cœur des réformes des conventions minières, les nombreuses innovations s'appuient sur l'exigence de la protection des intérêts sociaux (Section 1) avec un aménagement des voies de recours judiciaires (Section 2).

Section 1

Une exigence de la protection des intérêts sociaux prévue dans les conventions minières

606. La légitimité des réformes a trouvé sa justification dans les nombreuses atteintes à la dignité des populations locales déjà installées dans les endroits regorgeant de ressources minérales. Leur déplacement pour les besoins de l'exploitation causait de nombreux dommages, parfois sans contrepartie significative. En outre, les collectivités locales qui avaient bénéficié de compétences transférées ne savouraient pas également les retombées de l'exploitation des mines. La révision des conventions minières ne pouvait trouver de légitimité qu'en prenant en compte les droits des populations locales (Paragraphe 1) et en étant couplée avec une réglementation des fonds au bénéfice des collectivités locales (Paragraphe 2).

Paragraphe 1 : la protection des droits des populations locales

607. L'octroi d'un titre minier génère des conséquences sur trois entités différentes. La première c'est l'État détenteur de la puissance publique qui met en exergue son pouvoir sur le sous-sol. La seconde est la société titulaire du titre. La dernière, et de surcroît la plus faible, est la population qui occupe les lieux désormais affectés à la société. Celle-ci peut quitter les lieux parfois en foulant au pied leurs droits qui méritent une protection venant, non de l'État, mais aussi des sociétés ou entreprises minières elles-mêmes. Dans le registre des dommages dont les populations sont victimes, on peut noter les déguerpissements, la pollution, l'abandon de leur principale activité d'agriculture ou d'élevage et l'absence d'information. La réparation de ces dommages repose pourtant sur des instruments juridiques assez divers. Depuis plusieurs années le débat sur la responsabilité en matière de violation des droits de l'homme occupe la scène internationale, pour une protection avant et au cours de l'exécution des opérations minières (A) et les tentatives de protection des droits des populations impliquent une diversité de textes inopérants, pour la plupart (B).

A. Une protection avant et au cours de l'exécution des opérations minières

608. L'exploitation minière constitue une activité répandue dans certaines localités du Sénégal. Elle est incontestablement une source de revenus d'exportation pour l'État. Mais, si l'exploitation des gisements aurifères génère des dividendes au profit de l'État, elle n'est pas pour autant sans entraîner des conséquences négatives non seulement sur les ressources naturelles mais aussi sur les terres agricoles des localités. C'est dans ce dernier domaine qu'on enregistre les cas de violation des droits de l'homme les plus élémentaires. Le foncier qui ne cesse d'alimenter les conflits entre populations de même localité fait l'objet encore de convoitise de la part des acteurs externes comme les investisseurs. Cette ruée vers le foncier qui a pris un relief particulier, pose la question des outils juridiques pouvant être utilisés par les communautés locales pour défendre leurs droits.

609. Avant même que la convention minière ne fasse l'objet d'une série de révisions pour réparer une vieille injustice, la déclaration des droits de l'homme et du citoyen abordait la question de la protection des personnes. Elle prévenait que la propriété étant un droit inviolable et sacré, nul ne peut en être privé, si ce n'est lorsque la nécessité publique, légalement constatée, l'exige évidemment et sous la condition d'une juste et préalable indemnité[823]. À travers ce texte on constate que l'indemnité est une vieille sanction contre l'appropriation de la chose d'autrui, même par la voie légale. Au-delà d'une revendication à une quelconque indemnisation, l'importance des investissements miniers a fait naître d'autres obligations ou droits. Il s'agit de la participation à la prise des décisions, la transparence dans la négociation des contrats et la participation aux bénéfices ; ces nouvelles exigences ont activé les mouvements de réformes de plusieurs conventions minières qui, désormais, doivent jouer un rôle social. Dans le registre des indemnités, le contrat révèle que les dispositions légales ne sont pas bien appliquées. Actuellement, de vrais problèmes subsistent sur la question des indemnisations[824].

610. À ce propos d'ailleurs, l'article 76 du Code minier de 2003 dit clairement que l'occupation des terrains par le titulaire de titre minier, à l'intérieur comme à l'extérieur des périmètres qui lui sont attribués, donne droit au propriétaire des terrains ou aux occupants du sol à une indemnisation pour tout préjudice matériel causé. Les frais, indemnités et d'une manière générale toutes les charges relevant de l'application des dispositions sur l'occupation des terrains nécessaires sont supportés par le titulaire du titre minier.

611. Or, l'évaluation de ces préjudices est particulièrement complexe. Les études réalisées sur cette question montrent la diversité des méthodes utilisables et utilisées tant aux États-Unis[825] qu'en Europe ou à l'échelle internationale dans le cadre du système CLC/FIPOL. En droit sénégalais, la distinction réparation par équivalent en nature et réparation compensatoire n'existe pas plus que la distinction entre réparation primaire et réparation compensatoire[826]. Les juges se sont

---

823 Article 17 de la déclaration universelle de droits de l'homme et du citoyen de 178.

824 Les populations entre déguerpissements et faiblesses des indemnisations . voir : http://www.seneplus.com/article/les-populations-entre-deguerpissements-et-faiblesses-des-indemnisations

825 Cornu Thénard (E.) « La restauration du dommage écologique selon l'US Oil Pollution Act », *Revue juridique de l'environnement,* n° 1/2009, p. 27-37.

826 Sur des différents modes de réparation respectivement prévus par la Directive sur la responsabilité environnementale n° 2004/35 du 21 avril 2004 sur la responsabilité environnementale (*JOUE* L 143 du 30 avril 2004, p. 56 et *l'US Oil Pollution Act*, voir

donc, à l'instar de ce que préconisait P.-A. Deetjen[827] en 2009 en l'absence de devis établissant le coût de la nature, ralliés à la théorie de Starck[828] qui affirmait que « toutes ces choses qui n'ont pas de prix en auront un : celui que le juge fixe souverainement ».

612. Cependant, cet article qui ne fait que poser la question des indemnisations n'évoque pas en réalité les modalités d'application. Toutefois, la loi 76-67 du 2 juillet 1976 relative à l'expropriation pour cause d'utilité publique et aux autres opérations foncières d'utilité publique donne plus d'information. L'article premier de cette loi en définit l'essence en stipulant que : *L'expropriation pour cause d'utilité publique est la procédure par laquelle l'État peut, dans un but d'utilité publique et sous réserve d'une juste et préalable indemnité, contraindre toute personne à lui céder la propriété d'un immeuble ou un droit réel immobilier. L'expropriation ne peut être prononcée qu'autant que l'utilité publique a été déclarée et qu'ont été accomplies les formalités présentes par le chapitre II du présent titre.* Le but d'utilité publique doit être avéré et déclaré, une juste et préalable indemnité fixée et consignée, et les formalités prescrites rigoureusement respectées.

613. Malgré cette disposition, les indemnisations accordées aux populations déguerpies ne semblent pas être sans débat. On note des conflits d'intérêts entre le besoin d'être indemnisé et le respect de la loi relative à l'expropriation pour cause d'utilité publique. La loi de 1976 évoque brièvement la notion d'indemnité. Elle prévoit, qu'en cas de besoin ou d'utilité publique, l'État peut contraindre toute personne à lui céder la propriété d'un immeuble ou d'un droit réel immobilier, sous réserve d'une juste et préalable indemnité. Toute la question se trouve sur la manière dont les titulaires du droit à l'indemnité et les débiteurs d'une indemnité entendent cette expression. L'étendue de la notion de juste indemnisation, rend l'indemnisation difficile. Expression polysémique, elle est sujette à nombre d'interprétations, selon les législations.

Cornu Thénard (E.), La réparation du dommage environnemental : étude comparative de la directive n° 2004/35/CE du 21 avril 2004 sur la responsabilité environnementale et de l'US Oil Pollution Act, RJE, n° 2/2008, p. 175-189.

[827] Deetjen (P. A.), La traduction juridique d'un dommage : le préjudice écologique », *Revue juridique de l'environnement*, n° 1/2009, p. 39-50.

[828] Starck (B.), Droit civil, Obligations, Litec, n° 960, p. 326. Cité par Apostolidis (C.), La protection juridique de l'humanité, p. 173, *in* Apostolidis *et al.* 1997, *L'humanité face à la mondialisation, droit des peuples et environnement*, L'Harmattan, 230 pages.

614. Selon L. Ducharme, la responsabilité découle de la force exécutoire du droit, en ce sens que la loi est essentiellement l'ordonnancement des activités humaines en vue de la réalisation d'une fin déterminée : l'ordre social. Ce système s'impose, il lie tous ceux qui vivent au milieu d'une société organisée. Toute activité qui s'inscrit en marge rompt l'équilibre général conçu par le législateur. Il y a déséquilibre, préjudice : la réparation s'impose, d'où la responsabilité. La majorité des auteurs s'entendent pour définir la responsabilité comme l'obligation de réparer le dommage causé à autrui par sa faute[829].

615. La question qui se pose n'est pas de savoir si l'inexécution d'une obligation contractuelle peut justifier la mise en jeu de la responsabilité du contractant à l'égard des tiers qui démontrent qu'elle leur a causé un dommage, ce point est admis sans controverse. Néanmoins, la doctrine admet que l'ouverture d'une action en responsabilité contractuelle aux tiers victimes de l'inexécution d'un contrat est une proposition digne d'intérêt mais qui ne peut prospérer[830].

616. L'imprécision qui caractérise l'idée d'indemnité au regard des montants arrêtés pour la victime, démontre bien qu'elle est une sorte de sanction dont l'appréciation revient au juge. Dans la convention minière sénégalaise, la procédure de l'indemnisation emprunte d'abord la voie de la négociation, mode alternatif pour contourner le juge. Pour accéder au site déjà occupé, le titulaire du titre minier est tenu de payer une indemnité équitable aux habitants ainsi que pour toute perte, ou privation de jouissance ou dommage que leurs activités ont occasionnés[831]. Le constat est que le règlement amiable prend souvent trop de temps, et les populations finissent par rejeter l'offre, faite par les sociétés, comme contrepartie pour quitter les lieux sollicités. Cependant, lorsque la négociation aboutit, on note en cours d'exploitation une difficile cohabitation entre les populations et la société.

617. Ces cohabitations difficiles, font obligation à l'État d'accueil d'intervenir. La réaction de l'État, dans ce contexte n'est jamais gratuite ; il s'agit de l'exécution d'une obligation. En effet, dans la

---

[829] Ducharme (L.) « La limitation contractuelle de la responsabilité civile: ses principes et son champ d'application », *Les Cahiers de droit*, 1957, 3(1) : 39-59.

[830] Olivia (R.) « La responsabilité du contractant à l'égard des tiers ». In: *Revue juridique de l'Ouest*, 1 : 43-103, 2003. https://doi.org/10.3406/juro.2003.2718.

[831] Article 34.6, Convention minière du Sénégal.

convention minière, il est stipulé que l'État *garantit à la société d'exploitation l'accès, l'occupation et l'utilisation de tous terrains, à l'intérieur comme à l'extérieur du périmètre, nécessaires aux travaux de recherches et d'exploitation du ou des gisements faisant l'objet du permis*. C'est effectivement en vertu de cette obligation que l'État intervient en tant que puissance publique, et principal expropriant. La liberté laissée aux populations de négocier avec les sociétés n'est qu'une arme légère, dont l'échec conduit à l'application de l'article 11 de la loi de 1976. Cette disposition donne mandat à l'État de procéder à l'expropriation. Elle dispose qu'à défaut d'un accord amiable, l'expropriation est prononcée et les indemnités sont fixées par le juge du tribunal de première instance de la situation de l'immeuble, appelé juge des expropriations et désigné pour deux ans par le premier président de la Cour d'Appel.

618. Cette violation de l'article 17 de la déclaration des droits de l'homme et du citoyen et les nombreux conflits qui accompagnent l'exploitation des ressources minérales ainsi que, le besoin de certains États à être justes avec leurs peuples ont rendu impérative les nombreuses retouches des conventions minières. Celles-ci sont désormais appelées à jouer un rôle social. Ainsi pour une négociation fructueuse des contrats et pour répondre au besoin des populations, les gouvernements collaborent avec les organisations de la société civile. Il est intéressant de faire un examen rétrospectif des lois portant Code minier en Afrique, afin de comprendre l'importance et la légitimité des réformes. On peut lister les générations de codes miniers dont la mission était dictée par les besoins du moment. La génération de régimes miniers couvrant la période 1980-90 a eu pour objet principal d'attirer les investissements miniers internationaux[832]. Elle avait amené les États à redéfinir leur rôle, et à fixer une délimitation entre les pôles d'autorité publique.

619. La naissance en 2006 de l'agence nationale des expropriations et relogements[833] (ANER) constitue une innovation de taille afin de mettre fin à la lenteur liée à l'exploitation et à l'indemnisation des déguerpis. Le décret de 2006 s'illustrait, au-delà de la création de l'ANER, par la

---

[832] Muzampa (B. K.), Enjeux et perspectives de renégociation des contrats miniers en Afrique subsaharienne ; NAP n° 29 – juin 2015. http://www.thinkingafrica.org/ V2/wp-content/uploads/2015/06/NAP-29.pdf

[833] Décret n° 2006-12 du 10 janvier 2006 portant création de l'Agence nationale des Expropriations et Relogements (ANER).

révision de l'article 4 de la loi de n° 76-67 du 02 juillet 1976 relative à l'expropriation pour cause d'utilité publique et autres opérations foncières. Les circonstances qui ont motivé son adoption étaient légitimes. En effet, les difficultés rencontrées par l'État à trouver dans les autres secteurs des agents aptes à diriger, à terme, l'expropriation avaient imposé le maintien du terme expropriant. Avec le décret de 2006, la mission de l'expropriation est attribuée à l'ANER. Son objet est en effet de mettre en œuvre les expropriations au profit de l'État ainsi que le désintéressement des victimes de ces opérations[834]. L'ANER est placée sous l'autorité du premier ministre, bien qu'elle bénéficie d'une autonomie de gestion dans les conditions fixées par décret. C'est elle qui est chargée d'appuyer les commissions d'évaluation des impenses et d'indemnisation des expropriés. Mais son rôle est davantage apprécié dans la recherche et l'acquisition de terrains aptes à recevoir des logements sociaux en faveur des déguerpis, dans le cas de populations à faible revenu[835]. En outre, l'autre mission qui préoccupe essentiellement les victimes est le relogement des déguerpis par la contractualisation avec des professionnels. Cette procédure de relogement est bien réglementée et surveillée. L'agence s'efforcera d'obtenir une réduction du coût et des délais de réalisation des programmes immobiliers, d'une part, et la régulation du marché foncier, d'autre part[836].

620. Dans le registre de la protection des droits des déguerpis les autorités ont aménagé d'autres modes d'indemnité. Il s'agit de la création des villages témoins où sont relogées les populations déguerpies à cause de l'exploitation d'un site qu'elles occupaient. Ce décret nous semble inspiré des *Principes directeurs des Nations-unies relatifs aux entreprises et aux droits de l'homme*. Ces principes s'appuient sur trois obligations « protéger, respecter et réparer ». Ils ont pour vocation de préciser la responsabilité des entreprises en matière de droits de l'homme. Toutefois, ils ne sont pas appelés à prévenir ou réparer tous les actes susceptibles de réduire la jouissance des droits de l'homme. Le professeur John Ruggie en jugeait en déclarant que *les principes directeurs ne résoudront pas tous les défis en matière de droits de l'homme, mais les entériner marque la fin de l'étape préliminaire. Ils*

---

[834] Article 1er du Décret n° 2006-12 du 1 janvier 2006 portant création de l'agence nationale des expropriations et relogement (ANER).

[835] Article 4 du décret *op. cit.*

[836] Article 4 *op. cit.*

constituent des fondations solides et utiles sur lesquelles peuvent s'ériger connaissances et bonnes pratiques[837] .

621. Mais, pour une meilleure application de ces textes, leur intégration ou transposition dans les conventions minières contribuerait à mieux s'occuper des déguerpis. Les contrats miniers pourront jouer un rôle conformément aux textes internationaux, après l'exploitation.

B. Les tentatives de protection des droits des populations : une diversité de textes infertiles

622. Après l'octroi du titre minier à son titulaire, puis l'indemnisation des victimes, trois phases tendant à protéger ces derniers, occupent souvent l'État et les sociétés. Il s'agit respectivement de la concrétisation de l'indemnisation, de la destination des fonds résultant de l'exploitation et de la réhabilitation des sites et des déguerpis. À la différence des autres auteurs qui n'appréhendent l'après mine qu'au regard des dégâts environnementaux, la présente réflexion porte essentiellement sur la valeur ajoutée et les réparations requises pour redonner valeur aux sites. Des instruments juridiques sont à la disposition des parties, mais aussi des populations, afin de ne pas regretter les nombreux dégâts occasionnés par l'octroi du titre.

623. Avec l'évolution de la notion d'investissement, les pays miniers tendent à réactualiser leurs conventions minières. Dans la jurisprudence CIRDI l'évolution de la notion est constatée dans l'affaire Salini c/Maroc[838]. Dans l'affaire LESI c/Algérie la notion d'investissement résultait de la réunion des critères d'apport, d'une certaine durée et d'une participation aux risques de l'opération par l'investisseur[839]. Dans l'affaire Salini c/Maroc la contribution au développement économique de l'État d'accueil, vient enrichir les trois critères prévus dans l'affaire LESI c/Algérie. La qualification de l'investissement apparaissait donc dès l'instant que l'apport de l'investisseur était positif.

624. À la faveur de la réforme du Code minier de 1988, le législateur a certainement pris conscience de l'existence d'une légère évolution,

---

[837] La responsabilité des entreprises de respecter les droits de l'homme : Guide impératif ; Nation unies droits de l'Homme Haut-commissariat, 2012.
https://www.ohchr.org/documents/publications/guidingprinciplesbusinesshr_fr.pdf

[838] Gaillard (E.), Chroniques des sentences arbitrales, Journal du Droit International, Revue trimestrielle LexisNexis lurisClasseur, p. 3, Avril-Mai-Juin 2010, n° 2/2010.

[839] Gaillard (E.), *op. cit.*

toutefois fertile, de la notion d'investissement. Ainsi l'article 84 du Code minier de 2003, institue un fonds de réhabilitation des sites miniers. Ce fonds trouve son fondement dans l'article 82 dudit Code qui oblige les titulaires de titres miniers à réhabiliter leur site après usage. Pour participer au développement économique de l'État et en même temps réparer les dégâts environnementaux, la loi fait obligation aux sociétés d'ouvrir un compte fiduciaire dans une banque commerciale au Sénégal[840]. En réalité, ce fonds a une fonction préventive pour inspirer aux sociétés un comportement responsable car elles sont souvent plus préoccupées à quitter les lieux que de s'occuper de la réhabilitation d'un site déjà exploité. Le fonds de réhabilitation est ravitaillé par des prélèvements effectués sur les recettes d'exploitation. Il réglemente les montants prélevés. Des obligations pèsent de ce fait sur les titulaires de titres miniers.

625. Sur ce chapitre, il approvisionne une caution équivalente à cinq fois le coût moyen annuel de la réhabilitation, à compter de la date de première production[841]. En outre, chaque année, le titulaire d'un titre minier est tenu d'approvisionner le fonds à compter de la date de première production, pour un montant équivalent au coût moyen annuel de réhabilitation ; il faut signaler que la caution constitue ici une garantie a priori pour l'État. Il s'agit là d'une sûreté[842] prévue dans l'acte uniforme sur le droit des sûretés. Dans ce texte la caution constitue un contrat par lequel elle couvre le créancier qui accepte d'exécuter une obligation présente ou future contractée par le débiteur, si celui-ci n'y satisfait pas lui-même[843].

626. Cette garantie n'est pas fortuite en réalité, car elle anticipe sur les futures fonctions du site. Il faut cependant signaler que ce fonds de réhabilitation des sites n'est pas sans organisation. L'État d'accueil fait confiance au titulaire du titre par conséquent, les représentants des ministres chargés des Mines et de l'Environnement étant nommés par arrêté conjoint[844]. Cette gestion commune participe de la politique de transparence, même s'il faut noter des manquements. La lecture de

---

[840] Article 84 du C.M du Sénégal 2003.

[841] Article 2 al. 3 du décret 2009-1335 du 30 novembre 2009 portant création et fixant les modalités d'alimentation et de fonctionnement du fonds de réhabilitation des sites.

[842] Voir sur ce point l'article 1 de l'acte uniforme sur le droit des sûretés.

[843] Article 13 acte uniforme sur le droit des sûretés.

[844] Article 3 du décret 2009 *op. cit.*

l'article 3, nous conduit à déduire que le texte est marqué par une insuffisance à garantir la destination des fonds. En effet, seule la société et l'État sont invités à cogérer le fonds. On aurait dû plutôt y associer un membre de la société civile ou un représentant des populations habitant aux alentours du site. Par conséquent, ce décret de 2009 fut une occasion manquée pour le législateur sénégalais de donner les premiers indices de transparence dans la gestion des fonds provenant des ressources minérales. Comme le titre minier, le fonds de réhabilitation a une durée déterminée ; celle-ci correspond à la durée de l'exploitation du titre minier concerné, avec une longévité légère, ayant comme justification la réalisation des opérations minières. Par conséquent le fonds a une durée supérieure à celle du titre minier car il faut tenir compte des opérations de fermeture et de réhabilitation de la mine.

627. Le constat qui réconforte la doctrine de la transparence est la création d'une caisse de dépôt et de consignation[845], afin de donner une idée sur la destination des fonds. Cette caisse s'inscrit dans la voie de la transparence dans le secteur des mines. Elle est créée par la loi de 2006 et s'est assignée des missions diverses. En substance, la caisse de dépôt a d'abord pour rôle de gérer les dépôts et de conserver les valeurs et les fonds appartenant aux organismes qui le demandent. Ils consistent aussi à recevoir les consignations administratives et judiciaires ainsi que les cautionnements dont la gestion lui est confiée.

628. Au niveau interne, il existe d'autres textes qui contribuent à assainir le secteur des mines et par extension à protéger les droits des populations. Le Code de l'environnement n'est pas à négliger dans le processus d'octroi des titres miniers. Son importance est davantage affirmée par le Code minier et les conventions minières qui renvoient les parties à certaines dispositions du Code de l'environnement. Il est fait obligation, à toute personne physique ou morale qui envisage de mener des activités susceptibles de défigurer la nature de mener une étude d'impact sur l'environnement. Dans le Code de l'environnement, le législateur a pris le soin de définir ce passage obligé. Il y est précisé que ce sont toutes les études préalables à la réalisation de projet d'aménagement d'ouvrage, d'équipement, d'installation ou d'implantation d'unités industrielles ou agricoles ou autres, de plan ou

---

[845] Voir la loi n° 2006-03 du 4 janvier 2006 portant création d'un établissement public à caractère dénommé Caisse des dépôts et de consignation.

programme permettant d'apprécier les conséquences directes et/ou indirectes de l'investissement sur les ressources de l'environnement[846].

629. Cette définition est expressément reprise par la convention minière, qui oblige le demandeur de titre minier à étudier le site et à relever les éventuels dangers pouvant affecter l'environnement. Cette obligation est d'abord légale avant d'être conventionnelle. Le Code minier dispose sans ambiguïté que tout demandeur de permis d'exploitation ou concession minière ou d'autorisation d'exploitation de petite mine doit réaliser, à ses frais, une étude d'impact sur l'environnement, conformément aux décrets et arrêtés y afférents[847]. Le respect de cette procédure constitue, par ricochet, une prise en compte des droits des populations. D'ailleurs la déclaration de STOCKHOLM de 1972 posait le principe selon lequel *l'homme a un droit fondamental à la liberté, à l'égalité et à des conditions de vie satisfaisantes dans un environnement dont la qualité lui permet de vivre dans la dignité et le bien-être*[848] .

630. L'État étant la personne morale dépositaire de pouvoirs régaliens a le devoir solennel de protéger et d'améliorer l'environnement pour les générations présentes et futures[849]. Pour atteindre cet objectif, il faut renforcer les structures chargées d'effectuer le contrôle requis sur l'entrée de certaines substances nocives utilisées dans les opérations minières. La convention de MINAMATA prescrit dans ce sens une série de mesures afin de réglementer l'usage du mercure dans les opérations minières. Dans son article 7, elle ordonne à chaque partie sur le territoire de laquelle sont menées des activités d'extraction minière et de transformation artisanale et à petite échelle de l'or, de prendre des mesures pour réduire et, si possible, éliminer l'utilisation du mercure et de composés du mercure dans le cadre de ses activités ainsi que les émissions et rejets consécutifs de mercure dans l'environnement[850]. La convention de MINAMATA formule des objectifs de portée internationale. Elle ordonne la réduction de la production et l'utilisation du mercure mais aussi la diminution de ses émissions et de ses rejets dans l'eau et les sols. Préparée en 2009 et adoptée à MINAMATA

---

[846] Article L 2 du Code de l'environnement.
[847] Article 83 du Code minier.
[848] Principe 1 de la déclaration de STOCKHOLM.
[849] Déclaration de STOCKHOLM *op. cit.*
[850] Article 7 al. 2, de la convention de MINAMATA.

pendant la conférence du programme des Nations unies pour l'environnement qui s'est tenue du 7 au 11 octobre 2013, la convention de MINAMATA est un instrument contraignant de contrôle du mercure au plan mondial[851].

631. L'accès aux sites miniers exige parfois une déforestation. La réglementation des conditions d'accès aux sites n'est pas le monopole du Code de l'environnement ; le Code forestier a aussi posé des règles qui permettent aux demandeurs de titre minier, notamment lorsque le site se trouve en forêt, d'avoir accès au site. L'article 44 du Code forestier de 1998 oblige les demandeurs de titres miniers, à obtenir une autorisation du ministre chargé des Eaux et des Forêts[852]. Cette autorisation ne concerne cependant que les forêts classées. L'interdiction de toute exploitation minière est érigée en principe dans les forêts classées. Malgré la diversité des textes qui contribuent à protéger les droits des populations et de l'environnement, des difficultés sont relevées dans leur mise en œuvre. Les difficultés sont avant tout d'ordre international.

632. Pour la protection des droits des populations déguerpies en contrepartie de l'exploitation minière, des obstacles politiques sont souvent soulevés. Le principal obstacle est la souveraineté des États. Dans cette optique Jacque Mourgeon[853] soulignait dans son article que *c'est en invoquant la souveraineté que les États marqués par le volontarisme ou les États nouveaux très soucieux de préserver une souveraineté trop fraîche, contestent le droit pour toute autre organisation internationale, de porter le regard en direction du régime des droits de l'homme qui est le leur*. Les États ont souvent tendance à se réfugier derrière l'article 2, Paragraphe7 de la Charte de San Francisco pour justifier le monopole de leur compétence en matière de droits de l'homme, même si chaque État a sa façon de réparer les droits violés. Les reproches formulés sont liés à la lenteur des procédures de compensation minière. Le contrôle international des textes est difficile, voire impossible. Dans ce sens M. Mourgeon justifiait ces difficultés en précisant que l'action en faveur des droits se heurte à un obstacle plus

---

851 https://fr.globalvoices.org/2013/11/05/156460/

852 Voir l'article 44 du Code de l'environnement.

853 Mourgeon (J.), Les pactes internationaux relatifs aux droits de l'homme, in Annuaire français de droit International, p . 348, 1967. https://www.persee.fr/docAsPDF/afdi_0066-3085_1967_num_13_1_1935.pdf

sociologique que politique, constitué par les différences de tradition et d'évolution des États. Le résultat attendu est certainement l'impossibilité d'attraire les États devant l'empire d'une règle unique[854].

633. Au sein même des pays miniers, on remarque des conflits textuels, ou des conflits de compétence entre ministères. Dans le secteur minier nul ne peut ignorer la diversité des textes destinés à la réglementation. Au premier rang, nous avons le Code minier, le Code général des impôts, le Code de l'hygiène, etc. Il y a également la convention minière où est inscrite la volonté des parties. Cette convention minière détermine les conditions de réalisation des opérations minières. Cette diversité de textes ne rend pas facile la gestion du secteur minier puisqu'il n'existe entre eux aucune hiérarchie. Aucun texte ou ministère n'est supérieur à l'autre. Le seul point de convergence reste le Code général des impôts ou le ministère des Finances. Cette situation rend nécessaire une harmonisation des textes, et une réforme de la convention minière pour prendre en compte les différentes orientations auxquelles l'investisseur est soumis. Pourtant vers les années 1980, la Banque mondiale avait préconisé une stratégie de relance du secteur minier africain. Celle-ci avait poussé plusieurs États africains à réformer ou adopter leurs codes miniers afin de développer un ensemble de dispositions institutionnelles, légales et fiscales visant à rendre le climat des affaires plus favorable[855].

634. L'examen des récentes réformes des codes miniers et conventions minières révèle qu'elles visaient à dissuader les sociétés minières de leur comportement jusque-là rejeté par les populations. Les investisseurs ayant l'habitude de se réfugier dans des enclaves sécurisées, jouissaient des conditions favorables et contribuaient peu à la création d'emploi et aux caisses de l'État. Les compagnies minières poussaient les populations à quitter leurs terroirs en imposant des formes de travail précaire. Pour ces motifs elles ont provoqué des actions de protestation réprimées violemment dans certains États d'Afrique. Ces résultats négatifs ont inéluctablement rendu légitime la

---

[854] Mouregon (J.), *op. cit.*

[855] Rubbers (B.), Introduction au thème « Les sociétés africaines face aux investissements miniers », *Politique africaine*, 2013/3 (N° 131), micropolitiques du boom minier. https://www.grip.org/sites/grip.org/files/NOTES_ANALYSE/2015/NA_2015-11-27_FR_N-HUBERT%20%26%20C-KUPPER.pdf

naissance de la théorie de la malédiction des ressources naturelles[856]. Une telle théorie ne résiste pas pour autant devant les méthodes, les données, et le contexte qui avaient favorisé son éclosion. C'est dire qu'avec les réformes enregistrées ces dernières années, beaucoup de pays ont changé de politique minière et se sont dotés de moyens plus efficaces pour rendre le secteur minier plus performant et plus pacifique. Mais au Sénégal le maintien de la diversité des textes constitue toujours une anomalie, même si on tente de confier aux collectivités locales, en vertu de leur pouvoir, la gestion des sites miniers qui les entourent.

Paragraphe 2 : Une réglementation des retombées de l'exploitation minière au profit des collectivités locales

635. Les réformes constatées autour des années 2011 étaient une occasion pour les pays de penser aux collectivités locales abritant les sites miniers. Ce vent de réforme n'a pas épargné le secteur minier sénégalais. Ainsi, dans plusieurs pays, la question des outils juridiques pouvant être revendiqués par les communautés locales pour défendre et réclamer leurs droits prend un relief particulier[857]. Son importance s'apprécie à travers l'étendue des sujets abordés. En effet, la participation à la prise de décisions, la transparence dans la négociation des contrats, l'importance accrue de l'indemnisation, la participation aux bénéfices occupent l'essentiel des débats. Dans certains pays comme le Sénégal, le mouvement de réforme a conduit à la naissance d'un fonds spécifique réservé aux collectivités locales (A) bien que ce soulagement demeure limité par la faiblesse des compétences transférées (B).

A. La création d'un fonds spécifique au bénéfice des collectivités locales

636. L'exploitation minière génère des fonds qui contribuent largement au développement économique d'un pays comme le soulignait la jurisprudence Salini. En élargissant la définition de l'investissement elle ajouta que ce dernier doit contribuer au développement économique pour être parfait. En examinant la notion d'investissement M. Lamier conclut qu'il s'agit *d'un revenu qui n'est pas consommé et que l'on destine à maintenir constant ou à augmenter le capital de production*. Dans le secteur minier, l'investissement des

---

[856] Rubbers (B.), *op. cit.*

[857] Keita (A.), Communautés locales et manne aurifère les oubliées de la législation minière malienne, IIED, Londres, 2008.

sociétés ne pouvait pas se faire au détriment des collectivités locales. Ainsi, pour qu'elles bénéficient des retombées de l'exploitation des ressources minérales, l'État a créé un fonds de péréquation. Il s'agit d'un mécanisme de redistribution qui vise à réduire les écarts de richesse et donc les inégalités entre les différentes collectivités territoriales. Les autorités locales qui dénonçaient le plus souvent les retombées insignifiantes qu'elles obtenaient en comparaison des profits réalisés par les sociétés minières trouvent ici les premiers motifs de satisfaction. Le fonds de péréquation et d'appui aux collectivités locales est créé par le décret de 2009-1334 fixant le taux et les modalités de sa répartition.

637. Ce fonds constitue une innovation car dans l'exposé des motifs de la loi de 2003 portant Code minier du Sénégal, le législateur était préoccupé par la situation des collectivités qui désormais doivent sentir positivement l'existence des ressources naturelles dans le pays. Il est y affirmé qu'une partie des ressources fiscales provenant des opérations minières sera versée dans un fonds de péréquation destiné aux collectivités locales[858]. Le décret de 2009 indique que la quote-part des ressources annuelles provenant des opérations minières à verser aux fonds est fixée à vingt pour cent (20 %). Il s'agit des droits fixes et des redevances qui alimentent le fonds en partie. Les chiffres font parfois l'objet de débat ou de controverses et prennent souvent la forme d'une guerre entre, d'une part, la presse et les ONG et, d'autre part, les sociétés minières et le gouvernement.

638. Il faut noter que ce fonds est divisé en deux parties. Une partie destinée aux collectivités locales abritant les opérations minières et une autre partie aux autres collectivités intéressées. C'est ce que révèle, en substance, l'article 3[859]. En effet, il s'agit d'une dotation d'appui à l'équipement des collectivités locales des régions ou circonscriptions administratives abritant les opérations minières. Elles s'élèvent à 60 % du montant total du fonds de péréquation et d'appui aux collectivités locales dont les modalités de répartition sont prévues à l'article 4 du présent décret l'instituant[860]. Une autre dotation de péréquation destinée aux collectivités locales, à la différence de la première, est celle

---

[858] Article 55 du Code minier du Sénégal.

[859] Voir l'article 3 du décret 2009 portant création et fixant le taux et les modalités de répartition du fonds de péréquation et d'appui aux collectivités locales.

[860] Art. 3 al. 1 du décret de 2009.

constituée de 40 % du montant total du fonds d'équipement des collectivités[861]. Cette discrimination se justifie car les localités abritant les sites miniers sont les premières à subir les inconvénients de l'exploitation. Néanmoins certains acteurs invoquent la légalité en se fondant sur l'article 3 du Code minier[862]. C'est pourquoi les 20 % qui constituent la différence peuvent être qualifiés d'indemnités en contrepartie des dommages[863] que subissent les populations d'une localité abritant des sites miniers. Même si le texte ne le précise pas clairement, la répartition ne peut être égale. La dotation d'appui est répartie après discussion entre les différents organes[864] concernés avant d'être fixée dans un arrêté conjoint. Mais il faut signaler que l'article 4 du décret 2009 a été modifié par un décret de 2015, afin de s'adapter à la nouvelle loi portant Code des collectivités locales.

639. Néanmoins, le véritable défi du fonds ne relève pas fondamentalement de la répartition des ressources, il tient plus des collectivités locales, à savoir leur capacité de gestion pour favoriser le développement local. Cela donne donc une importance toute particulière à la revue des compétences transférées aux collectivités locales.

B. Les limites dues à la faiblesse des compétences dans les collectivités locales

640. La volonté d'accorder aux collectivités locales plus d'avantages provenant des retombées des ressources minérales est en réalité tempérée par les instruments juridiques. En effet, la compétence relative à l'exploitation des mines est complètement absente. Celle-ci est exprimée dans l'article 7 du décret n° 64-573 du 30 juillet 1964 fixant les conditions d'appropriation de la loi n° 64-46 du 11 juin 1964 relative au domaine national. Dès les années 1964 le législateur avait attribué à l'État le pouvoir exclusif, sauf disposition contraire, de délivrer les droits d'exploitation des mines. Ce pouvoir n'a jamais fait l'objet de

[861] Art. 3 al. 3 du Code de 2009, *op. cit.*

[862] Ils justifient leur position sur le fondement de l'article 3 du Code minier du Sénégal. Les substances minérales contenues dans le sol et le sous-sol du territoire de la république du Sénégal, ses eaux territoriales et son plateau continental sont propriété de l'État.

[863] Comme dommage il s'agit des déplacements, la pollution de la localité, la déforestation etc.

[864] Il s'agit des organes qui ont intérêts directs sur les opérations minières, c'est en réalité le ministère des Mines, le ministère des Finances et le ministère des Collectivités locales.

transfert. La décision de ne pas transférer le pouvoir de délivrer les titres miniers conduisant à l'exploitation des substances minérales n'a jamais fait l'objet d'une quelconque ambiguïté. Elle se manifeste dans l'article 3 de la loi de 1988 portant Code minier. Ce texte, disposait que toutes *les substances minérales utiles contenues dans le sous-sol de la République du Sénégal sont propriété de l'État*. Dans le Code minier de 2003, le législateur devient plus précis. Il abandonne la seule distinction entre substances utiles et non utiles comme dans l'ancienne loi. Non seulement il liste les substances minérales qu'elles soient utiles ou non, mais aussi tous les actes susceptibles d'être pris.

641. Malgré la nouvelle réforme du Code des collectivités locales et les nombreux programmes de développement local initiés, l'octroi des titres miniers reste une compétence exclusive de l'État. Il est le principal propriétaire de ce droit sur le sous-sol et est chargé de délivrer les droits conduisant à son exploitation. C'est là la reprise d'un texte vieux de plus d'un siècle. La faiblesse des compétences transférées est un véritable handicap pour les collectivités locales qui abritent les sites miniers. Dès 1791, la loi française relative aux mines disposait en son article 1 que les mines et minières tant métalliques que non métalliques, ainsi que les bitumes, charbons de terre et pyrites, sont à la disposition de la Nation, en ce sens seulement, que ces substances ne pourront être exploitées que de par son consentement et sous sa surveillance, à la charge d'indemniser, d'après les règles qui seront prescrites, les propriétaires de surface, qui jouiront, en outre, de celles de ces mines qui pourront être exploitées en tranches ouvertes, ou avec fosse et lumière, jusqu'à cent pieds de profondeur seulement[865]. L'obligation du consentement de la Nation représentée par l'État indique l'appartenance des substances minérales à l'État. La valeur attribuée aux substances ne peut, selon les règles, faire l'objet d'appropriation privée. En commentant la loi de 1810, M. E. Lame De Fleury avait, dans cette dynamique, extirpé la substance de l'article 5. Il considère que toute exploitation de la mine, avant d'avoir obtenu la concession, est spécialement interdite au propriétaire de la surface sur son terrain et constitue un acte punissable de peine correctionnelle[866].

[865] Loi française de 1791 sur les mines.

[866] Fleury (L.), Texte annoté de la loi du 21 Avril 1810, concernant les mines, les minières, les Tourbières,

642. Les arguments de l'auteur ne manquent pas d'intérêt. Il apparaît clairement dans les dispositions de la loi de 1810 que la propriété de la surface ne confère, par elle-même, le moindre droit primitif et direct sur les mines et, par suite, sur les substances qui les composent[867]. L'histoire montre que l'État ne s'est jamais départi de cette position constante de garder jalousement les substances minérales. L'État en tant que personne morale de droit public interdit l'appropriation des ressources minérales par une autre personne morale de droit public. Pourtant dans les politiques de développement local, les collectivités locales sont les principales cibles. L'illustration est faite dans la convention minière notamment en son article 22.4. Cette disposition stipule qu'en phase d'exploitation, la société s'engage à investir annuellement, pour le compte du développement social des collectivités de la zone du permis d'exploitation, le montant défini avec l'État.

643. La pratique montre que cet engagement est souvent violé par les sociétés car les collectivités locales ne disposent pas de pouvoirs directs sur les ressources minérales, encore moins des pouvoirs de contrainte. La faiblesse des compétences transférées dans le secteur des mines contribue largement à l'accroissement de la pauvreté des communes et villages abritant les sites miniers. La réforme du Code des collectivités locales avait pourtant pour mission de remédier à cette situation alarmante des collectivités locales. En effet, dans l'exposé des motifs, le législateur annonce, dans le souci de convaincre, que le contexte et la faiblesse des politiques et stratégies de développement appliquées jusque-là, nécessitent, en conséquence, d'initier des alternatives susceptibles de corriger les déficiences et de produire simultanément des progrès significatifs à l'échelle nationale et un développement local harmonieux[868] .

644. En réalité, les motifs évoqués par le législateur sénégalais pour légitimer la réforme du Code général des Collectivités locales (CGCL), ne semblent pas satisfaire les autorités locales, encore moins les populations. La seule compétence donc qui est à la disposition des collectivités locales est la réception des déclarations des personnes physiques ou morales qui envisagent d'effectuer des travaux à plus de 10 mètres de profondeur, en vue de la recherche et de l'exploitation des

---

[867] Fleury (L.), *op. cit.*

[868] Voir exposé des motifs du Code général des collectivités locales.

eaux souterraines ou dans le cadre de travaux de construction, d'empierrement, de viabilisation ou pour tous autres objectifs[869]. Il se trouve que les objectifs du fonds de péréquation et d'appui aux collectivités locales (FPACL) et le programme social minier (PSM) sont insuffisants pour satisfaire les collectivités locales (CL).

645. Ces programmes avaient pour objectif de hisser les CL vers le développement. Il était prévu que l'État et les promoteurs miniers contribueraient directement à l'amélioration du bien-être des populations hôtes des projets miniers. À ce sujet la charte des ressources naturelles[870] comparable à des principes ne peut être négligée. Les règles contenues dans la charte favorisent le développement local. Les concepteurs avaient, à travers cette charte indiqué le mode de gouvernance qui convient dans les pays regorgeant de ressources minérales. Ainsi, correctement utilisées, ces ressources peuvent conduire à une prospérité accrue pour les générations actuelles et à venir ; mal utilisées ou gaspillées, elles peuvent entraîner une instabilité économique, des conflits sociaux et des dégâts environnementaux de longue durée[871]. Le principe cinq prend la défense des collectivités locales. Son objectif est orienté à la définition des voies susceptibles de mener les collectivités locales au développement. En effet, le constat des revenus faibles dévolus aux collectivités locales abritant les sites miniers a conduit les rédacteurs de cette charte à prévenir les gouvernants. Ils indiquent la voie à suivre en disant que le gouvernement doit rechercher les opportunités de dégager des avantages pour les communautés locales et prendre en compte, atténuer et compenser les coûts environnementaux et sociaux des projets extractifs[872]. Cette proposition est valable pour tout État dont les ressources minérales font l'objet de convoitise par les sociétés minières.

646. Malgré les efforts de redressement et de réforme des normes qui encadrent l'exploitation des mines, il est facile de relever leur faiblesse, d'où l'importance de s'inspirer d'autres normes comme celles introduites dans la charte des ressources naturelles. L'exploitation minière entraîne incontestablement des coûts sociaux importants qui

---

[869] Article du Code minier de 2003.

[870] Charte des ressources naturelles https://resourcegovernance.org/sites/default/files/documents/natural_resource_charter_french20141002-2.pdf

[871] Charte des ressources naturelles, seconde Édition, page 3.

[872] Voir précepte 5, de la charte des ressources naturelles.

sont supportés, de manière disproportionnée, par les populations vivant aux alentours des sites. Néanmoins, les projets miniers génèrent des avantages pour les communautés grâce à la création d'emplois. Il apparaît, de manière flagrante, que les communautés sont souvent affectées par la pauvreté et l'absence de protection contre certaines maladies. On peut, sur certains points sensibles, indexer le mode de gestion des ressources minérales qui en réalité, ne participe pas à relever le niveau de vie des collectivités locales accueillant, malgré les résistances, des projets miniers. La charte indique cependant le type de gestion requis pour rompre avec ces inégalités. En effet, la bonne gestion des ressources naturelles implique de minimiser les coûts subis par les communautés affectées, tout en maximisant les avantages qu'elles pourront tirer des activités extractives[873]. La revue des compétences transférées aux collectivités locales semble être une impérieuse nécessité. Il s'agira d'ériger en règle, un principe qui consiste à associer les communautés et collectivités locales dans les processus conduisant au développement du projet. Certes, les ressources minérales appartiennent à l'État, mais il est beaucoup plus fécond que de concert avec les citoyens, au niveau local et national, le gouvernement établisse clairement les droits de propriété sur les richesses du sous-sol et assigne équitablement les droits sur les revenus qui en découleront[874].

647. La prise en compte des droits des populations sur l'exploitation des ressources minérales ne peut simplement être appréciée qu'au regard des textes leur conférant des privilèges. Ces droits devraient pouvoir apparaître dans une pratique qui les consoliderait.

Section 2

La consolidation des droits des populations

648. La prise en compte des droits des populations est différemment appréciée. La volonté de rétablir les droits des victimes des opérations minières se manifeste à travers les conventions minières. Celles-ci ont listé les obligations conventionnelles auxquelles les sociétés minières sont soumises et qui renvoient à la responsabilité sociétale des entreprises. La différence est que la responsabilité sociétale est une obligation morale et non volontaire. Une autre manifestation de la

---

[873] Charte des ressources naturelles 2e édition, page 21.
[874] Voir Charte, *op. cit.*

protection des droits des peuples se trouve être l'aménagement des voies de recours à la disposition des victimes.

649. Mais, l'évaluation des instruments de protection et les résultats obtenus ont montré les limites à la volonté des parties de consolider les droits des citoyens et des communautés locales. Cependant, on ne peut nier le besoin de l'État, en tant que partie au contrat et propriétaire des ressources minérales de s'occuper des personnes habitant aux alentours des sites miniers. À titre préventif, une responsabilité sociétale des entreprises, de manière conventionnelle, est aménagée (Paragraphe 1). En cas de non-respect des obligations, les voies de recours sont ouvertes aux justiciables (Paragraphe 2).

Paragraphe 1 : L'aménagement de la responsabilité des entreprises minières

650. Les contrats miniers sont signés conformément aux dispositions du Code minier. Mais les parties, étant dans le domaine contractuel, signent une convention minière dont l'objet est de régler, de façon contractuelle les rapports entre parties, pendant toute la période des opérations minières. Elle détermine également les garanties et obligations essentielles concernant la phase d'exploitation. Outre les obligations légales et conventionnelles des entreprises minières, il existe d'autres qui sont faites de manière volontaire mais qui tendent à avoir une valeur légale. L'observation des conventions minières montre que la responsabilité sociale est d'abord introduite dans un document. Mais le comportement des sociétés et de l'État d'accueil, au regard des résultats montre que l'insuffisance liée au respect des obligations est un handicap (A), la RSE telle que débattue actuellement dans le monde, semble être le meilleur mécanisme pour soulager les collectivités locales (B).

A. Une responsabilité contractuelle insuffisante

651. La convention minière sénégalaise contient des obligations qui résultent les sociétés minières et l'État. À titre de rappel, le contrat est défini comme une convention par laquelle une ou plusieurs personnes s'obligent envers une ou plusieurs autres à donner, à faire ou ne pas faire quelque chose[875]. De manière beaucoup plus simple, la convention crée des obligations. Elle n'a pas dérogé à cette règle. L'analyse des nouvelles revendications, résultant de la violation des dispositions

[875] Voir l'article 1101 du Code Civil Français, repris par Malinvaud (Ph.), Fenouillet (D.), Mekki (M.), Droit des obligations, ed. LexisNexis, 13e édition : 462, 2014.

conventionnelles par les sociétés, révèle que beaucoup d'entre elles sont formalisées dans un instrument juridique auquel les parties ont souscrit. Finalement les violations répétitives des obligations ont conféré un caractère caduc à ces textes. Ainsi, pendant la phase d'exploitation la société d'exploitation et le sous-traitant doivent accorder leur préférence au personnel sénégalais à qualification, compétence et expérience égales. En outre, la société doit utiliser la main-d'œuvre locale pour tous les emplois ne nécessitant aucune qualification professionnelle particulière.

652. Ces obligations ne semblent pas être exécutées conformément à la convention. Dans un débat qui s'est déroulé au parlement, des députés interpelèrent les autorités sur la violation de cette convention par la société ICS. Dans cette dynamique d'illustration, les députés fustigèrent une discrimination notoire exercée par la société ICS. La majorité des travailleurs expatriés d'origine indienne constituait une entorse à l'article 33.4 de la convention minière. Cette situation était d'autant plus sérieuse qu'aucune sanction ne fut prise contre ce comportement fautif, bien que cela soit prévu. Ces cas de violation de la convention fragilisent la légitimité de la société et produisent un impact social. Le non-respect de la convention a pour conséquence de rendre légitime les revendications des populations et des collectivités locales victimes. En réalité, une des vertus d'un contrat c'est d'être exécuté. C'est, en outre, la loi des parties comme l'évoque l'article 1134 du Code civil, reprise par le Code des Obligations civiles et commerciales (COCC) « les conventions légalement formées tiennent lieu de loi à ceux qui les ont faites ». La force obligatoire d'une convention a ici son sens. Elle stipule que les parties au contrat sont obligées, c'est-à-dire qu'elles sont liées par les obligations qu'elles ont créées, les unes étant créancières et les autres débitrices[876].

653. Le rapport de 2013 sur les progrès en Afrique[877] soulignait que dans la plupart des pays africains, riches en ressources naturelles, les industries emploient relativement peu de personnel[878]. L'impact des industries sur l'emploi est qualifié de mitigé par les rapporteurs, alors que les activités des sociétés minières ont des effets importants sur les communautés locales, qui se sentent souvent exclues et lésées par les

---

[876] Voir Malinvaud (Ph), droit des obligations, *op. cit.*

[877] Rapport sur les progrès en Afrique 2013, Équité et Industries Extractives, en Afrique pour une gestion au service de tous.

[878] Rapport sur les progrès en Afrique, *op. cit.*, page 33.

bouleversements ou les impacts écologiques de l'exploitation[879]. Sur la liste des obligations figurent également celle de mettre en œuvre un programme de formation, de perfectionnement et de promotion du personnel sénégalais en vue d'assurer son utilisation dans toutes les phases et à toutes les échelles des activités liées à la convention, dans les limites des opérations minières.

654. Une autre obligation est constatée, elle repose sur la contribution par la société, sur la base d'un protocole d'accord conclu avec le ministre en charge des Mines, à la Formation et au Perfectionnement des Sénégalais chargés de la gestion, de la promotion et du développement du secteur minier. La combinaison des deux articles fait ressortir une légère division entre les bénéficiaires des obligations de la société minière. La convention opère une distinction entre le personnel sénégalais et les Sénégalais chargés de la gestion de la promotion et du développement du secteur minier au Sénégal. L'insuffisance de ces programmes se rapporte à leur rareté, mais aussi aux sélections discriminatoires dans le choix des personnes à former. Elle s'apprécie donc à un double niveau : c'est d'abord la rareté de ces formations, mais aussi la violation d'un principe international, c'est-à-dire celui de la légalité des personnes en droit. La consécration de ce principe remonte à la déclaration universelle des droits de l'homme de 1789 et de la convention de Philadelphie de 1944 qui interdisent et répriment les actes discriminatoires dans le cadre général et en matière d'emploi en particulier.

655. On peut constater avec regret que les personnes choisies pour les formations sont plus souvent celles qui, en réalité, ont suffisamment d'expérience, et sont capables même, en exagérant un peu, de former les formateurs. Le personnel méritant réellement une telle formation se trouve souvent, sans aucune voie de recours susceptible de rétablir son droit. C'est dire que dans ce secteur le contrôle requis n'est pas bien exercé. D'où la nécessité pour les États de veiller à ce que la main-d'œuvre locale qui en a besoin soit bien formée. C'est le même constat qu'on fait quand il s'agit d'assurer un logement aux travailleurs employés sur le site, dans les conditions d'hygiène et de salubrité conformes à la réglementation en vigueur ou à venir[880].

---

879 Rapport sur les progrès en Afrique, *ibid.*

880 Article 33.5 al. 5, de la convention minière du Sénégal.

656. Il convient de remarquer que les obligations des sociétés sont bien présentes mais le véritable problème en est l'exécution. Les nombreux efforts déployés par les autorités pour le bien-être des populations et de l'État semblent être fragilisés par les séries de violation des obligations dont les parties sont responsables. L'idée en gestation et qui emporte le plus souvent le consentement des acteurs du secteur minier est la valorisation de la responsabilité sociétale des entreprises. Les parties y accordent plus de crédit aujourd'hui.

B. Les nouvelles formes de responsabilité des sociétés minières

657. Le non-respect des engagements pris par les sociétés minières, a provoqué la naissance d'une politique qui tend à les contraindre à repenser au développement des pays dépouillés de leurs ressources naturelles. Cette démarche novatrice constitue une alternative au non-respect des dispositions contractuelles inclues dans les conventions minières. La mise en place d'une politique de la RSE par les entreprises et organisations n'a pas, cependant, fait l'objet d'une réglementation. La RSE est un acte totalement volontariste et engagé. Elle renvoie, dans la théorie des obligations, à un contrat unilatéral. Nouveau mode de protection des droits des populations, la notion de RSE s'efforce de rendre compte de l'exercice par les entreprises d'une responsabilité vis-à-vis des différents groupes avec lesquels elles interagissent et, qui se situent au-delà de leurs strictes obligations techniques, légales et économiques. Il ne s'agit pas d'un excès de condescendance, comme on semble le percevoir à travers les définitions.

658. Il est évident que l'établissement des programmes de la RSE n'est pas systématiquement encadré par la législation nationale. Les entreprises ne sont pas contraintes de mener des actions qui offrent l'image d'une responsabilité sociale. Les nombreux cas de violation des droits de l'homme par les sociétés, en complicité avec les États d'accueil, ont causé et amplifié de nombreux conflits dans les pays d'Afrique ayant des ressources minérales abondantes[881]. À la conquête

[881] *Cf.*, par exemple, Collier (P.), Hoeffler (A.), « Greed and Grievance in Civil War », Banque mondiale, 21 mai 2000 ; Collier (P.), « Economic Causes of Civil Conflict and their Implications for Policy », Banque; Élise Rousseau, Le Processus de Kimberley et la lutte contre le commerce des « diamants de sang», Courrier hebdomadaire du CRISP 2017/28 (n° 2353-2354), p. 5-62. DOI 10.3917/cris.2353.0005. mondiale, 15 juin 2000. *Cf.* aussi Berdal (M.), Maone (D. M.) (dir.), Greed and Grievance: Economic Agendas in Civil Wars, Boulder/Londres, Lynne Rienner, 2000. Ces travaux prolongent les recherches décrivant l'apparition de

de leur légitimité au milieu des populations ayant le malheur de voir leurs ressources exploitées avec des déplacements négociés ou forcés, les entreprises ont aménagé une technique de réconciliation qui consiste à investir dans les communautés gravement touchées par les opérations minières.

659. Cet engagement volontaire, sans pression jadis, a connu des succès. Cette responsabilité sociale des entreprises a légèrement évolué, dans sa définition. Ainsi entre 2004 et 2011 des négociations décisives ont eu lieu au niveau international, portant toutes sur la responsabilité sociale des entreprises et aboutissant à sa redéfinition de façon

---

« nouvelles guerres » après la fin de la Guerre froide (par exemple, Kaldor (M.), New and Old Wars: Organized Violence in a Global Era, Stanford, Stanford University Press, 1999). Les conclusions de Collier (P.) et de son équipe sont parfois controversées, notamment parce que l'établissement d'une corrélation entre ressources et conflits encourage une lecture des conflits basée exclusivement sur l'avidité des groupes rebelles, laissant de côté l'étude de leurs éventuelles revendications politiques (Humphreys (M.), « Aspects économiques des guerres civiles », Revue Tiers Monde, volume 2, n° 174, 2003 : 269-295). Les « nouvelles guerres » sont ainsi décrites comme criminelles, dépolitisées, privées et prédatrices ; contrairement aux « anciennes guerres », présentées comme étant idéologiques, politiques, collectives et même parfois nobles (contre cette opposition, cf. Kalyvas (S. N.), « "New" and "Old" Civil Wars: A Valid Distinction? », World Politics, volume 54, n° 1, 2001, p. 99-118). De plus, les recherches sur les « guerres pour les ressources » ont tendance à se focaliser sur les causes internes des conflits en oubliant l'impact de facteurs externes, tels que l'économie mondiale ou les relations internationales (*cf.* Serfati (C.), « Économies de guerre et ressources naturelles : les visages de la mondialisation », Annuaire suisse de politique de développement, volume 25, n° 2, 2006, p. 107-126). ; Humphreys (M.), « Aspects économiques des guerres civiles », *op. cit.*, p. 275-276 ; M. L. ROSS, « How Do Natural Resources Influence Civil War? Evidence from Thirteen Cases », International Organization, volume 58, n° 1, 2004, p. 35-67. Sur la relation entre ressources et État rentier, cf. par exemple Fearon (J. D.), Latin (D. D.), « Ethnicity, Insurgency and Civil War », American Political Science Review, volume 97, n° 1, 2003, p. 75-90. Sur les politiques de captation des ressources par les seigneurs de guerre dans les États faibles (« strongmen »), *cf.* Reno (W.), Warlord Politics and African States, Londres, Lynne Rienner, 1998. Sur la figure du seigneur de guerre, *cf.* Rousseau (E.), « Entre désintégration et reconstruction de l'État, la figure du seigneur de guerre somalien : les années 1990 » (Université catholique de Louvain, Chaire Inbev-Baillet Latour, Programme « Union européenne-Chine », Note d'analyse, 31), 13 mars 2014. ; Le Billon (P.), Wars of Plunder. Conflicts, Profits and the Politics of Resources, Londres, Hurst & Company, 2012, p. 91.

convergente[882]. De manière substantielle, la RSE a pour fonction de compenser, ou réparer les effets néfastes de l'exploitation des mines. Elle vise ceux produits par les entreprises sur la société et l'environnement, tout en tenant compte des intérêts des parties prenantes (actionnaires, employés, consommateurs, communautés locales, organisations non gouvernementales). Par extension, son objectif est de contribuer au développement durable. Il s'agit d'une contribution de plus, car les sociétés ne sont soumises à aucune contrainte en principe. Cependant, le domaine d'intervention de la RSE se veut beaucoup plus large que les obligations légales et conventionnelles relatives au respect des droits de l'homme. Dans cette perspective, la responsabilité des entreprises englobe les conditions de travail, les droits de l'homme, l'environnement, la prévention de la corruption, la concurrence équitable, les intérêts des consommateurs, la fiscalité, la transparence ainsi que d'autres aspects, comme l'intégration des capacités locales, le transfert de savoir, la protection des droits de propriété intellectuel[883].

660. La RSE participe au maintien d'un développement durable, en dépit des inconvénients que les entreprises causent à l'environnement et à la société. Il faut donc signaler que le concept de développement durable remonte aux années 1970, avec les multiples pollutions industrielles constatées alors. Les atteintes à l'environnement ont eu une conséquence négative chez les individus, elles ont incité la conférence des Nations unies de STOCKHOLM à souligner l'importance de ce problème et à déclarer en même temps que tous les membres de la société humaine ont droit à un environnement de qualité[884]. En étudiant le terme, MICHEL CHANSOU considère qu'il s'accompagne de la conscience d'une responsabilité collective vis-à-vis des biens terrestres et du souci de changer les comportements[885]. L'exploitation des mines est une activité qui tend à faire disparaître des ressources non renouvelables et de ce fait, la politique liée au développement durable est une alternative.

---

[882] Doucin (M.), La RSE : nouveau champ de la coopération, 2012. Voire https://cn.ambafrance.org/Intervention-de-M-Michel-Doucin-ambassadeur-charge-de-la-bioethique-et-de-la-responsabilite-sociale

[883] Article relatif à la position et au plan d'action du conseil fédéral concernant la responsabilité des entreprises à l'égard de la société et de l'environnement.

[884] Chansou (M.), Développement durable, un nouveau terme clé dans les discours politiques, Les langages du politique ; 1994, 39 : 99-105. https://www.persee.fr/docAsPDF/mots_0243-6450_1994_num_39_1_1891.pdf

[885] Michel Chansou *op. cit.*

661. La notion de développement même alimente un débat au sujet de sa signification exacte. S'interrogeant sur ce concept Francois Dufour estiment que « de nature hybride, la notion de développement est composée de représentations expérientielles, sociales, et culturelles, interdiscursives[886] ». Elle invite à réapprendre la valeur des biens collectifs, des ressources communes, mais aussi à retrouver le souci du long terme[887]. Mais le concept de développement durable tel qu'il est entendu en Afrique, ne semble pas être compris. En réalité, il renvoie à la construction d'infrastructures sanitaires ou scolaires telle que prévue par la convention minière[888]. Or, le développement durable est une forme de développement économique ayant pour objectif principal de concilier le progrès économique et social avec la préservation de l'environnement. Ce dernier étant considéré comme un patrimoine devant être transmis aux générations futures.

662. Les zones qui abritent les ressources naturelles ou minérales brillent par une pauvreté sans précédent accélérée par des conflits entre sociétés minières et populations. En effet, l'installation du projet de Sabodola entraîna une révolte des populations du village. Le projet en question était pourtant influencé par les paradigmes du développement durable tels que définis dans le rapport de BRUNDTLAND de 1987 et comme réponse aux besoins présents sans compromettre la possibilité, pour les générations futures de satisfaire les leurs[889]. Il s'agit, en réalité, d'intégrer les dimensions économiques, sociales et environnementales dans le processus d'exploitation. Terme polysémique, comme le souligne M. Dufour, la notion de développement durable a un sens large, diversement apprécié. Cette acception diversifiée de la notion engendre un problème d'insécurité juridique, du fait de l'absence d'une définition et d'une compréhension consensuelle. Cette appréciation différente d'un auteur à un autre n'empêche pas de faire de la notion de développement durable une panacée[890].

---

[886] Dufour (F.), Développement durable humain. La cohérence discursive des contradictions. Mots. Les langages du politique 2013. Revues.org ; ed. ENS.

[887] Chansou (M.) *op. cit.*, page.

[888] Article 33.5 de la convention minière.

[889] Voir rapport Brundtland 1987.

[890] Diallo (M. L.), Mine d'or et développement durable : quelques réflexions sur le site de Sabodola Sénégal oriental, Echoges.Revue.org, 2009. https://journals.openedition.org/echogeo/11103

663. Il importe donc de repenser la notion, d'autant plus que sa matérialisation est lourdement handicapée par les entreprises. Le mouvement de mondialisation a pour première conséquence d'accentuer le déclin de l'influence des pouvoirs publics et un déplacement notable du pouvoir de l'État-Nation vers l'entreprise privée. Cela se traduit par le constat incontestable que plusieurs entreprises multinationales disposent aujourd'hui d'une influence considérable dans la sphère économique et donc politique[891]. Cette domination des entreprises n'est pas sans conséquence sur la rigueur et la qualité des textes législatifs et sur des citoyens soucieux de l'intérêt de leur pays. Ainsi, deux phénomènes apparaissent : la faiblesse notoire des instruments normatifs existants, d'une part, et, d'autre part, une importante montée en puissance des préoccupations sociétales et environnementales, au sein de la société civile. Au Sénégal, on ne peut négliger le rôle joué par la société civile en vue de réformer le Code minier de 2003 et d'y intégrer des dispositions protectrices des droits de l'homme, mais aussi l'assurance d'une transparence des contrats miniers. Cette faiblesse des instruments juridiques dans le secteur minier a bien causé la riposte des populations des localités qui abritent les entreprises minières. Afin de légitimer la mise en place d'un dispositif juridique apte à réconcilier l'exploitation minière et les effets néfastes qu'elle produit, les acteurs de la société civile révèlent que « les populations ne bénéficient pas d'un dédommagement proportionnel aux conséquences sociales, économiques et environnementales. L'origine de ce déséquilibre est à chercher dans une législation inadaptée ou une violation des textes. »

664. Cependant, les nombreuses investigations ont révélé que la législation minière était obsolète dans plusieurs pays d'Afrique. Dans l'objectif de contribuer à la résolution de ces problèmes, le programme Africa Francophone initia le projet *Approche Systémique du Développement rural : La RSE comme alternative aux tensions liées à l'utilisation des terres dans les zones minières*. Des réflexions beaucoup plus profondes ont poussé certains députés à proposer une loi sur la RSE, aux fins de donner à cette dernière force d'obligation. Jusque-là, la RSE admise comme nouvelle forme de protection volontaire des droits des populations victimes, est marquée par un défaut d'encadrement juridique efficace, parce que résultant de la volonté des entreprises.

---

891 Desbarats (I.), « L'entreprise à l'épreuve du développement durable : complexité et ambiguïté du concept de RSE », *Revue juridique de l'environnement*, 2007, pp. 175-190.

665. La volonté de garantir la protection des populations contre l'exploitation abusive et inconsidérée des ressources naturelles résiste aux nombreux efforts déployés dans ce sens. Les mesures alternatives, qu'elles soient volontaires ou obligatoires ont montré leurs limites. Il nous semble que, pour atteindre l'objectif principal de protection des droits des populations, l'aménagement des voies de recours judiciaires contre les infractions commises par les sociétés minières et les États est un impératif sur lequel il faut maintenant se pencher.

Paragraphe 2 : L'exigence d'un aménagement des voies de recours judiciaires

666. Le respect des droits de l'homme, notamment des populations, ne peut être garanti sans un accès aux tribunaux. Les conventions minières doivent, de connivence avec le Code minier, assurer aux victimes un accès aux juridictions compétentes (A) et des garanties relatives au traitement équitable des litiges résultant de l'exploitation des mines (B).

A. les garanties d'accès aux juridictions compétentes : une mesure protectrice des victimes des opérations minières

667. L'accès à la justice est un droit prévu par les normes internes et internationales. C'est en effet, un droit fondamental dans un État de droit. En son absence les victimes ne peuvent se faire entendre, exercer leur droit. L'accès à la justice permet également de contester devant les instances compétentes les mesures discriminatoires, et engager la responsabilité des auteurs des dommages. Dans les multiples réformes constatées dans le secteur minier, le volet judiciaire constitue le parent pauvre. Au regard des nombreux conflits qui opposent sociétés minières et populations locales, les autorités auraient pu préciser, de manière beaucoup plus claire, les voies de recours à la disposition des victimes. L'exploitation minière est gouvernée par deux types de textes qui se complètent. Il s'agit de la loi (Code minier) et de la convention minière (loi des parties). Or, les règles de droit n'ont de valeur que par leur concrétisation, qui rend les personnes effectivement titulaires de prérogatives juridiques[892].

---

[892] Frison-Roche (M. A.), Le droit d'accès à la justice et au droit, p. 521-539, 2011. http://mafr.fr/IMG/pdf/le_droit_d_acces_a_la_justice_et_au_droit.pdf

668. Par ailleurs — l'adoption de textes n'a de valeur que si leur violation est assortie de sanctions efficaces. L'État étant le détenteur de la puissance publique, il devient par conséquent le débiteur du droit d'accès à la justice, car il a un devoir de protection juridictionnelle[893]. L'octroi d'un titre minier ouvre droit au titulaire d'exploiter un site, mais il est assorti de l'obligation pour toute personne installée sur le site de quitter. Mais le fait de quitter le périmètre ouvre droit à une indemnisation. Il y a également d'autres engagements de la société qui sont susceptibles d'être violés. Il s'agit de l'obligation d'accorder la préférence au personnel sénégalais à qualification, compétence et expérience égale[894]. Il s'agit également de l'obligation d'utiliser la main d'œuvre locale, ou celle de mettre en œuvre un programme de formation du personnel sénégalais en vue d'assurer son utilisation, suivant l'échelle des activités liées à la convention.

669. Le non-respect de ces obligations génère le plus souvent des conflits entre les ayants-droit et la société. Le respect des droits de l'homme devrait permettre à toute personne victime, de saisir le juge compétent. On constate que certains travailleurs sont privés d'indemnisation en cas d'accident et sont assujettis à des contrats précaires sans aucune protection[895]. Pourtant il est clairement précisé que « toute personne physique ou morale réalisant des travaux de prospection de recherche et d'exploitation de substances minérales, en vertu des dispositions du présent Code, est tenue de les exécuter selon les règles de l'art, de manière à garantir la sécurité des personnes et des biens » [896]. Cette violation ignoble et sans conséquence de la règle de droit, dans le cas de M. Keïta aurait dû provoquer une réaction de l'État, seul capable de contraindre les sociétés à respecter leurs obligations et faciliter l'accès aux juridictions. L'accès à la justice permet à toute personne physique ou morale ayant quelque intérêt légitime à défendre et qui présente la qualité éventuellement requise, d'accéder à une juridiction compétente pouvant statuer sur sa prétention[897].

---

[893] Frison-Roche (M.A), *op. cit.*, page 536.

[894] Article 33, convention minière modèle.

[895] Il s'agissait de Gnima Keïta, victime d'un accident de travail le vendredi 02/12/2005 à 18h. L'accident n'a rien donné comme indemnisation. Au contraire le travailleur a perdu son emploi. La victime a été interrogée par les ONG LA LUMIERE et OXFAM America.

[896] Article 91 du Code minier de 2003, *op. cit.*

[897] Frison-Roche (M. A.), *op. cit.*, page 525.

670. Pour l'accès aux juridictions, le Code minier se limite simplement à indiquer que les litiges relatifs à l'exécution et à l'interprétation des dispositions du Code relèvent des cours et tribunaux de la République du Sénégal[898]. Cette protection est fragile car le Code minier accorde un privilège à la convention minière. Ainsi, c'est seulement sous réserve des dispositions particulières contenues dans une convention minière « que les litiges seront résolus par les cours et tribunaux du Sénégal ». Or, les deux parties concernées sont la société et l'État. Finalement c'est l'accès au droit même qui pose problème. Dans le secteur minier, le droit des populations est souvent proprement inaccessible[899]. Même s'il existe le droit des personnes déguerpies, pour les besoins d'une exploitation est souvent négligé avec pour corollaire un difficile accès aux juridictions, l'accès au droit étant un préalable pour savoir comment demander justice. C'est dire que l'existence des voies de recours ne signifie pas automatiquement accès aux prétoires. La saisine est prévue, dans l'article 29 du Code de Procédure Civile sénégalais, qui dispose qu'en matière civile et commerciale, les parties pourront dans les conditions fixées par la loi n° 84-09 du 04 janvier 1984 portant création de l'ordre des avocats, agir et se défendre elles-mêmes verbalement ou par le ministère des Avocats[900]. Par rapport aux parties, on peut dire qu'elles peuvent varier selon les dommages subis. Généralement la partie la plus faible est la population. Viennent ensuite les collectivités locales. En cas de défaut d'indemnisation d'une victime de préjudice, la réparation a pour fondement l'article 8 qui dispose *que le titulaire de titre minier est tenu d'indemniser l'État ou toute personne physique ou morale pour les dommages et préjudices matériels qu'il a causés*.

671. La question essentielle qui se pose est celle de savoir si le défaut d'indemnité est une violation des droits de l'homme. En tous les cas, l'accès aux juridictions communautaires comme celles de la CEDEAO se trouve être une voie impossible lorsque le recours est formulé contre une société minière. La CEDEAO exige le respect des droits de l'homme dans sa directive 2009. Elle considère que les États, les titulaires de droits ou titres miniers et autres entités commerciales impliqués dans l'exploitation minière ont l'impérieux devoir de garantir le respect et de promouvoir les droits de l'homme reconnus sur le plan

---

[898] Voir Code minier, 2003, page 91.
[899] Voir sur ce point Marie A. F. Roche, *op. cit.*, page 525.
[900] Article 29 Code de procédure civile du Sénégal.

international y compris les droits des femmes, des enfants et des travailleurs en matière d'activités minières[901]. Cependant le particulier, victime d'une injustice est, au regard des textes de la CEDEAO, dans l'impossibilité de saisir le juge de cette institution. La compétence de cette juridiction se limite à juger les États et non les sociétés commerciales prises individuellement. En matière de violation des droits de l'homme, cette juridiction est donc inaccessible aux populations ayant un litige avec les sociétés minières. Cette restriction fondamentale ne favorise pas les victimes, qui voudraient saisir les juridictions communautaires. La non-discrimination est un droit fondamental mais dont la protection est faiblement ressentie. Cette négligence des États en vue de rendre efficace les sanctions face aux violations des normes qui gouvernent l'exploitation minière, mérite d'être rectifiée dans les nouveaux sentiers de réformes des codes et conventions minières. Une telle initiative mettrait, sans doute, en valeur les prescriptions de la déclaration universelle des droits de l'homme[902]. Celle-ci prévoit en son article 8, que toute personne a droit à un recours effectif devant les juridictions, nationales compétentes contre les actes violant les droits fondamentaux qui lui sont reconnus par la constitution ou la loi.

B. L'exigence de garanties relatives au traitement équitable des litiges résultant de l'exploitation des mines

672. Toute personne a droit à ce que sa cause soit entendue équitablement et publiquement par une instance juridictionnelle compétente, indépendante et impartiale, établie par la loi, qui décidera du bien-fondé de ses accusations en matière pénale (et civile) ou de ses contestations. Les actions en justice exercées par les populations contre les sociétés minières ne peuvent être considérées comme des actes dissuasifs que s'il existe des garanties pour leur traitement équitable. Parmi les grandes orientations qui auraient pu figurer dans les codes et conventions minières il y a celles qui consistent à prévoir des garanties pour le traitement équitable des litiges entre populations et sociétés minières. On peut remarquer en passant que les causes qui entraînent le déclenchement des conflits sont nombreuses.

---

[901] Article 15 de la directive CEDEAO 2009, sur l'harmonisation des principes directeurs et des politiques dans le secteur minier.

[902] Déclaration universelle des droits de l'homme de 1948.

673. Celle qui est la plus répandue mais la plus négligée est la violation des normes auxquelles la société est soumise. Il y a aussi l'insuffisance de consultation publique et de dialogue avec les collectivités locales, le manque d'informations exactes sur les effets de l'exploitation minière et les atteintes différentes aux avantages sociaux et économiques. On note aussi des litiges sur l'utilisation des terres et la compensation financière. La combinaison de ces causes donne suffisamment raison à James Anaya, qui soulignait dans son rapport que les activités des sociétés transnationales s'inscrivaient souvent dans une optique de rejet pur et simple des griefs formulés contre elles[903]. Les actions en justice sans suite contre les sociétés ont entraîné la colère des populations qui se voient privées de leurs droits. Mais un remède juridique existe désormais dans le secteur des mines. La nouvelle réforme du Code minier a le mérite d'exiger de manière résolue la protection des droits de l'homme.

674. Le juge ne peut plus se réfugier derrière une recherche pénible du texte applicable pour retarder le règlement des litiges dont l'origine est la violation des droits de l'homme. Le Code minier issue de la dernière réforme prévoit que tout titulaire de titre minier a l'obligation de respecter les droits humains, dans les zones affectées par les opérations minières, conformément à la législation nationale et aux conventions internationales[904]. Les activités menées au mépris des droits fondamentaux des populations qui n'en subissent que les effets négatifs et n'en tirent aucun bénéfice appréciable, intensifient les germes de conflits. À ces causes, Perre Jacquemot ajoute que les conflits s'alimentent aussi de plusieurs contentieux fossilisés, d'animosités anciennes, de haines sédimentées et de diverses compétitions autour des positions de rente[905]. Malgré les mises en garde des normes internationales et nationales, les germes de conflit entre les sociétés et les communautés sont toujours alimentés par des actes répétitifs témoignant de comportements peu orthodoxes. Pourtant la déclaration des Nations unies sur les droits des peuples autochtones prévoit en son article 19, Paragraphe 2, une mesure préventive en considérant que les

---

[903] L'auteur parlait des populations autochtones qui subissaient les effets néfastes des sociétés.

[904] Article 91, de la loi N° 2016-32 du 8 novembre 2016 portant nouveau Code minier du Sénégal

[905] Pierre. (J.) *Ressources minérales, armes et violences dans les Kivus* (RDC), Herodote, 2009, (N° 134. Page-62).

États doivent consulter les peuples autochtones avant d'approuver toute mesure pouvant avoir des incidences directes sur leurs droits, surtout quand il s'agit d'activités menées sur les territoires autochtones traditionnels[906]. Il ne s'agit pas de dire que cette disposition n'est pas appliquée par les États. Même quand elle l'est, elle est mal appliquée. On peut regretter ainsi que c'est après les négociations entre les sociétés et l'État que les populations reçoivent l'information. À ce manquement vient s'ajouter un traitement déséquilibré des litiges en faveur des sociétés.

675. Ces cas de traitement au détriment des populations ou des travailleurs ont été constatés en Afrique du Sud. L'affaire des mineurs c/les compagnies minières remonte à 2014 dans les sites miniers de MARIKANA[907]. Ainsi, au regard des maladies dont souffraient les mineurs (tuberculose, silicose) il apparut que les compagnies minières n'avaient point respecté les mesures de sécurité et d'hygiène prévues par les textes. Les victimes ont tenté d'abord une grève, violemment réprimée, avant d'intenter une action en justice contre la trentaine de compagnies minières qui les employaient. Curieusement les demandeurs en justice ont été arrêtés et inculpés de meurtre. Ce verdict injuste n'a pas rencontré l'assentiment du ministre de la Justice qui soulignait *qu'il ne fait aucun doute que la décision du parquet a induit un sentiment de choc, de panique et de confusion dans la société Sud-africaine.*

676. Ce déficit de protection sociale et judiciaire, avec tous les effets qu'il cause, oriente les pays miniers vers des guerres civiles intensifiées par une pauvreté sans précédent. Cette contradiction avec les principes directeurs des Nations unies relatifs aux entreprises et aux droits de l'homme est à éviter dans les pays démocratiques. Ces principes directeurs ont posé trois piliers qu'il faut respecter soigneusement. Ils indiquent que l'obligation de protéger incombe à l'État lorsque des tiers, y compris des sociétés, portent atteinte aux droits de l'homme. La responsabilité de respecter les droits de l'homme, mais aussi l'obligation de réparer en aménageant des voies de recours judiciaires et/ou non judiciaires conformément aux normes référentielles d'indemnisation doivent être respectées par l'État et ses exploitants

---

[906] Voir la déclaration des Nations unies sur les droits des peuples autochtones.

[907] Sinwell (L.) *et al.*, Marikana: A View from the Mountain and a Case to Answer, pp. 160, 2013.

miniers. Il urge de préciser que les textes ne manquent pas, mais que la carence se situe dans l'absence de volonté politique des États.

677. L'exigence de garanties relatives au traitement équitable des litiges s'accompagne également de l'exigence de protection de l'environnement, à travers la convention minière.

CHAPITRE II

L'EXIGENCE D'UN RÔLE SOCIAL CRÉDIBLE DE LA CONVENTION MINIÈRE DANS LA PROTECTION DE L'ENVIRONNEMENT

678. Parmi les enjeux parfois controversés, on peut citer la protection de l'environnement. Aujourd'hui, un constat est fait. Il y a une place de plus en plus prépondérante des questions sociales et environnementales qui se posent avec acuité. L'étendue de la protection de l'environnement est clairement définie. Des domaines tels que la responsabilité sociale, les droits de l'homme, les dispositions anti-corruption, et les consultations au niveau local apparaissent en tant que nouveaux sujets dans les contrats. Au niveau terminologique, la responsabilité sociale des entreprises ne semble pas correspondre exactement à la traduction de l'expression anglaise *Corporate Social Responsibility* (CSR). L'expression sociale est utilisée dans son sens large. Il est pris ici en compte dans son approche sociologique plus étendue, en incluant les droits humains, l'environnement, l'engagement sociétal, la gouvernance, l'éthique des affaires, etc.

679. Cette convention peut prévoir, notamment les obligations relatives à la protection de l'environnement et les obligations relatives à l'urbanisme (la convention rappelle les conditions et la réglementation en vigueur dans ces domaines et peut prévoir des dispositions spécifiques)[908]. Dans leur mise en œuvre, il est possible de conduire les opérations minières de manière à assurer la conservation des ressources nationales et à protéger l'environnement[909]. Dans ce but, les entreprises doivent mener leurs travaux à l'aide des techniques confirmées de l'industrie minière et prendre les mesures nécessaires à la prévention de

---

[908] Article 18 Code minier Sénégal.
[909] Article 68 al. 1 Code minier Sénégal.

la pollution de l'environnement et à la préservation du patrimoine forestier. La convention minière est aujourd'hui plus que jamais appelée à jouer un rôle social crédible dans la protection de l'environnement. Par rôle social crédible nous pouvons comprendre une fonction allant dans le sens de la protection des divers intérêts des différentes parties prenantes. Consciente de cette nouvelle exigence à laquelle elle est soumise, la convention minière est devenue, sans équivoque, un véritable instrument de protection de l'environnement (Section 1) même si la pratique révèle que le cadre juridique est nettement améliorable (Section 2).

Section 1

La convention minière : instrument de protection de l'environnement

680. Le développement durable correspond à un principe à atteindre alors que la responsabilité sociale constitue une modalité de réponse s'exprimant à travers des stratégies, des dispositifs de management. En d'autres termes, il est généralement admis que la responsabilité sociale des entreprises concerne, sans s'y limiter, la gestion des impacts sociaux et environnementaux des activités d'une entreprise et le dialogue avec les parties prenantes. Le titulaire d'un permis d'exploitation ou d'une concession minière est tenu d'exploiter le gisement dont il a démontré l'existence, selon les règles de l'art et de façon à ne pas compromettre la récupération des réserves prouvées et probables et à protéger l'environnement.

681. La convention minière intègre aujourd'hui des questions environnementales. Autrement formulé on s'aperçoit que les dispositions de la convention minière même si elles sont lacunaires prennent en compte les questions environnementales. La gestion de l'extraction minière et de ses impacts sociaux et environnementaux nécessite de les appréhender à différentes échelles. En ce sens, elle procède par une double démarche. Cette démarche se traduit par une double fonction reconnue à la convention minière. On lui reconnaît une fonction préventive (Paragraphe 1) mais aussi une fonction curative par l'atténuation des impacts environnementaux (Paragraphe 2).

Paragraphe 1 : la fonction préventive de la convention minière

682. Dans l'exposé des motifs du Code minier sénégalais de 2003 nous retenons ce qui suit : *le permis d'exploitation et la concession minière sont octroyés par décret pris sur le rapport du ministre chargé des Mines après enquête publique destinée à évaluer les conséquences de l'exploitation sur l'environnement et sur les populations.* Il revient au titulaire de titre minier de prendre toutes les mesures préventives édictées par l'administration en matière de sécurité publique, d'hygiène et de sécurité des travailleurs, de préservation de ses gisements, des nappes d'eau souterraines, des édifices et des voies publiques. Notre arsenal juridique offre peu de garanties par rapport à un plan de développement et de mise en exploitation du gisement ainsi que d'une étude mesurant l'impact de l'exploitation sur l'environnement, par interprétation des dispositions de l'article 26 du Code minier.

683. Face à la pression croissante, l'industrie minière s'est montrée active. Les initiatives des entreprises minières ont porté sur l'intégration des principes de développement durable et l'adoption des pratiques de Responsabilité sociale des entreprises[910] (RSE). Progressivement plusieurs mécanismes et démarches ont été mis en place dans cette

---

[910] Jarvie-Eggart (M. E.), Responsible Mining: Case Studies in Managing Social & Environmental Risks in the Developed World; Edition, Society for Mining, Metallurgy & Exploration -pp. 804, 2015. Ce livre présente des thèmes communs et les meilleures pratiques pour gérer les risques et impacts sociaux, économiques et environnementaux dans les mines des pays développés. Bien que le terme durabilité soit souvent appliqué aux efforts visant à aborder les problèmes sociaux, économiques, et les risques et impacts environnementaux, beaucoup luttent avec son application à l'extraction de ressources non renouvelables. De toute évidence, une quantité finie de minéraux les gisements existent sur Terre, donc nous ne pouvons pas les exploiter pour toujours. Pour cette raison, le terme d'exploitation minière responsable est choisi pour signifier planifier, exploiter et fermer des mines de manière à gérer des risques et impacts économiques et environnementaux (ou durabilité) à une opération donnée. Il peut être difficile d'appliquer le terme durabilité à l'exploitation minière. L'extraction de ressources non renouvelables laisse moins de ressources aux générations futures. L'expression exploitation minière durable a été critiquée en tant qu'oxymore (Kirsch (S.), *Sustainable Mining.* Dialectical Anthropology, 34 (1) : 87-93, 2010). L'exploitation minière durable implique que les entreprises peuvent identifier et classer les risques sociaux, économiques et environnementaux les plus pertinents et planifier des stratégies pour gérer les impacts potentiels (Elkington (J.), Cannibals with Forks: The Triple Bottom Line of 21st Century Business, A Capstone Paperback, 1997 ; *The triple bottom line* - souvent TBL en abrégé). Cependant, certains préfèrent utiliser d'autres termes, tels que l'exploitation minière responsable ou la responsabilité sociale des entreprises, pour éviter les implications du rapport Brundtland.

perspective, telles les fondations philanthropiques, la gestion des relations communautaires, la gestion environnementale et l'évaluation des impacts sur l'environnement. Il vise à prévoir et à prévenir les conséquences environnementales de tout projet. Il complète la prévention (qu'il ne faut pas confondre avec la précaution) face aux risques avérés. La responsabilité sociale de l'entreprise appelle une modification profonde des pratiques de l'activité industrielle et donc de l'entreprise, au sein de la société. C'est en ce sens qu'il y a une exigence du contrôle de la faisabilité du projet minier susceptible d'impacter l'environnement (A). Ce stade terminé un autre contrôle se dessine : celui des impacts environnementaux (B).

A. Exigence du contrôle de la faisabilité du projet minier

684. Des zones de protection peuvent être établies par arrêté du ministre chargé des Mines, à l'intérieur desquelles la prospection, la recherche et l'exploitation minière de substances minérales sont interdites. Ces zones sont destinées à assurer la protection des édifices, des voies de communication, des ouvrages d'art, des vestiges mis à jour lors des travaux et partout où elles seraient nécessaires dans l'intérêt général[911]. La délivrance d'un permis de recherche minière est accompagnée par la signature d'une convention entre l'État et le titulaire du permis. L'objet de cette convention est de régler de façon contractuelle, les rapports entre l'État et le titulaire, pendant toute la durée du permis de recherche et de ses renouvellements éventuels[912]. Ici, il y a lieu de relever un flou entretenu sur l'objet de cette convention. La convention minière, de par son objet, reste imprécise. Vouloir limiter l'objet de la convention minière à la seule volonté des parties prenantes offre moins de garanties quand on sait que l'exploitant, le plus souvent, n'est motivé que par le profit.

685. Toute demande de permis d'exploitation ou de concession minière doit être accompagnée d'un plan de développement et de mise en exploitation de la découverte commerciale. Ce plan doit notamment, contenir des informations concernant le montant des réserves exploitables, le schéma de développement, les estimations des investissements et des coûts ainsi qu'une étude justifiant le caractère commercial de la découverte et l'impact de l'exploitation sur l'environnement[913]. La

[911] Article 107 titre IV dispositions spéciales, zones de protection.
[912] Article 18 Code minier du Sénégal.
[913] Article 26 du Code minier Sénégal.

concession minière est accordée par décret pris sur le rapport du ministre chargé des Mines, après enquête publique et avis du Conseil Général des Mines. L'enquête publique comporte une étude d'impact destinée à évaluer les conséquences de l'exploitation et des activités annexes pour l'environnement et pour les populations[914]. L'envergure des impacts environnementaux et sociaux associés au développement des projets miniers dans les pays d'accueil accroît la vulnérabilité de ces derniers et suscite de nombreuses interrogations quant à la pertinence de l'activité minière. Ces piètres performances de l'industrie minière dans les pays d'Afrique Subsaharienne suscitent de nombreuses controverses et attirent l'attention de groupes de pression qui revendiquent l'arrêt pur et simple de cette activité.

686. Au plan local, le processus de décentralisation, censé offrir aux populations locales l'opportunité de se gérer elles-mêmes, a servi d'occasion à des surenchères politiques et économiques. Promouvoir un secteur minier respectueux de l'environnement devient un impératif à atteindre. Une étude de faisabilité du projet minier doit obligatoirement être présentée à travers un rapport. L'étude de faisabilité n'est pertinente que si elle fait l'objet d'un débat public contradictoire où les différentes parties prenantes sont représentées. En termes clairs, l'étude de faisabilité ne devrait pas être transmise au seul ministre chargé des Mines. Des conflits d'intérêts latents ou manifestes peuvent apparaître et vont dans le sens de privilégier l'un des concurrents qui du reste est le moins offrant en matière de garantie environnementale et sociale. L'exigence de transparence par application des principes de l'initiative pour la transparence extractive commande une large diffusion de l'étude de faisabilité. Ce document doit contenir des mentions obligatoires et détaillées sur comment conduire le projet minier et la réhabilitation du site après exploitation.

687. Ce qui précède exprime en quelque sorte la Responsabilité sociale des entreprises (RSE) qui constitue la matérialisation du concept de développement durable. Elle traduit l'engagement volontaire des entreprises à prendre en compte les attentes sociétales des parties prenantes (salariés, société civile, ONG, collectivités locales, populations riveraines, etc.). À cet effet, elle doit s'inscrire dans une démarche inclusive et claire. Sous ce rapport, les attentes envers cette étude d'impact consistent à apporter des réponses claires et sûres sur le niveau

[914] Article 28 Code minier Sénégal al1.

de détérioration de l'environnement social. En effet, c'est à partir de l'initiative Global Compact (Pacte mondial) de l'ONU que le concept de RSE se popularise. Ce pacte invite les entreprises à adopter, soutenir et appliquer dans leur sphère d'influence un ensemble de dix valeurs fondamentales dans les domaines des droits de l'homme, des normes de travail, de l'environnement, et de la lutte contre la pauvreté. Il s'agit pour ces entreprises de prendre conscience des enjeux sociaux et environnementaux liés à leurs activités, et donc de redéfinir *le contrat social et moral entre monde de l'entreprise et société*. Néanmoins, il faut souligner que cet engagement des entreprises n'est pas étranger à la pression de plus en plus exercée par la société civile sur le comportement néfaste des entreprises[915]. Les acteurs d'un territoire ou d'une communauté peuvent remettre en cause la justification d'un projet-entreprise lorsque celui-ci n'introduit pas les coûts sociaux dans son processus de mise en œuvre. Sans donc négliger les limites de l'environnement dans le maintien des activités productrices, l'approche sociale du développement privilégie les notions de participation collective, de changement social, d'éthique et de communautés locales.

688. Les conventions minières doivent aussi être portées à inciter les entreprises à s'engager dans une politique de responsabilité sociétale. En résumé nous pouvons retenir que le contrôle susvisé s'accommode nécessairement d'un contrôle de la quantité et de la qualité des études de faisabilité. La société minière doit offrir comme garantie une évaluation économique préliminaire. Cette garantie s'assimile en une étude de préfaisabilité ou étude de faisabilité. Ces trois études analysent et évaluent les facteurs économiques, techniques et géologiques qui détermineront si le projet minier est réalisable ou non. Les résultats de l'évaluation économique préliminaire indiqueront aux investisseurs si un projet minier a le potentiel d'être viable. À ce stade, la minéralisation constatée, quelles qu'en soient la quantité et la qualité, est toujours considérée comme une ressource minérale.

689. Les études de préfaisabilité et de faisabilité sont des études plus exhaustives. Leurs résultats démontreront avec plus de certitude si le projet minier est viable. À ce stade, la ressource minérale, ou une portion de celle-ci, devient une réserve minérale. La société doit évaluer

---

[915] Daouda (Y. H.) « Responsabilité sociétale des multinationales en Afrique Subsaharienne : enjeux et controverses ?, Cas du groupe AREVA au Niger, VertigO », la *revue électronique en sciences de l'environnement*, 14 (1) : 28, 2014.

la rentabilité économique et entre autres, si le prix du minerai sur les marchés mondiaux justifie les investissements. L'incertitude à l'égard du prix futur du minerai pourrait nuire au financement du projet. De plus, la société devra tenir compte des aspects environnementaux et sociaux. Comment le projet est-il accepté par les communautés environnantes ? À combien de kilomètres est la route la plus proche ? La société minière devra évaluer clairement la faisabilité technique du projet. Quelle sera l'infrastructure nécessaire pour l'extraction et la concentration du minerai ? Le gisement est-il facilement accessible ? Les technologies sont-elles éprouvées ? Tout au long du processus d'évaluation, les dirigeants de la société et les experts devront déterminer si le projet justifie les sommes importantes qui sont nécessaires à la phase de travaux subséquents. À chaque étape, les dirigeants peuvent mettre le projet en veilleuse dans l'attente de conditions optimales (par exemple, une hausse de la demande pour le minerai) ou même l'abandonner.

690. Les études de préfaisabilité et de faisabilité prennent en compte la composante environnementale du projet. L'entreprise qui a choisi de s'engager sur la voie de la gestion environnementale et qui a développé une stratégie environnementale a besoin de s'assurer que celle-ci est correctement mise en œuvre et est suivie, de manière à atteindre les objectifs fixés et à améliorer sa performance environnementale. La mise en place d'un système de contrôle des impacts environnementaux devient une préoccupation légitime.

B. Contrôle des impacts environnementaux

691. Une étude d'impact est posée par le projet de Code minier du Sénégal en élaboration. Tout demandeur de permis d'exploitation minière, d'autorisation d'exploitation de carrière privée ou d'autorisation d'exploitation de petite mine doit réaliser, à ses frais, une étude d'impact sur l'environnement conformément au Code de l'environnement et aux décrets et arrêtés y afférents[916]. Le Code minier dispose que tout demandeur d'un permis d'exploitation ou de concession minière doit réaliser une étude d'impact sur l'environnement conformément au Code de l'environnement et au décret y afférent. Une étude d'impact de l'environnement n'est obligatoire qu'à l'étape de l'exploitation, et les dispositions à propos d'une évaluation préalable de l'impact environnemental de même que d'autres aspects de l'exploitation minière sont absentes, ou peu claires, dans le cadre juridique existant.

---

[916] Article L103 étude d'impact environnemental avant-projet Code minier Sénégal.

Alors que les EIE doivent intervenir avant l'exploitation, Amnesty International est préoccupée par l'absence d'évaluation des risques sociaux et environnementaux, aux étapes précédant l'exploitation ainsi que par le manque de systèmes de surveillance des effets sociaux et environnementaux.

692. De plus, le fait que ces EIE ne soient pas exigées avant les activités de recherche est source de graves problèmes, car la seule disposition prévoyant une consultation avec les communautés concernées est celle prescrite dans le cadre du processus d'EIE. Le développement des projets miniers induit des impacts environnementaux récurrents qui aggravent la vulnérabilité des communautés, en particulier dans les localités minières. Les conditions de la prise en charge de tels impacts sont passées sous silence par les mécanismes de régulation inhérents au secteur minier et laissées à l'appréciation des opérateurs miniers qui ne les intègrent que peu, sinon quasiment pas, au cadre de développement de leurs activités.

693. Les impacts sont difficiles à prévoir et à calculer mais devraient être considérés puisqu'ils pourraient être une source importante de dangereux polluants atmosphériques. Les impacts cumulatifs peuvent affecter de manière sérieuse la faune et les proches résidents. La vibration des différents équipements utilisés affecte la stabilité des infrastructures, les bâtiments et les maisons des personnes vivant à proximité des opérations des grandes mines à ciel ouvert. L'exploitation minière provoque des dommages directs et indirects sur la faune. Les impacts proviennent principalement de la perturbation, du déplacement et de la redistribution de la surface du sol. Certains impacts sont de court terme et sont limités au site de la mine ; d'autres peuvent avoir des répercussions profondes et des effets de long terme. Toute activité qui détruit la végétation diminue la qualité et la quantité de l'habitat essentiel. Ces accidents contribueraient à l'accentuation de l'érosion, du drainage minier acide et à la pollution des cours d'eau ou des nappes phréatiques.

694. Le développement minier provoque des impacts négatifs et des perturbations considérables sur les plans social et éthique qui affectent les droits fondamentaux des communautés touchées par les opérations minières. Les obligations des exploitants sont agréées, notamment en ce qui concerne la protection de l'environnement, la remise en état des terrains après exploitation et le dédommagement des exploitants agricoles dont l'activité serait perturbée par l'exploitation minière[917]. En effet, malgré les retombées économiques de l'industrie minière, sa réputation a été ternie par une multitude d'impacts, de sites dégradés et d'accidents industriels à l'échelle mondiale[918]. Cette situation alarmante a déclenché la mobilisation des différents acteurs en vue d'assurer une transition de l'industrie minière vers le développement durable.

695. Cette mobilisation a profité de plusieurs conventions. Les projets miniers ont des impacts non négligeables sur la biodiversité (flore et faune), les ressources naturelles (air, eau et sols) et les changements climatiques. Le déboisement et le défrichement des terrains pour la mise en place des infrastructures minières entraînent la perturbation du régime hydrologique. La modification de la topographie des terrains et la dénudation des sols, influent sur les taux de ruissellement, d'infiltration et d'évapotranspiration de l'eau en accentuant les risques d'érosion hydrique et de décapage des sols. Beaucoup d'efforts de recherche ont été investis afin de développer des méthodes visant à contrôler la production d'eaux de DMA provenant de sites d'entreposage de rejets miniers. L'un des plus importants impacts de l'activité minière est le déplacement des travailleurs (et leurs familles) vers les sites miniers, en particulier dans les régions éloignées des pays en développement où la mine représente la plus importante activité économique[919]. Les exploitations minières entraînent le remplacement des économies de subsistance, qui ont nourri des générations de communautés et de peuples autochtones, par une économie basée sur l'argent. La nouvelle économie de marché implique une détérioration significative ou même la destruction des valeurs et des coutumes traditionnelles, qui ont été fondamentales pour le maintien de la solidarité et de l'unité communautaire, tribale, clanique et familiale[920].

696. L'arrivée de nombreux travailleurs embauchés sur les chantiers des grands projets peut bouleverser les collectivités locales du fait que ces personnes, qui arrivent par centaines, ne développent pas de

---

917 Article 39 Code minier Sénégal.

918 Ferrand (D.) « L'industrie minière et le développement durable ». *Revue Mines Chaire Eco conseil* janv. 2013, pp. 74.

919 Ferrand (D.) « L'industrie minière et le développement durable ». *Revue Mines Chaire Eco conseil* Jan 2013 p. 17, pp. 74.

920 Ferrand (D.) « L'industrie minière et le développement durable ». *Revue Mines Eco Conseil* Jan 2013, p. 17-74 (CIMM, 2010a).

sentiment d'appartenance à la communauté d'accueil[921]. Il y a une mise à l'épreuve caractérisée de la dynamique familiale. Les problèmes de santé peuvent être liés à l'exposition aux contaminants environnementaux contenus dans la poussière, l'air, l'eau et le sol ou à la consommation de produits contaminés comme le poisson, les animaux sauvages, les plantes et l'eau. De graves maladies peuvent être induites : la tuberculose, l'asthme, la bronchite chronique et les maladies gastro-intestinales[922]. Le bruit assourdissant des machines utilisées dans l'industrie minière, ainsi que celui des explosions, n'est pas un impact négligeable[923].

697. En s'identifiant comme partie prenante au sein de la communauté, l'entreprise cherche non seulement à limiter ses impacts négatifs mais bien également à optimiser ses impacts positifs sur la société par des actions dépassant le cadre habituel de la philanthropie. Les actes et impacts nocifs n'entraînent pas de sanctions ni de peines. En bref, le Code minier sénégalais donne une grande marge de manœuvre aux entreprises pour utiliser les terres dont des communautés dépendent pour leurs moyens de subsistance, sans aucune action appropriée visant à garantir qu'une telle utilisation des terres ne risque pas d'entraîner des atteintes aux droits humains. *Ce n'est pas souvent que l'on associe l'industrie minière à la déforestation et à la dégradation des forêts. Il n'est pas fréquent non plus de l'associer à la guerre, aux dictatures et à la violation des droits de l'homme, et encore moins à l'aggravation de la pauvreté et de l'inégalité sociale.* Au contraire, l'industrie minière est présentée comme le paradigme de la richesse (en particulier lorsqu'il est question d'or et de diamants), tandis que derrière son *marketing* ses épouvantables conséquences sociales et environnementales sont pudiquement voilées. En effet, l'industrie minière est l'une des activités les plus destructrices du monde.

698. Le problème minier est souvent sous-estimé par la plupart des acteurs, y compris institutionnels, car il est difficile d'en observer les impacts concrets. De plus, une identité forte s'est construite autour de la mine (activité lucrative, traditions, mode de vie, etc.). Les installations de gestion de déchets miniers qui sont fermées ou abandonnées peuvent

---

[921] (Conseil de statut de la femme – Québec, 2012 et CIMM, 2010a).

[922] Ferrand (D.), L'industrie minière et le développement durable, janvier 2013, Claude Villeneuve, professeur titulaire Directeur, p.18, p. 74.

[923] Mouvement mondial pour les Forêts tropicales, 2004.

s'avérer très dommageables tant pour l'environnement que pour les communautés locales. Les déchets sont issus de la transformation des métaux non-ferreux, susceptibles d'avoir un impact négatif sur l'environnement, s'ils ne sont pas traités de manière appropriée.

699. La mauvaise gestion des aires de stockage de déchets peut nuire au cadre de vie des communautés locales et rendre inutilisables de vastes espaces, dont elles pourraient, sans cela, tirer parti au niveau économique, social et environnemental. Pour favoriser un suivi environnemental de qualité, il semble important d'élaborer des mesures d'atténuation des impacts qui visent à protéger l'environnement et à assurer une intégration harmonieuse du projet avec le milieu avoisinant.

Paragraphe 2 : L'atténuation des impacts environnementaux par la convention minière

700. Il existe deux modes de traitement, qui sont actifs ou passifs. Cependant, il n'existe pas aujourd'hui de remède universel au problème environnemental majeur. L'industrie minière fait de plus en plus face à plusieurs risques qui ne cessent d'évoluer. Les déchets de l'industrie métallurgique (scories, boues et poussières) issus de la transformation des métaux non-ferreux, par exemple, peuvent comprendre des métaux lourds susceptibles d'avoir un impact négatif sur l'environnement, s'ils ne sont pas traités de manière appropriée. Le principal but du traitement des déchets miniers est d'éviter leur mise en décharge. Les défis qui se posent, comme la pollution environnementale, les risques sanitaires et la défiguration des paysages doivent être considérés de manière responsable et en tant qu'éléments prioritaires.

701. Aucun pays ne peut se permettre aujourd'hui d'ignorer le potentiel de recyclage que présentent les déchets produits après l'utilisation de matières premières primaires. L'évaluation des impacts environnementaux est exigée par certains gouvernements et les bailleurs de fonds, et elle intervient en amont de l'obtention du permis d'exploitation ou du financement. Elle contribue à optimiser le processus de gestion environnementale tout en orientant la prise de décision[924]. Il n'est plus possible aujourd'hui de se contenter d'abandonner les déchets sans les soumettre à un traitement supplémentaire pour des raisons

---

[924] Diallo (M. L.), *Activités extractives et dynamiques territoriales au Sénégal : analyse comparative entre l'or et le phosphate.* Thèse doctorat Université Paris 1 : Laboratoire de géographie PRODIG : 2015.

d'économie, alors que nous sommes conscients des coûts occasionnés pour l'environnement, la santé humaine et la société. La convention minière peut être utilisée comme un outil de gestion environnementale (A). Elle exprime les prémisses d'un régime de responsabilité sociale (B).

A. La convention minière outil de gestion environnementale

702. Comme toute loi, celle relative à la convention minière se contente d'aborder des questions générales sur la mise en œuvre des méthodes de travail ou d'exploitation, et de protection des travailleurs miniers. Le chapitre V dénommé hygiène et sécurité de la loi 2003-36 du 24 novembre 2003 relative au Code minier dégage les prescriptions générales qui s'imposent aux exploitants de mines. En vertu de l'alinéa 1 de l'article 91 de ladite loi, toute personne physique ou morale réalisant des travaux de prospection, de recherche ou d'exploitation de substances minérales est tenue de les exécuter de manière à garantir la sécurité des personnes et des biens et notamment de l'environnement. Ainsi tout titulaire de titre minier ou d'autorisation minière doit se soumettre aux mesures préventives édictées en matière de sécurité, d'hygiène et de santé au travail[925]. Le décret d'application a permis de connaître les détails de prévention et de protection dans le domaine des mines. L'article 91 précité ne peut être compris que si l'on se réfère à la partie réglementaire[926] portant application de la loi relative au Code minier.

703. Le règlement dans sa partie intitulée hygiène et sécurité dans les mines et carrières prévoit de manière claire et détaillée les mesures à respecter dans le cadre des opérations d'exploitation de mines. Les mesures concernant directement les manières de protection des travailleurs, de la mine et le milieu du travail. Ainsi, l'article 91 du décret dispose que les *mines et les carrières de toute nature ainsi que leurs annexes quelles que soient leur importance, leur mode d'exploitation et la situation juridique des terrains sur lesquels elles sont installées, sont soumises en matière d'hygiène et de sécurité aux dispositions du présent chapitre*. Aux fins d'assurer l'application des dispositions du présent chapitre, y sont définies les installations annexes visées. Il s'agit en fait des *installations de toute nature nécessaire à la marche de l'exploitation*. Également, on y a précisé les installations

[925] Article 91 de la loi 2003-36 du 24 novembre 2003 portant Code minier.
[926] Décret 2004-647 du 17 mai 2004.

annexes visées par l'article. Ce sont les installations relatives au conditionnement, à la manutention et au transport de produits, notamment les stations de compresseurs, de concassage, de criblage et de classification, les stations de préparation, de lavage, de traitement mécanique, et chimique. L'adoption de divers instruments de gestion environnementale remonte à plus de trois décennies.

704. Les entreprises minières ont initié, voire adopté, divers instruments de gestion environnementale. L'implantation de systèmes de gestion environnementale représente la pratique la plus courante, mais il faut noter que peu d'entreprises ont entrepris d'obtenir la certification même si elles prétendent se conformer à ses exigences ou en avoir l'intention. Ces systèmes ont l'avantage de permettre la mise en place d'une approche préventive avec un programme de gestion environnementale et d'autre part, permettent de minimiser les coûts de gestion environnementale associés à une stratégie réactive au cas par cas, face à des problèmes environnementaux importants ou urgents[927]. Il implique une conformité processuelle. Il indique, en outre, simplement que l'établissement dispose des outils de contrôle, fait le suivi et documente les enjeux environnementaux identifiés dans son système de gestion environnementale ; ce qui peut être vérifié par une tierce partie indépendante et compétente. La complexité du contexte local et les intérêts potentiellement contradictoires devraient conduire le groupe à inscrire ses pratiques de RSE dans la prise en compte à la fois des préoccupations des employés, de la communauté locale et des contraintes d'une production minière respectueuse de l'environnement et des droits des peuples autochtones.

705. À l'échelle environnementale, l'absence de réglementation contraignante, à même de favoriser la prise en compte et la gestion des impacts environnementaux de l'extraction minière, génère des conséquences alarmantes dans les zones d'exploitation, s'étendant parfois aux régions limitrophes. La mise en œuvre d'une approche stratégique de la responsabilité sociale de l'entreprise par les compagnies minières considérées, pour une intégration optimale des enjeux économiques, environnementaux et sociaux du développement durable au cadre de développement de leurs projets miniers a valeur d'impératif catégorique. D'un point de vue institutionnel, nous nous attèlerons à proposer un modèle de gouvernance minière intégrant les

---

[927] Ferrand (D.), L'industrie *minière et le développement durable*, p. 26, pp. 74.

impératifs du développement durable, et créant les conditions d'un partenariat stratégique entre l'ensemble des parties prenantes, dans une logique de coopération régionale.

706. Depuis le début des années 90, différentes compagnies minières ont adopté divers instruments de gestion environnementale. Utilisés de façon courante dans l'industrie minière, ces systèmes permettent la mise en place d'une approche de gestion environnementale proactive soutenue par un programme, tout en minimisant les coûts de gestion environnementale. Ces systèmes n'intègrent toutefois pas des exigences de performance mais requièrent une conformité processuelle. Ils permettent d'obtenir les avis et opinions complémentaires du public qui peuvent contribuer à modifier la gestion de manière à éviter des impacts sous-estimés par l'évaluation environnementale technique. La documentation portant précisément sur la valorisation est cependant inexistante. Le concept même ne fait que commencer à intégrer l'industrie. Il importe de spécifier la portée et la signification du terme valorisation qui peut être définie comme *l'ensemble des techniques qui permettent le réemploi, la réutilisation, le recyclage ou la régénération* des rejets miniers. Il est important de noter qu'il ne s'agit pas de la signification employée parfois dans la production minière, qui se réfère au procédé d'enrichissement du minerai.

707. La production des rejets est inévitable. Elle est une conséquence de la production minière et une partie intégrante des processus d'extraction et de traitement du minerai. Il s'agit de réduire la superficie des aires d'entreposage sans compromettre la production minière. Le Sénégal gagnerait à adopter un texte réglementaire modifiant le règlement sur les attestations d'assainissement en milieu industriel. Il prendrait ainsi une mesure pour taxer les compagnies minières sur chaque tonne de rejets entreposés dans une aire d'accumulation. Les rejets qui sont valorisés ne sont donc pas taxés. Cette taxe est pondérée par la dangerosité des rejets. Pour l'industrie, une meilleure gestion des rejets est devenue une priorité, non seulement pour des questions environnementales, mais aussi pour réduire les coûts associés à cette nouvelle taxe.

708. Le contrôle des rejets des mines est aujourd'hui assuré par un échantillonnage systématique et la remise de rapports mensuels aux autorités. Le Sénégal gagnerait à travailler avec l'industrie sur la réduction des quantités de rejets qui sont entreposés. La valorisation des rejets miniers n'est cependant pas simple. Les mises en pratique sont peu nombreuses, parfois coûteuses, et peuvent causer des problèmes environnementaux plus grands que leur simple entreposage. Pour réduire les coûts qui y sont associés et, simultanément, les impacts environnementaux que ces rejets peuvent avoir, l'industrie peut mettre sur pied des stratégies de valorisation. Le traitement de ces types de déchets à des fins économiques peut améliorer l'environnement, le paysage, la situation de l'emploi et les conditions sociales des communautés concernées. Éliminer le risque de pollution tant pour les personnes que pour l'environnement, permettrait d'améliorer les conditions de vie dans les régions concernées, en débouchant sur des situations profitables à tous. C'est la raison pour laquelle la rentabilisation de ces déchets devrait être considérée comme partie intégrante d'une stratégie de développement durable et comme une mesure de compensation pour les communautés locales concernées.

B. Les prémisses d'un régime de responsabilité sociale

709. En effet, le développement économique d'un État n'est réalisable que si, par ricochet, il conduit à l'amélioration du cadre de vie des populations et contribue à une élévation de leur niveau de vie ainsi que la santé générale de l'État. Or au Sénégal, la rentabilité des projets miniers n'a pas permis d'atteindre ces objectifs entravés par les insuffisances mises en cause. Pour pallier cela, une législation minière efficace pourrait être celle qui accorderait des avantages considérables aux investisseurs de sorte qu'ils rentabilisent, à leur tour, une partie de leurs recettes pour contribuer au développement, en instaurant, entre autres, des programmes d'aide social au bénéfice des populations. Il ne s'agit pas uniquement de garantir leurs droits, mais surtout de mettre en place une structure qui influerait sur la santé générale du pays. Ces avantages sont à aligner avec un accroissement de leurs responsabilités.

710. Ce modèle de législation permettrait normalement de métamorphoser des zones rurales non économiquement développées en métropoles économiques au bénéfice de tous. En effet, il s'avère que les droits sociaux ne sont pas suffisamment garantis par le Code, et que le régime de responsabilité des investisseurs relativement à ces droits est dépourvu d'efficacité. Dans son ensemble, le régime de responsabilité des investisseurs est loin d'être contraignant et est à la limite quasi-inexistant. Il est loin d'être contraignante car il n'est assorti d'aucune garantie d'application. L'on peut autant en dire des mesures de responsabilité sociétale qui n'ont pas clairement été prévues par le Code. Le même constat se fait ici. En effet, s'il apparaît que l'investisseur a un devoir social envers les communautés locales, l'on ne peut trouver dans le Code des mesures permettant d'en garantir le respect et l'application effective.

711. Selon le Programme des Nations unies pour l'environnement (PNUE 2002), *si le développement durable est défini comme l'intégration des considérations sociales, économiques et environnementales, un projet minier qui est développé, exploité et fermé avec une acceptabilité écologique et sociale pourrait être considéré comme contribuant au développement durable* [928]. Dans cette vision, le concept de développement durable dans l'industrie minière se définit par « l'approche de gestion qui intègre efficacement les questions économiques, environnementales et sociales dans les opérations, visant à créer des avantages à long terme pour les parties prenantes, y compris les actionnaires, et à assurer le soutien, la coopération et la confiance des communautés locales dans laquelle l'entreprise évolue ». C'est l'ancrage des principes de la RSE dans la culture d'entreprise en tant que valeur professionnelle particulièrement par le développement de compétences internes en RSE (sensibilisation et formation). Les enjeux environnementaux associés à l'exploitation minière sont nombreux. Il est important de noter que le minerai extrait d'une mine n'est pas vendu tel quel au client. Souvent, il subit plusieurs étapes de concassage et concentration, à même le site, pour répondre aux spécifications de ce dernier. De ce fait, toutes les étapes de l'aménagement du complexe et du traitement sont susceptibles de provoquer un impact environnemental.

712. Un des nouveaux défis environnementaux auquel l'industrie fait face est la nécessité grandissante d'exploiter des mines à ciel ouvert. En effet, lorsque le prix des métaux est bon, tel que pour l'or à l'heure actuelle, il devient rentable pour les compagnies d'exploiter des gisements à faible teneur, mais à haut tonnage. Ces gisements, généralement localisés près de la surface, impliquent l'extraction d'un plus grand volume de roche afin d'obtenir une même quantité d'or, par exemple, qu'une autre mine. Un second enjeu à l'égard des aires protégées est le processus qui mène à leur création. Les zones qui

[928] Ferrand (D.) « L'industrie minière et le développement durable », *Revue mines*, p. 33.

représentent un potentiel intéressant pour la constitution d'une aire ne sont pas toujours libres d'autres usages. Ainsi, des claims miniers peuvent se trouver à un endroit d'intérêt pour la conservation. Il se peut donc que les limites des aires soient révisées afin de se concilier avec les usages du territoire.

713. L'exploitation minière peut provoquer une contamination de l'air par les poussières résultant de la fragmentation et du déplacement des roches, et par les gaz issus de l'utilisation d'explosifs. L'utilisation d'explosifs, de générateurs électriques et d'engins de terrassement constitue une source de nuisances sonores dans l'exploitation minière. Dans le cas des gisements aurifères par exemple, le traitement du minerai est réalisé en général par attaques chimiques diverses. Il s'agit de procédés essentiellement basés sur la cyanuration et l'utilisation d'autres produits chimiques très toxiques. Bien que réalisés dans des cuves, ces procédés peuvent avoir pour conséquence, une émission de dioxyde de soufre dans l'air et une dispersion plus ou moins importante de cyanure dans les bassins de décantation. Le Drainage Minier Acide (DMA) est un processus toxique qui soulève beaucoup de questions. Il s'agit avant tout de la prévention des futures pertes de vie aquatique découlant d'un tel procédé. Il s'agit aussi :

– de répertorier et nettoyer l'acide produit par les sites miniers ;
– d'améliorer l'accès du public aux informations ;
– de renforcer le contrôle du traitement du DMA par les sociétés minières ; et
– d'empêcher le processus DMA, en instaurant un processus de prévention.

714. Les effets sur la qualité de l'eau et de la disponibilité des ressources en eau dans la zone du projet constituent l'impact le plus important d'un projet d'exploitation minière. L'érosion des sols et le dépôt des déchets miniers dans les eaux de surface. Ce sont également les impacts des bassins de décantation des résidus, de déchets de roche, de la lixiviation, des installations de stockage de lixiviats et les impacts de l'exhaure des mines. Il n'existe que deux remèdes : abandonner les captages ou traiter les eaux concernées. Dans le cas des anciennes mines, les remèdes potentiels sont nombreux mais leur coût peut varier dans de grandes proportions. Ils doivent donc être adaptés au but poursuivi.

Section 2

Un cadre juridique plus protecteur

715. Le cadre juridique régissant les activités minières au Sénégal est limité et il ne fait référence que de manière limitée aux droits des personnes affectées par l'exploitation minière. Le Sénégal n'a toujours pas adopté de cadre juridique et politique prenant en compte ces risques. À l'heure actuelle, il est reconnu que la conciliation des intérêts de l'industrie minière avec les exigences du développement durable représente un grand défi pour l'ensemble des parties prenantes. Une telle conciliation doit désormais se baser sur une approche englobante qui prend en compte l'ensemble des considérations économiques, sociales, environnementales et éthiques de l'exploitation minière. C'est dans ce sens que l'article 25-1 nouveau de la Constitution reconnaît au peuple sénégalais le droit à ses ressources naturelles. La Constitution garantit à tous les citoyens des libertés fondamentales, des droits économiques et sociaux ainsi que des droits collectifs, notamment le droit au travail, le droit de propriété, le droit à la santé et le droit à un environnement sain[929]. Selon I. Madior Fall, l'inscription de ce droit dans la Constitution est « motivée par la préoccupation d'éviter la malédiction des ressources naturelles, ou le paradoxe de l'abondance[930] ».

716. Le débat sur cette problématique résulte d'abord de la nature non renouvelable des ressources minérales, de leur répartition ponctuelle qui interpelle l'équité inter et intra générationnelle et ensuite de leurs enjeux et impacts qui touchent à la fois les humains (peuples autochtones, employés et leurs familles, femmes, etc.), les écosystèmes et les autres ressources naturelles (eau, air, sol, biodiversité). Cependant, malgré l'ensemble des mesures prises tant sur le plan réglementaire et décisionnel qu'opérationnel, plusieurs défaillances, insuffisances et incohérences ont été détectées. Le tout se traduit par un développement conventionnel peu satisfaisant vis-à-vis de la complexité du développement durable et son opérationnalisation au concret, que ce soit au sein de l'entreprise, vis-à-vis des populations touchées ou concernant l'atténuation des risques et des impacts qui ne cessent de s'accentuer et d'évoluer (conjoncture économique mondiale, pénurie de

---

[929] Art. 25 de la Constitution sénégalaise de 2016.

[930] Fall (I. M.), *La Réforme constitutionnelle du 20 mars 2016 au Sénégal*, l'Harmattan-Sénégal, 2017.

main-d'œuvre, acceptabilité sociale, changements climatiques, etc.). Intégrer les principes et les mécanismes dans la législation nationale peut alors s'avérer contraignante pour les entreprises.

717. Ainsi, le passage obligé à la RSE figure de manière proéminente à l'ordre du jour des sociétés minières qui doivent aborder les initiatives liées à la durabilité, avec plus de rigueur que dans le passé. Il s'ensuit qu'elles sont tenues de s'appuyer sur des analyses et des méthodes de plus en plus pointues pour répondre à la montée en flèche des exigences des intervenants et de la panoplie des différents risques et défis.

718. Ces différentes carences appellent une prise en compte nécessaire des questions occultées (Paragraphe 1) et le caractère surmontable de l'insuffisance d'une bonne gestion de l'après exploitation (Paragraphe 2).

Paragraphe 1 : une prise en compte nécessaire des questions occultées

719. Les conventions minières comportent des lacunes qui limitent leur efficacité. L'inefficacité résulte du manque de moyens de mise en application. Il apparaît toutefois que certaines obligations comportent des thèmes flous et qu'une attention insuffisante est portée sur les droits humains, même si des rajouts sont actuellement en projet. Un contrat peut couvrir un large éventail de questions telles que les questions environnementales et sociales. Au vu des effets humains et environnementaux potentiels décrits plus haut, les procédures d'octroi de titres miniers et d'autorisations au Sénégal doivent impérativement examiner toutes les étapes du projet depuis la recherche, la prospection et l'exploration, jusqu'à la fermeture de la mine et la remise en état du site. Il n'en est rien actuellement. Le droit de l'environnement a pour fin d'assurer la protection de l'environnement, non d'en organiser la destruction, son but est d'éviter, d'empêcher et de prévenir sa dégradation.

720. Le principe de prévention apparaît d'emblée comme le principe phare du droit de l'environnement. Tout semble être bâti autour de cette idée de prévention des dommages écologiques. Il occupe une place essentielle parmi les différents principes du droit de l'environnement car il est à l'épicentre de cette politique. Le principe de prévention est en rupture complète avec l'approche curative qui caractérise, entre autres, le principe du pollueur-payeur. C'est également sous l'égide du principe de prévention que s'inscrivent les procédures d'évaluation des incidences environnementales d'un projet. Ces régimes ont une fonction préventive en ce qu'ils visent à amener le promoteur d'un projet, à atténuer lui-même les impacts environnementaux de ce dernier, quitte à ce que les pouvoirs publics suppléent aux carences du promoteur en interdisant la réalisation du projet ou en l'assujettissant à différentes normes et contraintes. La politique de protection de l'environnement trouve justification par le dicton : *mieux vaut prévenir que guérir*. En matière d'environnement, il est en effet préférable, tant du point de vue écologique qu'économique, de prévenir l'apparition des pollutions et des nuisances que de devoir remédier ultérieurement aux maux qu'elles auront provoqués. La mise en œuvre du principe de prévention se traduit entre autres éléments par les études d'impact environnemental. Dès lors l'implication des parties prenantes (A) devient un principe sacro-saint et l'institution obligatoire d'un comité d'audit minier (B) demeure une solution primordiale.

A. L'implication des parties prenantes

721. On les dit prenantes ou intéressées selon qu'elles ont un intérêt direct ou indirect dans les enjeux environnementaux, sociaux, etc. La bonne gouvernance dans la perspective du développement durable inclut un échange avec elles, c'est-à-dire les institutions, organisations, groupes ou individus qui estiment y avoir de l'intérêt. Peut-être n'est-il pas inutile de rappeler, d'une part, que l'expression de ces points de vue est légitime dans une démocratie et d'autre part, que les prendre en considération n'est pas une perte de pouvoir et encore moins une cession de droits, mais un des volets de l'exercice de la responsabilité sociale[931]. Les attentes des parties prenantes, dans le secteur minier, portent sur un large éventail d'enjeux (environnement, société, santé et sécurité, bien-être de la collectivité, etc.). La consultation avec les personnes concernées n'intervient donc qu'après que des décisions importantes pour le projet minier ont été prises.

722. La participation des parties prenantes (pouvoirs publics, société civile et ONG, acteurs du développement) aux projets de société des multinationales permettra d'apprécier les critères minimaux d'une juste contribution des entreprises au développement durable des zones où

[931] Ferrand (D.) « L'industrie minière et le développement durable », *Revue mines*, p. 39.

celles-ci opèrent. Le Code minier comme les conventions signées avec les sociétés minières ont été élaborés sans la moindre consultation des collectivités locales concernées. Tout au plus sont-elles conviées à faire de la figuration lors de la signature des conventions minières. Ainsi, la politique de RSE en Afrique subsaharienne devrait poser les bases d'un partenariat public-privé en faveur du développement durable, incluant plus précisément l'État, les entreprises, les partenaires sociaux et les collectivités locales.

723. L'implication des parties prenantes dans la prise des décisions est aussi une condition préalable mettant l'accent sur l'acceptabilité sociale des projets miniers, à tous les stades du cycle de vie des ressources minérales ; et selon une démarche de bonne gouvernance. Autrement dit, la gestion durable dans le contexte de l'industrie minière fait référence à une approche de gestion qui utilise un cadre de développement durable articulé sur quatre dimensions essentielles : économique, sociale, environnementale et éthique, sans oublier les enjeux de gouvernance.

724. Sans prévoir de garanties en dépit des conflits d'intérêts qui peuvent exister entre les entreprises et les communautés, la participation et la consultation publiques ne sont envisagées que dans le processus d'EIE, lequel n'intervient que dans le cas où une entreprise passe à l'étape de l'exploitation. Nous pouvons déceler différentes communautés : les communautés professionnelles c'est-à-dire les professionnels et la main-d'œuvre ainsi que leurs familles qui tirent la totalité ou la plupart de leurs revenus de l'exploitation minière. À côté nous avons les communautés résidentielles. Il s'agit des ménages ou les familles qui vivent dans la zone géographique touchée par l'exploitation minière. Ils peuvent vivre à proximité ou encore à plusieurs kilomètres, comme sur une rivière polluée par les résidus miniers. Ces communautés se divisent en deux types : celles qui existaient avant la mise en place de la mine et celles qui sont apparues dans la foulée de l'exploitation minière. Les communautés ou peuples autochtones peuvent se voir affectés, ou être intéressés par les projets des mines et des métaux, et ce, de plusieurs manières. Il faut donc instituer le droit pour ces communautés locales à la participation aux décisions affectant leur environnement.

725. Dans le même sillage, l'Organisation internationale du travail (OIT) a adopté en 1989 une Convention sur les Peuples autochtones incluant le concept de *consentement préalable libre et éclairé* (CLPE) en cas de déplacement de population. Ce concept est issu de la Déclaration universelle des droits de l'homme et stipule que les peuples autochtones ont le droit d'exiger des gouvernements ou des entreprises transnationales, d'être consultés et de fournir leur consentement préalable libre et éclairé avant le démarrage de tout projet d'envergure, en particulier dans le cas de l'exploitation de ressources naturelles. Il y a lieu de rechercher un renforcement de l'influence des populations sur les choix de politique économique. Actuellement, on reconnaît le droit à la consultation libre, préalable et éclairée, mais pas le droit général des communautés autochtones à exiger qu'on obtienne leur consentement pour l'exploitation des ressources. Or, le droit de refuser l'exploitation des ressources est reconnu dans certaines ententes bilatérales conclues avec l'exploitation. Bien que l'industrie minière ait déployé des efforts non négligeables pour l'atténuation des impacts environnementaux et pour le renforcement des processus participatifs vis-à-vis des communautés locales et autres parties prenantes, les défis environnementaux et sociaux doivent encore être réglés et abordés avec plus de transparence. Les entreprises sont tenues de communiquer les trois éléments suivants : une déclaration émanant de la direction concernant l'adhésion au Pacte mondial et à ses principes, les mesures qui ont été prises pour appliquer ces principes ainsi qu'une amélioration de la divulgation des résultats et des progrès de l'entreprise.

726. L'accès à des techniques de reddition de compte et à des indicateurs reconnus internationalement permettra la diffusion des progrès dans un langage commun. Ce cadre permet aux entreprises de mesurer, de communiquer et de rendre compte aux parties prenantes de leur performance économique, environnementale et sociale à l'aide d'indicateurs dont les protocoles définis permettent d'assurer une cohérence entre les rapports. Un modèle de rapport de développement durable y est aussi proposé. Cette initiative permet une certaine constance dans la production de rapports de développement durable en plus de couvrir plusieurs aspects de la RSE. Cependant, même si elle permet d'améliorer les pratiques de reddition de compte en RSE, il n'est pas sans intérêt d'intégrer à l'avenir le concept d'acceptabilité sociale dans notre arsenal juridique. D'après Caron-Malenfant & Conraud (2009), « l'acceptabilité sociale est le résultat d'un processus par lequel les parties concernées construisent ensemble les conditions minimales à mettre en place, pour qu'un projet, programme ou politique s'intègre de façon harmonieuse, et à un moment donné, dans son milieu naturel et humain ». L'objectif est de faire de l'acceptabilité sociale un passage obligé pour la réalisation de projets industriels pouvant avoir des impacts sur les populations et leur environnement. À titre de proposition, la mise en place de processus participatifs pensés en amont d'un projet minier permet de le construire et d'en favoriser l'acceptabilité sociale.

727. Pour préserver les intérêts stratégiques des différents acteurs, il est nécessaire de mettre en place un comité d'audit et de contrôle, doté d'un mandat explicite, pour examiner tous les sujets de préoccupation relatifs à l'impact social et environnemental des activités minières.

B. L'institution obligatoire d'un comité d'audit minier indépendant

728. Dans le cadre de l'exercice du contrôle des opérations minières par l'administration des mines, celle-ci est habilitée à faire auditer par un cabinet indépendant les comptes, installations, infrastructures, systèmes et procédés de tout titulaire de titre minier. La conduite de ces audits se fera selon les normes et procédures internationalement admises et sans faire entrave au bon déroulement des opérations minières[932]. Tout titulaire d'un permis ou d'une concession doit signer une convention minière globale avec l'État qui fixe les rapports entre le titulaire du titre minier et l'État ainsi que les conditions générales de prospection ou d'exploitation des ressources minérales concernées[933].

729. La mise en place d'un programme social minier à travers un fonds d'appui au développement local est prévue par le projet de Code minier. Les titulaires de titres miniers et les bénéficiaires d'autorisation d'exploitation ou de contrat de partage de production participent, sur la base d'engagements financiers annuels, à alimenter un fonds d'appui au développement local destiné à promouvoir le développement économique et social des collectivités locales situées dans les zones d'intervention des sociétés minières[934]. L'article 16 (4) de la Directive de la CEDEAO sur le secteur minier dispose : « tout au long du cycle de l'exploitation minière, les titulaires de droit et titres miniers sont tenus de continuer des consultations et des négociations permanentes

---

[932] Article L111 projet Code minier.

[933] Articles 86 et 87 Code minier 2003.

[934] Article L115 projet Code minier.

sur les importantes décisions affectant les communautés locales ». Cette exigence n'est pas complètement satisfaite dans la législation en vigueur pour les raisons suivantes : l'absence d'une supervision réglementaire efficace et l'inexistence d'un comité d'audit minier. Cela donne à repenser avec sérieux les effets environnementaux, sociaux et humains des activités minières. Des activités fortement invasives et dangereuses comme l'exploitation minière exigent des mécanismes de contrôle indépendants et fiables pour garantir la protection des populations et de l'environnement[935].

730. Mettre en place un comité d'audit de contrôle doté d'un mandat explicite pour examiner tous les sujets de préoccupation relatifs à l'impact social et environnemental des activités minières devient une nécessité. Cet organe devrait adresser régulièrement au parlement des rapports rendus publics. Il est requis au cessionnaire et au cédant d 'établir un audit environnemental à l'issue duquel sera déterminé les obligations et responsabilités environnementales du cédant pour la période durant laquelle il était titulaire du droit. Le cédant assume, pour compte et à charge du cédant, les obligations environnementales vis-à-vis de l'État, à moins que le cédant n'ait obtenu l'attestation de libération de ses obligations environnementales. Le titulaire d'un droit minier par octroi n'est lui, en revanche, aucunement responsable des dommages causés par les personnes qui ont occupé le périmètre avant lui, ou qui ont travaillé à l'intérieur de celui-ci. Il est cependant obligé de tenir compte de ces dommages dans son plan environnemental et de démontrer que les mesures de réhabilitation et d'atténuation qu'il s'engage à adopter seront suffisamment efficaces pour ne pas aggraver les dégâts déjà existants.

731. Si dans l'ensemble ces mesures semblent former un standard minimum de responsabilité correcte, elles demeurent défaillantes à deux niveaux. Premièrement, elles ne sont assorties d'aucune garantie d'application, ce qui les vide de leur substance en pratique. De plus, elles se retrouvent fréquemment nuancées par des mesures d'atténuation ou de limitation de responsabilité. Pour ce, il apparaît clairement que le système de responsabilité environnementale prévu par le Code n'a pas été bien pensé ; et cela, entre autres, à cause du caractère non exhaustif dont il est assorti, dans la mesure où il est limité aux seuls cas énumérés.

---

[935] Au Sénégal, voire à cet égard, Bonnin (M.), Ly (I.), Queffelec (B.) et Ngaido (M.), *Droit de l'environnement marin et côtier au Sénégal*, IRD, PRCM, 2017.

De ce fait, seuls les dommages prévisibles sont susceptibles d'être réparés, parce qu'autrement l'exploitant ne peut être tenu pour responsable. L'audit et la reddition des comptes viennent en complément des outils d'évaluation des impacts environnementaux. L'audit porte sur les différentes étapes de l'activité minière et met l'accent, de manière générale, sur les questions environnementales, de santé et de sécurité, mais aborde très rarement les questions relatives aux impacts sociaux de l'exploitation minière.

732. La reddition de compte et plus spécifiquement la publication de rapports annuels contenant des informations sociales et environnementales ou encore la rédaction de rapports de développement durable représente une pratique en forte expansion au sein des entreprises minières. Il en est de même de la prise en compte de ce qu'on appelle *le risque de l'après mine,* car l'exploitation des mines produit inexorablement des modifications des milieux naturels.

Paragraphe 2 : Du caractère surmontable de l'insuffisance de la gestion de l'après exploitation

733. Les entreprises peuvent porter atteinte aux droits humains et, lorsque de tels faits se produisent, il s'agira d'enquêter à leur sujet, d'en punir les auteurs, et de veiller à ce que les victimes aient accès à un recours effectif[936]. Un processus est à élaborer pour prendre en compte de manière explicite une grande diversité d'effets sociaux après exploitation. Au Sénégal, ces études d'impacts sur l'environnement doivent établir l'impact potentiel, social et culturel sur, entre autres, la santé et le bien-être des populations et sur l'environnement, les habitats marins et agricoles ainsi que les sites archéologiques.

734. Mais concrètement, la prise en compte des questions sociales par les compagnies minières revêt un caractère assez disparate ; les initiatives sociales varient d'une entreprise à l'autre et dépendent dans leur majorité de la conception que se font les entreprises de la notion de

---

[936] Conseil des droits de l'homme des Nations unies, Rapport du représentant spécial du secrétaire général chargé de la question des droits de l'homme et des sociétés transnationales et autres entreprises. Additif. Obligations pour les États de réglementer et de contrôler les activités des sociétés, en application des principaux instruments des Nations unies relatifs aux droits de l'homme : synthèse des commentaires émanant d'organes conventionnels, 13 février 2007, doc. ONU A/HRC/4/35/Add.1,
www.ohchr.org/EN/Issues/TransnationalCorporations/Pages/Reports.aspx

participation d'une part, et du concept de responsabilité sociale corporative, d'autre part. L'étude du caractère surmontable de l'insuffisance d'une prise en compte de l'après exploitation requiert une nécessaire harmonisation avec les autres dispositions légales (A) et le renforcement de l'obligation relative à l'évaluation environnementale (B).

A. Une nécessaire articulation du droit minier avec les autres dispositions normatives

735. En matière de gouvernance politique, il faut souligner l'insuffisance, au niveau national, des cadres légaux et réglementaires bien adaptés aux activités minières. Des incohérences normatives sont relevées. Une prolifération des textes est à l'origine des carences législatives constatées. Nombreuses sont les maladresses du Code. En général elles mènent soit à des soucis d'interprétation, soit à l'incohérence des dispositions entre elles ; ce qui entraîne des flous juridiques souvent au bénéfice d'investisseurs peu scrupuleux. Le Sénégal s'est doté depuis 2003 d'un nouveau Code minier d'orientation libérale, revendiquant un alignement sur les politiques minières des pays de la sous-région. Plusieurs responsables de sociétés minières se plaignent pourtant de cette législation encore jugée inadaptée. De plus, les directives de l'OCDE ne sont ni contraignantes ni obligatoires ce sont de simples recommandations destinées aux multinationales œuvrant sur le territoire des pays membres ou à partir de celui-ci. Ce sont donc des normes volontaires de comportement responsable ne visant pas à remplacer les lois et règlements applicables.

736. En cas d'adhésion, les sociétés minières doivent se conformer à de nombreuses lignes directrices et codes de conduite. Il s'agit principalement d'initiatives portant sur les rejets miniers, la conservation et la biodiversité ainsi que les relations avec la communauté. Les référentiels et les codes de conduite ont fait proliférer les approches en responsabilité sociale dans différents secteurs, tous les textes permettant d'élaborer une démarche de responsabilité sociale par un référentiel commun. La loi relative au domaine national dispose que l'État détient pratiquement toutes les terres du Sénégal[937]. Les individus ont simplement des droits d'usage (et non de propriété) sur la terre qui leur est attribuée. L'attribution de ces droits est généralement gérée par des

[937] Loi 64-46 du 17 juin 1964 relative au Domaine national (Loi domaine national).

conseils locaux agissant sous l'autorité de l'État[938]. Le Code de l'environnement de 2001 et son décret d'application promulgué en 2001 sont également importants car ils prévoient des études d'impact sur l'environnement des activités comme les projets miniers et la participation du public à ces procédures[939].

737. Le permis d'exploitation valable pour une durée de 5 ans peut être renouvelé. Ce renouvellement est de droit si le titulaire a rempli les obligations définies par la convention[940]. Encore que la détermination des obligations contenues dans la convention minière ne doit pas utilement être laissée à la seule volonté des parties à la convention. De la lecture des articles précités on peut déduire une obligation paradoxalement facultative. Il faudrait arriver avec le projet de réforme du Code minier à faire de ces obligations une règle impérative. Les conventions minières doivent obligatoirement contenir ces règles.

738. Outre les dispositions du présent Code et des textes réglementaires pris pour son application, les bénéficiaires d'une autorisation d'ouverture et d'exploitation de carrière sont également soumis aux dispositions législatives et réglementaires particulières régissant notamment, la préservation de l'environnement, les obligations relatives à l'urbanisme, les établissements classés dangereux, insalubres ou incommodes et la protection du patrimoine forestier[941]. Les sociétés minières n'échapperont pas aux pressions des organismes de réglementation au niveau de plusieurs domaines touchés et/ou affectés par les impacts et/ou enjeux de l'industrie minière. De plus en plus, l'exploitation minière est considérée comme un secteur qui a le potentiel d'être touché plus que les autres par les textes sur la corruption et la législation connexe. Les entreprises minières opèrent souvent dans des pays considérés à risque élevé et où la corruption peut être considérée comme culturellement acceptable. Le Sénégal gagnerait à s'inspirer du *Common law* qui à travers la *Bribery Act* de 2010 au Royaume-Uni, entrée en vigueur en juillet 2011, crée deux nouveaux délits : la subornation de fonctionnaires et l'abstention d'empêcher une personne

---

938 Ndir (M.), Domaine national, la Loi et le Projet de Réforme (Loi 64-46 du 17 juin 1964 relative au Domaine national), p. 5, disponible à l'adresse. www.fig.net/pub/fig2011/papers/ts03j/ts03j_ndir_5170.pdf

939 Loi n° 2001-01 du 15 janvier 2001 Portant Code de l'Environnement ; Décret No 2001-282 du 12 avril 2001 portant application du Code de l'environnement.

940 article 27 Code minier Sénégal dernier alinéa.

941 Article 35 Code minier Sénégal al. 3.

associée à son organisation de verser un pot-de-vin. Comme cette loi comporte une disposition d'application extraterritoriale, la création de ce dernier délit fait en sorte que les entreprises britanniques, ainsi que les entreprises étrangères faisant affaire au Royaume-Uni, s'exposent à des poursuites si une personne associée à leur organisation verse un pot-de-vin où que ce soit dans le monde, sauf si les entreprises sont en mesure de démontrer qu'elles avaient mis en place des procédures satisfaisantes pour l'empêcher [942].

739. L'actualisation et la réévaluation des codes et normes du secteur minier ainsi que les droits miniers, afin de tenir compte de l'évolution des connaissances et des meilleures pratiques dans le domaine des mines s'imposent. Le processus d'autorisation doit être strict et axé sur l'ensemble des problématiques et enjeux liés au développement durable et doit exiger : des évaluations sociales, économiques et environnementales, la consultation des communautés et des autres acteurs à tous les stades du processus d'évaluation et de planification, l'illustration des risques et des impacts éventuels des activités minières et les mesures d'atténuation ou de gestion ; les questions relatives aux peuples autochtones, au patrimoine culturel, à la réinstallation, ainsi que la sûreté et la sécurité des communautés. La consultation précoce permet aux parties consultées d'évaluer des solutions de rechange plutôt que d'être mises devant un fait accompli qui ne leur laisse que des options réduites. La législation en vigueur au Sénégal ne prévoit pas de telles garanties. Ainsi que nous l'avons indiqué dans le cas de Dambankhoto, le processus d'obtention du consentement a démarré après l'approbation de l'occupation de la terre par les autorités. Les familles concernées n'avaient donc qu'une capacité limitée à négocier les conditions de leur déplacement. En l'absence d'égalité du pouvoir de négociation, cela ne peut être considéré comme un accord conclu librement. Le cadre juridique sénégalais n'est donc pas conforme à la directive de la CEDEAO sur le secteur minier.

740. Le Sénégal devrait mettre en application en 2014 la Directive de la CEDEAO sur le secteur minier. En effet, l'analyse de la législation sénégalaise, présentée dans le présent rapport, montre des failles importantes entre les protections juridiques existantes et les exigences

[942] Ferrand (D.) « L'industrie minière et le développement durable », *Revue mines*, p. 37.

de la CEDEAO. En particulier, les exigences du Sénégal quant à la consultation et à la participation des communautés concernées par les activités minières à des décisions qui affectent leurs droits fondamentaux sont bien en deçà des conditions requises par la CEDEAO et par les traités internationaux relatifs aux droits humains. Les procédures prévues par la législation sénégalaise ne satisfont pas aux normes internationales relatives aux conséquences des activités des entreprises sur les droits humains ni aux normes énoncées dans la Directive de la CEDEAO sur le secteur minier. La législation sénégalaise ne renferme aucune disposition visant à informer correctement et régulièrement les communautés potentiellement concernées et à les consulter et garantir que toutes les mesures nécessaires pour atténuer les risques encourus par leurs droits seront prises. De plus, la législation sénégalaise actuellement en vigueur permet d'expulser des personnes de leur foyer et de leur terre, à des fins d'activités minières, selon des modalités contraires aux normes internationales qui interdisent les expulsions forcées.

741. Les failles du cadre juridique semblent aggravées par l'absence de dispositifs solides de surveillance et d'application des lois par les autorités. En somme, qu'il s'agisse ainsi des questions sociales ou environnementales, le constat reste le même et sans appel : il faut repenser les règles, les élaborer de manière à ce qu'elles puissent non seulement englober des cas précis, c'est-à-dire, être adaptables du général au particulier, et ce, sur le long terme, mais aussi, combler les différentes lacunes.

742. Il est vrai qu'il existe peu de jugements au Sénégal en matière d'environnement. Plusieurs raisons expliquent cet état de fait[943]. En ce qui concerne plus spécifiquement le contentieux du droit de l'environnement, il n'est pas encore développé au Sénégal et le juge sénégalais n'a pas eu beaucoup d'occasions d'appliquer les dispositions protectrices de l'environnement ni de contribuer à leur élaboration[944].

---

[943] Le Professeur Ly soulignait déjà en 1994 que « les transactions ne sont que le reflet de la société sénégalaise (arrangements, palabres), l'essentiel étant d'éviter l'ébruitement de l'infraction commise » (Problématique du droit de l'environnement dans le processus de développement économique et social d'un pays africain : l'exemple du Sénégal, thèse de doctorat d'État, UCAD (1994), 458 pages).

[944] L'Association internationale des Hautes juridictions administratives (AIHJA), Rapport du Sénégal : Le juge administratif et le droit de l'environnement (2013) ; Ly (I.).- *Problématique du droit de l'environnement dans le processus de développement*

Il importe également de souligner qu'il n'existe pas d'encadrement juridique du contentieux du dommage écologique au Sénégal[945]. Les seules traces que l'on peut noter résident dans la définition du dommage écologique dans le Code de l'environnement de 2001. L'article L2 le définit comme : « (t) out dommage subi par le milieu naturel, les personnes et les biens, et affectant l'équilibre écologique. Ce peut être : des dommages de pollution causés par l'homme et subis par des patrimoines identifiables et particuliers ; des dommages subis par des éléments inappropriés du milieu naturel ; des dommages causés aux récoltes et aux biens par le gibier ». Cette définition souligne l'importance de l'environnement et on peut y voir les prémisses d'une traduction juridique de ces dommages.

743. L'on note par exemple l'absence de principes essentiels liés aux problématiques environnementales comme le principe de *pollueur-payeur* dans le droit positif sénégalais. Si l'article L. 26 du Code de l'environnement dispose bien qu'en « cas de pollution constatée par les services compétents du ministère chargé de l'Environnement ou de toute autre structure habilitée, il est procédé à la remise en état des lieux par les soins du ou des pollueurs », son positionnement dans le chapitre des installations classées, limite son champ d'application à celles-ci, même si ce n'est pas explicitement mentionné. Le principe pollueur-payeur n'existe donc qu'en ce qui concerne les installations classées et ne s'applique pas en dehors de ce régime particulier. Ce qui est d'autant plus regrettable que l'article L.4 du Code de l'environnement énonce plusieurs autres principes dont celui de prévention et de précaution.

744. Le système serait plus efficace s'il s'inspirait ou s'alignait de manière claire et affirmée sur les standards internationaux en matière environnementale ; une action qui aurait pour effet une meilleure garantie des droits. L'on déplore donc ce manque d'effectivité qui se reflète sur la politique minière elle-même.

745. Selon le Code minier, tout projet minier doit faire l'objet d'une évaluation environnementale. Cela permettrait de rendre les méthodes

---

économique et social d'un pays africain : l'exemple du Sénégal.- Thèse de doctorat en droit Université Cheikh Anta Diop : Dakar, 1994.

[945] En droit communautaire européen, la Directive 2004/35/CE sur la responsabilité environnementale est venue encadrer la prévention et la réparation des dommages environnementaux. Il n'existe pas d'équivalent de cet encadrement au niveau de la sous-région ouest-africaine.

d'évaluation plus claires, de faciliter la participation du public, d'inclure des règles plus strictes pour lutter contre les conflits d'intérêt, et de limiter les recours aux dérogations. Dès lors, renforcer l'évaluation aiderait les décideurs politiques à prendre des décisions en connaissance de cause.

B. Renforcer l'évaluation obligatoire de l'environnement

746. Les profits visés sont l'accès aux ressources naturelles du continent africain, notamment dans le domaine minier, ainsi que le développement des exportations de produits manufacturés à destination de marchés en forte croissance, depuis une décennie, du fait de l'émergence d'une classe moyenne africaine. Ces pays sortent en effet progressivement de la reproduction d'un modèle économique qui juxtaposait des activités agricoles et minières extraverties, et une situation d'autosubsistance pour la majorité de leurs populations.

747. La décentralisation est devenue depuis les années 1990 un thème majeur du discours sur le développement, solution démocratique aux défaillances des États et la garantie d'un développement local concerté[946]. Le Sénégal est l'un des pays africains où ce processus est le plus avancé. Si les activités minières ne sont pas du ressort des collectivités locales, plusieurs compétences transférées entrent en ligne de compte dans ce domaine : environnement, planification, aménagement du territoire, formation, développement économique. Il s'agit de mettre en harmonie un jeu d'intérêts contradictoires et d'échelles spatiales imbriquées qui mette en tension les différents acteurs du développement minier, de l'État aux collectivités locales et des sociétés minières à la société civile. Lequel de ces pôles influence le plus les dynamiques territoriales ? Il faudra surtout déterminer le rôle de chacun, dans un jeu dissymétrique à la fois en termes de pouvoirs et en termes d'échelles spatiales de référence.

748. Avec le développement industriel, les pratiques sont radicalement modifiées du fait de l'arrivée de la machinerie lourde et le

---

[946] Gentil (D.) et Husson (B.), La décentralisation contre le développement local, in Observatoire permanent de la Coopération Française, Rapport, Paris, Desclée de Brouwer ; p. 59-7, 1996.; Totte (M.), Dahou (T.) et Billaz (R.), La décentralisation en Afrique de l'Ouest, entre politique et développement, Paris, COTA-Karthala-ENDA GRAF, pp. 400, 2003.; Magrin (G.), La décentralisation règlera les problèmes de l'État en Afrique, in Courade G. (Dir.) L'Afrique des idées reçues, Paris, Belin, p. 383-389, 2006.

développement de technologies de traitement plus performantes. Alors que les préoccupations économiques avaient toujours dominé, la loi sur la qualité de l'environnement a pour objectif d'atténuer les conséquences des activités humaines. La loi sur la qualité de l'environnement est un outil préventif qui oblige les promoteurs de projets, assujettis à la loi, à obtenir une autorisation préalable dénommée *certificat d'autorisation.*

749. Sur le plan environnemental, le Programme des Nations unies pour l'environnement (PNUE) a entrepris de mettre en place à partir du début des années 1990, des principes visant à améliorer la performance environnementale des entreprises minières. Il vise aussi à développer des stratégies nationales pour la conservation et l'utilisation durable de la diversité biologique. Le défi consiste à déterminer jusqu'où il faut étendre le secteur, à évaluer son action, sur une période de temps et à dire comment s'y prendre, concrètement. On voit sur le plan social, l'entreprise minière a été beaucoup moins structurée que sur le plan environnemental.

750. La gestion des impacts sociaux a été intégrée progressivement dans les actions courantes des entreprises minières. Les relations entreprises-communautés sont historiquement basées sur des engagements à court terme et des actions de développement communautaire, favorisant la philanthropie, la réalisation d'œuvres charitables et la fourniture de quelques services socio-économiques. Les principes d'Équateur sont quant à eux une série de dix principes permettant aux banques adhérentes de développer leurs propres critères d'évaluation d'un développement socialement responsable et des pratiques environnementales des projets de plus de dix millions de dollars.

751. Ces principes incluent, entre autres, l'évaluation environnementale et sociale du projet, l'application des standards sociaux et environnementaux. Le suivi des exigences et normes en matière de gestion environnementale doit être strict et permanent de telle manière que les impacts potentiels sur la biodiversité et sur l'environnement soient bien évalués et gérés tout au long du cycle d'exploitation minière et après la fermeture de la mine. En effet, il s'agit particulièrement d'une responsabilité des investisseurs pour les dommages causés sur l'environnement par les travaux d'exploration minière. Cette question demeure essentielle car elle permet, à elle seule, d'évaluer le niveau de garantie de protection de l'environnement établi par le Code. L'activité minière ayant nécessairement des conséquences sur l'environnement, un régime efficace devrait être à même de fournir des mesures de réparation suffisamment dissuasives afin d'inciter les exploitants miniers à adopter des comportements responsables, mais également larges, dans l'optique de couvrir différents cas, prévisibles comme non prévisibles.

752. Cette limitation matérielle de responsabilité annonce déjà les couleurs d'un régime de responsabilité protecteur de l'investisseur. Il ne peut être tenu responsable pour tout type de dommage. Seuls les dommages prévisibles, soit en vertu de leurs plans environnementaux, soit en vertu de la législation, sont réparables. L'évaluation environnementale est une démarche qui contribue au développement durable des territoires. Cette soumission sera systématique pour des documents à grands enjeux et se fera au cas par cas. La prise en compte de l'environnement dans les activités humaines et plus particulièrement dans les diverses lois et règlements n'a cessé de s'intensifier au cours des dernières années. Plusieurs dispositions notamment les conventions minières sont venues définir des cadres et des démarches spécifiques pour mener à bien cette prise en compte. C'est dans cette logique que les documents d'urbanisme, sont soumis à différentes procédures visant à intégrer les atouts environnementaux et à limiter les effets sur le patrimoine.

753. En fonction du niveau potentiel de sensibilité par rapport à la problématique de l'environnement, sa prise en compte se fait de façon simple ou complexe. L'état initial porte notamment sur la biodiversité et les milieux, le sol et le sous-sol, l'eau, l'air, le bruit, le climat, les enjeux énergétiques, le patrimoine culturel, architectural et archéologique, les paysages et le cadre de vie, les risques, les déchets et les enjeux de santé humaine… Il concerne également les plans ou programmes comportant des volets environnementaux. Si l'évaluation doit aborder l'intégralité des thématiques environnementales, celles-ci ne nécessitent pas toutes le même niveau d'approfondissement ; celui-ci variant en fonction des spécificités locales. Les cibles retenues sont étudiées, par rapport à leurs effets environnementaux directs ou indirects, provisoires ou permanents, et aux effets cumulatifs avec d'autres plans ou programmes. Si nécessaire, des mesures réductrices, correctrices ou compensatoires peuvent être intégrées. Si cela s'avère pertinent, il peut également être proposé des recommandations supplémentaires ou des critères d'éco-conditionnalité à respecter lors de la mise en œuvre d'un projet (éléments pour cahier des charges par exemple).

754. L'évaluation environnementale propose des indicateurs pertinents pour le suivi. L'objectif de l'évaluation environnementale est de prévenir et d'évaluer l'impact sur l'environnement des décisions en matière d'aménagement du territoire. C'est une prise en compte de l'environnement en amont des projets, avant leur adoption. L'évaluation doit être réalisée tout au long de la procédure afin de permettre aux décideurs de modifier leurs orientations. À la différence des études d'impacts, dont les conclusions servent avant tout à faire évoluer les conditions de mise en œuvre d'un projet finalisé, l'évaluation environnementale prend la forme d'un rapport environnemental qui sera lui-même intégré au rapport de présentation. Ce rapport doit établir un état des lieux précis et complet des enjeux environnementaux du territoire concerné, exposer les solutions d'aménagement retenues, leurs incidences et les raisons de ces choix d'aménagements. Il doit également comporter un résumé et a pour objectif de faciliter l'information et la participation du public. Cette démarche induit plusieurs améliorations : un contenu plus étoffé du rapport de présentation, l'obligation de consulter en amont une autorité environnementale, la consultation du public, qui doit avoir accès à l'avis de l'autorité environnementale et l'obligation de réaliser un bilan des incidences du plan. De plus, un complément au rapport de présentation exposant la prise en compte de l'évaluation environnementale et des consultations diverses doit être inséré, en fin de procédure, dans le document, ainsi que leurs apports et leurs limites.

755. Concrètement, le rapport doit exposer le diagnostic des besoins existants sur le territoire en cause et décrire l'articulation du document en question avec les autres documents d'urbanisme et les plans ou programmes soumis à évaluation environnementale avec lesquels il doit être compatible ou qu'il doit prendre en considération. Le rapport doit également analyser l'état initial de l'environnement et ses perspectives d'évolution en exposant, notamment, les caractéristiques des zones susceptibles d'être touchées de manière notable. Cet état initial est une étape essentielle du processus qui a pour but de hiérarchiser les enjeux environnementaux, de localiser les secteurs les plus vulnérables, de décrire l'évolution de l'environnement si le plan n'était pas mis en œuvre, d'analyser les incidences notables prévisibles du document évalué sur l'environnement et d'exposer les conséquences éventuelles sur la protection des zones revêtant une importance particulière pour l'environnement. Enfin, ce rapport doit présenter les mesures envisagées pour éviter, réduire et, si possible, compenser s'il y a lieu les conséquences dommageables sur l'environnement. Il devra également présenter les modalités de son suivi et inclure un résumé non technique des éléments précédents ainsi qu'une description de la manière dont l'évaluation a été effectuée.

756. Enfin, il est recommandé une série d'actions sociales. Cet engagement social des sociétés laisse néanmoins plusieurs problèmes en suspens. Les principales recommandations concernent l'amélioration des efforts en matière de développement durable, la réduction des impacts environnementaux en particulier par le recyclage et la diminution des émissions en dioxyde de carbone (CO_2) et la lutte contre les changements climatiques, la satisfaction des besoins des communautés locales surtout en matière de santé et de sécurité, le renforcement des relations avec les communautés et le dialogue avec les parties prenantes. De ce fait, l'on en arrive à la flagrante constatation que le régime de responsabilité des investisseurs prévu par le Code, autant sur le plan social et environnemental, n'est rien d'autre qu'un régime de totale confiance à la merci du bon vouloir des investisseurs. Il s'avère que si la responsabilité sociétale des multinationales semble s'intégrer dans un processus de développement durable, sa mise en œuvre sur le terrain reste problématique tant elle interroge et renouvelle les oppositions entre l'entreprise et les parties prenantes.

CONCLUSION GÉNÉRALE

757. Le principal objectif de ce travail consistait à élaborer une revue heuristique du cadre technico-juridique et contractuel qui organise et régit le secteur minier au Sénégal, à partir d'un point de vue historique englobant les multiples aspects de son évolution, dans des contextes politiques différents. Nous avons tenté d'analyser le processus de réformes du cadre légal, réglementaire et contractuel du secteur minier national dans ses implications économiques, politiques et institutionnelles. Cela nous a permis de mettre en évidence les liens historiques existant entre le droit minier sénégalais et la loi impériale française sur les mines du 21 avril 1810, qui s'est prêtée à un certain nombre d'aménagements de forme et de fond aux fins de son adaptation au contexte sénégalais. Avant la colonisation, le droit coutumier minier au Sénégal était simple : les minerais appartenaient au souverain. Tout produit émanant d'une exploitation minière sur le territoire où il régnait lui était apporté. C'est lui qui procédait à la redistribution.

758. Pour avoir été une colonie de l'hexagone, le Sénégal s'est d'abord inspiré du droit français avant de concevoir progressivement un droit minier alternatif, adapté à son environnement propre et plus conforme à ses orientations politiques.

759. Cette décision de souveraineté résulte de la compréhension accrue des enjeux multiples et de l'importance économique que représente l'exploitation maîtrisée des ressources minérales dont la complexité requiert l'élaboration d'un corpus législatif efficient.

760. Nous avons donc passé en revue les sources du droit minier au Sénégal tout en mettant en évidence les multiples efforts accomplis par l'État du Sénégal, dans le dessein légitime de faire de la législation minière une opportunité de développement économique et par conséquent de mieux-être au profit des populations.

761. Un tel choix s'explique par le fait qu'à l'époque coloniale le régime minier réservait presque aux seuls explorateurs étrangers, dans sa forme la plus simple et la plus rapide, le privilège quasiment exclusif de jouir des bénéfices de leurs découvertes, dans les régions neuves mal définies et appelées par euphémisme *régions d'exploration*, qu'ils prétendaient contribuer à faire connaître.

762. Les institutions et les infrastructures créées par les gouvernements coloniaux et les entreprises européennes avaient en effet pour vocation d'organiser et d'orienter nos économies, de manière générale, vers l'exportation des produits primaires.

763. Ce système était également caractérisé par le souci prioritaire d'assurer un très haut degré de sécurisation des droits conférés aux sociétés transnationales, dans les colonies d'accueil. Il s'évertuait à préserver les droits et les biens légalement acquis par les étrangers de toute atteinte pouvant provenir de l'État *souverain* sur le territoire duquel ils se trouvaient. Ces textes fixaient les droits exclusifs conférés aux explorateurs disposés à entreprendre la reconnaissance des gisements miniers dans les régions nouvelles.

764. Cependant, le contexte de décolonisation et d'émergence des jeunes nations, donnera progressivement du champ à un véritable mouvement de contestation radicale des fondements juridiques d'un ordre économique perçu comme structurellement inégalitaire. C'est ainsi que le droit international des investissements, dans le secteur des ressources naturelles, connaîtra une histoire mouvementée au cours de la seconde moitié du XXe siècle.

765. L'affirmation de la souveraineté des nations sur leurs ressources minérales instruisait en conséquence la préoccupation de postuler un nouvel ordre économique international plus équitable ainsi que la volonté des pays du tiers-monde d'avoir une maîtrise accrue sur leur destin économique.

766. Cette souveraineté politique, à laquelle ils aspiraient et qui était symbolisée, pour nombre d'entre eux, par l'adhésion à la charte des Nations unies se révélait imparfaite ou formelle, tant que leurs peuples n'auraient pas accédé à la pleine maîtrise de leur destin économique.

767. Un tel objectif, conforme en dernier ressort aux intérêts de la communauté internationale tout entière, ne pouvait être poursuivi avec succès sans que ne soient bouleversées les structures juridico-économiques mises en place par les étrangers au profit de leurs investisseurs, pendant la période coloniale caractérisée essentiellement par des rapports inégaux entre pays.

768. En conséquence, c'est sur l'exercice du droit de nationalisation, sur le droit applicable aux contrats d'État et sur le règlement des différends qu'allaient se concentrer les offensives des pays du Tiers-monde, au plan juridique. Il y eut donc l'adoption par l'ONU de certains instruments et résolutions plaçant le domaine des ressources naturelles sous la souveraineté de chaque État.

769. Cette souveraineté économique permettait aux États de décider librement du sort des ressources naturelles situées sur leurs territoires et de définir leur statut juridique par rapport à d'autres catégories de ressources. C'est dans ce sens que la plupart des États, anciennement sous domination coloniale, se sont dotés de règles juridiques nouvelles. Désormais, l'État est le seul garant et protecteur de son patrimoine national et des ressources naturelles se trouvant sur son territoire. Il est donc le seul détenteur du pouvoir de décision relatif à leur affectation ou désaffectation.

770. Ainsi, au niveau national et international, ce fut l'amorce d'un nouveau processus d'encadrement, de gestion et de promotion de l'activité minière, en tant que facteur stratégique de développement, particulièrement pour les pays dont le sous-sol regorge de ressources minérales.

771. Ces multiples occurrences confèrent au droit minier une autonomie évidente justifiant la compilation de l'ensemble de ses dispositions dans un document spécifique dit Code minier.

772. L'encadrement juridique des opérations minières a donc été réalisé en tenant compte des influences divergentes qui se sont progressivement exprimées.

773. Par ailleurs, le droit minier fut marqué, dans son évolution par deux étapes en conflit : il a d'abord été sous-tendu par une pensée étatiste qui consacrait l'État comme étant l'agent principal de régulation d'une activité basée sur l'intérêt général ; il a ensuite été marqué par une pensée libérale, plutôt soucieuse de promouvoir le respect et la protection des intérêts privés, à côté de ceux propres aux États.

774. Par conséquent, l'élaboration laborieuse du Code minier peut être appréciée comme ayant été un effort de conciliation entre les intérêts transnationaux et la souveraineté des États.

775. Dans ces conditions, l'État du Sénégal, en ce qui le concerne, s'est employé à réviser sa législation minière, avec le souci légitime de tirer un meilleur profit de l'exploitation de ses importantes ressources minérales, d'assurer son développement à long terme et de promouvoir *in fine* le bien-être de ses populations ; et cela en tenant compte de la nécessité de créer concomitamment un environnement propice aux investissements étrangers. Ainsi, de très nombreux textes, décrets, arrêtés et délibérations formulés pendant la période coloniale furent rapportés, réactualisés ou remplacés.

776. Globalement, on peut donc retenir que le régime minier au Sénégal, dérivé primitivement du contexte colonial, s'est adapté successivement aux contextes nouveaux de nationalisation, de privatisation, de libéralisation et de mondialisation.

777. Les législations minières ont évolué d'un modèle consacrant l'appropriation des ressources minérales par les colons européens, offrant de la sorte aux investisseurs et aux entreprises privées européennes un contrôle sûr et peu coûteux sur les ressources minérales, à un modèle qui affirme la souveraineté de l'État sur ces dernières, avec pour ambition son développement à long terme et la promotion du bien-être des populations.

778. Cependant, quel que soit le régime minier étudié, il est constant de retrouver dans les différents codes qui se sont succédés, des règles générales portant sur la conduite des opérations minières. Ce sont celles qui garantissent au chercheur ayant mis en évidence un gisement de substances minérales, le droit à la stabilité des conditions fiscales, juridiques et douanières, durant la période de validité des titres miniers. Ce sont aussi la responsabilité de la prise en charge de l'environnement par les opérateurs miniers, l'instauration d'une autorité administrative chargée d'attribuer les titres miniers, le droit de libre transfert des fonds, de non-expropriation par l'État hôte, ou encore la possibilité de recourir à un arbitrage.

779. À l'aube des indépendances, du fait d'une conjoncture internationale défavorable, on constate une baisse du prix des minéraux, avec comme corollaire le mauvais rendement des sociétés minières gérées par les États, le tout combiné avec la baisse de la production, l'effondrement des activités de recherche et la fuite des investisseurs privés.

780. Dès lors, la redéfinition du rôle de l'État dans les opérations minières fut perçue comme une nécessité. Elle sera une source d'inspiration pour la vague de réformes des codes miniers, dans le sens d'octroyer un régime préférentiel à l'investissement privé et d'aider à la réduction des risques liés au pays ou au projet de l'investisseur.

781. Au cours de cette période, le retrait de l'État des activités minières, en tant qu'opérateur, eut pour conséquence la détérioration de manière générale de la situation financière de nombreuses entreprises publiques — surtout dans le secteur minier — qui ont été privatisées pour réduire le déficit budgétaire.

782. Ces nouveaux régimes miniers consacraient la libéralisation du secteur minier et attribuaient la responsabilité de superviser les activités minières au secteur privé, tandis que l'État était limité au rôle de régulateur. Les réformes dans le secteur minier portaient essentiellement sur l'accroissement des investissements et le renforcement des capacités institutionnelles. Le champ d'intervention du droit minier s'est également élargi de manière générale à la transparence, aux principes de responsabilité sociale des entreprises, à la gestion des revenus et au développement durable. Les réformes intégraient aussi le principe du consentement libre, préalable et éclairé pour les communautés concernées par les activités minières et prenaient en compte les impacts sociaux et environnementaux des activités minières.

783. Une autre série de réformes sera relative à la fiscalité. En effet, pour se conformer aux exigences de l'industrie minière internationale, des innovations majeures furent introduites pour drainer les flux d'investissements nécessaires au développement des opérations minières au Sénégal.

784. En ce qui concerne la fiscalité et les tarifs douaniers, les contraintes qui entravaient les investissements miniers ont été levées de par des aménagements tarifaires plus incitatifs. Les règles fiscales, douanières, financières et économiques des régimes miniers furent réadaptées pour offrir un environnement stable, non discriminatoire et incitatif aux investisseurs. Le régime commercial fut totalement libéralisé pour permettre aux industries d'exporter librement leurs ressources et d'importer leurs équipements au plus faible coût possible.

785. L'objectif de l'État à travers ces réformes fut de trouver un juste milieu entre la réduction des risques liés aux investissements et le souci de s'assurer une juste part sur la valeur des ressources exploitées. Il s'est agi de concilier les intérêts de l'État poursuivant ses objectifs de développement économique et de création d'emplois, avec ceux de l'entreprise privée obnubilée par la maximisation de ses profits.

786. Par ailleurs, l'État, dans ses nouvelles fonctions de régulateur et administrateur du secteur minier, mettra en place des institutions spécialisées et compétentes dans l'application du cadre réglementaire et des politiques fiscales et économiques.

787. Pour remplir efficacement ses tâches courantes de planification, de suivi et de contrôle des activités du secteur minier, le cadre institutionnel a beaucoup évolué depuis l'indépendance avec d'abord le maintien et l'adaptation des services géologiques hérités de l'administration coloniale au contexte nouveau. Puis ce fut la création, pour la première fois, d'une Direction des Mines et de la Géologie, qui a connu de brefs réaménagements tout en gardant sa dénomination jusqu'à son éclatement en deux nouvelles directions qui dans leur intitulé portent respectivement les missions de promotion et de contrôle de l'exploitation.

788. L'absence d'un exposé des motifs justifiant ce nouveau mode d'organisation ne permet pas d'expliquer, de manière claire, les raisons pour lesquelles ce décret a été pris, l'esprit dont il procède, les objectifs qu'il se fixe et les modifications qu'il apporte au cadre institutionnel existant. On peut retenir cependant que la volonté qui sous-tendait cette nouvelle organisation était d'amener le secteur minier à participer de manière plus significative au développement national.

789. Dans la feuille de route du gouvernement, la promotion du secteur minier par la recherche et l'exploration géologiques figure de manière spécifique comme un objectif à atteindre alors que c'est de la connaissance approfondie des potentialités en ressources minérales du sol et du sous-sol que dépend le développement du secteur minier. Il semble nécessaire, pour donner plus de corps à cette nouvelle vision, d'entreprendre une réforme institutionnelle plus poussée. Avec la structure organisationnelle actuelle représentée par l'organigramme en râteau, avec trois collaborateurs directs à un niveau de complexité élevé, le risque éventuel de ne pas pouvoir coordonner et superviser efficacement l'administration minière centrale est réel.

790. Aussi – pour rappel – la législation minière mise en place par les décrets n° 61-356 et n° 61-357 créait un certain nombre d'institutions et autorités pour la délivrance des permis et titres d'exploitation, dont le Conseil général des Mines qui était notamment saisi, pour avis, des projets de lois et décrets concernant les mines, des programmes de prospection et de recherches géologiques et minières, et des demandes de permis de recherches. La création du CGM répondait au souci du législateur d'encadrer le ministre en charge des Mines qui disposait d'un important pouvoir lui permettant d'intervenir en amont et en aval pour la délivrance des autorisations. Le Code minier de 1988 étendait les missions du CGM, en incluant les demandes d'octroi et de renouvellement des permis d'exploitation et des concessions minières parmi les affaires pour lesquelles il était consulté. Dans l'objectif d'alléger et de simplifier les procédures administratives, le CGM dont l'avis n'était pas déterminant dans la décision finale du ministre chargé des mines, fut finalement supprimé par le Code de 2003.

791. Pour la mise en œuvre de la politique de l'État favorisant le développement du secteur minier et dans le but de promouvoir les investissements privés, en facilitant l'accès aux informations fiables sur le potentiel géologique et minier du Sénégal, il semble indispensable de créer un véritable centre de documentation et un cadastre minier moderne doté d'un système d'information, pour une gestion efficace et transparente des titres miniers.

792. En vue d'améliorer la gouvernance et la promotion du secteur minier et pour réduire les délais d'instruction des demandes, une réforme du Code minier pourrait être également envisagée en vue de simplifier les procédures de dépôt. À cet égard, les demandes de titres miniers, toujours adressées au ministre chargé des Mines, devront être soumises directement au service du cadastre minier qui procède à leurs enregistrements dans un registre spécial.

793. Enfin, la justification des capacités techniques et financières étant requise, il est également indispensable que le Code minier ou les textes réglementaires précisent les critères d'appréciation permettant au pouvoir adjudicateur de savoir avec exactitude si le demandeur dispose ou non des moyens nécessaires pour conduire les opérations minières.

794. S'il est vrai que la législation minière du Sénégal s'est continuellement adaptée aux profondes mutations de l'environnement minier international, il n'en demeure pas moins que le secteur des mines n'a pas encore servi de levier d'accélération de la croissance avec notamment une faible contribution au produit intérieur brut. Le faible apport des activités minières au développement social et économique national a toujours amené l'État à s'interroger sur l'équité des conventions minières. Il est établi, en effet que les contrats miniers signés par l'État du Sénégal contiennent de nombreuses dispositions avantageuses accordées aux investisseurs de par les exonérations fiscales et douanières multiples mais également du fait des clauses de stabilité des régimes juridiques, fiscaux et douaniers qui empêchent l'État d'avoir suffisamment de marge de manœuvre pouvant lui permettre d'atteindre ses objectifs de développement durable.

795. Ces clauses ont pour la plupart le propre d'influer plutôt négativement sur les politiques publiques, en portant atteinte au pouvoir normatif de l'État, élément essentiel de sa souveraineté. Il est difficile, pour ne pas dire impossible, de voir un contrat minier ne comportant pas des clauses de stabilisation. Ce sont des clauses contractuelles ou comprises dans un traité international d'investissement en vertu desquelles l'État s'engage à ne pas annuler ou modifier le contrat sans le consentement du cocontractant privé.

796. Les clauses dites d'intangibilité sont quant à elles moins courantes, dans la pratique. Elles ont pour but de mettre l'investisseur à l'abri des pouvoirs éventuellement exorbitants que l'État d'accueil pourrait tenir de son droit national. Plus concrètement, ces clauses stipulent, de manière générale, que les droits et obligations des parties ne peuvent être modifiées sans leur consentement mutuel. De fait, l'État peut toujours exciper de sa souveraineté et changer unilatéralement les conditions ou les termes d'un contrat, ou même le résilier pour cause d'intérêt général, mais cela donne lieu, obligatoirement à l'indemnisation de l'investisseur étranger.

797. Il est très révélateur de se pencher sur les contrats entre l'État du Sénégal et les sociétés minières. En les examinant à la loupe, on se rend compte à quel point les termes contenus dans les contrats miniers peuvent être déterminants non seulement pour les flux de recettes, mais aussi pour les autres variables macro-économiques ainsi que les objectifs de développement plus larges, tels que la diversification, l'emploi, l'environnement et les retombées sur les autres secteurs. Dès lors, la correction des asymétries ou des déséquilibres de prestations relevées dans les conventions minières constituent de réels défis pour l'État.

798. La nécessaire présence de la puissance publique dans les opérations minières est un élément fondamental du droit minier moderne. La législation minière prévoyant que l'État peut unilatéralement, de manière directe, par le truchement d'une entreprise ou en association avec des tiers, se livrer à toutes opérations minières, la création d'une société de gestion du patrimoine minier et des prises de participation de l'État au capital social des sociétés d'exploitation devient une nécessité.

799. Enfin, la détermination à sauvegarder l'environnement constitue un autre défi majeur pour l'industrie minière nationale. Si l'on se réfère aux origines du droit minier, on ne peut manquer de relever que la protection de l'environnement était loin d'être une préoccupation pour le législateur plus soucieux de la protection et de la sécurité des mineurs.

800. L'administration qui était chargée de veiller au respect des règles prévues par la loi, lors des opérations minières, n'était guère détentrice d'un pouvoir étendu et suffisant. Elle aurait dû exercer une double protection car l'idée n'est pas seulement de protéger l'environnement, mais de prévenir et d'éviter également les accidents pouvant provenir des exploitations abandonnées. Aucune disposition ne prévoyait de réparer spontanément les dommages subis par l'environnement, l'état de délabrement ou de vétusté ne faisant intervenir l'État que si la vie des hommes était compromise ou susceptible de l'être.

801. Aujourd'hui, la prise en compte de la protection de l'environnement s'exerce à un double niveau : avant l'exploitation une étude d'impact environnemental doit être menée obligatoirement. Après l'exploitation il est fait obligation d'entreprendre la réhabilitation des sites, à travers le plan de gestion environnemental et social.

802. Il est utile d'affirmer que la réussite d'un projet minier doit dépendre, nécessairement, de l'organisation d'un dialogue direct entre l'investisseur et les populations hôtes du projet, avant la signature et la délivrance d'un titre. Dès lors, il est impérieux d'envisager une réforme de la réglementation minière, dans le sens d'une meilleure implication des collectivités territoriales dans la phase de négociation.

803. Dans le respect des normes internationales et des engagements en faveur des communautés locales, l'évaluation des répercussions sociales, environnementales et sanitaires résultant des activités minières, ainsi que les politiques et procédures garantissant les droits des populations affectées, doit être l'objet d'une attention toute particulière.

804. Aujourd'hui, si les communautés expriment de plus en plus leurs attentes par rapport aux retombées économiques, sociales et environnementales des opérations minières, les sociétés minières, quant à elles, se préoccupent des actes à poser afin d'obtenir et maintenir ce que l'on pourrait appeler une *licence sociale d'exploitation* illustrée par le soutien avisé de la communauté locale. C'est pourquoi quelque chose comme un Accord de développement communautaire pourrait être un mécanisme essentiel permettant enfin aux communautés locales de bénéficier réellement des projets d'investissement miniers.

RÉFÉRENCES BIBLIOGRAPHIQUES

DICTIONNAIRES JURIDIQUES

Dictionnaire de droit privé, Centre de recherches en droit privé et comparé du Québec, Université McGill, Bibliothèque nationale du Québec, 1985, 213 p.

Dictionnaire de droit privé et lexiques bilingues, Centre de recherche en droit privé et comparé du Québec, Ed. Yvon Biais (2e édition), 1991, 741 p.

Lexique de droit privé. Supplément au Dictionnaire de droit privé (1985), Centre de recherches en droit privé et comparé du Québec, Université McGill, Bibliothèque nationale du Québec, 1988, 173 p.

Vocabulaire Juridique, Association Henri Capitant, P.U.F., 2004, 6e édition.

Vocabulaire juridique, CORNU G., P.U.F., 2004, édition.

OUVRAGES

Abraham-Frois (G.) et Caire (G.), *Dictionnaire d'économie*, 2e éd. Dalloz, Paris, pp. 236, 2002.

Alain (C.), Laporte (B.), Gregoire (R. G.), *La Fiscalité minière en Afrique de l'Ouest et du Centre* ; 2013.

Aubert (J.), Flour (J.) et Savaux (E.), *Droit civil, Les obligations*, vol. I, L'acte juridique, 11e éd., Armand Colin, n° 94, 2004.

Aubert (J.), *Le Contrat*, Dalloz Coll. Connaissance du droit, 2e éd., 2000.

Barry (B.), *La Sénégambie du XVe au XIXe siècle*, L'Harmattan, pp. 432, 1988.

Bathily (A.), *Les Portes de l'or. Le royaume de Galam (Sénégal) de l'ère au temps des négriers (VIIIe-XVIIIe siècles)*, – Paris, L'Harmattan, pp. 379, 1989.

Bonnin (M.), Ly (I.), Queffelec (B.), et Ngaido (M.), (eds), *Droit de l'environnement marin et côtier au Sénégal*, IRD, PRCM, Dakar, Sénégal, pp. 532, 2016.

Bouvier (M.), *Introduction au droit fiscal général et à la théorie de l'impôt*, L.G.D.J, 2012.

Bury (A.), *Traité de la législation des mines, des minières, des usines et des carrières en Belgique et en France ou commentaire théorique et pratique de la loi du 21 avril 1810 et des lois et règlements qui s'y rattachent* ; F. Renard Éditeur ; Paris, 1859.

Campbell (B.), *Enjeux des nouvelles réglementations minières en Afrique*, ed. Nordiska, pp. 97, 2004.

Campbell (B.), *Ressources minières en Afrique : quelle réglementation ?* éd. Puq., pp. 59, 2010.

Carbonnier (J.), *Droit civil, les obligations*, t.4, thémis, 21e éd., n° 19, 1998.

Charalambos (A.), La *Protection juridique de l'humanité*, in Apostolidis et al. 1997, *L'humanité face à la mondialisation, droit des peuples et environnement*, L'Harmattan, 230 pages.

Chenon (E.), *Les Démembrements de la propriété foncière en France avant et après la Révolution*, Paris, 1881.

Collart-Dutilleul (F.) et Delebecque (Ph.), *Contrat civils et commerciaux*, 5e éd., Dalloz, n° 5, 2000.

Corine (G.) « Le Développement durable : un nouvel enjeu de l'historicité » dans Guay (L.), Doucet (L.), Bouthillier (L.) et Debailleul (G.), (Dir), *Les enjeux et les défis du développement durable*, 2004.

Cornu (G.), Regards sur le titre III du livre III du Code civil Des contrats ou des obligations conventionnelles en général (Essai de lecture d'un titre du Code), cours de DEA de droit privé 1976, Paris. Les cours de droit, n° 40 et s.p. 29 et s., 1976.

Deville (H.), *L'Intégration des espaces économiques : politiques commerciales et économiques*, Ed. Academia, Bruylant, pp. 206, 2003.

Domat (J.), *Les Lois civiles dans leur ordre naturel*, Livre I, Titre I, Section II.

Fall (I. M.), *La Réforme constitutionnelle du 20 mars 2016 au Sénégal*, L'Harmattan-Sénégal, pp. 200, 2017.

Ferrier (V.), *Les Dispositions d'ordre public visant à préserver la réflexion des contractants*. Dalloz, Chr.177, 1980.

Gallet (J.), *Seigneurs et paysans en France*. 1600-1793, Rennes, Éditions Ouest-France, 1999.

Garaud (M.), *La Révolution et la propriété foncière*, Paris, Sirey, 1959.

Gaudemet (Y.), *Traité de droit administratif*, t. I, 16e éd., LGDJ, n° 1427, p. 68, 2001.

Gaudemet (Y.), *Traité de droit administratif* : Tome 2, Droit administratif des biens ; LGDJ ; 13e édition, p.461, 2008.

Geny (F.), *Méthode d'interprétation et sources en droit privé positif*, LGDJ, 2e éd., n° 67 et s. ; 1954.

Ghestin (J.), *La Réticence, le dol et l'erreur sur les qualités substantielles*, Dalloz, Chr.248. 1971.

Ghotot (P.), Introduction de Ph. Francescakis, Dalloz, coll. Philosophie du droit, p. 106, 1975.

Guay (L.), Doucet (L.), Bouthillier (L.) et Debailleul (G.) (dirs), *Les Enjeux et les défis du développement durable*. Connaître, décider, agir, Sainte-Foy, Les Presses de l'Université Laval, p.370, 2004.

Hauriou (A.), « Le Droit administratif de l'aléatoire », in Mélanges offerts à M. le Doyen L. Trotabas, LGDJ, Paris, pp. 197 et s. sp., p. 198, 1970.

Jacquemot (P.) « Ressources minérales, armes et violences dans les Kivus (RDC) », Herodote, n° 134 : 62, 2009.

Kassé (M.), *Sénégal : crise économique et ajustement structurel*, Éditions Nouvelles du Sud, Paris, pp. 204, 1995.

Keita (A.) *et al,* Communautés locales et manne aurifère : les oubliées de la législation minière malienne, IIED, Londres, 2008.
http://pubs.iied.org/pdfs/12554FIIED.pdf

Lame (F.), Ernest (J. F.), Texte annoté de la loi du 21 avril 1810, concernant les mines, les minières, les Tourbières, les carrières et les usines métallurgiques, Paris : Impr. impériale, 1857.

Laty (L.), La Loi de 21 avril 1810 et le Conseil général des mines avant 1866 : les procès-verbaux des séances ; ed. CDHTE-Cnam, séance CDHET ; p.19, 2008.

Lauriol (Th.) et Raynaud (E.), Le Droit pétrolier et minier en Afrique, Éditeur : L.G.D.J ; Collection : Droits africains ; p. 592 ; 2016.

Le Bon (L.), Code des mines, ou commentaire de la loi du 21 avril 1810, ed, augmentée en Belgique, p. 4, 1836.

Ledouble (D.), L'Entreprise et le contrat, Bibl. dr. entr., n° XI, Litec, n° 258 et s., p. 246 et s., 1980.

Legoux (P.) et Marelle (A.), *Les Mines et les recherches minières en Afrique française* ; L'Harmattan ; 1991.

Malinvaud (Ph.), Fenouillet (D.), Mekki (M.), Droit des obligations ed. LexisNexis, 13e édition, pp. 462, 2014.

Millet (F.), *La Notion de risque et ses fonctions en droit privé*, Presses universitaires de la Faculté de Droit de Clermont-Ferrand, éd., L.G.D.J., 2001.

Morin (A.), *Contribution à l'étude des contrats aléatoires*, Clermont-Ferrand, Presses universitaires de la Faculté de Droit/Université d'Auvergne, Paris, LGDJ, p. 370, 1998.

Noiville (C.), *Du Bon gouvernement des risques. Le droit et la question du risque acceptable*, Presses universitaires de France, p. 256, 2003.

Rieg (A.), *Le Rôle de la volonté dans les actes juridiques en droit civil français et allemand*, ed ; L.G.D.J., B.D.P., tome 19, 1961.

Rodière (R.), *Les Vices du consentement dans le contrat*, Paris, A. Pedone, 1977.

Rubber (B.) « Les Sociétés africaines face aux investissements miniers », *Politique africaine*, Éditions Karthala, 3, n° 131 : 250, 2013.

Santi (R.), *L'Ordre juridique*, Dalloz 2002.

Savaux (E.), *La Théorie générale du contrat, mythe ou réalité ?* LGDJ, 1997.

Savaux (E.), th. préc., n° 32. Comp. J. Carbonnier, Introduction, in L'évolution du droit des contrats spéciaux dans la loi depuis 1945, Journées R. Savatier, PUF, p. 33, 1986.

Séni (M. O.), *Droit des Mines Burkinabé*, Editions IRISCONCEPT, Ouagadougou, 2015.

Serge (B.), « Le Droit minier et pétrolier en Afrique », Edilivre, pp. 90, 2008.

Smith (A.), *Recherche sur la nature et les causes de la richesse des nations* (trad. Germain Garnier), tome 1, Édition Flammarion, 1999.

Terre (F.), Simler (Ph.) et Lequette (Y.), *Les Obligations*, 7e éd., Dalloz, 1999.

Thepot (A.), *Les ingénieurs du Corps des Mines : évolution des fonctions des Ingénieurs d'un Corps d'État au XIXe siècle*, Paris 1980.

Timsit (G.), *Les Contrats fiscaux*, chronique Dalloz, 1964.

Tocqueville (A.), L'Ancien Régime et la Révolution : livre 2 chapitre 2, Paris, 1856.

Wälde (W. T.), Nouveaux horizons pour le droit international des investissements dans le contexte de la mondialisation de l'économie, IHEI Paris, Université Panthéon-Assas (Paris II), Ed. Pedone, 2004.

Waline (J.), Précis de Droit administratif, 22e édition, Dalloz, pp.364, 2008.

Weil (P.), « Le Droit international, unité et diversité », Mélange offert à Paul Reuter. – Paris, A. Pedone, DL 1981.

Weil (P.), *Les Problèmes relatifs aux contrats passés entre un État et un particulier*, RCADI, t.28, 1969.

Xifaras (M.), *La Propriété — Étude de philosophie du droit*. PUF, pp. 510, 2004.

ARTICLES

Ailincai (M.) et Lavorel (S.) « Exploitation des ressources naturelles et protection des droits de l'homme », Pedone, Paris, 2013.

Andrew (M.) et Sheargold (E.), « l'Autonomie réglementaire des États et le contrôle du tabac dans le droit international commercial et de l'investissement », in *Investment Treaty news*, numéro 1. Volume 6 : 10, 2015.

Annie (A.), « La Seigneurie, la terre et les paysans, XVIIe-XVIIIe siècle », *Bulletin de la Société d'histoire moderne et contemporaine*, 1-2 : 15-33, 1999.

Batiffol (H.), « Aspects philosophiques du droit international » : Dalloz, Paris, 1956, spéc. p. 163 ; Le pluralisme des méthodes en droit international privé : Rec. Cours. Ac. Dr. int. de La Haye, II : 75-147, 1973.

Beaur (G.), « Les Rapports de propriété en France sous l'Ancien Régime et dans la Révolution. Transmission et circulation de la terre dans les campagnes françaises du XVIe au XIXe siècle », dans Presses universitaires de Rennes, p.187-200, 2005.

https://books.openedition.org/pur/22533?lang=fr#bodyftn2

Beaur (G.), « L'accession à la propriété en 1789, Un droit inviolable et sacré ». La propriété, Publ. ADEF, Actes du colloque de 1989, p. 21-29, 1991.

Berr (E.) et Combarnous (F.) « L'Impact du consensus de Washington sur les pays en développement : une évaluation empirique », Communication aux 1ères journées du développement du GRES, Université Montesquieu-Bordeaux IV, 17 septembre 2004, Pessac, France.

Bossuyt (J.) et Fall (I. M.), Analyse d'économie politique au Sénégal : Dans quelle mesure le cadre global de la gouvernance au Sénégal est-il réformable ? 2013, disponible à http://cadtm.org/Le-Senegal

Camara (M.), Le Droit de propriété au Sénégal ; 2008. https://www.memoireonline.com/06/10/3573/m_Le-droit-de-propriete-au-senegal6.html

Campbell (B.) et Laforce (M.) « La réforme des cadres réglementaires dans le secteur minier : Les expériences Canadienne et africaine mises en perspective », *Recherches amérindiennes au Québec*, 40(3), 69-84., p. 74, 2010.

https://www.erudit.org/fr/revues/raq/2010-v40-n3-raq0118/1009370ar.pdf

Campbell (B.), Réglementation minière en Afrique, enjeux de gouvernance et de sécurité, juin 2008, disponible à :

http://www.ieim.uqam.ca/IMG/pdf/BCampbell_-_Enjeux_de_resp_et_d_imputabilite.pdf

Caramel (L.) « Le Combat de l'Afrique pour se réapproprier ses ressources naturelles », in *Le Monde*, Disponible sur https://www.lemonde.fr/planete/article/2013/05/31/le-combat-de-l-afrique-pour-se-reapproprier-ses-ressources-naturelles_3421570_3244.html

Chansou (M.) « Développement durable, un nouveau terme clé dans les discours politiques », *Les langages du politique* ; n° 39 : 99-105, 1994. https://www.persee.fr/docAsPDF/mots_0243-6450_1994_num_39_1_1891.pdf

Chesneaux (J.) « Maîtriser la collision entre l'histoire naturelle et l'histoire humaine », *Écologie Politique*, n° 2 : 127, 1992.

Comby (J.) « L'Impossible propriété absolue, Un droit inviolable et sacré », La propriété, Publ. ADEF, Actes du colloque de 1989, p. 9-20, 1991.

Cornu Thénard (E.), « La Restauration du dommage écologique selon l'US Oil Pollution Act », *Revue juridique de l'environnement*, n° 1/2009 : 27-37.

Cornu Thénard (E.) « La Réparation du dommage environnemental : étude comparative de la directive n° 2004/35/CE du 21 avril 2004 sur la responsabilité environnementale et de l'US Oil Pollution Act », RJE, n° 2 : 175-189, 2008.

Cotula (L.), Repenser les contrats investisseur-État dans une perspective de développement durable, in Investment Treaty news, N° 1, vol. 2 ; p. 4, 2011. https://www.iisd.org/pdf/2011/iisd_itn_october_2011_fr.pdf

Cuendet (S.) « Accords d'investissement et développement durable comment concilier la protection des investissements étrangers avec la promotion du développement durable ? », *la Note de Convention*, n° 14. http://convention-s.fr/wp-content/uploads/2014/10/BACnote-15-accords-dinvestissements.pdf

Daouda (Y. H.) « Responsabilité sociétale des multinationales en Afrique Subsaharienne : enjeux et controverses ? Cas du groupe AREVA au Niger, VertigO », *la revue électronique en sciences de l'environnement*, 14 (1), pp. 28, 2014.

Deetjen (P. A.) « La Traduction juridique d'un dommage : le préjudice écologique », *Revue juridique de l'environnement*, n° 1 : 39-50, 2009.

Dehaussy (J.), *Les Sources du droit international*, Éditions A. Pedone – Paris – pp. 33, 2017.

Delaet (J. L.), L'Application des lois de 1791 et 1810 dans le bassin de Charleroi, p. 37-50.

Desbarats (I.) « L'Entreprise à l'épreuve du développement durable : complexité et ambiguïté du concept de RSE », *Revue juridique de l'environnement*, pp. 175-190, 2007.

Diallo (M. L.) « Mine d'or et développement durable : quelques réflexions sur le site de Sabodola Sénégal oriental », *Echoges.Revue.org*, 2009. https://journals.openedition.org/echogeo/11103

Didier (C.) « La Politique française de prévention des risques liés à l'après mine », *réalités industrielles*, p. 86, 2007. https://hal-ineris.archives-ouvertes.fr/ineris-00961916/document

Doucin (M.), La RSE : nouveau champ de la coopération, 2012. Voire https://cn.ambafrance.org/Intervention-de-M-Michel-Doucin-ambassadeur-charge-de-la-bioethique-et-de-la-responsabilite-sociale

Du Marais (B.) « Attractivité économique du droit : le droit français peut-il survivre dans la compétition internationale ? » *Droit et Patrimoine*, n° 170 : 38, 2008.

Ducharme (L.) « La Limitation contractuelle de la responsabilité civile : ses principes et son champ d'application », *Les Cahiers de droit*, 3(1) : 39-59, 1957.

Dufour (F.) « Développement durable humain. La cohérence discursive des contradictions. Mots. Les langages du politique 2013 ». *Revues.org* ; ed. ENS.

Dupichot (J.) « Regards sur le nouveau juriste d'entreprise et la gestion du risque juridique », in Mélanges M. de Juglard : Aspect du droit privé à la fin du XXe siècle, L.G.D.J.-Litec, p. 121, 1986.

Fall (A.), Contrats d'investissement miniers : exorciser la malédiction de l'abondance ; juin 28, 2015. http://ordredesavocats.sn/contrats-dinvestissement-miniers-exorciser-la-malediction-de-labondance/

Fardet (C.), La Clause exorbitante et la réalisation de l'intérêt général (à propos de l'arrêt du tribunal des conflits du 5 juillet 1999, U.G.A.P), A.J.D.A, p. 115, 2000.

Ferrand (D.) « L'Industrie minière et le développement durable », *Revue Mines Chaire Eco conseil*, pp. 74, 2013.

Fontaine (M.), Négociation et formation des contrats internationaux, Formation of Contrats and Precontractual Liability, International Chamber of Commerce, Paris, p. 323-341, 1990.

Fontaine (M.), Les Principes pour les contrats commerciaux internationaux élaborés par Unidroit R.D.LD.C., p. 25-40, 1991.

Fontaine (M.), Les Problèmes du long terme dans les contrats internationaux, colloque de Tours (1-3 juin 1978), D.P.C.I., t. 5, n° 1 p. 142-145 (exposé introductif), p.146-174 (direction des débats) 1979.

Fontaine (M.), Les Lettres d'intention dans la négociation des contrats internationaux, D.P.C.I., p.73-122, 1977.

Frison-Roche (M. A.), Le Droit d'accès à la justice et au droit, p. 521-539, 2011. http://mafr.fr/IMG/pdf/le_droit_d_acces_a_la_justice_et_au_droit.pdf

Frison-Roche (M. A.), Le Contrat et la responsabilité : consentements, pouvoirs et régulation économique, RTD civ. p. 43, 1998.

Gaillard (E. Chroniques des sentences arbitrales, n° 2 ; p.., 2010.

http://www.shearman.com/~/media/Files/NewsInsights/Publications/2010/07/Centre-international-pour-le-rglement-des-diffre__/Files/View-full-text-in-French-Centre-international-po__/FileAttachment/IA070110JDI ChroniqueCIRDI2010PhoenixActionMalays__.pdf

Gaillard (Y.) et Thuillier (G.) « Qu'est-ce qu'un investissement ? », in *Revue économique*, volume 19, n° 4 : 607-637, 1968.

Gautron (J. C.) « Les Conventions d'établissement conclues par le Sénégal avec les entreprises », in *Annuaire française de droit international*, volume 14 : 656, 1968.

Gentil (D.) et Husson (B.) « La Décentralisation contre le développement local », in *Observatoire permanent de la Coopération Française*, Rapport, Paris, Desclée de Brouwer ; p. 59-7, 1996.

Ghestin (J.), La Notion de contrat, D. chr. p. 27, 1990.

Ghestin (J.), La Formation du contrat, LGDJ, 3e éd., 1993.

Granger (R.), « Les Mines nationalisées devant le droit minier », *Droit social*, n° 7 : 381-458, 1953.

Greffriaud (M.), Les Risques liés aux exploitations minières, 2006. https://docplayer.fr/17335132-Les-risques-lies-aux-exploitations-minieres-projet-personnel.html

Greig (I.) « Le Sénégal oriental à l'aube du développement minier, les collectivités locales des jeux du pouvoir aux enjeux du territoire », *EchoGéo*, p. 1, 2009.

Guj (P.), Les Redevances minières et autres impôts spécifiques à l'industrie minière. 2012.

http://centre-mcd.uqam.ca/upload/files/Publications/Veille/redevances%20minires%20australie.pdf

Hatcher (P.), Mali : Réécrire le Code minier ou redéfinir le rôle de l'État ?, in Bonnie Campbell, Enjeux et des nouvelles réglementations minières en Afrique, Nordiska Afrikainstitutel, Göteborg, 2004.

http://www.ieim.uqam.ca/IMG/pdf/Manuscrit-Fra-2004.pdf

Hebraud (P.), Rôle respectif de la volonté et des éléments objectifs dans les actes juridiques, Revue Juridique de l'Ouest, n° 4 : 409-439, 2000.

Hirsch (G.) et Mazeaud (O) « Mise en place d'une gestion des risques juridiques d'entreprise », *Rev. fr. de gestion*, II.49, 1984.

Humphreys (M.) « Aspects économiques des guerres civiles », *Revue tiers-monde*, volume 2, n° 174 : 269-295, 2003.

Ibriga (L. M.), Droit communautaire ouest-africain, Université Ouaga II, UFR de Sciences Juridiques et Politiques, pp. 27-28, 2012.

Kahn (P.), Force majeure et contrat internationaux de longue durée, 102 Clunet 467, 1975.

Kebe (A. A.) « Le Déclin de l'exorbitance du droit administratif sénégalais sous l'effet du droit communautaire », Edition Afrilex, pp. 28, 2015.

Kelsen (H.), Étude structurale du contrat, une conception objective du lien d'obligation : les apports du structuralisme à la théorie du contrat, APD 81, T. 26.

Knierzinger (J.) « Après le boom : la laborieuse mise en œuvre de nouvelles régulations dans le secteur minier guinéen », *EchoGéo*, 38, 2016. http://journals.openedition.org/echogeo/14758

Lamarque (J.) « Le Déclin du critère de la clause exorbitante », *in L'évolution du droit public : études offertes à Achille Mestre*, p. 527-561, 1956.

Laubadere (A.) « Traité de droit administratif », t. 1, 8e éd. In : *Revue internationale de droit comparé*. Vol. 32 n° 3 : 669-671, 1980.

Leben (Ch.) « Les Investissements internationaux dans les pays en développement : Réflexions sur la décennie écoulée (1976-1986) », Clunet, n° 4 : 922, 1986.

Lebrigand (Y.) *et al*, L'Application du droit des mines par le conseil général des mines en France au XIXe siècle, les PV des séances du CGM du 19 siècle ; http://www.annales.org/archives/x/latty.html

Legoux (P.) « Législation minière des pays francophones », R. jur ; Pol. Ind. Coop, t. 32, n° 2, Paris, pp. 647-802, 1978.

Lucas De Leyssac (C.), L'Obligation de renseignement dans les contrats, tirée de l'information en droit privé sous la direction de Y. Lassouarn ET F. Lagarde, LGDJ, 1978.

Ly (I.) et Ngaide (M.). — ***Doit** de l'environnement au Sénégal, Formation à distance*. — Campus Numérique, ENVIRDOIT, Master 2 : Droit international et comparé de l'environnement : Option Droit de l'Environnement, Faculté de Droit et des Sciences Économiques, Université de Limoges et Agence Universitaire de la Francophonie, 2008.

Mackaay (E.), La Propriété est-elle en voie d'extinction ? in Nouvelles technologies et propriété, Actes du Colloque tenu à la Faculté de droit de l'Université de Montréal les 9 et 10 novembre 1989, Montréal, Thémis — Paris, Litec, p. 217-247, 1991.

Magrin (G.) « La Décentralisation règlera les problèmes de l'État en Afrique », in Courade G. (Dir.) *L'Afrique des idées reçues*, Paris, Belin, p. 383-389, 2006.

Mann (H.) « Contrat Investisseur-État et Développement Durable », *Investment Treaty news* ; N° 1, vol. 2 : 3, 2011.

Marchand (J.) « Réflexion sur le principe de transparence », *Revue de droit public (RDP)*, n° 3 : 677, 2014.

Maréchal (L.) « Le Secteur minier est-il porteur de développement en Afrique ? », *Politique étrangère*, n° 2 : 85-98, 2013.

Massis (Th.) « La Transparence et le secret. Champ social, débat de conscience », *Études* n° 6, t. 394 : 751-761, 2001.

Mourgeon (J.) « Les pactes internationaux relatifs aux droits de l'homme », in *Annuaire français de droit International*, p. 348, 1967.

https://www.persee.fr/docAsPDF/afdi_0066-3085_1967_num_13_1_1935.pdf

Muzampa (B. K.), Enjeux et perspectives de renégociation des contrats miniers en Afrique subsaharienne ; NAP n° 29, 2015.

http://www.thinkingafrica.org/V2/wp-content/uploads/2015/06/NAP-29.pdf

Nauges-Denioux (S.). — *Le Risque et le droit ; contribution à l'étude d'un instrument juridique.* — th. dactyl. Droit public, 2001.

Ndir (M), Domaine National : la Loi et le Projet de Réforme (Loi 64-46 du 17 juin 1964 relative au Domaine National, FIG Working Week 2011 Bridging the Gap between Cultures Marrakech, Morocco, 18-22 May 2011. https://www.fig.net/resources/proceedings/fig_proceedings/fig2011/papers/ts03j/ts03j_ndir_5170.pdf

Ngaidé (M.), Le Cadre juridique et institutionnel des études d'impact environnemental et social d'un projet minier au Sénégal : le cas du Projet Zircon de la Grande Côte. 17e Colloque international en évaluation environnementale : L'évaluation environnementale pour une gestion durable des ressources minières, biologiques et énergétiques, du 12 au 15 juin 2012, Montréal (Québec-Canada).

https://www.sifee.org/static/uploaded/Files/ressources/actes-des-colloques/montreal/session-3-4/NGAIDO_TEXTE.pdf

Nicolay (Th.), Le Régime juridique des mines dans les territoires d'outre-mer et les territoires associés, Bibliothèque juridique de l'union française ; Encyclopédie d'outre-mer, 1955, p. 278

Olivia (R.) « La Responsabilité du contractant à l'égard des tiers », in : *Revue juridique de l'Ouest*, 1 : 43-103, 2003.

https://doi.org/10.3406/juro.2003.2718 ;

Pascal (M.), Recherche de phosphates au Sénégal, Campagne 1980-1984. Rapport final Étude géologique et minière des nouveaux gisements de phosphates du Département de Matam (secteur Ndendouri et Ouali Diala), Rap. BRGM, Dir. Min. Géol. Sénégal, DMG/BRGM, pp. 85-94, 1985.

Patrick (M.), L'Étude d'impact sur l'environnement, ministère de l'Aménagement du Territoire et de l'Environnement, pp. 157, 2001.

Personnaz (J.) et Verrier (F.), Mines et Carrières, fascicule 10, Juris Classeur Géomètre expert, 2000.

Personnaz (J.), Institution des mines, J.C.A Fasc. 371, n° 16.

Personnaz (J.), Verrier (F.), et Jallade (P.), Droit des mines – régime des recherches minières, fasc 370, Juris classeur administratif, 2004.

Peterson (L. E.), Le Rôle du droit relatif aux droits humains dans l'arbitrage des différends entre investisseurs et États. Droits et Démocratie ; Centre international des droits de la personne et du développement démocratique, 2009 ; https://www.business-humanrights.org/sites/default/files/media/documents/human-rights-and-bilateral-investment-treaties-peterson-2009-fr.pdf

Petit (D.) « La Gestion de l'après-mine ». *Annales des mines*. Juillet 2004. http://www.annales.org/re/2004/re35/petit15-32.pdf

Raveleau (B.) « Capacités », in Jean-Pierre Boutinet, L'ABC de la VAE, Ed. ERES Éducation — Formation, p. 92-94, 2009.

Rocci (G.) « L'Œuvre des géologues français en AOF », présentée lors des Travaux du Comité français d'histoire de la géologie (COFRHIGÉO), 3e série (Tome 26, 2) : 25-54 (Séance du 14 mars 2012).

Rolland (L.), Situation juridique des exploitants de mines, in R.D.P. 1911, p. 730-1920.

Rousseau (E.), *Entre désintégration et reconstruction de l'État, la figure du seigneur de guerre somalien : les années 1990*. (Université catholique de Louvain, Chaire Inbev-Baillet Latour, Programme Union européenne-Chine, Note d'analyse, 31), 13 mars 2014.

Rousseau (E.) « Le Processus de Kimberley et la lutte contre le commerce des diamants de sang », Courrier hebdomadaire du CRISP 2017/28 (n° 2353-2354) : 5-62. DOI 10.3917/cris.2353.0005. 15 juin 2000.

Ruben (A. M.) « Réflexions sur les droits de l'exploitant de mines en droit camerounais », *Revue de l'ERSUMA* : Droit des affaires — Pratique Professionnelle, N° 4 — Septembre 2014.

Serfati (C.) « Économies de guerre et ressources naturelles : les visages de la mondialisation », *Annuaire suisse de politique de développement*, volume 25, n° 2 : 107-126, 2006.

Silve (A.) « Botswana et Ile-Maurice, deux miracles africains ; profiter de ses rentes sans hypothéquer son développement », *Afrique contemporaine*, vol. 2/(n° 242) : 31, 2012.

Starck (B.) « Droit civil, Obligations », *Litec*, n° 960 : 326, 1972.

Totte (M.), Dahou (T.) et Billaz (R.), *La Décentralisation en Afrique de l'Ouest, entre politique et développement*, Paris, COTA-Karthala-ENDA GRAF, pp. 400, 2003.

Tournis (V.) et Rabinovitch (M.) « Principes de législation minière », *Géologues*, n° 152 : 112, 2007.

Troly (G.) « Le Code minier et le développement durable, une perspective historique : responsabilité et environnement », n° 49 janvier 2008.

Vedel (G.) « Remarques sur la notion de clause exorbitante », *Mél. Mestre*, p. 540 — J., 1956.

Vignal (N.) « La Transparence en droit privé des contrats. Approche critique de l'exigence », in : *Revue internationale de droit comparé*. Vol. 51 n° 3 : 718, 1999.

Villey (M.) « Du Sens de l'expression *jus in re* en droit romain classique », *Mél. de Visscher*, II, Bruxelles, p. 428 et s., 1949.

Voidey (N.), *Le Risque en droit civil*, PUAM, 2005.

Yante (J. M.) « Les Lois de 1791 et 1810 régissant les concessions de mines en Belgique », Journée d'études organisée à l'occasion du bicentenaire de ces lois fondatrices. *Revue belge de Philologie et d'Histoire* ; 75-2 : 590-591, 1997.

Youssoufou (H. D.), *Responsabilité sociétale des multinationales en Afrique Subsaharienne : enjeux et controverses*, p.28, 2011.

Zunilda (C. D.), *L'Évolution du droit minier Chilien (1874-1971)*, 2014.

THÈSES

Arbant-Michel (G.). — *Les relations entre les clauses et contrat.* — Th. Montpellier, 2001.

Bocoum (H.). — *La Métallurgie du Fer au Sénégal.* — Th. Université Panthéon-Sorbonne : Paris, pp. 333, 1986.

Chauvel (P.). — *Le vice du consentement.* — Thèse Paris II, 1981.

Cornu (G.). — *Étude comparative de la responsabilité délictuelle en droit privé et en droit public.* — Th. Matot-Braine, Paris, 1951.

De Valroger (P.). — *Législation des mines.* — Thèse pour le doctorat, : Librairie de la société de recueil général des lois et des arrêts, Paris, 1899

Ibara (R.). — *L'Aménagement de la force majeure dans le contrat : essai de théorie générale sur les clauses de force majeure dans les contrats internes et internationaux de longue durée.* — Thèse Droit : Poitiers : Université de Poitiers, 2012.

Ly (I.). — *Problématique du droit de l'environnement dans le processus de développement économique et social d'un pays africain : l'exemple du Sénégal.* — Thèse de doctorat en droit Université Cheikh Anta Diop : Dakar, 1994.

Pellerin (J.). — *Les clauses relatives à la répartition des risques financiers entre contractants.* — Th. dr. Paris, II, 1979.

Rouhette (G.). — *Contribution à l'étude critique de la notion de contrat.* — Thèse Paris, 1965.

LITERATURE EN ANGLAIS

Berdal (M.) et Maone (D. M.), Greed and Grievance: Economic Agendas in Civil Wars, Boulder/Londres, Lynne Rienner, 2000.

Bilal (S.), From Growth to Transformation : What Role for the Extractive Sector? GREAT Insights, Vol 2, Issue 2. February-March 2013.

Bridge (G.), Contested Terrain : Mining and the Environment, in *Annual Review of Environment and Resources*, 21(29) : 205-59, 2004.

Bush (R.), Scrambling to the Bottom? Mining, Resources and Underdevelopment. *Review of African Political Economy*, 35(117) : 361-366, 2008.

Campbell (B.), Regulation of the Extractive Sector : Issues Raised by the Revision of Mining Regimes in Africa Rethinking Extractive Industry: Regulation, Dispossession, and Emerging Claims, The Centre for Research on Latin America and the Caribbean (CERLAC) and Extractive Industries Research Group (EIRG), York University, Toronto 5-7 March 2009.

Collier (P.), Economic Causes of Civil Conflict and Their Implications for Policy, Economics of Crime and Violence Paper, World Bank, Washington DC, pp.23, 2000.

Collier (P.), Hoeffler (A), Greed and Grievance in Civil War, *Oxford Economic Papers*, vol. 5 : 563-595, 2004.

Daniel (Ph.), Keen (M.) et Mcpherson (Ch.), The Taxation of Petroleum and Minerals : Principles and Practice, Abingdon: Routledge. 2010.

Eddie (R.) et Moberg (J.), Beyond Governments, Making collective Governance Work, Lessons from the Extractives industries transparency initiative, Greenleaf Publishing, p. 7, 2015.

Elkington (J.), Cannibals with Forks: The Triple Bottom Line of 21st Century Business, A Capstone Paperback, 1997.

Fearon (A. D.) et Laitin (D. D.), Ethnicity, Insurgency and Civil War, *American Political Science Review*, volume 97, n° 1 : 75-90, 2003.

Fonseca (A.) *et al.*, Measuring What : A Comparative Anatomy of Five Mining Sustainability Frameworks, *Minerals Engineering*, 46-47 : 180, 2013.

Fontaine (M.), Best Efforts, Reasonable Care, Due Diligence et les règles de l'art dans les contrats internationaux, R.D.A.L, p. 983-1027, 1998.

Gallus (N.), The influence of the host state's level of development on international investment treaty standards of protection, *Journal of World Investment and Trade* 6(5) : 711, 2005.

Grey (T. C.), The Desintegration of Property, Nomos (Yearbook of the American Society for Political and Legal Philosophy), XXII, J. R. Pennock and J. W. (eds), New York, New York University Press, p. 69-87, 1980.

Hilson (G.) et Murck (B.), Sustainable Development in the Mining Industry: Clarifying the Corporate Perspective, *Resources Policy*, vol. 26, n° 4 : 227-238, 2000.

Jarvie-Eggart (M. E.), Responsible Mining : Case Studies in Managing Social & Environmental Risks in the Developed World; Edition, Society for Mining, Metallurgy & Exploration — pp. 804, 2015.

Kaldor (M.), New and Old Wars: Organized Violence in a Global Era, Stanford, Stanford University Press, 1999.

Kalyvas (S. N.), New and Old Civil Wars: A Valid Distinction?, World Politics, volume 54, n° 1, p. 99-118, 2011.

Laporte (B.) et De Quatrebarbes (C.), What do we know about the mineral resource rent sharing in Africa? *Resources Policy*, 46 : 239-49, 2015.

Laporte (B.) et Rota-Graziosi (G.), Principles and dilemmas in mining taxation, in M. Boussichas and P. Guillaumont (eds), Financing sustainable development. Addressing vulnerabilities, FERDI, 2015.

Le Billon (Ph.), Wars of Plunder. Conflicts, Profits and the Politics of Resources, Londres, Hurst & Company, pp. 91, 2012.

Lehmann (V.), Natural Resources, The Extractives Industries Transparency Initiative, and Global Governance, The Hague Institute for Global justice 2015 ; Voir aussi, Rapport sur la Gouvernance en Afrique V, Commission économique pour l'Afrique, p. 52, 2018.

Loutit (J.), Mandelbaum (J.) et Szoke-Burke (S.), Emerging Practices in Community Development Agreements ; 2016.

http://ccsi.columbia.edu/files/2016/02/Emerging-practices-in-CDAs-Feb-2016-sml.pdf

Marta (M.) *et al*, Framework for Sustainable Mining: A Guide to Evolving Standards, 2005.

http://www.frameworkforresponsiblemining.org/pubs/Framework_20051018.pdf

Pascal (M.) et Faye (C.), The Matam phosphate deposits, Senegal, in: Phosphate deposits of the world Phosphate rock resources, p. 295-300, 1989.

Pascal (M.), Sustrac (G.), *et al.,* Phosphorites deposits of Senegal in Phosphate Deposits of the World, Volume 2, Phosphate Rock Resources,

Volume 2, publié par A. J. G. Notholt, R. P. Sheldon, D. F. Davidson, 1988.

Reno (W.), Warlord Politics and African States, Londres, Lynne Rienner, 1998.

Ross (M. L.), How Do Natural Resources Influence Civil War? Evidence from Thirteen Cases, *International Organization*, volume 58, n° 1 : 35-67, 2004.

Sinwell (L.) *et al.*, Marikana : A View from the Mountain and a Case to Answer, pp. 160, 2013.

Smith (D. N.) and Wells (L. T.), Negotiating Third World Mineral Agreements, pp. 459, 1975.

Solomon (F.) *et al.,* Mining Certification Evaluation Project, 2006. http://www.minerals.csiro.au/sd/SD_MCEP.htm

Sornarajah (M.), The International Law on Foreign Investment, Cambridge University Press, p. 22-23, 2004.

UNCTAD, Investment Policy Framework for Sustainable Development, World Investment Report, p. 28 et ss., 2012

http://unctad.org/en/PublicationsLibrary/diaepcb2015d5_en.pdf

UNCTAD, State Participation and Privatization in the Minerals Sector. https://unctad.org/en/Docs/cn1ge2d2.en.pdf

Van Der Veen, (P.) The World Bank Experience. Lessons From 10 Years of Mining Sector Reform: The road travelled. Mining Taxation Workshop. Washington DC Mining Department, p. 3, 2000.

Wolfgang (P.), Arbitration & Renegotiation of International Investment Agreements, Second Revised and Enlarged Edition, The Hague, Kluwer Law international, 1995.

World Bank, Strategy for African Mining, World Bank Technical Paper No. 181, Africa Technical Department Series, Mining Unit, Industry and Energy Division, Washington D.C.: World Bank, 1992. http://documents.worldbank.org/curated/en/722101468204567891/pdf/multi-page.pdf

TEXTES OFFICIELS

(Les lois dont les références de publication dans un journal officiel ne nous ont pas été accessibles sont accompagnées des liens pour y avoir accès)

CONSTITUTION

Loi constitutionnelle n° 2016-10 du 05 avril 2016 portant révision de la Constitution du 22 janvier 2001.

TRAITÉS

Acte additionnel n° 01/2000 du 14 décembre 2000 portant adoption de la politique minière commune de l'UEMOA.
http://www.uemoa.int/sites/default/files/bibliotheque/pages_-_aa_01_2000.pdf

Acte uniforme portant droit de l'arbitrage du 11 mars 1999 ; Date d'entrée en vigueur : 11 juin 1999 Publié dans le Journal Officiel n° 8.

https://www.ohada.org/attachments/article/2290/Acte-Uniforme-relatif-au-droit-d-arbitrage-2017.pdf

Directive C/DIR3/05/2009 du 27 mai 2009 portant sur l'Harmonisation des principes directeurs et politiques dans le secteur minier.

Règlement n° 18/2003/CM/UEMOA du 22 décembre 2003, portant adoption du Code minier communautaire de l'UEMOA, J.O N° 6163 du 29 mai 2004.

http://www.uemoa.int/sites/default/files/bibliotheque/pages_-_reglement_18_2003_cm_uemoa.pdf

Résolution 1803 (XVII) adoptée par l'Assemblée générale des Nations unies du 14 décembre 1962 portant sur la Souveraineté permanente sur les ressources naturelles.

https://www.ohchr.org/FR/ProfessionalInterest/Pages/NaturalResources.aspx

Résolution 1998 (VII) de la Commission des droits de l'homme du 3 avril 1998 portant sur la Déclaration sur le droit et la responsabilité des individus, groupes et organes de la société de promouvoir et protéger les droits de l'homme et les libertés fondamentales universellement reconnus.

https://www.ohchr.org/Documents/Issues/Defenders/Declaration/declaration_fr.pdf

Résolution 2200 A (XXI) adoptée par l'Assemblée générale des Nations unies du 16 décembre 1966 portant sur le Pacte international relatif aux droits économiques, sociaux et culturels.

https://www.un.org/french/documents/view_doc.asp?symbol=A/RES/2200 (XXI) & Lang=F

Résolution 3171 (XXVIII) adoptée par l'Assemblée générale des Nations unies du 17 décembre 1973 portant sur la Souveraineté permanente sur les ressources naturelles.

https://www.un.org/french/documents/view_doc.asp?symbol=A/RES/3171 (XXVIII) & Lang=F

Résolution 3281 (XXIX) adoptée par l'Assemblée générale des Nations unies du 12 décembre 1974 portant sur la Charte des droits et des devoirs économiques des États.

https://www.un.org/french/documents/view_doc.asp?symbol=A/RES/3281 (XXIX) & Lang=F

Résolution 626 (VII) adoptée par l'Assemblée générale des Nations unies du 21 décembre 1952 portant sur le Droit d'exploiter librement les richesses et les ressources naturelles.

https://www.un.org/french/documents/view_doc.asp?symbol=A/RES/626 (VII) & Lang=F

Résolutions 3201 (S.VI) et 3202 (S-VI) adoptée par l'Assemblée générale des Nations unies du 1er mai 1974 portant sur la Déclaration et le Programme d'action concernant l'instauration d'un nouvel ordre économique international.

https://legal.un.org/avl/pdf/ha/ga_3201/ga_3201_f.pdf

https://undocs.org/fr/A/RES/3202 (S-VI)

LOIS

Loi n° 2018-24 du 06 juin 2018 portant Loi de Finances Rectificative (LFR) pour l'année 2018. JORS N° 7109 du 09 juillet 2018.

Loi n° 2017-32 du 15 juillet 2017 fixant les règles d'organisation et de fonctionnement d'un Établissement public à statut spécial dénommé Caisse des Dépôts et Consignations. *JORS* N° 7033 du 07 août 2017.

Loi n° 2016-32 du 8 novembre 2016 portant Code minier. *JORS* N° 7005 du 15 avril 2017.

Loi n° 2014-10 du 28 février 2014 portant Code des Douanes du Sénégal. *JORS* N° 6787 du 26 avril 2014.

Loi n° 2013-10 du 28 décembre 2013 portant Code général des Collectivités locales. *JORS* N° 6765 du 28 Décembre 2013.

Loi n° 2012-32 du 31 décembre 2012 portant Code général des Impôts. *JORS* N° 6706 du 31 décembre 2012.

Loi n° 2012-31 du 31 décembre 2012 portant Code général des Impôts. *JORS* N° 6706 du 31 décembre 2012.

Loi n° 2006-03 du 4 janvier 2006 portant création d'un établissement public à statut spéciale dénommé Caisse des Dépôts et Consignations. *JORS* N° 6269 du 18 mars 2006.

Loi n° 2004-08 du 6 février 2004 qui modifie l'annexe de la loi n° 87-23 du 18 août 1987 sur la privatisation des entreprises publiques. *JORS* N° 6152 du 13 mars 2004.

Loi n° 2004-06 du 6 février 2004 portant Code des investissements. *JORS* N° 6152 du 13 mars 2004.

Loi n° 2003-36 du 24 novembre 2003 portant Code minier. *JORS* N° 6150 du 28 février 2004.

Loi n° 2001-01 du 15 janvier portant Code de l'Environnement. *JORS* N° 5972 du 10 mars 2001.

Loi n° 1998-03 du 08 janvier 1998 portant Code forestier. *JORS* N° 5784, du 07 février 1998.

Loi n° 1996-07 du 22 mars 1996 portant transfert de compétences aux régions, aux communes et aux communautés rurales. JORS N° 5689 du 20 mai 1996.

Loi n° 1996-06 du 22 mars 1996 portant Code des Collectivités locales. *JORS* N° 5689 du 20 mai 1996.

Loi n° 1988-06 du 26 août 1988 portant Code minier. *JORS* N° 5261 du 12 novembre 1988.

Loi n° 1987-23 du 18 août 1987 sur la privatisation, modifiée par la loi n° 2004-08 du 6 février 2004. *JORS* N° 6152 du 3 mars 1987.

Loi n° 1986-15 du 14 avril 1986 portant fixation des taxes relatives à la production, la recherche et l'exploitation des mines et carrières ou contrôle des bijoux en or, des appareils à vapeur et à pression de gaz et des établissements classés.

Loi n° 1976-66 du 2 juillet 1976 portant Code du domaine de l'État.

https://www.au-senegal.com/IMG/pdf/domaine20de223e0.pdf

Loi n° 1964-46 du 17 juin 1964 relative au Domaine national. *JORS* N° 3692, 11 juillet 1964.

Loi n° 1962-33 du 22 mars 1962 instituant un Code des Investissements. *JORS* N° 586, du 31 mars 1962.

Loi d'habilitation n° 1960-046 du 7 septembre 1960.

Loi n° 1955-720 du 26 mai 1955 relative à la procédure de codification des textes législatifs concernant les mines, minières et carrières. *JORF* du 28 mai 1955.

Loi n° 5401 du 21 avril 1810, concernant les Mines, Minières et les Carrières. *Bulletin des lois* n° 285.

RÈGLEMENTS

Décrets

Décret n° 2017-459 du 20 mars 2017 fixant les modalités d'application de la loi n° 2016-32 du 08 novembre 2016 portant Code minier.

http://cmdsenegal.com/wp-content/uploads/2017/04/DECRET_2016.pdf

Décret n° 2017-1593 du 13 septembre 2017 fixe les attributions du ministre des Mines et de la Géologie.

https://www.sec.gouv.sn/décret-n° -2017-1593— du-13-septembre-2017-relatif-aux-attributions-du-ministre-des-mines-et-de-la

Décret n° 2017-1546 du 08 septembre 2017 portant répartition des services de l'État et du contrôle des établissements publics, des sociétés nationales et des sociétés à participation publique entre la Présidence de la République, la Primature et les Ministères.

https://www.sec.gouv.sn/décret-n° -2017-1546— du-08 — septembre-2017— portant-répartition-des-services-de-l'État-et-du-contrôle-0

Décret n° 2016-1542 du 03 août 2016 portant création et fixant les règles de fonctionnement du Comité d'Orientation stratégique du Pétrole et du Gaz (COS-PETROGAZ).

http://www.servicepublic.gouv.sn/assets/textes/T-dec-Projet-Decret-COS-_PETROGAZ.pdf

Décret n° 2015-299 du 06 mars 2015 modifiant le décret n° 2014-853 portant répartition des services de l'État et du contrôle des établissements publics, des sociétés nationales et des sociétés à participation publique entre la Présidence de la République.

https://www.sec.gouv.sn/décret-n° -2015-299— du-06-mars-2015-modifiant-le-décret-n° 2014-853 — portant-répartition-des-services

Décret n° 2014-853 du 09 juillet 2014 portant répartition des services de l'État et du contrôle des établissements publics, des sociétés nationales et des sociétés à participation publique entre la Présidence de la République, la Primature et les ministères.

https://www.sec.gouv.sn/décret-n° 2014-853— du-09 — juillet-2014— portant-répartition-des-services-de-l'État-et-du-contrôle-des

Décret 2013-881 du 20 juin 2013 portant organisation et fonctionnement du Comité national ITIE, *JORS* N° 6735 du 25 juin 2013 N-S.

Décret n° 2013-921 du 1er juillet 2013 portant organisation et fonctionnement du ministère de l'Énergie et des Mines, *JORS* N° 6758 du 16 novembre 2013.

Décret n° 2013-1225 du 04 septembre 2013 portant répartition des services de l'état et du contrôle des établissements publics, des sociétés nationales et des sociétés à participation publique entre la Présidence de la République, la Primature et les Ministères.

https://www.sec.gouv.sn/décret-n° -2013-1225— du-04 — septembre -2013— portant-répartition-des-services-de-l'État-et-du-contrôle

Décret 2009-1335 du 30 novembre 2009 portant création et fixant les modalités d'alimentation et de fonctionnement du fonds de réhabilitation des sites miniers, *JORS*, N° 6526 du 15 mai 2010.

Décret n° 2006-12 du 10 janvier 2006 portant création de l'Agence nationale des Expropriations et Relogements, *JORS*, N° 6272 du 08 avril 2006.

Décret n° 2001-282 du 12 avril 2001 portant application du Code de l'environnement.

https://www.sec.gouv.sn/sites/default/files/loisetdecrets/Loi%20n°%202001-01%20du%2012%20avril%202001%20portant%20code%20de%20l%27environnement.pdf

Décret n° 89-907 du 5 août 1989 portant application du Code minier.

http://www.droit-afrique.com/upload/doc/senegal/Senegal-Decret-1989-907-application-Code-minier_Abroge.pdf

Décret d'application n° 1989-1539 du 19 décembre 1989, réglementant la fabrication, l'importation, la conservation, le transport et l'emploi des substances explosives, *JORS*, n° 5364 du 18 septembre 1990.

Décret d'application n° 1972-868 du 19 juillet 1972 de la loi 72-22 du 19 avril 1972 modifiant le régime des carrières.

Décret n° 1964-572 du 30 juillet 1964 portant Code de Procédure civile, *JORS*, n° 3705 du 28 septembre 1964.

Décret n° 61-357 en date du 21 septembre 1961 réglementant et codifiant le régime des substances minérales au Sénégal à l'exception des hydrocarbures liquides et gazeux.

Décret n° 61-356 du 21 septembre 1961 fixant le régime de l'exploitation des carrières au Sénégal.

Décret n° 1961-151 du 12 avril 1961 portant création du Conseil général des Mines.

Décret n° 1957-859 du 30 Juillet 1957 portant application des modifications du Décret n° 57-242 du 24 février 1957.

Décret n° 1957-242 du 24 février 1957.

Décret n° 1956-838 du 16 août 1956 portant Code minier, *JORF* 21 août 1956.

Décret n° 1954-638 du 20 mai 1955 complétant le décret de 1954.

Décret n° 1954-1110 du 13 novembre 1954 portant réforme des substances minérales dans les territoires d'outre-mer au Togo et au Cameroun.

Décret du 26 juillet 1932 portant réorganisation de la propriété foncière en Afrique-Occidentale française.

Décret du 8 octobre 1925 instituant un mode de constatation des droits fonciers et indigènes en Afrique occidentale française.

Décret du 24 juillet 1906 portant organisation du régime de la propriété foncière dans les colonies et territoires relevant/du Gouvernement général de l'Afrique-Occidentale française.

Décret n° 142 du 14 août 1896 portant réglementation sur la recherche et l'exploitation des mines au Sénégal et au Soudan.

Décret impérial du 3 janvier 1813 contenant des dispositions de police relatives à l'exploitation des mines.

Arrêtés

Arrêté n° 02472 du 10 février 2014 portant création des couloirs d'orpaillage.

Arrêté interministériel n° 09931 du 18 juin 2014 portant sur l'ouverture et l'exploitation des comptoirs de commercialisation des métaux précieux et de pierres précieuses.

Arrêté n° 009249 du 14 juin 2013 portant organisation de l'activité d'orpaillage.

Arrêté n° 440 du 31 août 1957.

Arrêté n° 723/AD du 16 mars 1937 fixant les conditions d'aliénation, d'amodiation et d'exploitation des terres domaniales ainsi que leur affectation à des services publics.

Arrêté n° 848 du 15 juin 1910 réglementant le régime de l'exploitation des carrières du Sénégal.

JURISPRUDENCE ET SENTENCES

Affaire de la communauté MAYAGNA (SUMO) AWAS TINGNI c/la République du Nicaragua – 31 août 2001 – Cour interaméricaine des droits de l'homme mercredi 26 mai 2010.

Affaire LESI c/Algérie, sentence du 10 janvier 2005, § 13(iv), JDI 2006, p. 239.

Affaire Salini c/Maroc, décision du 23 juillet 2001, § 50-58 in E. Gaillard, La jurisprudence du CIRDI : Pedone 2004, p. 633 et 634.

Arrêt du 17 août 1923, Rec. Série A, p. 25.

CE, 31 juillet 1912, Société des granits porphyroïdes des Vosges, Rec. Lebon, p. 909, concl. L. BLUM.

CSOB c. Slovaquie, Décision sur la compétence, 24 mai 1999, paragr. 64.

Décision sur la compétence rendue dans l'affaire CSOB c/Slovaquie du 24 mai 1999, § 90, in *La jurisprudence du CIRDI*, préc., p. 577.

Jugement commercial N° 681 du 28 mai 2014 entre ICS c/État du Sénégal

LESI-DIPENTA c. Algérie, Sentence, 11 janvier 2005, para. II. 14.

SGS c. Pakistan, Décision sur la compétence, 6 août 2003, in Affaire No. ARB/07/10 du CIRDI.

WEBOGRAPHIE

À Framework for Responsible Exploration http://www.pdac.ca/programs/e3-plus A Guide to Evolving Standards

http://www.frameworkforresponsiblemining.org/

Association minière du Canada, Vers le développement minier durable, http://www.mining.ca/www/_fr/Vers_le_developpement_minier_durable/Towards_Sustaining_Mining.php

Banque mondiale : Mining Community Development Agreements disponible au http://siteresources.worldbank.org/INTOGMC/Resources/mining_community.pdf

Centre d'études sur le droit international et la mondialisation, Université du Québec à Montréal, http://www.cedim.uqam.ca

Charte africaine des Droits de l'Homme et des Peuples. http://www.un.org/fr/africa/osaa/pdf/au/afr_charter_human_people_rights_1981f.pdf

Charte africaine des Droits de l'Homme et des Peuples.

http://www.achpr.org/files/instruments/achpr/achpr_instr_charter_fra.pdf

Charte des ressources naturelles.

https://resourcegovernance.org/sites/default/files/documents/natural_resource_charter_french20141002-2.pdf

Conseil des Droits de l'Homme des Nations unies, Protéger, respecter et réparer : un cadre pour les entreprises et les droits de l'homme. https://www.ituc-csi.org/IMG/pdf/12-04-21_ruggie_briefing_note_mk_3_-_fr.pdf

Contrats miniers : Le Sénégal est-il un bon négociateur ?

http://reussirbusiness.com/actualites/contrats-miniers-le-senegal-est-il-un-bon-negociateur/

Convention de MINAMATA https://fr.globalvoices.org/2013/11/05/156460/

Convention du 18 mars 1965 créant le Centre international de règlement des différends relatifs aux investissements entre États et ressortissants d'autres

États (CIRDI). https://pca-cpa.org/wp-content/uploads/sites/175/ 2016/01/ ICSID-Convention-1965-FR.pdf

Convention et Règlement du CIRDI, Centre international pour le règlement des différends relatifs aux investissements, CIRDI/15 avril 2006. https://icsid.worldbank.org/en/Documents/icsiddocs/ICSID%20Convention%20French.pdf

Déclaration de Rio sur l'environnement et le développement.

https://www.diplomatie.gouv.fr/sites/odyssee-developpement-durable/files/9/Declaration_de_Rio_1992_fr.pdf

Déclaration de Stockholm : https://www.diplomatie.gouv.fr/sites/odyssee-developpement-durable/files/1/Declaration_finale_conference_stockholm_1972.pdf

Déclaration universelle des droits de l'homme 10 décembre 1948 (Résolution 217 A (III))

(https://www.ohchr.org/EN/UDHR/Documents/UDHR_Translations/frn.pdf

École régionale supérieure de la Magistrature (ERSUMA), Réflexions sur les droits de l'exploitant de mines en droit camerounais

URL :http://revue.ersuma.org/no-4-septembre-2014/etudes/article/reflexions-sur-les-droits-de-l

Emerging Practices in Community Development Agreements.

https://www.commdev.org/wp-content/uploads/2015/05/P_Emerging-practices-in-CDAs.pdf

Émission *Chronique des matières premières* diffusée par la RFI

(http://www.rfi.fr/emission/20180112-rdc-revision-Code-minier-cours)

Extractives Hub sur ASM

(https://extractiveshub.org/servefile/getFile/id/6577

Forces de sécurité publique.

http://www.securityhumanrightshub.org/content/public-security-forces

Framework for Responsible Mining :

http://www.frameworkforres ponsiblemining.org/

Guide pour l'évaluation des projets EIE, du domaine minier :

https://docplayer.fr/19203394-Guide-pour-l-evaluation-des-eie-de-projets-miniers.html

Indice de gouvernance des ressources naturelles, Natural Resource Governance Institute 2017. https://resourcegovernanceindex.org/

L'étude d'impact sur le milieu et l'évaluation des coûts de remise en état des lieux sont effectuées par le Service des Eaux et Forêts, (http://www.eaux-forets.sn/index.php/services/centre-forestier-de-recyclage/22-menu.html

L'Initiative sur les principes volontaires (IPV).
http://www.voluntaryprinciples.org/wp-content/uploads/2016/06/VPI_-_Model_Clauses_for_Security_Agreements.pdf

La chute du prix du minerai de fer : surproduction et affaiblissement de la demande chinoise en acier http://www.mineralinfo.fr/ecomine/chute-prix-minerai-fer-surproduction-affaiblissement-demande-chinoise-en-acier

La Déclaration politique de Johannesburg et le Plan de mise en œuvre. https://www.francophonie.org/IMG/pdf/Johannesburg.pdf

La fiscalité minière en Afrique de l'Ouest et du Centre.
https://www.researchgate.net/profile/Gregoire_Rota-Graziosi/publication/278825483_La_fiscalite_miniere_en_Afrique_de_l%27Ouest_et_du_Centre/links/56a8784308ae0fd8b3fed736/La-fiscalite-miniere-en-Afrique-de-lOuest-et-du-Centre.pdf?origin=publication_detail

La Vision minière pour l'Afrique.
http://www.africaminingvision.org/amv_resources/AMV/Africa_Mining_Vision_french.pdf

Le Conseil général des mines https://fr.wikipedia.org/wiki/Conseil_g%C3%A9n%C3%A9ral_des_mines

Le Plan d'Action Foncier du Sénégal
http://www.bameinfopol.info/IMG/pdf/PlanActionFoncierSngal.pdf

Le rôle du droit relatif aux droits humains dans l'arbitrage des différends entre investisseurs et États. https://www.business-humanrights.org/sites/default/files/media/documents/human-rights-and-bilateral-investment-treaties-peterson-2009-fr.pdf

Les 23 propositions d'amélioration du Code minier du Sénégal formulées par la société civile disponibles au :
http://www.amnesty.sn/spip.php?article1738

Les conventions minières
https://www.sec.gouv.sn/lois-et-reglements/ conventions-mini%C3%A8res

Les délégations de service public et les contrats de partenariat public-privé http://www.vie-publique.fr/decouverte-institutions/institutions/administration/action/voies-moyens-action/quoi-consistent-contrats-administratifs.html

Les populations entre déguerpissements et faiblesses des indemnisations. http://www.seneplus.com/article/les-populations-entre-deguerpissements-et-faiblesses-des-indemnisations

Les redevances minières et autres impôts spécifiques à l'industrie minière. http://centre-mcd.uqam.ca/upload/files/Publications/Veille/redevances%20minires%20australie.pdf

Les ressources minérales et le développement de l'Afrique. www.uneca.org, novembre 2011. https://www.cetri.be/IMG/pdf/08-5.pdf)

Les traités bilatéraux d'investissement, l'exploitation minière et les champions nationaux : en assurer le succès.
https://www.iisd.org/sites/default/files/publications/bilateral_investment_treaties_mining_national_uneca-fr.pdf

Livre source ITIE 2005. Voir https://eiti.org/fr/document/livre-source-itie

Matières premières : Évolution de 2014 à aujourd'hui (https://www.zonebourse.com/actualite-bourse/Matieres-premieres-Evolution-de-2014-a-aujourd-hui--24068877

Natlex Sénégal, in http://www.ilo.org/dyn/natlex/natlex4.detail?p_lang=en&p_isn=20066

OCDE, www.oecd.org/corporate/mne/mining.htm

OCDE, Local content policies in minerals-exporting countries, case studies, 2017.
http://www.oecd.org/officialdocuments/publicdisplaydocumentpdf/?cote=TAD/TC/WP (2016) 3/PART2/FINAL&docLanguage=En

OCDE, L'expropriation indirecte et le droit de réglementer dans le droit international de l'investissement, Éditions OCDE, 2004.

OCDE, Statistiques des recettes publiques, 2012. http://dx.doi.org/10.1787/rev_stats-2012-en-fr

Open Society Initiative for West Africa (OSIWA). Voir : http://reussirbusiness.com/actualites/contrats-miniers-le-senegal-est-il-un-bon-negociateur/

Pacte international relatif aux droits économiques, sociaux et culturels (PIDESC). https://www.ohchr.org/fr/professionalinterest/pages/cescr.aspx

Partenariat minier africain sur la Charte de développement durable et le Cadre de politique minière. http://itie.sn/?offshore_dl=1131

Politiques d'investissement et accords bilatéraux d'investissement en Afrique : Implications pour l'intégration régionale.
https://www.uneca.org/fr/publications/politiques-d%E2%80%99investissement-et-accords-bilat%C3%A9raux-d%E2%80%99investissement-en-afrique

Politiques d'investissement et accords bilatéraux d'investissement en Afrique :

Principes directeurs relatifs aux entreprises et aux droits de l'homme : mise en œuvre du cadre de référence Protéger, Respecter et Réparer des Nations unies, 2011, doc. ONU HR/PUB/11/04, disponible à l'adresse www.ohchr.org/Documents/Publications/GuidingPrinciplesBusinessHR_FR.pdf

Principes fondamentaux relatifs au recours à la force et aux armes à feu par les responsables de l'application des lois https://extractiveshub.org/servefile/getFile/id/6575

Principes volontaires http://www.voluntaryprinciples.org/wp-content/uploads/2013/03/principes_volontaires_francais.pdf

Principes volontaires sur la sécurité et les droits de l'homme (http://www.voluntaryprinciples.org/files/Implementation_Guidance_Tools.pdf

Programme des Nations unies pour l'Environnement et Conseil des affaires économiques et sociales, Berlin II Guidelines for Mining and Sustainable Development, Programme des Nations unies pour l'environnement, 2002 à la p 6, en ligne : http://commdev.org/files/903_file_Berlin_II_Guidelines.pdf

Suivi par le Groupe multipartite ; cadre juridique et institutionnel ; prospection et production ; collecte des revenus ; attribution des revenus ; dépenses sociales et économiques ; résultats et impacts ; contribution et délais de mise en œuvre. https://eiti.org/fr/document/termes-reference-standard-pour-services-adminstrateurs-independants

RAPPORTS

Rapport Gro Harlem Brundtland, Notre avenir à tous, Commission mondiale sur l'Environnement et le Développement., 1987.

https://www.are.admin.ch/dam/are/fr/dokumente/nachhaltige_entwicklung/dokumente/bericht/our_common_futurebrundtlandreport1987.pdf.download.pdf/notre_avenir_a_tousrapportbrundtland1987.pdf

Rapport, Questions fréquentes au sujet d'une approche de la coopération pour le développement fondée sur les droits de l'homme, Haut-commissariat des Nations unies aux Droits de l'homme, New-York & Genève, 2006, p. 40.

Rapport d'avancement de l'ITIE international, Mettre fin à l'anonymat des entreprises, la clé pour combattre la corruption 2017, p. 6. https://eiti.org/sites/default/files/documents/eiti_progress_report_2017_fr_0.pdf.

Rapport — Arnaud GOSSEMENT (12 octobre 2011) sur le Droit minier et droit de l'environnement pour une réforme relative à l'évaluation environnementale, à l'information et à la participation du public.

http://www.ladocumentationfrancaise.fr/var/storage/rapports-publics/114000612.pdf

Rapport du Conseil des Droits de l'homme.

https://www2.ohchr.org/english/bodies/hrcouncil/docs/A.66.53_fr.pdf

Rapport du FMI portant sur le diagnostic de la fiscalité minière et pétrolière au Mali. https://www.imf.org/~/media/Websites/IMF/imported-publications-loe-pdfs/external/french/pubs/ft/scr/2015/cr15348f.ashx

Rapport du Groupe d'études international sur les régimes miniers de l'Afrique, Les ressources minérales et le développement de l'Afrique. http://repository.uneca.org/handle/10855/21557

Rapport Global Witness sur les assassinats liés à l'extraction minière. (Rapport disponible :

https://www.globalwitness.org/documents/19392/Defenders_report_layout_AW2_lowres.pdf).

Rapport du Sénégal : Le juge administratif et le droit de l'environnement, Réponses au questionnaire, Association internationale des Hautes juridictions administratives (AIHJA), Congrès de Carthagène : Cour suprême du Sénégal. 2003.

Rapport sur la performance du secteur minier 2006-2015 :

http://www.rncan.gc.ca/sites/www.nrcan.gc.ca/files/mineralsmetals/pdf/mms-smm/MSRP_report_access_FR.pdf

Rapport sur les progrès en Afrique 2013, Equité et Industries Extractives, en Afrique pour une gestion au service de tous.

http://www.eisourcebook.org/cms/June%202013/Africa%20Progress%20 (summary) % 20Report%202013%20 (in%20French) .pdf

Revenue Watch Institute. Contrats confidentiels : Pour en finir avec les accords secrets dans le secteur extractif.

https://resourcegovernance.org/sites/default/files/documents/contracts-confidential-french.pdf

Sustainable Development Framework. http://www.icmm.com/our-work/sustainable-development-framework

Synthèse des remarques formulées par des opposants au gaz de couche et aux pétrole et gaz de schiste, ni ici, ni ailleurs, ni aujourd'hui, ni demain ! relatives à la proposition de loi n° 4251 portant adaptation du Code minier au droit de l'environnement en France.

http://alternatives-projetsminiers.org/wp-content/uploads/docs/Code_minier/CM_fiches_dec2016_OK3.pdf

Union africaine (2009). Vision du Régime minier de l'Afrique. Disponible au : http://pages.au.int/sites/default/files/AfricaMiningVisionfrench.pdf

Union internationale pour la Conservation de la Nature, World Wildlife Fund et Programme des Nations unies pour l'Environnement, World Conservation Strategy : Living Resource Conservation for Sustainable Development .

http://www.environmentandsociety.org/mml/iucn-ed-world-conservation-strategy-living-resource-conservation-sustainable-development

www.ohchr.org/EN/Issues/TransnationalCorporations/Pages/Reports.aspx

INDEX

TABLE DES MATIÈRES

Structures éditoriales du groupe L'Harmattan

L'Harmattan Italie
Via degli Artisti, 15
10124 Torino
harmattan.italia@gmail.com

L'Harmattan Hongrie
Kossuth l. u. 14-16.
1053 Budapest
harmattan@harmattan.hu

L'Harmattan Sénégal
10 VDN en face Mermoz
BP 45034 Dakar-Fann
senharmattan@gmail.com

L'Harmattan Cameroun
TSINGA/FECAFOOT
BP 11486 Yaoundé
inkoukam@gmail.com

L'Harmattan Burkina Faso
Achille Somé – tengnule@hotmail.fr

L'Harmattan Guinée
Almamya, rue KA 028 OKB Agency
BP 3470 Conakry
harmattanguinee@yahoo.fr

L'Harmattan RDC
185, avenue Nyangwe
Commune de Lingwala – Kinshasa
matangilamusadila@yahoo.fr

L'Harmattan Congo
67, boulevard Denis-Sassou-N'Guesso
BP 2874 Brazzaville
harmattan.congo@yahoo.fr

L'Harmattan Mali
Sirakoro-Meguetana V31
Bamako
syllaka@yahoo.fr

L'Harmattan Togo
Djidjole – Lomé
Maison Amela
face EPP BATOME
ddamela@aol.com

L'Harmattan Côte d'Ivoire
Résidence Karl – Cité des Arts
Abidjan-Cocody
03 BP 1588 Abidjan
espace_harmattan.ci@hotmail.fr

L'Harmattan Algérie
22, rue Moulay-Mohamed
31000 Oran
info2@harmattan-algerie.com

L'Harmattan Maroc
5, rue Ferrane-Kouicha, Talaâ-Elkbira
Chrableyine, Fès-Médine
30000 Fès
harmattan.maroc@gmail.com

Nos librairies en France

Librairie internationale
16, rue des Écoles – 75005 Paris
librairie.internationale@harmattan.fr
01 40 46 79 11
www.librairieharmattan.com

Lib. sciences humaines & histoire
21, rue des Écoles – 75005 paris
librairie.sh@harmattan.fr
01 46 34 13 71
www.librairieharmattansh.com

Librairie l'Espace Harmattan
21 bis, rue des Écoles – 75005 paris
librairie.espace@harmattan.fr
01 43 29 49 42

Lib. Méditerranée & Moyen-Orient
7, rue des Carmes – 75005 Paris
librairie.mediterranee@harmattan.fr
01 43 29 71 15

Librairie Le Lucernaire
53, rue Notre-Dame-des-Champs – 75006 Paris
librairie@lucernaire.fr
01 42 22 67 13

www.ingramcontent.com/pod-product-compliance
Lightning Source LLC
LaVergne TN
LVHW021146061026
849535LV00002B/376

* 9 7 8 2 3 4 3 2 1 8 6 7 0 *